장애인복지론

박옥희 지음

장애인이 행복한 나라,
따뜻한 대한민국

(주)학 문 사

장애인복지론

박옥희 지음

(주)학 문 사

머 리 말

  오늘날 전세계적으로 장애인문제에 대한 관심과 장애인복지 증진을 위한 노력이 증가하고 있다. 우리나라의 경우 장애인문제에 대한 관심이 선진국에 비하여 매우 늦게 시작되었다. 일본만 하더라도 1949년에 신체장해자복지법을 제정하였으나 우리나라에서는 1981년에 비로소 장애인복지법이 제정되었다. 우리나라에서 장애인문제에 대한 인식이 제고되고 이에 대한 정부의 정책적 대응이 본격적으로 시행된 것은 1980년대부터라고 할 수 있다. 국제연합에서 1981년을 '세계 장애인의 해'로 지정한 것을 계기로 하여 1981년 보건복지부에 장애인복지정책 담당부서인 재활과가 신설되었고, 1988년 서울올림픽에 뒤이은 장애인올림픽을 계기로 장애인문제에 대한 국민들의 인식이 제고되었다.

  장애인복지 수준은 그 나라의 경제수준에 비례한다고 한다. 우리나라의 장애인복지 수준은 서구 선진국에 비하여 아직 낮은 실정이다. 우리나라의 경우 1960년대 이후 국민복지의 증진보다 경제성장과 발전이 우선시되는 가운데 장애인복지 증진을 위한 노력이 미흡하였다. 앞으로 우리 나라의 장애인복지 수준도 경제발전 수준에 걸맞게 선진국 수준으로 발전되어야 할 것이다.

  장애인은 인간다운 생활을 할 권리와 장애를 갖지 않은 사람과 똑같이 사회의 한 구성원으로서 사회에 참여할 권리가 있다. 장애인복지는 이러한 장애인의 사회참여와 사회통합을 도모하는 것이다. 장애인문제는 장애인 개인이 아니라 국가와 전체 사회의 책임이다. 따라서 장애인문제를 해결하기 위해서는 범국가적인 실천이 요구된다. 장애인구는 지속적으로 증가하고 있으며, 장애인의 욕구 또한 증가하고 다양화되고 있다.

또한 고령사회가 되면서 노인성 장애인구가 증가하고 있다. 이러한 추세에 발맞추어 정부에서는 앞으로 종합적인 장애인복지대책을 더욱 적극적으로 추진하여야 할 것이다.

이 책은 모두 7장으로 구성되어 있다.

제1장에서는 장애 및 장애인의 정의에 대해 소개하고 있다.
제2장에서는 장애이론에 대해 소개하고 있다.
제3장에서는 장애인복지의 이념과 성격에 대해 소개하고 있다.
제4장에서는 장애인복지의 역사에 대해 기술하고 있다.
제5장에서는 재활에 대해 소개하고 있다.
제6장에서는 장애유형별 특성에 대해 소개하고 있다.
제7장에서는 장애인복지정책의 내용에 대해 소개하고 있다.

이 책은 장애인복지를 공부하는 학생들과 장애인 문제에 관심 있는 사람들을 위하여 집필되었다. 미흡한 점이 많음에도 불구하고 이 책을 내놓는 것은 장애인복지의 발전을 위해 조금이라도 보탬이 되기를 바라는 마음에서다. 이 책이 나오기까지 수고해 주신 학문사 여러분께 감사드리며, 나의 가족에게 고마움을 전한다.

2020년
박옥희

장애인 인권 헌장

    장애인은 인간의 존엄과 가치를 가지며 행복을 추구할 권리를 가진다. 장애인은 건전한 사회구성원으로 책임감있는 삶을 살아가며 자신의 능력을 계발하여 자립하도록 노력하여야 한다. 국가와 사회는 헌법과 국제연합의 장애인권리선언의 정신에 따라 장애인의 인권을 보호하고 완전한 사회참여와 평등을 이루어 더불어 살아가는 사회를 만들기 위한 여건과 환경을 조성하여야 한다.

1. 장애인은 장애를 이유로 정치·경제·사회·교육 및 문화생활의 모든 영역에서 차별을 받지 아니한다.

2. 장애인은 인간다운 삶을 영위할 수 있도록 소득·주거·의료 및 사회복지서비스 등을 보장받을 권리를 가진다.

3. 장애인은 다른 모든 사람과 동등한 시민권과 정치적 권리를 가진다.

4. 장애인은 자유로운 이동과 시설 이용에 필요한 편의를 제공받아야 하며, 의사 표현과 정보 이용에 필요한 통신·수화통역·자막·점자 및 음성도서 등 모든 서비스를 제공받을 권리를 가진다.

5. 장애인은 자신의 능력을 계발하기 위하여 장애유형과 정도에 따라 필요한 교육을 받을 권리를 가진다.

6. 장애인은 능력에 따라 직업을 선택하고 그에 따른 정당한 보수를 받을 권리를 가지며, 직업을 갖기 어려운 장애인은 국가의 특별한 지원을 받아 일

하고 인간다운 생활을 보장받을 권리를 가진다.

7. 장애인은 문화, 예술, 체육 및 여가활동에 참여할 권리를 가진다.

8. 장애인은 가족과 함께 생활할 권리를 가진다. 장애인은 전문시설에서 생활하는 것이 필요한 경우에도 환경이나 생활조건은 같은 나이 사람의 생활과 가능한 한 같아야 한다.

9. 장애인은 사회로부터 분리, 학대 및 멸시받지 않을 권리를 가지며, 누구든지 장애인을 이용하여 부당한 이익을 취하여서는 안된다.

10. 장애인은 자신의 인격과 재산의 보호를 위하여 필요한 법률상의 도움을 받을 권리를 가진다.

11. 여성 장애인은 임신, 출산, 육아 및 가사 등에 있어서 생활에 필요한 보호와 지원을 받을 권리를 가진다.

12. 혼자 힘으로 의사결정을 하기 힘든 장애인과 그 가족은 인간다운 삶을 영위하기 위하여 필요한 지원을 받을 권리를 가진다.

13. 장애인의 특수한 욕구는 국가정책의 계획단계에서부터 우선 고려되어야 하며, 장애인과 가족은 복지증진을 위한 정책 결정에 민주적 절차에 따라 참여할 권리를 가진다.

제 1 장

장애 및
장애인의 정의

1. 세계보건기구의 정의

　장애 및 장애인의 정의는 한 나라의 사회문화적, 경제적, 정치적 여건과 수준에 따라서 다르므로 간단히 정의할 수 있는 것이 아니다. 1955년도 국제노동기구(ILO) 총회의 '장애인의 직업재활에 관한 권고'에서는 장애인이란 신체적 또는 정신적 손상의 결과 안정된 고용을 확보하고 유지한 가능성이 실질적으로 감소된 사람을 말한다고 정의하였는데, 이러한 정의는 고용측면에서 본 정의라고 할 수 있다. 1975년 국제연합 총회에서 결의한 '장애인의 권리선언'에서는 장애인이라 함은 선천적이든 후천적이든 신체적, 정신적 능력의 불완전으로 인하여 일상의 개인적 또는 사회적 생활에서 필요한 것을 자기 자신으로서는 완전히 또는 부분적으로 확보할 수 없는 사람을 의미한다고 하였다. 또 1979년 국제연합 총회에서는 '세계 장애인의 해'를 앞둔 선언에서 장애는 개인과 그 환경간의 관계로 파악되어야 한다고 함으로써 장애의 정의에는 기능상의 장애뿐 아니라 사회적 불리(handicap)도 포함되어야 함을 밝힌 바 있다. 1981년 국제연합 총회는 '세계 장애인의 해'의 행동계획을 결의하면서 '세계 장애인의 해'는 개인적 특질인 손상(impairment), 손상으로 인한 기능적 제한인 능력장애(disability), 그리고 장애의 사회적 결과인 불리(handicap)간에 구별이 있다는 사실을 인식시켜야 한다고 선언하였다.

　장애인은 동질적 집단을 형성하지 않는다. 예를 들어 언어장애, 청각장애, 시각장애, 지적 장애와 정신장애, 이동제한장애, 그리고 다양한 의학적 손상을 입은 사람들은 각기 다른 문제를 가지고 있어 다른 해결책을 필요로 한다. 즉, 다양한 장애의 종류와 장애가 갖는 제 차원에 따라 그에 대한 해결방안과 대책 또한 변화되는 것이므로 장애 및 장애인을 어떻게 정의하는가는 장애인복지문제에 있어 가장 기본적이고도 중요한 문제라고 할 수 있다.

장애의 개념을 협의의 개념과 광의의 개념으로 나누기도 한다. 신체 또는 정신의 기능저하, 이상, 상실 또는 신체 일부의 훼손 등을 지칭하는 의학적 수준에서의 개념은 협의의 개념이며, 세계보건기구(WHO)에서 규정한 기능장애(impairment), 능력장애(disability), 사회적 불리(handicap)의 분류와 같이 세 측면을 모두 포함하는 개념은 광의의 개념이라고 할 수 있다.

세계보건기구에서는 1980년에 국제장애분류(ICIDH: International Classification of Impairments, Disabilities, and Handicaps)라고 하는 장애에 관한 개념적 틀을 발표하면서 앞으로 이러한 분류법에 의하여 장애를 분류할 것을 권장하였는데, 이에 의하면 장애의 세 차원이라고 할 수 있는 기능장애와 능력장애, 사회적 불리가 인과적 또는 시간적 연속관계에 있는 것으로 본다. 어떠한 질병으로 인하여 기능장애가 발생하고 이러한 기능장애가 활동능력에 제약을 가져오는 경우에 능력장애가 생기며, 이러한 능력장애가 어떠한 사회적 불이익을 초래할 때 사회적 불리라고 할 수 있다는 것이다. 신체구조의 손실이 있는 기능장애를 가진 사람이라 할지라도 반드시 활동능력에 제약이 있는 것은 아니며 활동능력에 제약이 있는 능력장애인이라 할지라도 반드시 이로 인하여 사회적 불이익상태에 놓이게 되는 것은 아니다.

<그림 1-1> 장애의 세 가지 차원(ICIDH-1)

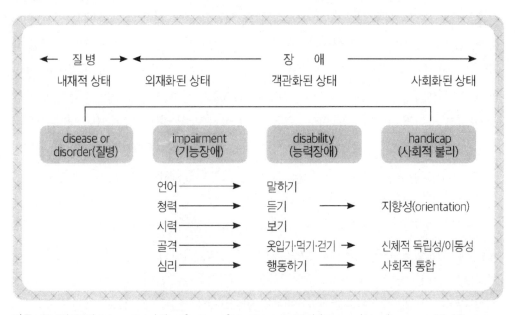

자료 : WHO(1980), International Classification of Impairments, Disabilities, and Handicaps, pp. 30-33.

기능장애는 심리적, 생리적, 또는 해부학적 구조나 기능의 손실 또는 비정상을 의미하는데, 이는 손실을 포함한다는 의미에서 질병(disorder)에 비하여 더 포괄적인 개념이다. 기능장애는 일시적 또는 영구적인 손실이나 비정상이 특징이며, 사지, 기관, 피부 또는 정신적 기능체계를 포함한 신체의 다른 구조의 비정상, 결손 또는 손실의 발생 또는 존재를 포함한다. 이는 병리적 상태가 외재화된 것을 의미하며, 원칙적으로 기관수준에서의 장애를 반영하는 것이다.

능력장애는 기능장애로부터 야기된 것으로서 인간에게 정상적인 것으로 간주되는 범위 내에서 또는 그러한 방식으로써 활동을 수행하는 능력의 제약이나 결여를 의미한다. 능력장애는 일상적으로 기대되는 활동수행 및 행동의 과다 또는 결핍이 특징이며, 이러한 과다 또는 결핍은 일시적 또는 영구적일 수 있고, 회복가능하거나 회복불가능할 수도 있으며, 진행적이거나 퇴행적일 수도 있다. 능력장애는 기능장애의 직접적 결과로서, 또는 신체적, 감각적, 또는 다른 기능장애에 대한 개인적 반응으로서 일어날 수 있다. 이는 기능장애가 객관화된 것을 의미하며, 개인적 수준에서의 방해(disturbances)를 반영한다. 이는 일상생활의 본질적 구성요소라고 인정된 능력들과 연관된 것이다. 그 예로는 적절한 방식에 따른 행동, 신변처리(목욕 및 식사능력, 배설통제 등), 일상생활의 여타 활동들의 수행, 그리고 운동활동(보행능력 등)에서의 장애를 포함한다.

사회적 불리는 기능장애나 능력장애로부터 야기되는 것으로서 연령, 성, 사회문화적 요인에 따른 정상적인 역할의 수행을 제약 또는 방해하는 개인에 대한 불이익을 의미한다. 사회적 불리는 가치가 규범에서 분리될 때 한 개인의 상황 또는 경험에 부여된 가치와 연관된 것이다. 이는 개인의 활동 또는 지위와 본인 모는 그가 속한 특정집단의 기대간의 불일치가 특징이다. 이는 기능장애나 능력장애가 사회화된 것을 의미하며, 이것들로 인하여 야기된 개인에 대한 사회적, 문화직, 경제적, 환경적 결과들을 반영한다. 불이익은 개인이 속한 사회의 기대나 규범에 따르는데 실패하거나 따를 능력이 없는데서 발생한다. 따라서 사회적 불리는 생존역할(survival roles) 이라고 규정될 수 있는 것들을 유지하는 능력에 방해가 있을 때 발생하게 된다. 사회적 불리의 분류는 불이익이나 개인들의 분류가 아니라, 사회의 규범 면에서 볼 때 동료들에 비하여 장애를 가진 사람을 상대적 불이익에 처하게 하는 상황들의 분류이다.

이와 같은 국제장애분류는 세계보건기구의 장애의 기본개념과 정의를 표준화하려는 노력의 결과이다. 국제연합 통계국(UNSTAT)은 국제보건기구와의 협력 하에 인구센서스와 가구조사, 장애등록제도 등에서 국제장애분류의 개념과 정의, 장애정도의 측정 등을 적용함으로써 공통적인 자료수집방법과 통계적 표준을 수립하려는 노력을 지속하고 있다. 이러한 국제장애분류는 불변하는 것이 아니라 시간이 지남에 따라 장기적인 수정과 개정이 요구되는 것이다. 국제장애분류가 중요한 의미를 갖는 것은 공통적이며 일관성 있는 장애기준을 사용함으로써 비교가능하며 명확한 장애통계를 생산할 수 있다는 점에 있다.

　ICIDH-1에는 몇 가지 문제점이 있다. 질병과 기능장애, 능력장애, 사회적 불리 간에 명확한 경계를 구분하기가 곤란하며, 질병이나 부상, 기능장애 이외에도 능력장애와 사회적 불리에 영향을 주는 다른 많은 요인들이 존재할 수 있다. Chamie는 ICIDH-1의 문제점을 지적하면서 장애를 지닌 사람과 환경간의 상호작용으로 인하여 사회적 불리가 나타난다고 보았는데, 이를 그림으로 나타내면 <그림 1-2>와 같다.

<그림 1-2> 장애인, 환경, 사회적 불리의 관계

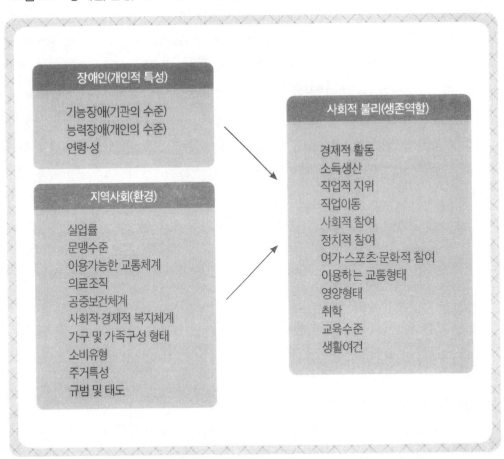

자료 : M. Chamie(1989), "Survey Design Strategies for the Study of Disability," World Health Statistics Quarterly, Vol. 42, p.132.

1988년에 ICIDH-1이 갖고 있는 문제점을 보완하기 위한 세계보건기구 회의가 개최되었고, 여기서 disablement라는 새로운 개념이 주장되었다. 그리하여 장애를 손상, 활동, 참여의 세 차원으로 설명하는 ICIDH-2가 1990년대 말에 확정되었다. ICIDH-2에서는 능력장애와 사회적 불리를 제외하고, 활동과 참여라는 새로운 범주를 포함하고 있다. ICIDH-2에서 제시한 손상, 활동, 참여라는 세 차원은 장애인뿐만 아니라 모든 개인에게 적용가능한 것으로서 장애와 비장애의 경계가 점차 무너지고 있는 추세이다. 시대가 변함에 따라 장애문제는 개별적 문제로부터 사회적 문제로 간주되고 있다. 그리고 신체적 손상과 상관없이 독립된 개인으로 역할을 수행하지 못하고 생활상 지속적인 문제를 갖고 있는 사람을 장애인으로 간주하는 경향이 증가하고 있다.

<표 1-1> ICIDH-2

구　분	손　상	활동(제한)	참여(제약)
기능수준 특성 긍정적 측면 부정적 측면	신체 신체기능과 구조 기능적·구조적 통합 손상	(전체로서의) 개인 개인의 일상활동 활동 활동제한	사회(사회와의 관계) 상황에의 개입 참여 참여제약

손상(impairments)은 신체구조나 기능상의 상실이나 비정상, 제한이나 불능을 의미한다. 이를 더 세부적으로 구분하면 기능과 구조로 구분되는데, 그 구체적인 내용은 다음과 같다.

기능 : 정신적 기능, 목소리, 말하기, 듣기, 전정기관과 관련된 기능, 보기 기능, 다른 감각기능, 심근계 기능과 순환계 기능, 소화, 영양 및 신진대사 기능, 면역과 내분비기능, 비뇨생식기능, 신경근골과 운동관련기능, 피부와 관련된 구조의 기능

구조 : 뇌, 척추와 관련된 구조, 목소리, 말하기와 관련된 구조, 귀, 전정기관 구조, 눈과 관련된 구조, 순환계와 호흡계, 소화계와 신진대사계, 면역과 내분비계, 비뇨생식계, 운동과 관련된 구조, 피부와 관련된 구조

활동(제한)(activity limitation)은 일상생활과 관계된 개인의 활동에서의 제한을 의미한다. 활동은 일상적인 과업에서 기대되는 개인의 통합된 활동으로서 단순한 것에서부터

쇼핑을 하거나 직무를 완수하는 것 같은 복합적 활동까지 포함한 개념이다. 말하기, 걷기, 보기 등과 같은 단순한 행위와 달리 활동은 특정한 행위들의 조합이다. ICIDH-2에서는 활동영역을 다음과 같이 분류하고 있다 : 보기와 듣기와 인지하기, 학습과 지식적용과 과업완수, 의사소통, 운동, 이동, 일상생활, 필수품에 대한 보호와 국지적 활동, 대인간 활동, 특정상황에 대한 반응과 처리, 보조적 도구 및 기술적 원조와 다른 관계된 활동의 사용.

참여(제약)(participation restriction)은 손상, 활동, 건강조건, 상황요인과 관련된 생활상황에서의 개인의 연관성 정도를 의미한다. 참여는 개인의 사회에 대한 참여정도와 참여를 촉진하거나 방해하는 사회적 반응을 말한다. 이것은 물리적 및 사회적 세계의 환경적 요인을 포함하는 것이다. 참여는 환경과 장애인간의 상호작용이다. ICIDH-2에서는 참여영역을 다음과 같이 분류하고 있다: 개인적인 유지와 보호에의 참여, 이동성에의 참여, 정보교환에의 참여, 사회적 관계에의 참여, 교육과 노동과 여가와 정신적 영역에의 참여, 경제생활에의 참여, 도시와 지역사회생활에의 참여.

<그림 1-3> ICIDH-2

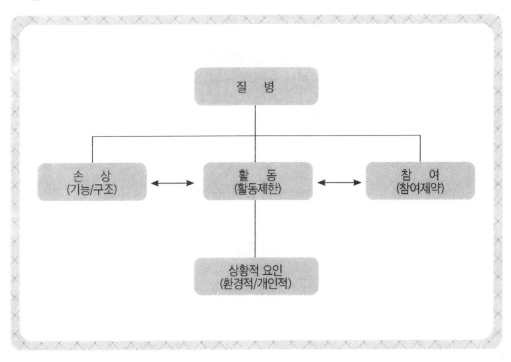

ICIDH-2에서는 873개의 손상항목과 617개의 활동항목, 106개의 참여항목이 포함되어 있다. ICIDH-2에서의 장애분류는 <표 1-2>와 같다.

<표 1-2> ICIDH-2의 장애분류

구　조	뇌, 중추기관과 관련기관의 구조 목소리/말 관련기관의 구조 귀와 전정기관의 구조 눈과 관련기관의 구조 순환기와 호흡기 관련기관의 구조 소화기와 신진대사 관련기관의 구조 면역기와 내분비 관련기관의 구조 비뇨생식기, 금욕과 재생 관련기관의 구조 운동, 피부 관련기관의 구조	
기　능	정신 기능 보기 기능 심장기관과 호흡기 기능 면역과 내분비 기능 피부와 관련기관의 기능	목소리, 말, 듣기와 전정 기능 기타 감각 기능 소화기, 영양 신진대사 기능 신근골격과 운동관련 기능
활　동	보기, 듣기와 인지 의사소통활동 주변 움직이기 가정활동 특정상황의 처리와 반응	학습, 지식 응용, 과제수행 운동 일상생활 대인행동 보조장치, 첨단기기 활용
참　여	개인적 부양 참여 정보 전환 참여 경제생활 참여 작업, 교육, 여가와 신앙생활영역 참여	이동 참여 사회직 관계 참여 시민적 생활과 지역생활 참여

　한편 WHO에서는 2001년에 ICF(International Classification of Functioning, Disability and Health)를 확정하였는 바, ICF는 1997년에 제안된 ICIDH-2를 근간으로 하여 2001년에 세계보건위원회(World Health Assembly)에서 세계적으로 통용될 수 있도록 승인한 것이다. ICF는 ICIDH-2에서 제시하고 있는 대부분의 내용을 계승하면서 분류체계와 언어의 사용을 보다 긍정적이고 환경적인 측면을 강조하여 수정한 분류이다.

　ICF는 과거의 분류와는 달리 개인적 장애나 질병과 상황적 맥락(환경적 요소와 개별적 요소)간의 상호작용에 의하여 기능과 장애를 설명하는 틀이다. 즉, 특정영역에서의 개인의 기능수준은 건강상태와 상황적 맥락간의 상호작용 결과라고 본다. ICF는 장애를 가지고 있는 사람들에만 제한되어 적용될 수 있는 것이 아니라 모든 사람들의 건강에 관련된 요소들을 설명해 줄 수 있는 보편적인 적용이 가능한 분류체계라고 할 수 있다.

<표 1-3> ICF의 장애개념

구 분	영역 1 : 기능과 장애		영역 2 : 상황적 요소들	
구성요소들	신체기능 및 구조	활동과 참여	환경적 요소들	개별적 요소들
영 역	신체기능 신체구조	생활영역 (과업, 행동 등)	기능과 장애에 영향을 미치는 외적 요인	기능과 장애에 영향을 미치는 내적 요인
구 성 개 념	싱체기능상 변화 (생리학적 변화) 신체구조의 변화 (해부학적 변화)	표준환경에서의 과제수행능력 현재 환경에서의 과제 수행정도	물리적, 사회적, 인신적 측면에서 촉진 또는 방해하는 요소	개별특성에 의한 영향
긍정적 측면	기능적, 구조적 통합성	활동과 참여	촉진요인	적용 불가
	기능			
부정적 측면	손상	활동제한 및 참여제한	방해요인/저해요인	적용 불가
	장애			

ICF는 장애에 대한 개별적 모델과 사회적 모델의 통합을 위한 노력의 결과라고 할 수 있으며, 국제질병분류체계인 ICD-10과 병행하여 상호보완적으로 사용하도록 만들어졌다. ICD-10이 질병의 진단에 초점을 두고 있다면 ICF는 기능에 대한 풍부한 정보를 제공하도록 되어 있다.

ICF에 의한 장애의 설명은 기능과 장애간의 상호작용의 설명에서 ICIDH와 근본적으로 차이가 있다. ICIDH에서는 기능장애, 능력장애, 사회적 불리의 일방향적인 관계를 전제로 기능장애의 전제 위에 사회적 불리 여부를 판단하는 체계였다. 그러나 ICF에서는 개인적인 장애나 질병과 상황적 맥락(환경적 요소와 개별적 요소)간의 상호작용에 의하여 기능과 장애를 설명한다.

개인의 기능은 신체기능과 구조, 활동과 참여 등으로 표현된다. 이러한 세 가지 차원의 기능들은 건강조건과 상황적 맥락에 속하는 환경요소(사회의 인식, 건축물의 장애요소정도 등)와 개인적 요소(성, 연성, 인종, 습관, 대처양식 등)의 영향을 받는다. 예를 들어 호흡기질환으로 인하여 호흡기능에 문제가 있는 경우 호흡기능과 호흡기의 구조, 호흡기능의 제한으로 인한 활동제약정도, 이로 인한 사회적 참여제한정도는 상호작용하면서 기능을 표현한다. 이러한 각 기능은 호흡기질환정도라는 건강조건과 대기의 청정도라는 환경적 요소, 당사자의 연령이나 문제에 대한 대처양식이라는 개별적 요소들의 상호작용에 의해 규정된다는 것이다.

이처럼 오늘날의 장애개념은 장애 당사자의 자기결정과 선택을 강조하고, 장애를 규정하는 개념이 단순모델에서 복합모델로 전환되고, 장애의 규정에서 환경적 요인을 강조하고, 긍정적인 용어의 사용을 강조하는 방향으로 변화되고 있다.

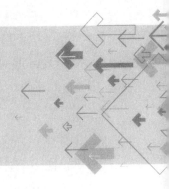

2. 우리나라의 정의

　1981년에 장애인복지법이 제정될 당시에는 장애범주에 지체장애, 시각장애, 청각장애, 언어장애, 지적장애 등 5가지가 포함되었으나 1999년에 장애인복지법이 개정되면서 장애범주에 뇌병변장애, 정신장애 중 일부, 심장장애, 신장장애, 자폐성장애가 포함되어 장애범주가 확대되었으며, 2003년부터는 호흡기장애, 간장애, 안면장애, 장루·요루장애, 뇌전증장애 등 5종이 추가되어 현재 15종이 포함된다.

　세계보건기구(WHO)는 장애에 대한 개념과 정의를 계속적으로 수정해 가고 있다. 우리나라의 장애인구수는 세계보건기구에서 추정하고 있는, 전체 인구의 약 10%가 장애인이라는 기준에서 보면 큰 차이를 보인다. 우리나라의 장애인구수가 서구 선진국보다 적은 것은 장애인구가 적기 때문이 아니라 법적 장애종류가 15종으로 정해져 있어서 장애인복지서비스를 받을 수 있는 대상이 제한되어 있기 때문이다.

　우리나라에서는 장애등급을 1~6등급으로 구분하는 장애등급제를 1988년부터 도입하였으나, 이는 의학적 판정에 따른 획일적 기준이라는 지적을 받아왔다. 따라서 이를 보완하고자 개인별 욕구와 사회적 환경 등을 고려하는 종합판정도구를 단계적으로 도입하여 맞춤형 서비스 지원체계를 구축하고 있다. 그리하여 2019년 7월부터 기존에 시행하던 의학적 상태에 따라 1급~6급까지 세부등급을 부여하던 장애등급 분류를 폐지하고, 장애정도에 따라 2단계로 구분하고 있다. 종합판정도구의 적용은 장애인의 삶에 미치는 영향이 크고 예산규모가 큰 서비스부터 단계적으로 확대적용한다.

　1단계는 장애인 일상생활과 밀접한 관련이 있는 활동지원서비스 등 일상생활 지원분야에 맞는 종합판정도구를 마련하여 적용한다(2019년).

<표 1-4> 현행 법정장애와 확대 예상 장애종류

	중분류	소분류	세분류 (또는 기준)	확대 예상 장애
신체적 장애	외부 신체기능의 장애	지체장애	절단장애 관절장애 지체기능장애 변형 및 단축	외부기형, 피부
		뇌병변장애	중추신경 손상장애	
		시각장애	시력장애 시야결손장애	
		청각장애	청력장애 평형기능장애	
		언어장애	언어장애 음성장애 구어장애	
		안면장애	안면부 변형장애	
신체적 장애	내부 기관의 장애	신장장애	투석중인 만성신부전증 신장이식자	소화기장애, 비뇨기장애, 만성통증, 암, 기타 신체장애
		심장장애	일상생활이 현저히 제한되는 심장기능 이상자	
		간장애	만성중증 간기능 이상	
		호흡기장애	만성중증 호흡기기능 이상	
		장루·요루장애	장루, 요루	
		뇌전증장애	만성중증 간질	
정신적 장애	발달장애	지적장애	지능지수 70 이하	만성알코올·약물중독, 기질성뇌증후군, 치매, 기타 정신장애
		자폐성장애		
	정신장애		정신분열병, 주요 정동장애	

2단계는 장애인주차표지 등 이동지원분야로 종합판정도구를 확대한다(2020년).

3단계는 장애인연금, 장애인 의무고용 등 소득·고용지원분야까지 종합판정도구를 적용한 지원체계를 완성한다(2022년).

장애인 등록 심사결과 기존의 6개 장애등급은 '장애정도'로만 구분되며, 기존의 장애등급이 1~3급인 장애인은 '장애의 정도가 심한 장애인'으로, 4~6급인 장애인은 '장애의 정도가 심하지 않은 장애인'으로 표현된다.

<표 1-5> 장애심사 변경 내용

구 분	현 행	변 경
심사결과	장애등급	장애정도
	1급, 2급, 3급	장애의 정도가 심한 장애인
	4급, 5급, 6급	장애의 정도가 심하지 않은 장애인
	등급 외	장애정도 미해당
추가심사사항		보행상장애/장애인연금/장애인고용 장애정도 해당 여부
서비스재판정	활동지원, 장애수당, 장애아동수당 신청자	장애수당, 장애아동수당 신청자
장애심사 면제대상 (중증외상 장애 확인)	• (기준) 기등록장애인 중 두 팔과 두 다리에 모두 마비가 있어 뇌병변 또는 지체장애 1급인 자 • (대상) 장애인연금, 활동지원서비스 신청자 • (확인방법) 장애등급 및 진단서 상 소견 확인	• (기준) 좌동 • (대상) 장애인연금 신청자 • (확인방법) 기존 장애등급이력 및 등록된 진단서 조회·확인
장애인등록증	• (명칭) 복지카드 • (주요 표기내용) 장애등급, 유효기한	• (명칭) 좌동 • (주요 표기내용) 장애정도, 유효기한 등

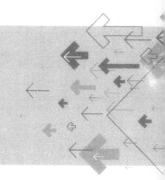

3. 외국의 정의

　서구 선진국의 경우에는 장애인의 범위가 후진국에 비하여 매우 넓은 것이 특징이다. 한국이나 일본의 경우에는 장애인의 범위를 주로 의학적 모델에 입각하여 신체구조 및 기능상의 장애로 판정하는 것에 비하여 서구 선진국에서는 신체, 정신의 기능적인 장애에 추가하여 특정한 일을 어느 정도 수행할 수 있는지의 여부에 의한 과업수행능력, 개인적 요인 뿐 아니라 환경적 요인에 의해 불이익을 받는 조건까지 포함하는 사회적인 의미의 장애 등 더욱 포괄적으로 장애범주를 규정하고 있다.

　우리나라는 장애기준을 의학적 기준에 의하여 판정된 자로 한정시키는 데 반해 미국은 사회활동능력, 즉 노동능력이 감퇴된 자 또는 일상생활활동에 제한을 받는 자를 장애인으로 간주한다. 미국의 경우 1935년에 제정된 사회보장법에서는 "의학적으로 판정하여 적어도 1년간 지속될 것으로 판정되는 또는 사망에 이를 것으로 판정되는 신체적, 정신적 손상으로 인하여 실질적인 소득활동에 참여하지 못하는 자"라고 규정함으로써 소득활동여부를 장애판정의 기준으로 삼고 있으며, 1973년에 개정된 재활법에서는 장애인을 "일상적 활동분야 중 한가지 이상의 활동을 현저히 제한을 받는 신체적 혹은 정신적 손상을 가진 자, 그러한 손상의 이력이 있는 사람, 그러한 손상을 가진 것으로 간주되는 사람, 이러한 사람으로 그 상태가 12개월 혹은 그 이상 지속될 가능성이 있는 경우"라고 명시하였다.

　1990년에 제정된 미국장애인법(ADA)에서는 더 폭넓게 "개인의 일상생활활동 중 1가지 이상을 현저히 제한하는 신체적 또는 정신적 기능장애를 지닌 자, 이러한 기능장애의 기록이 있는 자, 이러한 기능장애를 가진 것으로 간주되는 자 등으로서 재활법과 동일하다. '간주된다'라는 의미는 주요 일상활동을 현저히 제한하지는 않으나 고용인에 의해 그러한 제약을 가졌다고 취급되는 정신적 또는 신체적 기능장애를 가진 것, 오직 기능장애에 대한 고용인의 태도의 결과로서 주요 활동을 제한하는 기능장애를 가진 것, 어떠한 기능장애도 갖지 않았으나 고용인에 의하여 그러한 장애를 가진 것으로 취급되는 것 등"으로 정의하였다.

장애범주에 속하는 장애인으로는 ① 신체적 장애 ② 정신적 장애 ③ 전염병, 결핵, 후천성면역결핍증(AIDS), 후천성면역결핍 등 관련 복합증후군(ARC) 등 ④ 주요한 생활활동에 근본적인 제한을 받는 자(걷기, 보기, 듣기, 말하기, 호흡하기, 학습하기, 작업하기 등 주로 직업과 관련된 기본적인 직무, 직장까지의 접근성, 직무가능성, 혹은 훈련의 제한을 의미) ⑤ 알코올중독과 약물남용과 관련된 자로 되어 있다.

일본은 우리나라와 비슷하게 의학적 판정을 기준으로 삼는다. 1993년에 제정된 "장해자기본법"에서는 장애인을 "신체장애, 정신박약, 또는 정신장애가 있음으로써 장기에 걸쳐 일상생활 또는 사회생활에 상당한 제한을 받는 자"라고 정의하고 있다. 신체장애인이란 신체장해자복지법에 의하면 "신체장애가 있는 18세 이상의 자로서 도도부현 지사로부터 신체장애인수첩을 교부받은 자"이며, 신체장애범주에는 시각장애, 청각장애, 지체부자유, 심장·취장·호흡기기능장애, 음성·언어·저작기능장애, 직장·소장·방광기능장애 등이 속한다. 지적장애인은 "여러 가지 원인에 의하여 정신발육이 항구적으로 지연되고, 그 때문에 지적능력이 열등하고 자기의 신변에 대한 처리 또는 사회생활에 적응이 현저히 곤란한 자"로 규정한다. 정신보건 및 정신장해자복지법에서는 정신장애인을 "정신분열병, 중독성정신병, 정신박약, 정신병질 등의 정신질환을 가진 자"로 규정한다.

미국을 제외한 기타 서구 선진국에서의 장애인의 정의와 범위를 살펴보면 <표 1-6>과 같다. 서구 선진국의 경우에도 법의 목적과 성격에 따라 장애인의 정의가 조금씩 다르다. 유럽 선진국의 경우 미국과 마찬가지로 장애이의 범위를 매우 넓게 규정하고 있음을 알 수 있다. 프랑스에서는 사회적 장애를 포함하지 않으나 스웨덴, 네덜란드와 같은 국가에서는 각종 중독증과 이민으로 인하여 언어상의 장애를 가진 자 등도 모두 장애인으로 간주할 정도로 장애인의 범위가 매우 넓다.

<표 1-6> 서구 국가의 장애인 정의

국 명	관 계 법	장애인의 정의 및 범위
독 일	중증장애인 실업해소법	장애란 보통에서 어긋나는 신체적, 정신적 또는 심리적 상태에서 기인하는 지속적인 기능저하상태임. 보통에서 어긋난다는 것은 당사자의 연령에 비추어 전형적인 상태에서 벗어난 상태를 말하며, 지속적이란 것은 시간상 6개월 이상을 뜻함
노르웨이	국민 보호법	장애는 질병, 부상 또는 선천적 변형으로 인한, 장기간 지속되며 심각한 기능능력의 감소상태임 • 5가지 주요 유형 : 이동성의 손상, 청각의 손상, 시각의 손상, 정신적 장애, 은폐된 장애(당뇨, 정신불안, 심장질환, 난독증, 알레르기 등)
영 국	국가 부조법	맹자, 농자, 아자 또는 어떠한 특성이든 지닌 정신적 질병으로 고생하는 자 및 질병, 부상 또는 선천적 기형에 의해 현저히, 그리고 영구적으로 장애를 지니게 된 모든 자
영 국	장애인 고용법	부상, 질병 또는 선천적 기형 등으로 인하여 자신의 연령, 경험 및 자격에 상응하는 직업을 취득하고 유지하거나 자영업을 운영하는데 상당한 장애를 지닌 자
네델란드	장애인 고용법	정신적 또는 신체적 결함이나 장애 이상으로 인하여 취업에 의한 생계영위가 실질적으로 불가능한 자
네델란드	일반적 정의	신체적 장애(이동 장애, 신체기관질환, 감각장애, 언어장애) 정신적 장애(정신질환, 정신지체) 사회적 장애(알콜 및 약물중독)
스웨덴	일반적 정의	신체적 결손, 정신적 결손 또는 사회적 장애(알콜중독, 약물중독, 언어장애를 가진 외국 이민자, 타인 의존자)로 인하여 취업하거나 직장을 유지하는 것이 타인보다 곤란한 자(고용관련자의 의미로 사용하여 신체적, 정신적 장애 뿐 아니라 각종 사회적 장애 포함) • 장애종류 : 지체장애, 시각장애, 청각장애, 언어장애, 학습장애, 알콜 및 약물중독, 호흡기장애, 심장장애, 알레르기, 당뇨, 마른버짐, 이동장애 등

프랑스	상의군인 및 장애인의무 고용법	신체적 또는 정신적 이유에 의하여 취업기회 또는 자기보호관리의 가능성이 실질적으로 저하되어 있는 자
	장애인 고용법	신체 또는 정신능력의 감소로 인하여 직장을 취득하거나 유지하는데 상당한 지장을 초래할 가능성이 있는 자
	일반적 정의	장애종류 : 지체장애, 정신지체, 행동장애, 정신장애, 청각장애, 언어장애, 시각장애, 척추장애, 산장장애, 신장장애, 호흡기장애, 소화기장애, 비뇨기장애, 내분비장애, 신진대사장애, 혈액장애, 면역체계장애, 미관장애(기형 및 추형) 등
호 주	장애 서비스법	지능, 정신, 감각, 신체적 손상 등으로 의사소통, 학습, 이동 등에 지장이 있는 자
	장애 차별법	장애의 정의를 가능한 한 광범위하게 규정하여 신체적, 지적, 심리적, 정신적, 감각적, 신경적 장애와 추형·기형 및 질병을 야기하는 유지체의 존재(예 : HIV 바이러스) 등을 모두 포함하고 있으며, 현재 뿐 아니라 과거와 미래에 가질 가능성이 있거나 가진 것으로 인지되는 장애도 포함(알콜 및 약물중독, 당뇨, 암, 에이즈 등 포함)
캐나다	일반적 정의	개인의 일상활동을 제한하는 어떠한 신체적 또는 정신적 상태 (6개월 이상 지속)

제 2 장

장애이론

1. 장애의 이론적 모델

1) 개별적 모델

개별적 모델에서는 장애를 질병이나 건강상태 등에 의해서 야기된 개인적인 문제라고 본다. 개인의 장애문제에 초점을 두고서 이러한 문제의 원인은 장애가 유발시키는 근본적인 제한이나 심리적 상실에 기인한다고 본다. 이러한 시각은 장애에 관한 개인적 비극이론을 형성하는 것으로서, 장애를 불행한 개인에게 무작위로 발생하는 기회적 사건이라고 본다. 장애문제에 대한 해결책으로서 의료전문가에 의한 개별적 치료를 장상하며, 장애의 관리의 초점을 개인의 보다 나은 적응과 행위의 변화에 둔다. 그리고 장애를 완화시킬 수 있는 건강보호정책을 강조한다.

2) 사회적 모델

사회적 모델에서는 장애를 가진 사람의 사회통합이라는 관점에서 사회적 문제로 간주한다. 장애를 개인에게 귀속된 개인적 문제가 아니라 사회적 환경성에 의해 만들어진 조건들의 집합체라고 본다. 장애란 장애인에 대한 제한을 함축하는 모든 것으로서, 편견에서 제도적 차별까지, 접근불가능한 공공건물에서 사용불가능한 교통체계까지, 분리교육에서 노동에서의 배제까지를 의미한다. 장애는 사회 내에 존재하는 것이며 장애인 개인에게 있는 개별적 제한이 아니라 장애인의 욕구를 사회조직 내에서 수용하고 이에 적합한 서비스를 제공하는 것에 대한 사회의 실패를 의미한다. 이러한 사회의 실패의 결과는 단순하고 무작위적으로 개인에게 주어지는 것이 아니고 이러한 실패를 경험한 집단으로서 장애인들에게 사회 전체를 통하여 체계적으로 제도화된 차별을 통해 전달되는 것이다.

따라서 사회적 모델에서는 장애문제를 해결하기 위해서는 사회적 행동이 필요하다고 주장한다. 장애인이 사회생활에 완전히 참여할 수 있도록 하기 위한 환경적개선이 문제 해결에 필수적이라고 보고, 이를 실천하는 것은 전체 사회의 책임이라고 본다. 이 모델은 사회적 변화를 요구하는 이념적인 성격을 가지며 정치적으로는 인권과 관련된다. 장애문제의 해결을 위한 모든 의도와 목적은 정치적이어야 하며, 주요 과제는 장애인이 직면하고 있는 편견과 차별의 해결에 있다고 본다.

<표 2-1> 개별적 모델과 사회적 모델

개별적 모델	사회적 모델
개인적 비극이론	사회억압이론
개인적 문제	사회적 문제
개별적 치료	사회적 행동
의료화	자조
전문적 권위	개별적이고 집합적인 책임
숙련가	경험
개별적 정체성	집합적 정체성
편견	차별
태도	행동
보호	권리
통제	선택
정책	정치
개별적 적응	사회변화

자료: A M. Oliver(1996), "The Social Model in Context : Understanding Disability-from Theory to Practice", New York: St. Martin's Press, p.34

2. 장애차별에 대한 이론

1) 장애차별의 정의

장애차별(disablism)이란 장애인을 주변화시키는 구조적 권력, 문화적 가치, 개인적 편견 등이 결합된 것으로서 부정적 측면에서 장애인을 묘사함으로써 이들을 억압하고 차별하는 것을 말한다. 이러한 결합은 장애인이 주류사회에 완전히 참여하는 것을 방해하는 강력한 이데올로기를 보호한다. 장애차별은 개인적, 문화적, 사회적 차원에서 발생하며, 이러한 여러 차원간의 상호작용을 통하여 장애인에 대한 억압이 현실화된다.

Thompson은 장애차별을 PCS(개인적, 문화적, 구조적) 모델에 연결시켜서 설명한다. 장애인에 대한 개인적 편견을 의미하는 P는 혐오나 경멸적 태도 또는 자선사업 형태로 나타나며 그 자체로서 일반적이고 분명하게 드러난다. C는 장애와 장애인에 대한 문화적 가치의 다양한 반응을 반영하며 이것이 주로 부정적 관점에서 이루어지는 것을 말한다. 우세한 문화적 규범은 다수의 비장애인을 중심으로 조성되며, 이러한 규범은 장애인을 개인적 비극의 희생자로서 적응할 수 없거나 불쌍한 사람으로 묘사한다. S는 공공서비스나 공공건물이 장애인의 편의에 대한 배려 없이 제공되는 방식에서 드러난다. 따라서 장애인은 주류 사회집단이 되는 기회로부터 구조적, 제도적으로 차단되어 일반대중의 일부로 고려되지 않음을 의미한다. Thompson은 이러한 세 차원이 각각 적용되는 경우에도 장애차별이 발생되지만 일반적으로는 이들이 상호작용하면서 장애차별이 심화된다고 본다.

Barns는 장애차별의 근원을 밝히기 위해 문화와 장애인에 대한 억압관계를 검토하였다. 그는 역사적으로 장애인에 대한 문화적 편견이 지속되어 왔으며, 이러한 현상은 현장에서 일하는 주요 사회정치적 이론가들에 의해 무시되거나 잘못 해석되어 왔다고 본다.

장애에 대한 전통적인 의료적 정의에 도전했던 기능주의적 접근방법은 빈곤이나 인종, 성 같은 문제가 장애와 의존을 형성하고 생산하는 주된 요인임을 인정했으나 개인주의, 경쟁적 자유기업, 소비자주의 등에 의존하는 서구자본주의의 중심가치에 도전하는 것은 실패했다고 본다. 그리고 유물론적 접근방법은 장애인에 대한 억압의 근거가 19세기 서구자본주의의 등장에 수반되는 물질적, 문화적 변화에 근거한다고 주장하였다. Barns는 이러한 기능주의나 유물론적 접근방법을 모두 비판하고, 장애인에 대한 문화적 억압의 핵심에는 신체에 대한 잘못된 신화, 지적 완전성이나 건강한 신체에 대한 이상화가 존재하며, 이러한 구조는 여성 같은 피억압집단은 물론 장애인의 삶의 경험에 큰 영향을 미친다고 주장한다. 그리고 이러한 현상은 물질적이고 문화적인 힘에 의거하여 설명될 수 있다고 본다. 즉 편견은 그것이 어떤 형태를 취하든지 서구자본주의와 관련된 사회적 발전의 특징적 형태로서의 산물이며, 따라서 그 원인이 무엇이든 간에 인간의 차이를 억압하기보다는 인정하고 조화시키고 축복해주는 문화구조를 포괄해야 한다고 주장한다.

2) 사회진화론과 우생학이론

사회진화론은 모든 사회적 갈등과 사회적, 인종적 불평등을 자연도태의 원칙에 의해 설명한다. 이 이론은 인간사회의 평등을 부정하고 생존경쟁과 약육강식을 강조함으로써 자신을 보존하고 이기주의를 조장하는 사회윤리를 강조한다. 생존경쟁에서 패배한 자는 스스로의 무능력 때문에 패배한 것이므로 동정할 여지가 없으며 약자의 파멸은 자연의 법칙이므로 거역할 수 없는 것이다. 사회진화를 위해서는 부적격자를 배제해야 한다는 신념 하에 장애인은 사회의 약자이며 제거대상으로 인식된다.

이와 유사하게 19세기 후반에 Galton은 우생학이란 육성을 통하여 인류를 개선하는 학문이라고 정의하면서, 종족을 더 좋게 개량하는 것은 짝을 잘 짓는 것에 국한되지 않는다고 주장하였다. 더 우수한 혈통의 종자가 그렇지 않은 종자를 도태시키게 할 가능성을 높게 해주는 모든 요소들을 깨닫는 것이 중요하며, 특히 인간의 경우에는 더욱 그렇다고 주장하였다. 우생학자들은 병약한 자들에 대한 의학적 보호나 치료, 사회보장제도나 빈민구제 같은 것은 자연도태를 방해하는 행위라고 간주한다. 이러한 사회적 조치들은 타락과정을 악화시킨다고 본다. 우생학자들의 인구정책은 의도적인 사회적 조치에 의해 높은 가치의 유용한 유전질의 번식을 장려하고 낮은 가치의 유전질의 번식을 제한하는 품질 위주의 정책이다. 이같은 분위기 속에서 장애인을 대상으로 한 수용보호형태의 교육기관들이 생겨나서 장애인에 대한 보호와 교육이 이루어졌다. 교육이 불가능한 중증장애인과 지적장애인들은 구빈원이라는 시설에 입소하게 되었고 장애인교육기관은 수용보호와 교육을 동시에 수행하게 되었다. 우생학이론은 장애인을 사회에서 격리시켜서 수용하는 것을 촉진시켰다.

3) 낙인이론과 편견이론

낙인이란 사회가 어떤 사람을 부정적으로 규정하는 것을 말한다. 낙인이론에서는 일단 사회에 의해 범죄자, 일탈자라고 낙인찍힌 사람은 스스로도 일탈자라고 규정하고 더욱 일탈자가 된다고 한다. 어떤 사람이 사회적으로 평가절하되는 것은 그 사회가 지향하는 가치와 규범에 의해 규정되며 이러한 가치와 규범에서 벗어날 때 사람은 가치절하된 평가를 받는다. 가치절하를 당하는 사람들은 낙인이 부여되고 일탈적으로 이미지화되어 사회로부터 분리된다. 인간에 대한 가치절하는 문화적으로 규정된 개념이며 상대적인 개념이다. 사회 내에서 대표적인 가치절하의 대상으로서 천시와 차별의 대상이 되어온 장애인은 체계적으로 주류의 사회생활에서 배제되어 왔다. 낙인이론에 의하면 장애인의 문제는 이러한 사회적 낙인에 기안한다고 본다.

편견이란 타인에 대해서 갖는 고정관념이다. 장애인에 대한 부정적인 편견에 의해 장애인문제가 발생한다고 본다. Allport는 편견의 단계로서 반대화, 회피, 차별, 신체적 공격을 들었다. 장애인에 대한 인간의 편견의 수준이 반대화나 회피, 차별단계에 있다고 보면서 장애인을 업신여기거나 우리와 다른 못난 사람으로 취급하여 차별한다고 본다. 장애인에게 있어 가장 근본적인 문제는 장애인의 능력이나 일상생활에 대한 잘못된 인식과 장애의 원인에 대한 비과학적인 요인에 대한 믿음이다. 편견은 문화적 상징이나 언어, 사회화과정 속에 내포된다. 장애인에 대한 사회적 이해부족으로 인한 장애인은 사회참여의 균등한 기회를 상실하게 되고 불평등은 다시 이해의 부족을 낳는 악순환을 초래한다.

4)자본·생산성·상품이론

서구 자본주의사회에서는 노동을 중요시함으로 인하여 장애인은 경제적 선과 이익에 기여할 수 없는 무용한 존재로 간주된다. 이런 현상은 각 개인이 갖고 있는 노동력이나 지식 등을 상품화함으로써 각자의 부와 지위를 높일 수 있다는 이론에서 비롯된다. 가치의 창출과 재창출을 통한 개인의 생산이 그 개인의 시장경제 하에서의 경쟁력을 좌우하게 되고 나아가 사회적 신분에 영향을 미치게 된다는 것이다. 그런데 장애인이 갖고 있는 생산력은 잘못 판단되거나 낮게 평가되는 것이 일반적이며, 자본주의사회는 생산력의 향상을 위하여 양질의 노동과 높은 수익성을 추구하게 됨으로써 자연히 장애인의 상품성은 인정받지 못하게 되고 이로 인해 장애인을 사회에 적응할 수 없는 집단으로 본다는 것이다. 자본주의 사회구조 속에서는 장애인들은 점차 제외되고 타인에게 의존하는 신분으로 전락하게 되며, 대개의 경우 최후의 고용, 최초의 해고라는 노동시장의 법칙이 적용된다.

제 3 장

장애인복지의
이념과 성격

1. 장애인복지의 이념

　장애인복지는 장애인을 대상으로 한 사회복지서비스의 일종이다. 사회복지는 인간이 행복하고 충실한 삶을 살 수 있도록 하는 것을 이상으로 하며, 이를 실현하기 위하여 모든 사람에게 신체적 및 정신적 발달의 기회를 부여하려 한다. 사회복지는 신체적 측면에서의 복지, 물리적 측면에서의 복지, 정신적 측면에서의 복지 등을 모두 포함한 복합적이고 다차원적인 것이다. 사회복지의 기본가치는 모든 인간은 인간으로서의 가치와 존엄성을 지닌다는 것과, 모든 인간은 균등한 기회를 가진다는 것이다. 사회복지는 사회제도와 정책, 사회계획 등을 통하여 인간의 삶의 질을 향상시키는 것을 목적으로 한다.

　장애인복지는 사회복지의 한 부분을 이루는 것이므로 장애인복지의 이념과 가치, 목적은 사회복지의 그것과 상통한다. 1975년 제30차 유엔총회에서 채택된 '장애인 권리선언'에서는 장애인은 인간으로서의 존엄이 존중되는 권리를 태어나면서부터 가지고 있으며, 일반시민과 똑같이 충족된 생활을 영위할 수 있는 권리를 가지고 있음을 천명하였다.

　1976년 제31차 유엔총회에서는 1981년을 '세계 장애인의 해'로 선언하고, '세계 장애인의 해'의 주제를 완전참여로 정하였다. 유엔은 '세계 장애인의 해'의 목적으로서 다음과 같은 것을 정하였다.

　첫째, 장애인들이 신체적, 심리적으로 사회에 적응하도록 돕는 것

　둘째, 장애인에 대하여 적절한 원조, 훈련, 치료, 지도를 수행하고, 유용한 고용기회를 창출하며, 그들이 사회에 완전통합될 수 있도록 국내적 및 국제적인 노력을 촉구하

는 것

셋째, 장애인이 일상생활을 하는데 있어서 실제적인 참여를 원활하게 할 수 있도록 하기 위하여 설계된, 예를 들어 공공건물과 교통기관을 이용할 수 있도록 개선하는 것과 같은 연구조사사업을 장려하는 것

넷째, 장애인은 경제, 사회, 정치활동의 다양한 방면에 참여하고 기여할 권리를 가지고 있음을 일반인들에게 교육시키고 주지시키는 것

다섯째, 장애의 예방과 장애인의 재활을 위하여 효과적인 시책을 추진하는 것

1979년 국제연합 총회에서는 '세계 장애인의 해'는 장애인이 사회경제개발로 인한 생활조건의 개선에 있어서 균등한 분배 뿐 아니라 다른 시민과 동등한 생활조건의 향유와 그들이 살아가는 사회의 개발 및 사회생활에의 완전한 참여의 권리를 실현하도록 촉구하고 있음을 인식하며, 장애인들이 사회의 완전한 구성원으로서 공헌할 수 있도록 한다는 것을 인식하며, 장애는 개인과 그 환경간의 관계로 파악되어야 한다는 것을 인정한다고 결의하였으며, '세계 장애인의 해'의 주제를 완전참여와 평등으로 확대할 것을 결정하였다.

장애인은 인간으로서의 존엄과 가치를 가지며 이에 상당하는 처우를 보장받아야 한다. 장애인복지는 장애인에게 인간다운 삶을 보장하고 그들의 삶의 질을 향상시키기 위한 제도적, 정책적 및 임상적 차원의 복지서비스를 말한다. 이러한 장애인복지는 인간권리의 존중에서 비롯되며 인간존중사상을 토대로 한 인도주의에 기반한다. 기회의 평등이라는 민주주의이념의 실현을 위해서도 장애인복지는 중요하다.

오늘날 장애인복지의 주요 이념은 정상화와 사회통합이다. 정상화(normalization)란 용어는 1960년대 말 북유럽지역에서 지적장애인에 대한 서비스 실천의 원칙으로 제기된 이론으로서 시설보호에 반대하며 일상적인 생활을 강조하는 개념이다. 정상화이론은 Wolfensberger 등에 의하여 1970년대와 1980년대 초기에 정교화되었다. 정상화는 정상적이고 일상적인 생활의 리듬을 존중할 것을 강조한다. 정상화이념은 하루 일과에서의 정상적인 리듬, 일주일의 정상적인 리듬, 일 년간의 정상적인 리듬 등을 서비스분야에도 동일하게 적용해야 한다고 주장한다. 아울러 개인의 성장과 발달 면에서의 정상적인 발달경험, 인생주기에서의 선택의 자유, 정상적인 이웃과 같이 하는 정상적인 가정에서의 생활, 지역사회에 통합된 생활을 강조하면서 시설화에 반대한다.

정상화는 지역사회로 전환한다는 면에서는 탈시설화와 일치하지만 근본적인 목적은 다르다. 탈시설화는 시설수용의 비인도성에서 시작되었으나 시설의 비용 측면을 강조한 것이다. 즉 탈시설화는 시설의 유지를 위한 비합리적인 재정 투자에 반대하여 복지예산의 삭감에 대한 정치적 이유를 제공하였다. 반면 정상화는 시설수용에 반대하는 점에서는 탈시설화와 동일하지만 재정투자의 대폭적 증대를 통한 서비스 질의 향상을 주장한다. 정상화를 위해서는 시설수용보다 더 많은 예산을 투입해야 한다고 주장한다. 정상화는 가치절하 받은 사람들이 가능한 한 다양한 영역과 가장 높은 수준에서 사회에서 가치를 인정받는 생활에 통합될 수 있는 기회를 가질 것을 요구한다. 이는 가치절하를 받고 있는 자들이 가치 있는 지역사회의 정상적인 가정에서 살 수 있고, 단지 가치를 인정받는 사람들과 단순히 근접해서 사는 것이 아니라 같이 살 수 있어야 하며, 가지절하를 받지 않은 사람들과 동등한 교육을 받아야 하며, 일반인들과 동일한 시설 내에서 일할 수 있어야 하며, 사회구성원들의 일반적인 활동에 속하는 종교나 여가, 쇼핑 등 모든 활동에 적극적으로 참여할 수 있어야 한다는 것을 의미한다. 정상화는 탈시설화와는 다른 것이다.

정상화의 기본원칙은 다음과 같다.

첫째, 장애인의 생활상황을 가능하면 비장애인의 생활상황에 가깝게 하고, 일상생활의 형태를 사회주류에 가깝게 한다. 주류란 중산층 국민이 영위하는 평균적인 생활양식을 말한다.

둘째, 시설의 거주자에게 하루의 생활리듬을 준다. 보통 사람들은 아침에 일어나 세수하고 식사한 후 학교나 일터로 간다. 그러나 많은 시설거주자들은 항상 한 건물에서 생활하기 때문에 보통 사람들과 같은 생활리듬을 갖기 어렵다. 따라서 우리가 당연시 하는 일부터 바꾸어 보자는 것이다.

셋째, 시설거주자에게 연중행사의 생활리듬을 준다. 일반적으로 보통 사람들에게 국경일, 공휴일, 휴가 등의 휴일이 있듯이 가족이 없는 시설거주자에게도 보통 사람과 같은 일을 주어 리듬을 갖게 하자는 것이다.

넷째, 장애인이 생애를 통해 비장애인과 같은 생활경험을 할 수 있게 한다. 보통 사람들의 생활경험을 보면 어린이는 어린이, 노인은 노인대로 연령과 발달상황에 맞는 사회생활을 경험한다. 그러나 시설에서는 연령에 맞는 경험을 하기 어렵다. 따라서 시설 내의 장애인이 자신의 연령에 맞는 경험을 할 수 있게 하자는 것이다.

다섯째, 장애인에게 선택의 자유와 생활의 희망을 준다. 수용시설은 개인의 선택이나 욕망을 끊임없이 재한한다. 즉 획일화된 시설규칙에 맞추어 행동하도록 요구하고 자주적인 행동을 하면 벌을 주기도 한다. 따라서 자주성이나 개성을 개발하고 신장하도록 하자는 것이다.

여섯째, 부자연스러운 생활상태를 바꾸어 남녀 양성이 있는 생활의 장으로 만든다. 비장애인의 사회는 양성으로 구성되어 있다. 그러나 시설은 남녀가 다른 건물에 살고 있으며 교제할 수도 없게 되어 있다. 따라서 이러한 생활상태를 바꾸자는 것이다.

Nirje는 정상화원리가 지향하는 구체적 목표를 다음과 같이 제시하고 있다.

① 사생활 보호, 다양한 활동 및 상호책임이 요구되는 매일의 일상적인 생활리듬, 가정에서 생활하면서 통학·통근을 할 수 있고, 지역사회와 교류를 가질 여유가 있는 일주일의 일상적인 리듬, 가정 생활양식의 변화와 주기적으로 지역사회에서 주최하는 다양한 행사들을 경험할 수 있는 일년 동안의 일상적인 생활리듬을 지역주민들과 함께 할 것

② 인생의 각 단계에 맞는 성장 경험의 기회를 가질 것

③ 지적장애인의 자기결정의 표현에 대해 존중할 것

④ 이성 간의 관계는 지역사회에서 분리되지 않고 협력하는 관계일 것

⑤ 다른 모든 시민과 동등한 경제적 수준이 보장될 것

⑥ 정상적이고 일반적인 환경수준이 보장될 것

⑦ 부모나 직원의 환경도 정상적이고 일반적일 것

Nirje는 정상화원리에서 자기결정과 통합을 강조하는데, 통합은 다음과 같은 통합을 의미한다.

① 물리적 통합 : 지역사회의 주택가에 있는 그룹홈에서의 생활, 다른 모든 시민과 같은 리듬을 경험하는 생활

② 기능적 통합 : 물리적 통합이 확대되는 것, 예를 들면 식당, 수영장, 교통수단 등을 보통 시민과 같이 이용할 수 있는 것

③ 사회적 통합 : 지역사회 이웃, 학교, 직장 등에서 개인적, 상호적 사회관계, 일반적인 사회관계, 존경, 평가 등이 있는 것

④ 개인적 통합 : 생활상의 다양한 욕구가 가장 영향력 있는 다른 사람과의 상호관계 중에서 발전되고 변화되는 것

⑤ 사회체계적 통합 : 시민으로서의 법적 권리, 성장과 성숙에의 기회, 자기결정을 통한 자아실현 등을 성취할 수 있는 것

⑥ 조직적 통합 : 행정기구나 서비스의 형태에 참여할 수 있는 것

사회통합은 한 개인이 가치 있는 방법에 의해 정상적인 지역사회 내에서 인격적인 개인으로서 성공적으로 참여하는 것이다. 여기서 중요한 용어는 개인과 참여이다. 개인이란 통합이 이루어지기 위해서는 가치절하된 사람들의 집단이 아닌 개인 그 자체의 관점에서 보아야 한다는 것을 말한다. 참여는 사회적으로 인정받는 방식을 통해 개인적으로 참여하는 것을 말한다. 사회통합은 교육과 훈련이 참여과정과 동시에 일어날 것을 요구한다. 이는 개인의 사회통합과 의미 있는 사회참여의 중요성을 강조하는 개념이다. 가치절하를 받은 사람들에 대한 가치 있는 사회통합이 성공적으로 이루어지기 위해서는 몇 가지 지원이 필요하다. 이러한 지원은 이념적, 행정적 측면에서 이루어져야 한다. 이러한 지원은 개인이 능동적으로 사회통합을 유지할 수 있도록 할 것이며 개인에 대한 긍정적인 이미지가 사회에 통합되도록 할 것이다. 일정한 영역에서 통합이 이루어지지 못한 경우에는 충분하고 다양한 지원서비스가 이루어져야 한다. 이러한 지원을 통해 개인들은 태어나면서부터 지역사회에서 살아갈 수 있게 될 것이다. 이러한 지역사회 내에서의 지속적인 통합을 위해 포괄적이고 지속적인 지원서비스가 필요하다. 물리적인 측면에서의 사회통합은 단지 지역사회에 가치절하된 사람들이 살고 있는 것을 의미하는 것이며, 이는 단지 가치 있는 사회참여를 하기 위한 전제조건일 뿐이다.

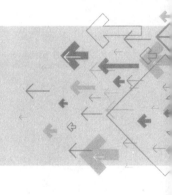

2. 장애인의 기본권

　장애인의 보호를 위한 일련의 사회입법은 그 이념적 근거를 헌법상의 인간다운 생활권에 두고 있으며 나아가 생존권을 구체적으로 보장하기 위한 사회보장수급권에 그 직접적 기초를 두고 있다. 현대의 사회법 원리 하에서 이념적으로는 장애인도 인간다운 생활권의 주제로서 보호받고 있지만 현실적으로는 장애인에 대한 편견과 사회참여에의 제약요인으로 인하여 이들의 인권보장은 이루어지지 않고 있다. 이를 해결하기 위해서는 우선 장애의 사회성에 대한 인식을 바탕으로 하여 장애인의 완전한 참여와 평등이 보장되어야 한다. 장애의 원인은 선천적인 경우에도 빈곤, 질병, 약물중독, 의약품의 오남용, 공해로 인한 환경파괴 등 그 근본적 원인이 주로 현대 산업사회의 병리적인 사회경제적 구조에서 비롯된 것이며, 후천적인 원인도 산업재해, 교통사고 등이 대부분을 차지하고 있어 장애의 원인을 장애인 개인이나 가족의 책임만으로 돌릴 수 없으므로 사회 연대책임의 기초 위에서 장애의 제거와 회복에 대한 국가의 법적 책임이 강조되어야 한다. 개인주의적 장애관에서부터 사회적 장애관으로 인식이 전환됨으로써 장애인 인권의 현실적인 권리성이 확보될 수 있다.

　장애인 기본권의 직접적인 법이념적 근거가 되는 것은 인간다운 생활권이지만 인간다운 생활권은 그 하층구조인 근로권과 사회보장수급권의 상호연대적 보장을 통하여 구체적인 내용을 획득하게 된다. 이러한 기초 위에서 장애인이 인간다운 생활을 영위하려면 일정한 소득보장 및 의료보장과 복지조치가 구체적으로 확보되어야 하고, 이의 실현을 위한 장애인의 절차참여의 권리도 보장되어야 한다. 따라서 장애인의 기본권은 실체적 권리와 절차적 권리로 나뉘어지는데, 실체적 권리는 소득보장수급권, 의료보장

수급권, 복지조치수급권으로 이루어지며, 절차적 권리는 권리구제쟁송권, 행정 및 입법 참여권, 단결권 및 단체교섭권으로 구성된다.

장애인 기본권의 구조는 <그림 3-1>과 같다.

<그림 3-1> 장애인 기본권의 구조

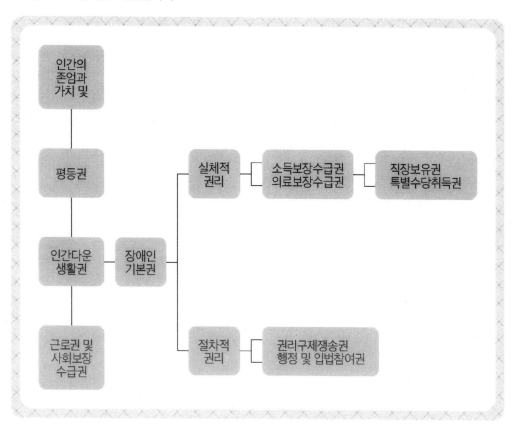

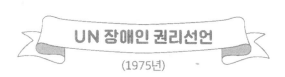

UN 장애인 권리선언

(1975년)

1. "장애인은 선천적이든 후천적이든 관계없이 신체적 또는 정신적 능력 의 불완전으로 인하여 일상의 개인적 또는 사회적생활에 필요한 것을 확보하는 데 자기 자신으로서는 완전하게 또는 부분적으로 할 수 없는

사람을 의미한다." 이런 장애인에 대한 정의는 바로 장애인이 비장애인과 같이 정상적인 사회생활을 하려면 '특별한 요구'를 할 권리가 보장되어야 한다는 것을 의미하는 것이다.

2. 장애인은 이 선언에서 제시한 모든 권리를 향유한다. 이들의 권리는 어떠한 예외도 없고, 인종, 피부색, 성, 언어, 종교, 정치, 혹은 기타의 의견, 국가 또는 사회적 신분, 빈부, 출생, 장애인 자신 또는 그 가족이 처해 있는 상황에 따라 구별 또는 차별도 없이 모든 장애인에게 인정된다.

3. 장애인은 인간으로서의 존엄이 존중되는 권리를 출생하면서부터 갖고 있다. 장애인은 장애의 원인, 특징 정도에 관계없이 동년배의 시민과 동등한 기본적 권리를 갖는다.

4. 장애인은 다른 시민들과 동등한 시민권 및 정치적 권리를 갖는다.

5. 장애인은 가능한 한 자립할 수 있도록 구성된 시책의 혜택을 받을 자격이 있다.

6. 장애인은 의료적, 심리적, 기능적 치료와 더불어 의료적, 사회적 재활, 교육, 직업교육, 훈련, 재활, 원조, 상담, 직업알선 및 기타 장애인의 능력과 기능을 최대한으로 개발할 수 있고 사회통합 또는 재통합하는 과정을 촉진하는 서비스를 받을 권리가 있다.

7. 장애인은 경제적, 사회적 보장을 받아 상당한 생활수준을 보유할 권리가 있다. 장애인은 그 능력에 따라서 보장을 받고 고용되어 생산적이고 보수를 받는 직업에 종사하고 노동조합에 참여할 권리가 있다.

8. 장애인은 경제, 사회계획의 모든 단계에 있어 그 특별한 욕구가 고려되는 자격을 갖는다.

9. 장애인은 그 가족이나 부모와 함께 생활하고 모든 사회적 활동, 창조적 활동, 레크리에이션 활동에 참여할 권리를 갖는다. 장애인은 그 상태로 인하여 필요하다든지 또는 그 상태에 유래해서 개선될 경우, 차별적인 취급을 면한다. 만일 장애인이 전문시설에 입주하는 것이 절대로 필요할 때에도 그곳에서의 환경이나 생활조건은 동년배 사람들의

일상생활과 가능한 한 유사한 것이어야 한다.

10. 장애인은 차별적, 모욕적, 또는 비열한 성질을 가진 모든 착취와 규칙, 그리고 모든 취급으로부터 보호받아야 한다.

11. 장애인은 그 인격과 재산의 보호를 위하여 적절한 법적 원조가 필요한 때에는 그것을 제공받을 수 있어야 한다. 만일 장애인에 대하여 소송이 있을 경우에는 그것에 적용되는 법적 절차는 그들의 신체적, 정신적 상태를 충분히 고려하여야 한다.

12. 장애인단체는 장애인의 권리에 관한 모든 사항에 대하여 유효하게 협의할 수 있어야 한다.

13. 장애인과 그 가족 및 지역사회는 이 선언에 포함된 권리에 대하여 모든 적절한 방법에 의하여 충분히 주지되어야 한다.

<유엔 장애인 권리선언>에서 가장 중요한 것은 장애인에 있어 장애가 아니라 비장애인과 똑같은 사람으로 존중해야 한다는 것이다. 장애인에게 있어서 가장 큰 장애는 자신이 입은 장애가 아니라 생활의 장벽이나 불편함을 야기시키는 장애사회(handicapped society)이다. 유엔은 장애인권리선언을 통해 권리증진은 장기적이고 지속적으로 추진되어야 한다는 점에서 '장애인 10년 계획'을 선포하였다. '장애인 10년 행동계획'의 궁극적인 목표는 "장애인의 완전한 사회참여와 평등"의 실현이다. 완전한 사회참여라는 것은 바로 장애인들이 일상생활에서 격리당하지 않고 통합된 사회적 생활을 할 수 있도록 하는 것이다. 우리나라에서도 1998년에 '장애인인권헌장'을 제정, 선포하였다.

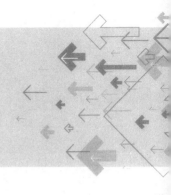

3. 장애인복지의 성격

흔히 장애인복지는 복지사회의 척도라고 한다. 즉 장애인복지의 수준이 어느 정도인가를 알면 그 사회의 복지수준을 알 수 있다는 말이다. 이처럼 장애인복지는 한 사회의 복지수준을 반영하며, 장애인문제는 장애인만의 문제가 아니라 전체 사회구성원의 문제이다.

장애인은 장애를 가짐으로 인하여 신체적, 정신적, 경제적, 교육적, 직업적 차원 등 다양한 측면에서 어려움을 경험하게 된다. 따라서 장애인이 갖고 있는 문제는 복잡하고 다양하며, 따라서 장애인복지도 다차원적, 포괄적, 총체적, 복합적인 성격을 갖는다. 장애인이 경험하는 다차원적인 문제들을 감소 또는 해결하기 위해서는 장애인복지서비스 또한 총체적, 종합적이어야 한다. 따라서 장애인복지는 다른 복지서비스 분야에 비하여 보다 복잡한 성격을 지닌다.

장애인복지의 특성은 다음과 같다.

첫째, 장애유형이 매우 다양하고 각각의 장애가 갖는 특성도 다양하다. 그리고 장애의 개념도 나라마다 다르고 법적 장애의 정의도 다르게 되어 있다. 이에 따라 장애인복지도 다양성을 필요로 한다.

둘째, 장애의 개별성은 동일한 장애일지라도 개인에 따라 문제의 양상이 전혀 다른 경우가 일반적이다. 예를 들어 같은 발달장애라 하더라도 개인에 따라 행동양식이나 장애특성이 다를 때가 많다. 이러한 이유로 장애문제의 해결은 최대한 개별화된 접근방법을 필요로 한다.

셋째, 개인적 측면과 사회적 측면이 결합된 복합적인 문제를 갖게 된다. 즉, 장애 자체는 개인의 의료적 문제이지만 그 결과로 인해 교육, 직업, 사회활동 등과 같이 사회제도 전반에 걸쳐 개인의 문제에만 국한되지 않는다. 이러한 복합성으로 인해 개인적 재활과 사회적 여건의 조성이 모두 고려되어야 하는 특성이 있다.

넷째, 장애의 생애주기성이다. 장애는 특정연령에만 해당되지 않고 전 연령층에 해당된다. 따라서 아동, 청소년, 노인과 같이 동일한 인구학적 특성을 갖지 않기 때문에 대책이나 접근이 더욱 복잡한 양상을 갖게 된다. 생애주기별로 장애유아, 장애청소년, 장애성인, 장애노인 등에 이르기까지 각 주기에 따라 각기 다양한 욕구를 갖기 때문에 생애주기적 접근을 필요로 한다.

장애인복지의 구조를 <그림 3-2>와 같이 재활, 보호, 예방, 생활환경의 정비 등으로 이루어진 것으로 분석할 수 있는데, 이 그림에서는 장애정도에 따라서 중도일 때는 보호를, 경도일 때는 재활을 강조하고 있다.

<그림 3-2> 장애인복지의 구조

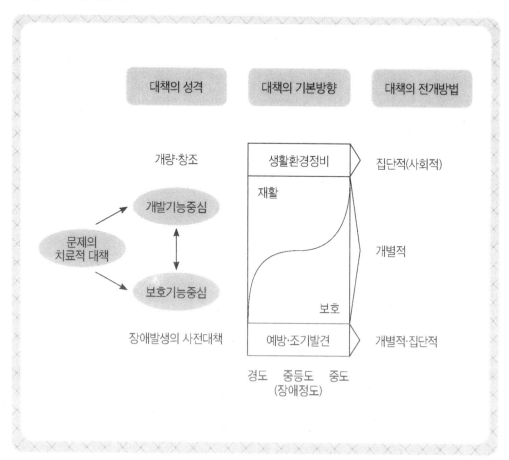

제 4 장

장애인복지의
역사

1. 정부 수립 이전

    우리나라의 장애인복지의 역사를 거슬러 올라가면 삼국시대, 고려시대, 조선시대에도 장애인을 위한 구휼제도가 존재하였다. 병들고 자립불가능한 사람들에 대하여 국가에서 구제해주고 잡역이나 요역을 면제해주고 수용보호기관을 설치, 운영하였다.

    일제 강점기의 구휼정책은 그 대상에 따라 두 가지로 나눌 수 있는데, 하나는 노동력이 없는 빈민이나 일시적으로 재해를 당한 사람들을 대상으로 한 구호사업이고, 다른 하나는 노동력이 있는 빈민을 대상으로 한 것이었다. 일제 강점기의 구호사업은 상황에 따라서 임시적이고 즉흥적으로 이루어졌다. 1944년에는 조선구호령을 제정하였는데, 그 대상은 65세 이상 노약자, 13세 이하 아동, 임산부, 그리고 불구, 폐질, 상이, 질병, 기타 정신이나 신체의 장애로 인하여 노동을 하지 못하는 자였다. 이러한 사람들을 대상으로 신청에 의하여 자산조사를 한 후 거택보호사업을 실시하였다. 이 당시의 장애인 구호사업은 장애인만을 위한 것이 아니었고 전국민을 대상으로 한 구빈정책의 일환으로 실시되었다.

    해방 이후 1948년 정부 수립 이전까지의 미군정기 때는 후생국보에서 공공구호를 규정하였다. 공공구호의 대상은 65세 이상 자, 6세 이하의 부양할 소아를 가진 어머니, 13세 이하의 소아, 불치병자, 분만 시 도움을 요하는 자, 정신적 및 육체적 결함이 있는 자로서 시설에 수용되지 않고 가족이나 친척의 보호가 없고 노동할 수 없는 자 등이었다. 구호내용에는 식량, 주택, 연료, 의류, 의료가 포함되었다. 미군정기 때도 일제 강점기와 같이 장애인만을 위한 독자적인 복지제도는 없었다.

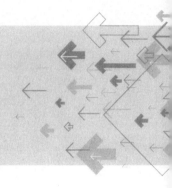

2. 정부 수립 이후

 정부 수립 이후 1960년대까지는 장애인을 대상으로 한 제도가 별로 발달하지 못하였다. 1949년에 공포된 교육법에서는 특수학교와 특수학급에 대한 규정을 두었다. 한국전쟁으로 인하여 전쟁고아들과 장애아들의 수용보호에 대한 필요성이 증가함에 따라 이러한 아동을 수용, 보호하는 사업이 실시되었다. 이 시기에는 이용시설은 없고 수용시설만 있었다. 한국전쟁을 전후한 시기에는 장애인문제는 주로 민간단체나 외국의 원조단체, 종교단체 등에 의해 다루어졌다. 1950년의 군사원호법과 1951년의 경찰원호법은 상이군인과 상이경찰관의 생계부조, 직업보호, 수용보호등을 규정하고, 신체나 정신에 장애가 있을 때 의료시설에 수용하여 치료할 수 있게 하였다. 1952년에는 우리 나라 최초의 지체장애인시설인 삼육재활원이 설립되었고, 6.25사변으로 인해 발생한 전상자들을 치료하기 위하여 부산국립재활원을 건립하였다. 1954년에는 재활협회의 전신인 한국불구자협회가 창립되었다. 1959년에는 최초의 재활병원이 설립되었다. 1960년에는 보건사회부에서 전국규모의 심신장애아실태조사를 실시하였다. 1962년에는 한국특수교육협회가 창립되었고, 1963년에는 산업재해보험법이 제정되었다. 1964년에는 세브란스 특수학교가 설립되었고, 1965년에는 대한물리치료사협회가 창립되었다. 1960년대를 전후하여 공무원연금법, 군인연금법, 산업재해보상보험법 등에 의거하여 특수직에 종사하는 장애인에게 보상급여와 요양급여를 지급하였다. 특수학교는 1960년대까지는 주로 맹아 및 농아학교가 주로 설립되었고, 1960년대 후반부터 정신지체아 및 지체장애인을 위한 특수학교가 설립되었다.
 1970년대의 주요 사건으로는 국제연합에서 1971년에 '정신지체인 권리선언', 1975년에 '장애인 권리선언'을 채택하였고, 1976년 UN총회에서는 1981년을 '세계 장애인의 해'로 지정할 것을 결의하였다. 1977년에 특수교육진흥법이 제정되었고 1970년에 한국재활의학회가 창립되었다.

　1981년을 기점으로 하여 우리 나라의 장애인복지제도는 크게 발전하게 된다. 국제연합이 정한 '세계 장애인의 해'를 맞이하여 1981년에 심신장애자복지법이 제정되고 보건사회부에 장애인복지 담당부서인 재활과가 설치되었는데, 이로써 장애인복지의 제도적 기반이 마련되었다. 1980년대에 정부에서 장애인수용시설을 증설하고 저소득 중증장애인을 대상으로 한 제가장애인복지사업을 확충하였다. 1982년부터 재활협회에서는 취업알선사업을 실시하였고, 1986년부터는 정부 지원하에 보호작업장이 설치되었다. 정부에서는 1985년~1987년까지 장애인복지시설 현대화사업을 추진하였다. 1980년대 이전에는 수용시설이 대부분이었으나 1980년대 이후 직업재활시설, 장애인복지관 같은 이용시설이 설치되었다. 1988년 11월부터는 장애인등록제도가 실시되었다. 서울장애인올림픽대회 개최, 한국장애인복지체육회의 설립 등을 통하여 장애인의 여가 및 스포츠활동 지원사업이 실시되었다.

　1988년 서울장애인올림픽을 계기로 정부에서는 장애인복지의 제도적 틀을 재성비하고 재가장애인복지서비스를 확충하였다. 1989년에는 대통령 직속 자문기상애인복지대책위원회를 설치하여 종합적인 장애인복지대책안을 수립하였으며, 심신장애자복지법을 장애인복지법으로 전문 개정하였다. 1990년대에 들어서는 순회재활서비스센터 설치운영, 재가장애인을 위한 가정봉사원파견서비스 실시 등 재가 장애인을 위한 복지서비스가 확대되었다. 그리고 장애인고용촉진및직업재활법과 장애인·노인·임산부등의 편의증진보장에관한법률이 제정되었다. 2000년대에는 등록장애인 범주에 5종이 추가되어 모두 15종으로 확대되고, 장애인연금법과 장애아동복지지원법, 장애인등에대한특수교육법이 제정되었다.

<표 4-1> 장애인복지제도 발달사

연　도	내　용
1963.11	산재보험법 제정
1976	제31차 UN총회에서 1981년을 『세계장애인의 해』로 선정
1977.12	특수교육진흥법 제정

1981	UN이 정한 세계장애인의 해 ※ 제1회 재활증진대회, 전국장애인체육대회, 기능경기대회 개최
1981.6	심신장애자복지법 제정
1981.11	재활과 신설
1982.1	영세장애인에 대한 보장구교부사업 실시
1982.7	장애인 취업알선사업 실시(한국장애자재활협회)
1983.12	장애인용 수입물품 관세 감면
1984.1	서울장애인올림픽대회 유치
1984.5	장애인편의시설 의무화(건축법시행령)
1984.12	맹인심부름센터 운영(한국맹인복지협회)
1885~1987	장애인복지시설 현대화사업 추진(3개년 계획)
1985~1988	재가장애인 상담지도사업
1986.10	국립재활원 개원
1988.8	장애자복지대책위원회 규정
1988.10	제8회 서울장애인올림픽대회
1988.11	장애인등록사업 전국 확대 실시
1988.12	상속세 및 소득세 공제
1989.1	보철용승용자동차 특별소비세 및 자동차세 감면
1989.4	재단법인 한국장애인복지체육회 설립
1989.7	전화요금 감면
1989.12	심신장애자복지법 전문 개정, 장애인복지법으로 변경 ※ 장애인의 날을 법정기념일로 규정
1990.1	저소득 중증·중복장애인 생계보조수당 지급, 의료비 지원
1990.5	장애인 승용자동차 LPG연료 사용 허용
1990.9	국·공립박물관, 고궁 및 능원의 장애인 무료 입장
1991.1	장애인고용촉진등에관한법률 시행
1991.8	KAL 국내선 항공료 50% 할인(1~3급 장애인은 보호자 1인 포함)
1992.1	저소득 장애인가구 자녀(중학생) 교육비 지원 및 자립자금 대여

1992.12	UN에서 매년 12월 3일을 「세계 장애인의 날」로 정함
1993.1	장애인종합복지관 분관 설치 및 운영(9개소)
1993.4	지하철 무임승차제 실시(50% → 전액 무료)
1993.8	장애인자동차 표시제도 실시(주차요금 할인, 10부제 적용 제외) 국내선 항공료 50% 할인 확대(KAL → KAL, 아시아나)
1993.9	장애인승용차동차 LPG 사용범위 확대 (1~4급 장애인, 1,500CC이하 → 전체 등록장애인, 2,000CC 미만)
1993.11	영구임대주택 입주신청 시 가산점 부여 확대(5점 → 10점)
1994.4	장애인승용차 LPG사용범위 확대(장애인 본인명의 등록차량 → 세대를 같이 하는 보호자명의 등록차량까지 확대) 장애인복지과로 직제 개정
1994.6	장애인보장구의 부가가치세 영세율 적용 품목 확대(의수족, 휠체어, 보청기 → 보조기, 지체장애인용 지팡이 및 목발 추가)
1994.9	지체장애인 1종 운전면허 허용
1994.11	장애인용 수입물품 관세 감면 품목 확대 (53종 → 54종 : 맹도견 포함)
1994.12	장애인편의시설 및 설비의 설치기준에 관한 규칙 제정·공포
1995.1	저소득장애인가구 자녀 실업계 고교생 학비 지원 장애인 정원 외 대학 입학 허용 장애인승용자동차 특별소비세 면세범위 확대 (1~3급 신체장애인, 보철용 특수 제작된 1,500cc 미만 1~3급 장애인 명의, 1,500cc 미만) 장애인승용차 자동 차세 면제범위 확대 (1~3급 자가운전 지체장애인, 1,500cc 미만 → 18세 이상의 1~3급 지체 및 1~4급 시각장애인 명의, 2,000cc 이하)
1995.2	국민주택(공공임대주택은 제외)의 특별공급대상에 장애인을 포함하여 특별 공급할 수 있도록 주택공급에 관한 규칙 개정
1995.4	장애인 시외전화요금 감면
1995.7	청각장애인 운전면허 허용
1995.8	장애인용 수입물품 관세감면 품목 확대(54종 → 69종) 및 추천절차 폐지

1995.12	KBS 사랑의 소리방송(장애인방송국) 개국
1996.1	의료보험 및 의료보호, 급여기간 제한 철폐(180일 → 365일) 주간 및 단기보호시설 설치·운영 장애인승용자동차 자동차세 면제범위 확대 (18세 이상의 1~3급 지체 및 1~4급 시각장애인 명의 → 1~3급 장애인 및 1~4급 시각장애인 명의(부모 또는 배우자 명의 등록 포함)로 등록한 2,000cc 이하의 승용자동차 1대)
1996.3	장애인생산품공판장 개장 「노인·장애인복지종합대책」 발표
1996.4	「장애인 먼저」 운동 선포
1996.5	중증장애인의 보호자 1인에 대하여 지하철요금 면제
1996.6	무선호출기 기본사용료 20% 할인 및 이동전화 가입비 면제
1996.9	제1회 루즈벨트 국제장애인상 수상
1997.1	장애인공동생활가정 설치·운영 시각·청각장애인 가정에 대한 TV수신료 면제 보장구에 대한 의료보호 및 보험급여 실시 (지팡이, 저시력보조기, 보청기, 인공후두 등 4종) 장애인용 수입물품 관세감면 품목 확대 (69종 → 70종 : 핸드벨·차임벨 포함) 재활병·의원에서 사용하는 의료용구 관세 감면 상속세 인적공제 확대 (300 만원 x (75세 상속 당시 나이) → 500만원 x (75세 - 상속 당시 나이)) 장애인 승용자동차 특별소비세 면세범위 확대(1~3급 장애인 본인 명의로 등록 한 1,500cc 이하의 승용자동차 1대 → 1~3급 장애인 본인명의 또는 생계를 함 께 하는 자와 공동명의로 등록한 1,500cc 이하의 승용자동차 1대)
1997.3	철도요금 할인 대상을 무궁화호까지 확대 1~3급 장애인(시각장애인은 4급 포함)본인·부모 배우자 명의 차량 등록세·취득세 면제
1997.4	시내·외 전화요금 할인율 확대(장애등급과 상관 없이 50%) 「장애인·노인·임산부 등의 편의증진보장에관한법률」 제정·공포 제1회 「올해의 장애 극복상」 시상
1997.5	장애인복지심의관 설치

1997.8	장애인용 차량에 장애인 승차시 고속도로 통행료 50% 할인 관세 면세 품목 추가(14개 종목)
1997.9	「서울국제장애인복지대회」 개최
1997.10	장애인용 차량 구입 시 채권 구입 면제
1997.11	철도요금 할인대상 확대(1~3급 장애인의 보호자도 50% 할인)
1997.12	「장애인복지대책위원회」에서 「장애인복지발전5개년계획」 심의·확정
1998.1	자동차세, 자동차 구입 등록세 취득세 면제범위 확대 (본인 배우자·부모 명의 → 본인 배우자·직계존비속 명의) 의료보험(보호) 적용대상 보장구 범위 확대 (휠체어, 목발, 흰지팡이 등 3종 추가)
1998.2	「장애인·노인·임산부등의편의증진보장에관한법률」 시행령 제정·공포
1998.4	자동차 구입 시 등록세 취득세 자동차세 면제범위 확대 (2,000cc 이하 승용차 1대 → 2,000cc 이하 승용차, 1톤 '이하 화물차, 15인승 이하 승합차 중 1대) 「장애인·노인·임산부등의편의증진보장에관한법률시행규칙 제정·공포
1998.5	장애인용 차량 LPG 사용범위 확대(2,000cc 이하 본인명의 '차량 → 본인 또는 보호자 명의 모든 차량 1대) 국·공립공연장 관람요금 50% 할인(본인 및 중증장애인의 보호자 1인)
1998.7	고속도로 통행료 할인범위 확대(2,000cc 이하 승용차 → 1톤이하 화물차, 12인승 이하 승합차 추가)
1998.11	장애검진기관 지정제도 폐지 자동차 구입 시 자동차세 등 면제대상 차량에 대하여 면허세 면제(조례지침 시달, 시군구별 조례 개정 후 시행)
1998.12	「장애인 인권헌장」 제정·공포
1999.1	특별소비세 면제범위 확대(1,500cc 이하 승용차 → 배기량 제한 폐지) 장애인을 수익자로 신탁회사에 신탁하는 금전·유가증권·부동산에 대하여 재산가액 5억원까지 증여세 면제 심부름센터 및 수화통역센터 국고보조 시행 「장애인 노인 임산부등의편의증진보장에관한법률」 개정
1999.2	「장애인복지법」 전면개정(2000.1.1.부터 시행)

1999.6	장애인복지시설 4대 특별지원사업 확대 실시
1999.10	의지보조기, 의안, 콘택즈 렌즈 의료보험(보호) 급여실시
1999.12	장애인복지법 시행령 및 시행규칙 전면개정(2000.1.1.부터 시행)
2000.1	장애범주확대 : 지체, 시각, 청각, 언어, 지적장애 → 지체, 뇌병변, 시각, 청각, 언어, 자폐, 정신, 신장, 심장장애까지 확대 시행
2000.1	장애인직업재활시설의 종류 변경(장애인복지법 시행규칙 개정에 따라 종전의 보호작업장, 근로시설에서 작업활동시설, 보호작업시설, 근로작업시설, 직업훈련시설, 생산품판매시설로 확대) 「편의시설확충국가종합5개년계획(2000~2004)」 수립 시행 「장애인생산품우선구매제도」 관련 고시 제정
2000.3	전화요금 할인대상 확대(20세 이상의 세대주이거나 세대주의 배우자 명의 전화 → 장애인 명의) 보장구 부가가치세 영세율 적용품목 확대, 의수족, 휠체어, 보청기, 보조기, 지체장애용 지팡이 및 목발 → 시각장애인용 흰지팡이, 청각장애인용 달팽이관시스템, 성인용보행기, 욕창예방용품, 인공후두, 장애인용기저귀까지 확대
2000.4	「정비대상시설의 편의시설 설치 실태조사」 실시
2000.5	「편의시설촉진기금」 설치 · 운용
2000.7	「장애인고용촉진및직업재활법」 시행령, 시행규칙 개정
2000.10	장애인직업재활기금사업 실시
2001.6	장애인복지법 시행규칙 개정(심장이식자 장애범주 포함)
2001.7	장애인용 LPG 차량에 대한 LPG연료, 세금 인상분 지원
2003.1	보장구부가가치세 영세율 적용품목 확대 (점자정보단말기 등 6종 추가)
2003.7	2차 장애범주 확대 - 안면변형, 장루·요루, 간, 뇌전증, 호흡기장애(5종 추가)
2003.9	장애인복지법 개정 (국민기초생활보장법상의 생계급여 수급자인 장애인에게 장애수당지급)
2003.12	장애인·노인·임산부등의편의증진보장에관한법률 개정 (편의증진심의회 설치, 장애인전용주차구역 관리강화, 편의시설설치촉진기금 폐지 등)

2004.6	장애인·노인·임산부등의편의증진보장에관한법률 개정 (편의시설 설치 대상시설 확대, 아파트의 장애인 전용주차구역 설치 의무화)
2004.12	장애인복지법시행령 개정(장애인생산품 우선구매 품목 및 우선구매 비율 확대)
2005.1	장애수당 지급대상자 확대 (국민기초생활보장법상의 생계급여 수급자 중 중증장애인 → 국민기초생활보장법상의 일반수급자인 전체 등록장애인) 장애인생산품 우선구매제도 확대(장애인생산품 우선구매품목 6개 → 17개 품목, 우선구매비율 2~20% → 5~20%) 고속도로 통행료 할인범위 확대(2,000cc 이하 승용차, 1톤 이하 화물차, 12인승 이하 승합차 → 7~10인승 승용차 추가)
2005.4	인공와우수술 보험급여 실시, 장애인보장구 보험급여 확대 : 전동휠체어, 전동스쿠터, 장애인용구두(정형외과용구두)
2005.5	「제2차 편의증진 국가종합 5개년 계획」 수립
2005.6	장애인 노인·임산부등의편의증진보장에관한법률 시행령 일부개정
2005.7	「장애인기업활동촉진법」 제정(2005.10.30. 시행)
2005.10	장애인소득보장팀 신설
2005.12	장애인·노인·임산부등의편의증진보장에관한법률 시행규칙 일부개정(화장실 공간확보 및 횡단보도 턱 낮추기 등)
2006.1	공무원의 장애인 의무고용 정원을 공안직을 제외한 전 직종으로 확대 중중장애인 특별보호대책에 따른 중증장애인 요양시설 확충사업 실시
2006.5	"장애인 사회참여 평가단"출범
2006.9	장애수당 ·장애아동부양수당 등 인상, 장애학생 의무교육 실시 및 이동권 보장 등을 포함한 범정부적인 『장애인지원종합대책』 발표
2006.11	장애인차량 LPG세금인상분 지원제도 관련 신규 진입자 지원 중단 장애인종합복지회관 계약 체결(여의도 소재 "중앙빌딩)
2006.12	UN 장애인권리협약 채택(협약안에 여성장애인관련 조항 제정에 주요 역할 수행)
2007.1	장애수당 대상자 확대 및 지급액 인상(기초수급자 → 기초수급자 + 차상위) 중증 7만원, 경증 2만원 → 기초 중증 13만원, 차상위 중증 12만원, 기초 및 차상위 경증 3만원, 장애아동부양수당 대상자 확대 및 지급액 인상(기초수급자 → 기초 수급자+차 상위) 기초 1급 중증 7만원 → 기초 중증 20만원, 차상위 중증 15만원, 기초 및 차상위 경증 10만원, LPG차량 세금인상분 지원 중단(4-6급 장애인) 실비 장애인생활시설 이용료 지원제도 실시(월 27만원)

2007.3	장애인권리협약 서명
2007.4	장애등급심사제도 도입(중증장애수당 대상자 실시) 장애인활동보조지원사업 시행(장애인복지법상 등록 1급 장애인 중 만6세 이상 만65세 미만으로 인정조사표상 일정점수(220점) 이상인 자에 대해 활동보조서비스 제공, 월 20~80시간) 장애인일자리사업(장애인 행정도우미, 장애인 복지일자리) 실시 장애인차별금지및권리구제등에관한법률 제정, 공포 (2008.4.11.시행)
2007.5	장애인등에대한특수교육법 제정(특수교육진흥법 폐지)
2007.12	장애인직업재활시설의 종류 변경(장애인복지법 시행규칙 개정에 따라 보호작업장, 근로사업장으로 변경)
2008.1	장애인활동보조지원사업 확대 시행(월 20~80시간 →30~90 시간, 독거장애인에 대한 특례지원 최대 120시간, 서비스단가 인상 7,000원 → 8,000원, 지원대상 확대 16,000명 → 20,000명)
2008.2	장애인생산품 우선구매제도 실시기준 개정 장애인·노인·임산부등의편의증진보장에관한법률 개정
2008.3	장애인권익증진과 신설
2008.4	(재)한국장애인복지진흥회 → (재)한국장애인개발원으로 명칭 변경
2008.7	공공시설이용 요금감면대상 장애인보호자의 범위 개정
2008.8	활동보조지원대상자 독거특례자에 대한 지원시간 확대 (최대 월 180시간 지원) 실시
2009.1	장애인활동보조지원사업 확대 시행(월 30~90시간 →40~100 시간, 지원대상자 확대 20,000명 → 25,000명)
2009.2	장애아동 재활치료서비스 전국 확대 실시
2009.7	장애인장기요양 시범사업 실시
2009.10	장애아동 재활치료서비스 제공 대상자 확대(전국 가구평균소득 50% 이하 → 70% 이하)
2010.1	장애등급심사제도 확대 : 중증장애수당 대상자만 실시하던 장애등급심사를 신규등록, 재판정대상자 등 1~3급에 대해 확대 실시 장애인일자리사업 확대(시각장애인안마사 파견사업 추가)
2010.2	장애아동재활치료서비스 제공대상자 확대 (전국 가구평균소득 70% → 100% 이하)

2010.3	장애인인권침해예방센터 운영(1개소)
2010.4	장애인연금법 제정(2010.7.1. 시행)
2010.6	장애인연금법 시행령 및 시행규칙 제정(2010.7.1. 시행)
2011.1	장애인연금법 시행령 개정(65세 이상 차상위 초과자 부가급여 2만원 지급) 중증장애인생산품 우선구매제도 확대 시행(우선구매비율 18개 품목별로 5~20% → 품목 제한 없이 총 구매액의 1%) 「장애인활동지원에 관한 법률」 제정(2011.10.5. 시행)
2011.2	장애인복지법 시행규칙 일부개정(장애인자동차표지 발급 대상 확대)(보건복지부령 제41호) : 특수학교, 장애전담 어린이집, 장애인콜택시 추가
2011.4	장애인연금팀 신설 장애등급심사제도 전면확대 : 1~3급에 대해서만 시행하던 장애등급심사제도 를 등급과 관계없이 전면시행
2011.5	장애인차별금지및권리구제등에관한법률 시행령 일부개정 : 장애인 통신중계서비스 제공 사업자의 단계적 범위 설정 등
2011.7	장애인활동지원에관한법률 시행령 제정(2011.10.5 시행)
2011.10	장애인활동지원제도 시행
2012.1	여성장애인 출산비용 지원사업 실시
2012.8	언어재활사 국가자격제도 시행(장애인복지법 개정)
2013.1	활동지원급여 신청자격 확대 (1급 → 2급) 장애인 재활치료시설 신고제 시행(장애인복지법 개정) 외국인 및 재외동포 장애인 등록제도 시행(장애인복지법 개정)
2013.11	장애등급판정기준 개정(의무 재판정 실시 기준 완화)
2014.5	장애인연금 급여 인상(99,100원 → 20만원) 및 대상 확대(소득하위 70% 수준)
2014.4	발달장애인법 제정(2015.11.21. 시행)
2014.6	장애인연금법 개정(2014.7.1. 시행, 장애인연금 대상 확대 및 급여 인상)

2014.11	중증장애인 생산품 생산시설 지정 유효기간 도입(3년) 장애인복지법 시행령 개, 공포 (국가유공상이등급자의 장애인등록 허용 관련, 2015.5. 시행)
2015.1	장애등급심사규정 개정(장애등급 심사서류 제출 부담 완화 및 자료 보완기간 연장) 장애인·노인·임산부 등의 편의증진보장에 관한 법률 일부 개정 : 편의시설 설치 기준의 적합성 확인, 장애물 없는 생활환경 인증제도 법제화 및 주차방해행위 규정 신설 등
2015.5	국가유공자 및 보훈보상대상자(지원대상자)의 상이부위에 대한 장애인 등록 시행
2015.6	활동지원급여 신청자격 확대(2급 → 3급)
2015.10	장애인연금법 시행규칙 개정(재산의 소득환산율 완화 5% → 4%)
2015.11	장애등급판정기준, 장애등급심사규정 개정, 간질장애를 뇌전증장애로 명칭 변경
2015.12	장애인·노인등을위한보조기기지원및활용촉진에관한법률 제정 (2016.12.30. 시행)
2015.12	장애인건강권및의료접근성보장에관한법률 제정(2017.12.30. 시행) 장애인직업재활시설의 종류 추가(장애인복지법 시행규칙 개정에 따른 직업 적응훈련시설 신설)
2017.1	장애인의료비 지원사업 업무 위·수탁 협약에 따른 장애인의료비 지급기관 변경 (시·군·구 → 국민건강보험공단)
2017.4	장애등급판정기준 일부개정: 상지절단 1급 장애를 보행상 장애기준에 포함
2017.12	장애인복지법 개정(난민인정자의 장애인등록 허용)(2018. 3. 20. 시행)
2018.1	장애인·노인·임산부등의편의증진보장에관한법률 시행령 일부개정 : 장애인 전용주차구역 주차표지의 발급대상 일부확대, 무대경사로 및 임산부 휴게 시설 설치 의무화 등
2018.2	장애인·노인·임산부등의편의증진보장에관한법률 시행규칙 일부개정: 장애인 화장실 면적 및 출입구(문) 폭 확대 등 편의시설 설치기준 강화, 장례식장과 수영장에 각각 입식식탁 및 입수용 휠체어 비치 의무화 등
2018.3	장애인연금법 개정(기초급여 25만원으로 인상)(2018. 9. 1. 시행)
2019.7	장애등급제 폐지, 장애정도를 2단계로 구분

제 5 장

재활

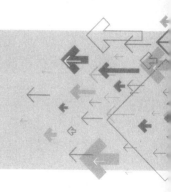

1. 재활의 정의

1943년 미국재활회의에서는 재활(rehabilitation)을 신체적인 장애를 가진 사람에게 그가 가진 잔존기능을 최대한 발휘하게 함으로써 신체적, 정신적, 사회적, 직업적 경제적 능력을 회복시키는 것이라고 규정하였다. Rusk는 재활이란 신체적, 정신적, 직업적 잠재능력을 최대한으로 회복시켜 충분한 생활을 영위할 수 있게 하는 것이라고 정의하였으며, 세계보건기구에서는 의학적, 사회적, 교육적, 직업적 수단을 동원하고 이를 상호조정하여 훈련 또는 재훈련을 통하여 장애인의 기능적 능력을 가능한 한 최고수준에 도달하도록 하는 것이라고 정의하였다.

Kessler는 재활은 장애인에 대하여 외과적 및 이학적 요법을 비롯하여 여러 진료과가 총력을 다하여 장애를 입기 이전의 상태로 회복시키려고 하는 노력과정인 의학적 재활과, 이학적 처치를 마친 자에 대하여 사회 전체가 능력을 다하여 신체적, 정신적, 직업적, 경제적으로 자립시키려고 하는 광범위한 과정으로 이루어진 것이라고 하였으며, Basinger는 재활을 장애를 지니게 된 어린이나 성인의 신체적, 정신적, 사회적, 직업적 회복과 그 적응을 위한 통합조정된 서비스프로그램이라고 하였다.

재활은 인본주의에 입각하여 장애인이 하나의 완전한 인격체이자 사회인으로서, 자립할 수 있게 함을 목적으로 하는 전인적, 종합적 활동이며, 장애인의 잠재능력을 평가하고 이를 개발할 수 있도록 다방면의 전문가들과 지역사회의 자원을 동원하여 사회구성원으로서의 권리와 의무를 다할 수 있도록 돕는 활동이다. 이러한 재활을 위해서는 다양한 분야의 전문가들의 협력에 기반한 과학적이고 합리적 방법의 서비스가 제공되어야 한다. 재활은 종합적 활동이므로 다방면의 학문간 제휴와 전문가들과 자원의 총괄적인 통합을 요구한다. 즉 재활은 장애인 개개인의 욕구에 대응하여 그들의 잠재능력을 최대한으로 회복시키기 위하여 의학, 심리학, 교육학, 기타 여러 전문분야의 협조를 필요로 한다.

재활은 의료분야의 재활, 교육분야의 재활, 직업분야의 재활, 심리분야의 재활 등이 서로 유기적인 관계하에 상호보완적인 임무를 수행해야 하는 종합적 성격을 가지며, 장애인이 하나의 인격체로서 자립할 수 있도록 전인적 접근방법을 취해야 한다. 따라서 완전한 재활을 위해서는 우선 의학적 재활을 통하여 장애를 입기 이전의 신체상태로 회복시키려고 노력하고, 다음으로 심리적, 직업적, 경제적으로 자립시기도록 해야 한다. 장애요인을 치유하여 기능을 회복시키고, 장애인의 장점을 살려 사회적 장애를 보상하며, 환경과 주위여건의 변화를 통하여 장애로 인한 부정적 영향을 제거해야 한다. 재활과정에서 개개 장애인의 잠재능력이 재활전문가에 의하여 평가되며, 개별화된 프로그램을 통하여 이러한 잠재능력을 개발해야 한다. 재활은 장애인의 기능회복을 위한 서비스와 기술, 그리고 모든 사람들이 갖고 있는 노력을 조직하는 것이다. 이러한 재활은 인본주의와 장애인의 잠재능력에 대한 신뢰에 기반하고 있다. 재활이 성공적으로 이루어지기 위해서는 장애인 본인의 자기실현에 대한 동기가 필요하며, 장애인마다 다른 욕구에 따라서 재활의 방법도 달라질 수 있다. 재활의 전과정은 능력 있고 자격 있는 전문요원들에 의하여 이루어져야한다.

미국에서는 재활의 이념이 세 가지 원리에 기반하고 있다고 본다. 첫째는 모든 국민에게 기회의 균등이 보장되어야 한다는 것으로서, 장애인에게 특별한 서비스를 제공하여 취업과 함께 국민으로서의 권리와 의무에 대한 참여를 준비하게끔 하는 것이며, 둘째는 인간은 전인격적 존재라는 것으로서, 인간은 신체적, 정신적, 사회적, 직업적, 경제적 부문으로 나뉘어질 수 없는 하나의 완전한 개인이며, 인간의 개개의 부분은 전체를 형성하는 다른 부분들과 상호작용한다는 것이고, 셋째는 모든 인간은 독특한 존재라는 것이다. 따라서 장애에 대한 심리적, 개인적 반응은 개인에 따라 각기 다르고 어느 누구도 똑같은 욕구나 잠재능력을 갖지 않으며 개인마다 독특한 요구와 소질, 대처방법과 목표가 있다는 것이다.

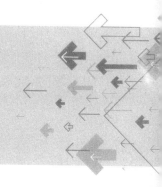

2. IBR과 CBR

　재활과 관련된 용어 중에 시설중심재활(institution based rehabilitation)과 지역사회중심재활(community based rehabilitation)이라는 용어가 있다. 시설중심재활이란 재활서비스가 장애인생활시설에 수용되어 있는 시설 장애인을 대상으로 제공되는 것을 말한다. 과거에는 이러한 시설 중심재활이 지배적이었다. 그러나 선진국에서는 일찍이 장애인들을 시설에 수용하여 보호하는 것의 문제점과 한계를 인식하여 1960년대부터 탈시설화가 주장되었다. 시설보호는 시설을 아무리 증설하여도 정체 장애인을 모두 수용할 수 없고 비용이 많이 들며 장애인의 사회적 격리를 초래하여 사회통합에 역행하는 것이 었다. 따라서 탈시설화와 함께 지역사회중심재활 접근법이 논의되기 시작하였다.

　지역사회중심재활에 대한 생각은 1960년대 말 국제재활회의에서 개발도상국에 살고 있는 장애인들의 재활에 대한 논의에서 처음으로 제시되었고, 이후 1976년 세계보건기구(WHO)에서 지역사회중심재활사업을 체계적으로 소개하면서 기본원칙을 제시하였는데 이는 다음과 같다.

　첫째, 지역사회가 그 지역사회 내의 장애발생 예방과 장애인에 대한 재활 및 복지서비스 제공에 일차적인 책임을 진다. 지역사회가 재활사업의 기초가 되고 그 위에 정부차원의 재활서비스가 연계된 서비스를 실시한다.

　둘째, 지역사회 내에 존재하는 인적 및 물적 자원을 최대한 개발하고 활용한다. 예를 들어 활용가능한 인적 자원으로서 장애인의 가족이나 이웃, 친구 등이 있으며, 이들을 훈련시켜 재활사업에 활용한다.

셋째, 지역사회의 발선수준에 적합하고 저렴한 비용으로 구할 수 있는 간단한 재활기술을 활용한다.

지역사회중심재활은 이처럼 지역사회의 기존자원을 효과적으로 활용하여 장애인이 완전자립하고 지역사회 내에 완전히 통합되고 참여할 수 있도록 지원하는 것으로서 지역사회 차원에서 재활이 가능하게 하는 것이다. 장애인의 삶은 그가 살고 있는 지역사회에서 실현되어야 한다는 이념 하에, 장애인은 더 이상 보호의 대상이 아니라 지역사회 안에서 자립할 수 있도록 가능한 한 모든 수단을 활용해야 한다는 것을 주장한다. 즉 장애인이 서비스가 행해지는 대상으로부터 독립적인 주체로서 지역사회에서 삶을 영위하도록 보장해야 한다는 것이다. 이는 지역사회로 하여금 스스로 장애와 재활문제를 해결해나갈 수 있는 능력을 배양하는 것을 목적으로 한다.

지역사회중심재활사업을 위하여 활용가능한 지역사회자원에는 크게 나누어 물적자원과 인적 자원이 있다. 지역사회중심재활사업이 올바르게 적용되기 위해서는 우선적으로 그 실효성과 타당성에 대한 조사가 있어야 하며, 지역사회의 상당한 자원이 전제되어야 한다. 그리고 지역사회기관들의 참여를 도모하기 위하여 대중교육을 통한 올바른 인식의 확립이 선행되어야 한다. 지역사회중심재활에서는 가정방문 재활의료팀을 구성하여 수시로 재가장애인 가정을 방문하여 각종 치료와 상담, 간호 등을 실시하고, 농촌지역의 1차 보건의료요원에 대한 지속적인 교육을 통하여 재활의 원리와 기법을 전달한다. 지역사회중심재활사업을 통하여 장애인에게 양질의 삶을 제공하고, 지역사회를 발전시키고, 일반인의 장애인에 대한 태도와 행동의 변화를 기대한다. 기존의 시설중심의 재활이 막대한 인력과 재원을 필요로 하는데 비하여 지역사회중심재활은 장애인 자신과 가족, 주위의 기존 지역사회자원과 인력을 훈련하고 활용함으로써 보다 효율적이고 경제적으로 장애인의 사회적 통합을 꾀할 수 있는 방법이다.

지역사회중심재활사업은 보건소를 중심으로 재가장애인의 재활운동, 퇴원 후 조기적응, 장애로 인한 2차 장애의 예방, 사회참여, 지역복지체계 연계프로그램 등 장애인에게 의료를 기반으로 맞춤형 보건의료복지서비스를 지원한다. 이는 장애인 건강문제를 총체적으로 파악하여 보건소 내외의 자원 연계를 통해 맞춤형 건강보건관리서비스를 제공하여 장애인의 건강상태 개선 및 자가 건강관리능력 향상을 통한 지역사회 복귀를 목적으로 한다.

이 사업은 1981년 이래 세계보건기구의 주요 재활정책이며 세계 90여개 국가에서 실시하고 있다. 우리나라는 2000년부터 보건소를 중심으로 CBR사업을 추진하기 시작하여 2017년에는 통합건강증진사업 필수사업으로 지정되어 모든 보건소에서 사업을 추진하고 있다.

<표 5-1> IBR과 CBR

시설중심재활(IBR)	지역사회중심재활(CBR)
전문가 중심	장애인, 지역사회 중심
중앙집권적 서비스	지역사회중심적 서비스
지역사회의 역할 미비	지역사회의 참여
고도의 이론적 기술에 의존	간단한 기술에 의존
장애인 개인의 변화 목적	지역사회의 변화 목적
정규적이고 체계화된 훈련 제공	비공식적이고 자연발생적인 훈련
제도, 법 중심으로 차별 해소	모든 차원에서 인간의 권리를 보호하는 방식으로 차별 해소
공급자에 의한 일방적 서비스	장애인의 욕구에 의한 참여서비스
의료 또는 단편적 서비스 제공	여러 분야의 통합된 서비스 제공
복지지향적 재활	장애인의 욕구에 기반한 권리지향적 재활
장애인은 수동적 입장	장애인은 적극참여
제한된 자원 활용	기존의 자원 활용

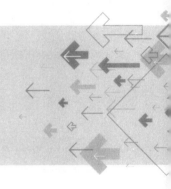

3. 재활패러다임과 자립생활패러다임

오늘날 장애문제를 바라보는 지배적인 패러다임은 재활패러다임(rehabilitation paradigm)이다. 이 패러다임은 의료재활이나 직업재활분야에서 모두 나타난다. 재활패러다임에서는 장애인의 문제는 장애인 개인에게 있는 것으로 보며, 일상생활활동을 부적절하게 수행하거나 취업하기 부적절한 것이 문제라고 본다. 문제가 장애인에게 있으므로 문제가 해결되려면 장애인 개인이 변화되어야 한다고 본다. 장애인은 자신의 문제를 해결하기 위하여 의사나 치료사, 재활상담가 등의 지시나 조언에 따라야 한다고 본다. 장애인의 역할은 환자나 클라이언트이며 재활의 성공여부는 장애인이 규정된 치료체계에 얼마나 따르는지에 의해 결정된다고 본다.

반면에 자립생활패러다임(independent living paradigm)은 이후에 등장한 새로운 패러다임이다. 이것은 중증장애인들이 전문적인 재활서비스 없이도 독립한다는 사실에 착안하여 전문적 재활이 독립적 생활을 위한 필수조건은 아니라는 점을 인식하면서 등장하게 되었다. 자립생활패러다임에 의하면 장애인의 문제는 장애인 개인에게 있는 것이 아니라 환경과 재활과정 안에 있으며 재활패러다임이 제시하고 있는 의사와 환자, 전문가와 클라이언트관계라는 의존적인 해결방법에 있다고 본다. 여기서는 재활을 해결책으로 보지 않고 문제의 일부로 본다. 장애인은 환경적 장애에 대처하기 위하여 환자나 클라이언트로서의 역할을 벗어버리고 보다 적극적인 의미를 가진 소비자 역할을 담당해야 한다고 주장한다. 옹호(advocacy)와 동료상담, 자조, 소비자 통제 등을 통하여 문제를 해결할 것을 주장한다.

<표 5-2> 재활패러다임과 자립생활패러다임

항 목	재활패러다임	자립생활패러다임
문제의 정의	신체적 손상, 직업기술의 부족	전문가, 친지 등에의 의존
문제의 위치	개인	환경과 재활과정
문제의 해결	전문가에 의한 전문적 개입	동료상담, 자조, 옹호, 소비자 통제
사회적 역할	환자, 클라이언트	소비자
통제자(관리자)	전문가	소비자
최종목표	최대한의 일상생활활동, 유급취업	독립적 생활

자료 : 마리넬리와 오토(편저)(1997), 「신체장애의 심리적, 사회적 충격」, 을유문화사, p.96.

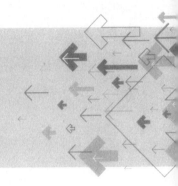

4. 재활과정

　재활은 연속적이고 역동적이며 총체적인 과정이다. 의료분야에서의 재활, 교육분야의 재활, 직업분야의 재활, 사회 및 심리분야의 재활은 유기적이고 상호보완적인 관계에 있다. 재활과정은 장애인이 어떤 기관이나 시설을 통하여 검사받고 치료받아야 하는가에서부터 어떻게 사회생활에 적응해나가는가 하는 방법을 습득해가는 하나의 체계이다. 이러한 재활과정은 일련의 연속적 과정이므로 장애인과 재활프로그램에 대한 지속적인 평가가 이루어져야 한다. 체계적인 재활과정에 따라서 재활프로그램을 실시해야만 효과적이고 효율적인 재활이 될 수 있다. 재활과정을 그림으로 나타내면 <그림 5-1>과 같다.

<그림 5-1> 재활과정

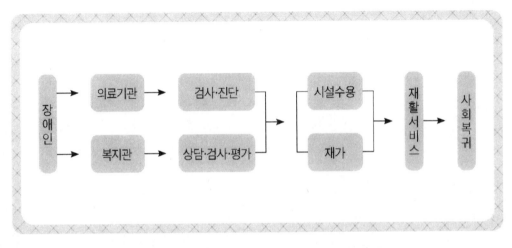

장애인은 각 개인마다 장애정도와 장애유형이 다르고 욕구가 다양하므로 재활전문가는 각 개인의 개별적 욕구에 따라 재활사업의 내용을 취사선택하여 적절하게 사용해야 한다. <그림 5-2>는 현재 장애인종합복지관에서 실시하고 있는 사업들을 통하여 본 재활과정을 나타낸 것이다.

<그림 5-2> 장애인복지관의 재활과정

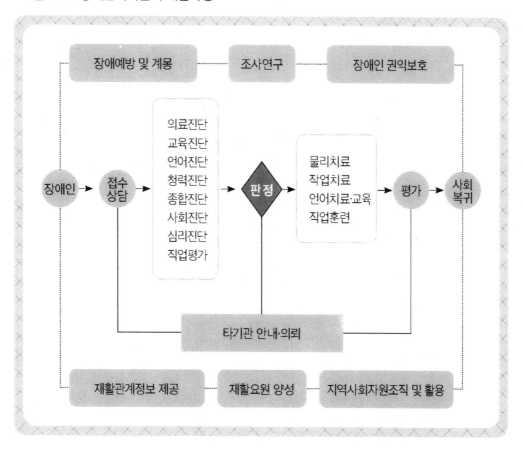

재활서비스를 받기 위해서는 예비진단연구와 세부진단연구과정을 거쳐야 한다. 예비진단연구는 장애인이 재활서비스를 받기에 적절한지 여부를 결정하기 위하여 취업에 장애를 야기하는 신체적, 정신적 장애를 수반하고 있는지의 여부와, 재활서비스를 제공함으로써 취업시킬 수 있다는 예측을 할 수 있는지의 여부를 결정하는데 목적이 있는 것으로서 일반적인 건강상태에 대한 검사를 포함한다. 세부진단연구는 어떤 재활서비스가 필요할 것인지를 결정할 목적으로 실시하는 것으로서 여기에는 취업 시 장애와 관련된 의료적, 심리적, 직업적, 교육적 및 기타 사항들이 포함된다. 세부진단연구에

포함되는 평가는 다음과 같다.

① 의료적 평가 : 의료적 평가는 취업하는데 있어서의 기능적 한계나 장애를 피하는데 도움이 된다. 이는 장애조건을 해소 또는 감소시키거나 장애인의 능력과 한계를 개선시키고 재활서비스를 가장 적절하게 제공할 방법을 결정하는데 이용된다. 의료적 평가의 기본목적은 재활의 대상이 되는 자의 병력을 알아내는 것이다. 병력에는 현재와 과거의 병력, 가족내력, 습관, 직업경력, 심리내력 등이 포함된다.

② 심리적 평가 : 심리적 평가의 목표는 장애인의 비신체적 능력과 한계를 규명하고 태도, 관심, 동기, 성격 등을 판별하는 것이며, 이를 통하여 장애에 대한 반응과 적응, 감정 등을 파악한다.

③ 사회문화적 평가 : 사회문화적 평가는 재활대상자의 사회적 내력을 알아내는 것이다. 사회적 내력에는 학력, 가정분위기, 본인 및 가족내력, 직업경력, 성격, 습관, 경제사정 등에 대한 정보가 포함된다. 장애인에 대한 모든 평가 자료를 그의 문화 및 환경적 상황에 비추어 보고 그의 배경과 환경을 이해하는 것은 재활욕구를 알아내는 데에 도움이 된다. 사회문화적 자료는 보통 재활대상자와의 면접을 통하여 수집되나 주위사람들로부터도 얻어진다.

④ 직업적 평가 : 직업적 평가는 장애인의 직업적 태도나 능력 등을 사정하기 위한 것이다. 이전의 직업경력이 있는 사람에 대해서는 이전의 직업에 대한 자료, 직업습관, 직업에 대한 관심과 태도 등이 직업적 평가에 있어 중요하며, 직업경력이 없는 사람에 대해서는 직업적 잠재능력을 예측함에 있어 적성, 직업적 관심, 포부 등에 대한 본인의 진술에 의존한다.

⑤ 교육적 평가 : 교육적 평가는 장애인의 학습경험을 확인함으로써 그의 태도, 지식, 기술, 동기 등을 이해하려는 것이다. 이 평가에는 학습에 대한 흥미, 성취도, 학습능력, 학습습관, 교육환경에 대한 심리적 반응 등에 대한 정보가 포함된다.

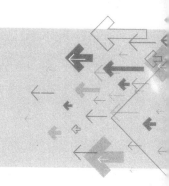

5. 재활분야

1) 의료재활

(1) 정의

재활은 그 영역 또는 분야를 몇 가지로 구분할 수 있다. 여러 가지 재활분야 중 재활과정의 첫 단계에 해당하는 것은 의료재활이다. 의료재활은 재활과정상 맨처음에 이루어지는 것이므로 가장 기본적인 재활분야이다. 재활의 목표가 장애를 최소한으로 줄이고 장애인의 기능을 최대한 증대시켜 사회복귀 시키는데 있는 것이므로 의료재활은 재활과정의 첫 단계가 된다. 의료재활은 장애에 대한 의료적 치료뿐 아니라 장애의 발생을 최소화하는 예방의 역할도 한다. 장애인이 적절한 재활치료를 받지 못하면 장애가 심해지거나 여러 가지 합병증이 발생할 수 있다.

Rusk는 의료적 치료는 외상이나 질병에 대한 병소를 치유하는 것만으로 끝나는 것이 아니며 환자가 장애를 갖게 되었을 때 남아있는 기능으로 일상생활은 물론 직장생활도 할 수 있도록 훈련시키는 것까지 포함되어야 한다고 주장하고, 발병 초기에 장차 생겨날 장애를 고려하여 이에 대한 적절한 조치를 취하지 않는다면 후일 심화된 장애를 일으켜 회복시키는데 막대한 신체적, 경제적 부담을 환자에게 안겨주게 될 것이라고 하면서 의료재활의 중요성을 강조하였다. 그는 의학을 크게 예방의학, 치료의학, 재활의학으로 구분하고, 예방의학을 제1기 의학, 치료의학을 제2기 의학, 재활의학을 제

3기 의학이라고 하여 재활의학의 개념과 역할을 명료화하였다. 의료재활을 전문으로 취급하는 의학의 한 분야가 재활의학이다.

질병이나 외상은 치료시기, 치료내용, 치료방법 등에 따라서 그 결과가 현저히 달라질 수 있으므로 발병 초기나 외상 직후부터 예상되는 장애에 대해 미리 적절한 조치를 취한다면 장애를 최소화시킬 수 있는 반면, 이미 발생한 장애에 대하여 적절한 재활치료를 하지 않는다면 중증장애인이 될 수도 있으므로 여기에 곧 의료재활의 중요성이 있는 것이다. 의료재활은 재활의학전문의를 중심으로 하여 각 분야의 전문가들이 환자와 가족의 참여 하에 함께 만드는 것이다. 각 분야의 전문가들이 의견을 종합하여 장애종류와 정도를 평가하고 치료계획과 목표를 설정하여 치료계획에 따라 치료를 실시하게 된다. 치료내용은 장애유형과 정도, 나이 등 여러 가지 조건에 따라서 달라지게 되며, 약물치료, 수술치료, 물리치료, 작업치료, 언어치료 등이 주류를 이룬다. 성공적인 의료재활을 위해서는 의료진의 팀웍과 치료기술이 좋아야 하고 계획적인 치료이어야 하며, 환자의 투지와 생활의욕이 충만해야 하고 가족의 이해와 격려가 필요하다. 또한 재활이 사회를 위하여 바람직한 것이라는 사회구성원들의 긍정적인 태도가 필요하다.

의료재활의 대상은 모든 장애상태라고 할 수 있으나 실제로 임상에서 재활의학전문의가 주로 다루는 분야는 뇌졸중, 편마비, 뇌성마비, 척수질환 및 손상에 의한 하지마비 또는 사지마비, 소아마비, 신경 손상, 관절염, 골절, 근육 및 결합조직질환, 경부 및 요추부 동통, 사지절단, 화상, 호흡기능장애, 순환기장애 등이다.

(2) 역사

우리나라의 경우 의료재활은 6·25 전쟁으로 인하여 전상자가 많이 발생하자 국가 보훈차원에서 상이군경에 대한 치료를 실시하게 된 것에서부터 시작되었다. 1952년에 정부에서 부산에 건립한 부산동래국립재활원이 최초의 전문적인 의료재활기관이라고 할 수 있다. 민간차원에서는 1954년에 개설된 세브란스병원의 소아마비진료소가 시초이다.

전문적인 재활의학 진료는 1961년에 가톨릭의대 명동성모병원에서 처음 시작되었는데, 당시에는 진료과목을 물리의학과라고 하였다. 1960년대까지만 하더라도 의료재활은 외상환자와 소아마비 등 일부 질환에 대한 정형외과 및 신경외과적 수준치료가 대부분이었으며 비수술적 치료로는 주로 물리치료가 시행되었다. 1972년에는 외국에서 수련을 마친 재활의학전문의들이 중심이 되어 대한재활의학회를 결성하였다.

재활의학과의 전공의 수련은 전문의제도가 제정되기 이전인 1971년부터 고려대우석병원에서 처음 실시하였고, 1980년대에 이르러 연세대, 가톨릭의대 등에서도 수련프로그램을 실시하였다. 1982년에 재활의학이 전문진료과목으로 인정되면서 전공의 수련이 정식으로 시작되었으며, 1983년에 실시된 전문의고시부터 재활의학과가 진문의고시 과목에 포함되어 국내에서 재활의학전문의가 처음으로 탄생되었으며 이것이 우리 나라 재활의학의 발전에 계기가 되었다.

현재 우리 나라의 의료재활분야에서 개선해야 할 점으로는 재활전문의료기관의 부족, 재활의학전문의를 비롯한 재활전문요원의 부족, 의료재활영역간의 상호협력 부족, 재활기기의 낙후, 의료인의 의료재활에 대한 이해부족 등을 들 수 있다. 앞으로 의료재활분야에서는 지역사회중심재활이 보다 활발해질 것으로 예상되며, 노인인구가 증가함에 따라 노인 재활의 비중이 커질 것으로 보인다. 또한 장애예방의 중요성이 증대될 것이며, 의료내용이 국소치료보다는 기능향상에 보다 역점을 두게 될 것으로 전망된다. 그리고 과학의 발달로 첨단 의용전자공학을 이용한 재활기기들의 활용이 더욱 확대될 것이다.

(3) 의료재활의 내용

의료재활의 내용은 크게 진단 및 기능평가와 재활치료로 나눌 수 있다. 의료재활에는 정확한 진단과 이에 따른 적절한 치료가 핵심이다. 정확한 진단과 평가에 따라서 치료계획이 수립되고 치료목표가 선정되며, 이에 의거하여 구체적인 치료내용이 시행된다. 포괄적인 재활을 실시하려면 의사를 비롯한 여러 전문요원들이 팀을 이루어 정확한 진단과 평가를 해야 한다.

재활의료팀은 재활의학전문의와 물리치료사, 작업치료사, 언어치료사, 재활간호사, 의지·보조기기사, 의료사회복지사, 임상심리사 등으로 구성되며 전문의가 보통 팀의 리더가 된다. 장애에 따라서는 재활의학전문의 이외에 정형외과, 신경외과, 정신과, 소아과, 안과 등 관련된 임상전문의의 도움이 필요하며, 이밖에도 특수교사, 직업재활상담가, 직능평가사 등의 참여가 필요하다. 이들이 서로 의견을 종합하여 장애종류와 장애정도를 평가하고 치료계획과 치료목표를 설정하여 치료계획에 의거하여 치료를 실시하게 된다. 치료 내용은 장애의 종류, 장애인의 나이, 직업 등 여러 가지 조건에 따라서 달라진다. 진단과 평가는 주로 문진, 이학적 검사소견, 신경학적 검사, X선 검사 등 각종 검사를 통하여 이루어진다.

기능평가는 남아 있는 기능으로 무슨 일을 할 수 있는가를 기준으로 삼는다. 정확한 기능평가를 하기 위해서는 환자의 심리상태와 재활의지, 가족의 이해와 협조, 학력, 직업, 취미, 경제력, 종교, 대인관계 등 다양한 정보가 필요하다. 동일한 정도의 장애가 있다 하더라도 주거환경과 살아온 배경에 따라 장애인이 겪는 어려움은 달라질 수 있으므로 기능평가는 객관적이면서도 개인의 특수성을 고려해야 한다. 기능평가 시에는 장애부위의 기능 뿐 아니라 이것이 전체 기능에 어떤 영향을 주고 있는지에 대한 검토가 종합적으로 이루어진다.

진단 및 기능평가가 이루어진 이후에는 재활치료가 실시된다. 재활치료의 주요 목적은 장애의 발생을 예방하거나 극소화시키고, 저하된 기능을 회복시키거나 향상시키는 것이다. 치료의 종류로는 장애의 원인이 되는 병적 요소를 제거하기 위한 약물치료와 수술치료, 기능을 향상시키기 위한 물리치료, 작업치료, 언어치료 등이 주로 실시된다.

물리치료(physical therapy)는 열, 광선, 전기, 운동, 초음파 등의 물리적 요소를 이용하여 신경근골격계의 병변을 치료하는 것이다. 오늘날에는 의학의 발달과 의용공학의 발달로 인하여 새로운 치료기구들이 개발되면서 새로운 치료방법이 나오고 치료기술도 많이 발전되었다. 물리치료는 기구가 간단하고 값이 비교적 저렴하며 사용상의 위험이나 합병증이 거의 없어 그 사용이 확대되고 있다. 물리치료는 치료 목적에 따라서 종류가 다양한데, 장애인의 재활측면에서는 운동치료가 중요하다.

작업치료(occupational therapy)는 건강을 촉진, 유지시키고 신체적, 정신적, 사회적 기능장애가 있는 환자를 치료하고 훈련시키기 위하여 선택된 특정동작이나 활동을 할 수 있도록 가르치는 것이다. 작업치료활동은 대부분 작업과 운동, 놀이 등을 통하여 이루어진다. 따라서 치료라기보다는 훈련적 요소가 많으며 주로 일상생활을 영위하는데 필요한 상지기능의 향상에 역점을 둔다.

언어치료(speech therapy)란 언어장애가 있을 때 그 원인과 정도에 따라서 치료, 훈련 및 지도를 통하여 의사소통이 보다 잘 이루어지도록 하는 전문적 치료이다.

<그림 5-3> 재활의학팀의 구성

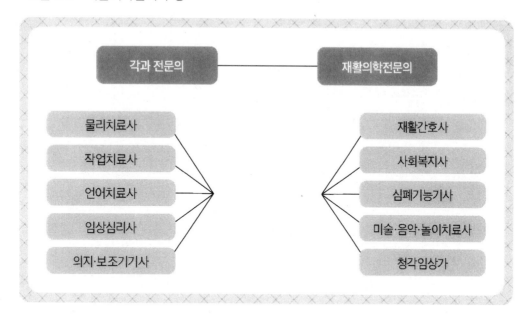

2) 직업재활

(1) 정 의

노동은 인간의 권리이자 의무이며, 장애인도 자신의 능력범위 내에서 일할 권리와 의무를 지닌다. 노동은 사회발전의 원동력이자 이를 통하여 자기실현이 이루어진다. 인간다운 생활은 노동을 통해서만 이루어진다. 직업생활을 함으로써 그 사회의 일원으로서, 생산적인 시민으로서 살아가게 된다. 직업재활은 장애인으로 하여금 의존적인 생활로부터 독립적인 생활을 하게 함으로써 자기실현과 자존심을 고취시킨다. 오늘날 직업이 보다 전문화되고 세분화됨에 따라서 장애인에게 적합한 직업의 종류도 점차 늘어나고 있으며, 재활공학의 발달과 특수장비 등 최신기기의 발달로 인하여 장애인은 과거보다 더욱 직업능력을 발휘할 수 있게 되었다.

국제노동기구(ILO)는 직업재활을 장애인이 직업을 갖고 그것을 유지할 수 있도록 돕는 직업상의 제원조, 즉 직무지도, 직업훈련, 취업알선 등의 직업적 서비스를 포함한 계속적이고 종합적인 재활과정의 일부라고 정의하였다.

Megowan은 직업재활은 장애인으로 하여금 사회통합을 위한 최대과제인 자립생활을 영위하게 하는, 재활 중에서도 가장 중요하고 핵심적인 것이라고 하였다. 직업재활의 최종목표는 장애인이 자신의 능력과 적성에 맞는 직업을 찾아 취업하고, 자신의 직무에 만족하며 적응하여 시민으로서의 역할을 수행할 수 있게 하는 것이다.

직업재활은 직업적 능력을 회복시키는 활동이며, 장애인이 적절한 직업을 취득하여 유지할 수 있도록 직업훈련, 직업지도, 취업알선 등을 해주는 것이다. 이는 장애인의 신체적, 정신적, 사회적, 직업적, 경제적 능력을 최대한으로 찾고 길러줌으로써 일할 권리와 의무를 정상인과 똑같이 갖게 하는 것이며, 장애인의 성공적인 사회통합을 위한 최대과제인 자립생활의 영위를 위하여 필수적인 것이다. 직업재활은 장애인의 직업능력을 평가하고 직종을 개발하고 직업훈련을 실시하고 취업을 알선하고 취업 후 사후지도를 실시하는 일련의 과정들로 이루어진다. 이것은 목표지향 개별화된 일련의 연속적 과정이다. 직업재활을 실시할 때에는 장애인 개개인의 능력과 개성, 한계성 등을 고려하여야 한다.

국제노동기구(ILO)에서는 1983년 '장애인의 직업재활과 고용에 관한 협약'을 채택하였는데, 여기서 장애인의 직업재활과 고용에 관한 기본원칙으로 다음과 같은 것을 제시하였다.

첫째, 종합적인 접근원칙으로, 장애인의 직업재활과 고용에 관한 국가정책을 입안하고 실시할 때는 국내여건과 관행에 따라 종합적으로 시행하고 정기적으로 검토해야 한다.

둘째, 지역사회 통합의 원칙으로, 장애인을 위한 직업재활 및 고용정책은 모든 유형의 장애인에게 유용해야 하고 적절한 직업재활방법을 세워야 하며 지역사회의 공개적인 노동시장에서 장애인을 위한 취업기회를 촉진시켜야 한다.

셋째, 기회균등의 원칙으로, 장애인을 위한 직업재활 및 고용정책은 장애인과 근로자 간의 동등한 기회원칙에 기초해야 한다. 특히 남녀 장애인은 기회와 대우에서 동등해야 하고 기회와 대우에서 장애인과 다른 근로자가 동등해지기 위해 특별한 조치를 취하는 것이 다른 근로자에 대한 차별대우로 간주되지 않아야 한다.

넷째, 고객중심주의로, 장애인을 위한 직업재활 및 고용정책을 시행할 때 직업재활활동에 종사하는 공공기관과 사설기관간의 협력 및 조정을 추진하려면 취해진 조치를 포함하여 고용주와 근로자를 대표하는 단체와 장애인단체의 협의과정을 통해 장애인의 의견이 반영되어야 한다.

다섯째, 직업재활의 원칙으로, 장애인이 고용되고 이를 유지할 수 있도록 직업소개,

직업훈련, 취업 및 기타 고용에 관련된 직업재활프로그램을 수립하고, 적절한 기관이 수행하게 하며 이를 평가하는 조치를 취하고, 근로자를 위한 기존의 고용정책은 가능하면 필요에 따라 적합하게 적응시켜서 사용해야 한다.

여섯째, 소외지역 우선배려의 원칙으로, 농촌과 벽촌지역의 장애인을 위한 직업재활 및 고용안정의 수립과 발전을 촉진하기 위한 조치를 취해야 한다.

일곱째, 전문인력에 의한 서비스 제공의 원칙으로, 국가는 장애인의 직업안내, 직업훈련, 취업 및 고용을 책임질 직업훈련교사, 재활담당자 등 기타 적절한 자격을 갖춘 직원을 훈련하고 인력을 확보해야 한다.

직업재활은 개개인의 욕구와 능력, 특성 등에 따라 개별화된 서비스를 제공하는 개별성, 장애에 따른 한계성을 인식하는 현실성, 전문적인 서비스를 필요로 하는 전문성, 종합적인 서비스를 제공하는 포괄성, 서비스가 필요할 때까지 제공하는 계속성, 장애인의 욕구에 따라 서비스가 조정되어야 하는 신축성, 다양한 장애유형과 장애정도에 따른 복잡성, 직업재활정책의 결정과정에서의 역동성, 장애인 개인과 후원자 및 사회에 대한 책임성 등의 특성을 가진다.

직업재활서비스에 필요한 전문요원으로는 직업생활상담원, 직업훈련교사, 직업보도교사, 사회복지사 등이 있다. 직업재활이 모든 장애인에게 가능한 것은 아니다. 장애정도가 심하여 직업을 갖기가 불가능한 사람은 대상이 될 수 없고, 일정한 대책을 마련해주면 직업을 가질 수 있는 가능성이 있는 장애인만이 직업재활의 대상이 된다.

(2) 직업재활과정

① 접수 및 직업상담

내담자의 접수가 이루어지면 직업상담을 한다. 직업상담은 전문적인 기술을 가진 상담가에 의해 이루어져야 한다. 직업상담은 내담자의 직업적 문제를 해결하고자 하는 것으로 내담자의 능력과 기술, 적성, 흥미 등을 객관적으로 평가하고 내담자가 원하는 직업적 조건을 평가하여 적합한 직업을 갖도록 돕는 것이다. 즉 내담자에게 맞는 직업적 의사결정을 돕는 활동이다. 상담가는 장애인의 적성, 흥미, 소질 등을 탐색하고 필요한 지식과 기능을 습득하도록 촉진해주며, 직업정보의 결여나 대인관계문제 등에 대처할 수 있도록 도와주어야 한다. 이를 위해 상담가는 장애인의 욕구와 경력,

<그림 5-4> 직업재활과정

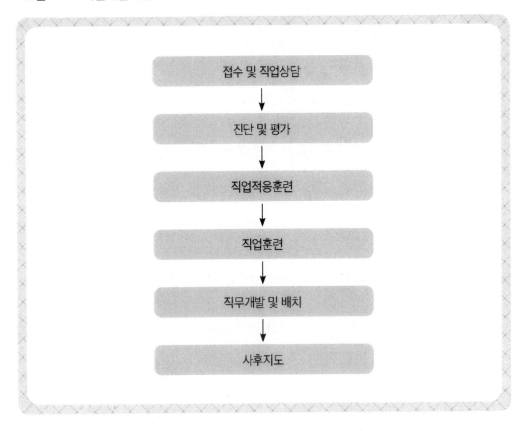

가족관계, 생활능력, 경제상태, 주거상태 등 내담자와 관련된 다양한 정보를 수집해야 한다.

직업상담의 구체적인 목표는 다음과 같다.

첫째, 내담자가 자신의 일과 직업의 종류와 변화, 작업활동, 작업상황 작업환경 등을 이해함으로써 직업문제를 인식하게 한다.

둘째, 내담자가 자신의 가치관, 적성 등 자신에 대한 포괄적인 정보수집을 통해 자아 개념을 구체화함으로써 자신의 이미지를 현실적으로 형성하게 한다.

셋째, 다양한 직업정보를 통하여 내담자가 직업세계를 이해하고 탐구하게 한다.

넷째, 내담자가 진로에 대한 계획이나 의사결정 등 자신의 직업선택과 관련된 것을 스스로 결정하고 이에 대해 책임지도록 한다.

다섯째, 직업활동은 집단 속에서 이루어지므로 내담자가 한 집단의 구성원으로 활동할 수 있도록 협동적 행동을 촉진시킨다.

여섯째, 내담자가 실업 등 직업과 관련된 위기에 대한 관리능력을 배양하도록 한다.

일곱째, 내담자가 좌절되고 위축된 직업계획문제를 생애직업설계로 재시도하게 한다.

여덟째, 내담자가 은퇴 후의 생애를 설계할 수 있게 한다.

② 진단 및 직업평가

접수와 직업상담이 이루어진 후에는 진단 및 직업평가가 실시된다. 직업평가란 개인의 적성과 흥미, 신체기능, 능력, 자질 등을 포함한 직업능력을 객관적으로 평가하고, 각종 직업의 내용과 직업현장에 대한 정보를 제공함으로써 장애인이 적절한 직업계획을 수립하고 나아갈 방향을 결정하고 효과적으로 적응할 수 있도록 도와주는 전문적 활동이다. 다시 말해서 이는 특정작업에 대한 기능적 가능성, 지속성, 능률성, 적응성 등과 같은 개인의 현재적 또는 잠재적인 직업적 제특성을 파악하고, 작업조건과 관련된 제요인에 대한 정보를 수집, 분석하고, 직업인으로서의 작업수행수준, 가능성 등을 파악하여 어떤 직종에 어느 정도의 직업능력이나 가능성이 있는지 예측하는 것이다. 직업평가의 목적은 직업에 대한 장애인의 적합성을 측정하기 위해서 신체적, 정신적 장애와 직업을 갖는 것과 관련된 제한점 등을 의학적으로 진단, 판별하고, 직업적 능력의 한계를 발견하고 잠재능력을 찾아내며, 장애를 최소화할 수 있는지를 측정하고, 장애인의 능력과 한계에 맞는 직업을 선택하기 위한 실질적 근거를 제공하는 것이다.

Pacinelli는 직업평가과정을 네 단계로 나누었는데 이는 다음과 같다.

첫째, 선별검사단계이다. 이는 직업평가 및 직업적응서비스에 대한 장애인의 욕구를 판정하기 위한 단계로서 고용에 대한 적격성을 알아본다. 최소한의 상담, 검사, 간단한 평가만으로 훈련이나 고용가능성이 있다고 판단되면 두 번째 단계로 넘어가지 않는다.

둘째, 단기평가단계이다. 이는 단기과정의 평가와 직업적응서비스가 실시되는 단계로서 접수기관이나 의뢰기관에 의해 장애인의 직업적 잠재력과 직업목표를 결정하기 위해 기초평가와 작업표본평가가 실시된다. 이 단계까지 훈련이나 고용에 대한 준비가 안 되면 다음 단계로 넘어간다.

셋째, 확대평가실시단계이다. 이는 확대평가나 장기적인 직업적응서비스가 제공되는 단계로서 이 단계의 대상자는 전형적인 직업재활서비스를 받게 된다. 주로 중증장애인이나 여러 가지 문제를 갖고 있는 사람들이 대상이 된다.

넷째, 취업알선서비스단계이다. 이는 훈련이나 부가적 서비스, 취업알선서비스가 제공되는 단계이다.

<표 5-3> 장애분석과 직업평가

가설적 관점	장애분석				직업평가	총체적 평가
	분석대상		분석내용	분석·평가팀	평가내용	총체적 평가
① 장애에 대한 총체적 분석 ② 가능성에 대한 총체적 평가	사회적 불리	개인적 장애 / 능력장애 — 신체장애	장애종류별 분석 장애특성별 분석 장애정도별 분석	직업평가사 의료전문가 심리평가사 재활사회사업가 등의 팀웍	잔존신체기능평가 잠재신체기능평가 대상적 신체기능평가	총체적 직업재활진로계획서 작성
		개인적 장애 / 능력장애 — 의식장애			직업관평가 직업의욕평가 직업태도평가 직업적성, 흥미평가 잠재적 기능평가 지능평가 성격평가 사회성평가	
		사회적 장애			직무분석 직업조건평가 -물리적 조건 -이동조건 -기타 직업조건	
	직업적응훈련					

자료 : 권도용 외(1998), 「현대장애인복지개론」, 홍익재, p.215.

직업평가에는 의료적 평가가 포함된다. 의료평가를 통하여 장애인의 건강상태, 의료서비스에 의한 작업능력 향상 여부 등에 대한 평가를 하며, 평가결과는 직업수행능력을 평가하는데 기초자료가 된다. 그 다음에는 지필검사를 실시한다. 지필검사에는 인성, 태도, 욕구, 가치, 대인관계 등을 파악하기 위한 인성검사, 직무수행능력을 평가하고 언어력, 이해력, 산수력, 동작성 정도를 파악하기 위한 지능검사, 어떠한 직업이 적성에 맞는지를 평가하기 위한 직업적성검사 등이 있다. 그 다음은 작업평가단계로서 장애인이 실제 작업상황을 체험해보고 그 과정을 평가, 분석한다. 이를 통하여 장애인의 작업능력, 작업습관, 작업기술, 적성 등을 알아본다. 작업평가방법에는 작업표본검사, 상황작업평가, 작업현장평가 등이 있다.

③ 직업적응훈련

직업평가가 이루어진 후에는 직업적응훈련을 실시한다. 직업적응훈련(work adjustment training)이란 장애인이 가질 수 있는 직업적 부적응을 해결하는 훈련이다. 이는 직업의 의미, 가치, 요구 등을 학습하는 것으로서 태도, 성격, 행동 등을 수정하거나 개발하고 긍정적인 직업발달을 이루는데 필요한 기능을 개발하는 과정이다. 직업적응훈련은 다시 말해서 근로자로서의 기본능력과 태도를 길러서 직업활동을 할 수 있도록 해주는 것이다.

직업적응훈련에는 일상생활자립훈련, 사회성훈련, 직업기술향상훈련, 인성적응훈련 등이 있다. 일상생활자립훈련은 신변자립, 의사소통, 생활자립, 이동능력 등을 포함한다. 사회성훈련은 대인관계를 맺고 유지하는 기술을 훈련하는 것으로서 구체적으로는 협동심, 자기주장 능력, 책임감, 타인의 일에 대한 공감, 감정이나 행동에 대한 통제 등을 훈련시키는 것이다. 인성적응훈련은 직업에 대한 적응과 관련된 습관이나 태도를 개발하는 것으로서 신뢰성, 인내력, 일관성, 시간관념 등을 훈련시킨다.

직업훈련 이전에 이루어지는 훈련을 직업 전훈련(prevocational training)이라고도 한다. 이는 모든 직업에 공통적으로 요구되는 근로자로서의 기초능력과 태도, 습관 등을 기르는 훈련으로서 체력, 내구력, 노동습관, 노동에 필요한 기초지식, 직장인으로서의 몸가짐, 직장에서의 인간관계와 역할 인식, 교통수단 이용방법 등 기초적인 것들을 학습하게 된다. 직업 전훈련의 기본목적은 직업에 대한 기본적 태도를 기르는 것이며, 그 구체적 목표는 바람직한 직업습관의 발달 촉진, 작업내성의 함양, 기본적인 작업능력의 배양, 일에 대한 자신감의 형성, 작업장에서의 바람직한 대인관계 형성유지 등이다.

④ 직업훈련

직업적응훈련이 끝나면 직업훈련을 실시한다. 직업훈련은 직업재활과정 중에서도 가장 핵심적 부분으로서, 직업적 가용능력을 최대한 신장하고 직업활동에 필요한 기능을 습득하는 것이다. 즉 이는 구체적인 직업기술을 개발하는 것으로서 특정직업을 가질 수 있는 능력을 훈련시키는 것이며 직장에서 직무를 수행하는데 필요한 직업적 지식과 기술을 제공하는 훈련이다.

국제노동기구에서는 1985년 직업훈련의 원칙으로 다음과 같은 것을 제시하였다.

첫째, 장애인이 훈련 없이 적절한 고용상태를 유지할 수 있다면 직업훈련은 필요 없다.

둘째, 의료적, 교육적 상황이 허락하는 한 비장애인의 훈련에 적용된 원칙과 수단, 방법은 장애인에게도 적용되어야 한다.

셋째, 가능하다면 훈련은 장애인이 비장애인과 동일한 상태의 정상적인 작업에 필요한 기술을 익힐 때까지 계속되어야 한다.

넷째, 장소를 불문하고 장애인은 비장애인과 동일한 조건에서 훈련받을 수 있어야 한다.

다섯째, 특정한 훈련의 범위는 장애의 특성상 회사 내에서 비장애인과 함께 훈련받을 수 없는 장애인을 위해 만들어져야 한다.

이를 종합해보면 장애인 직업훈련의 원칙으로서 다음과 같은 것을 들 수 있다.

첫째, 통합성의 원칙 : 직업훈련은 지역사회 내의 학교, 직업훈련기관, 회사 등에서 통합된 형태에서 이루어져야 한다.

둘째, 기회균등의 원칙 : 장애인이 직업훈련을 받을 때는 국가나 민간기업 등 모든 영역에서 동등한 기회가 주어져야 한다.

셋째, 동등조건의 원칙 : 장애인이 비장애인과 함께 또는 동등한 조건에서 훈련받을 수 있게 해야 한다.

넷째, 특수성의 원칙 : 장애유형과 장애정도 등 개별적 특수성에 맞추어 개개 장애인에게 적합한 훈련방법, 훈련기간, 훈련시설, 훈련과정 등을 실시해야 한다.

다섯째, 평생훈련의 원칙 : 직업훈련은 생애주기에 따라 지속적으로 직업능력을 개발, 유지하도록 평생동안 계속되어야 한다.

여섯째, 고용주 지원의 원칙 : 고용주는 지속적인 관심을 갖고 장애인의 능력개발을 지원하고 배려해야 한다.

일곱째, 훈련직종 취업의 원칙 : 직업훈련을 받은 직종이나 그와 유사한 직종에 취업해야한다.

⑤ 직무개발 및 배치

직업훈련이 실시된 이후에는 직무개발 및 배치가 뒤따른다. 직무개발(job development)이란 유용한 직업에 관한 정보를 장애인에게 제공하기 위해 취업원을 개발하는 것이고, 직무배치(job placement)란 장애인에게 적합한 직업을 찾아서 장애인의 욕구와 적성, 능력에 맞는 직무에 배치하는 것이다. 직무개발과 배치는 분리되어 있는 것이 아니라 상호연관되어 있는 것이며 중복되기도 한다. 직무개발과정에서 중요한 요인은 고용주의 태도이다. 이 과정에는 지역사회 시장조사와 정보, 고용주와의 면담, 작업 현장의 관찰이 포함된다.

직무배치는 노동시장의 수요와 공급의 영향을 받으며, 이 과정에는 장애인에 대한 사정, 직무분석, 그리고 장애로 인해 발생하는 직무와 관련된 기능제한을 조정하기 위해 과업이나 일터를 개조하는 직무조정이 포함된다. 바람직한 직무배치가 이루어지기 위해서는 장애인의 인성, 작업기술 등 장애인과 관련된 변인들과 작업환경 간의 상호관계를 인지하는 것이 필요하다.

직무배치가 되었다는 것은 고용되었음을 말한다. 장애인 고용의 유형은 다음과 같이 나눌 수 있다.

<그림 5-5> 장애인 고용의 유형

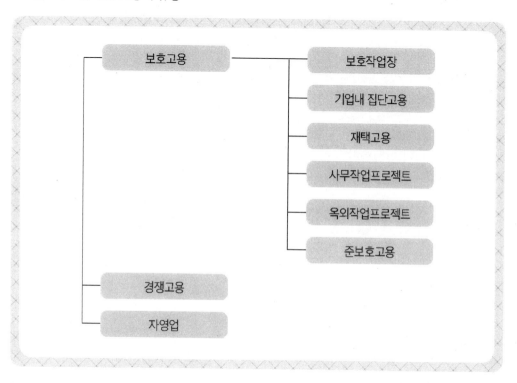

보호고용(sheltered employment)은 완전경쟁 하의 노동시장에서 불리한 장애인을 위하여 보호된 상황 하에서 보수가 있는 직업을 제공하는 것으로서 주로 중증장애인을 대상으로 한다. 보호고용의 유형에는 보호작업장, 기업내 집단고용, 재택고용, 사무작업프로젝트, 옥외작업프로젝트가 있다.

보호작업장(sheltered workshop)은 장애정도가 심하기 때문에 경쟁고용에 적합하지 않은 장애인에게 통제된 작업환경을 제공하는 시설이다. 보호작업장에는 여러 유형이 있다. 미국의 경우에는 그 유형을 최저임금에 의해 정규작업장, 작업활동센터(work activity center), 평가 및 훈련프로그램으로 구분하고 있다.

정규작업장은 적어도 최저임금의 50% 이상의 생산능력을 가진 장애인을 위해 설립한 작업장으로서 1986년부터는 사례에 따라 50% 이하도 인정하고 있다. 이것은 중증 장애인이 경쟁고용시장에 대해 준비할 수 있도록 작업 제한성을 제거 또는 감소시키는 치료적 서비스를 공급하는데 역점을 두며, 근무기간은 2년이지만 그 이상 고용되는 경우도 많이 있다. 평균근로시간은 주 31시간이며 작업인원의 1/3 정도가 주정부로부터 임금보조를 받는다. 작업활동센터는 장애정도가 매우 심하여 생산능력이 거의 없고 단지 최소한의 작업 생산성이 기대되는 장애인을 위해 마련한 작업장이다. 여기서 일하는 장애인은 한 단계 높은 작업수준으로 나가기 위해 장기간의 집중적인 치료서비스를 필요로 하며 장기간의 작업 제한성을 지닌다. 이것은 장애인이 보다 높은 작업수준에 도달하도록 생산성과 작업기능을 강화하는데 초점을 둔다.

미국의 경우 보호작업장의 절반 이상이 작업활동센터 프로그램을 갖고 있다. 평가 및 훈련프로그램은 장애인의 직업이나 삭업 잠재력을 결정하기 위하여 작업을 매개체로 활용하는 작업장이다. 평가프로그램은 작업장에서 장애인의 작업조건에 따라서 조사, 분석하고 훈련이나 치료계획을 개발하는데 초점을 두며, 훈련프로그램은 특정한 기술훈련이나 작업환경에 맞는 행동개발을 위한 직업적응과 일반직업훈련을 제공하는 것이다. 여기서는 최저임금은 보장해주지 않지만 최저임금의 50% 미만을 받는 경우에는 직업재활당국의 사전허가를 받도록 되어 있다.

일본의 경우에는 1947년 노동성에서 신체장해자수산시설을 설립한 것이 최초의 보호작업장이다. 일본의 보호작업장의 종류에는 수산시실과 복지공장이 있다. 수산시설은 현재의 조건으로는 고용이 어렵다고 판단되는 장애인을 대상으로 잔존기능을 개발하여 자활할 수 있도록 지원하는 재활훈련시설이다. 이것은 대기업을 유치하여 장애인에게 적합한 일과 직종을 개발하고 최대한의 생산성 향상을 통해 안정된 직장을 제공하는 고용기능과 훈련기능을 함께 수행하는 시설이다. 복지공장은 작업능력은 있으나 직장의 설비나 구조, 교통사정 등으로 인해 일반기업체에 고용되기 어려운 중증신체장애인을 대상으로 하는 것으로서 수산시설이 근로기준법의 적용에서 제외된다는 것에 대한 의문이 제기되면서 시작되었다. 이 시설은 작업불량에 따른 일의 양의 감소와 기숙하는 것을 원칙으로 하기 때문에 통근 희망자에 대한 대책, 직능개발, 보조장비 부족 등의 문제점이 있다.

기업내 집단고용(enclaves employment)은 장애인을 개별적으로 고용하는 것이 아니라 여러 명의 장애인을 집단으로 일반기업체에 고용하여 생산공정의 일부를 담당하는 고용형태이다.

재택고용(homebound employment)은 장애정도가 심한 장애인이 집에서 근무하는 것이다. 재택고용의 유형은 나라마다 약간 다른데, 미국의 경우에는 재택기능훈련프로그램(home craft program), 하청모델, 자영업 등이 있다. 재택기능훈련프로그램은 주로 국가나 재활기관이 장애인에게 시장성 있는 물품을 생산할 수 있도록 훈련시키고 관련된 도움을 제공하는 것이다. 이 프로그램에서는 기술 습득을 위한 최소한의 자격을 갖춘 장애인만이 훈련받을 수 있으며, 훈련이 끝나기 전에 외부고용을 유도해서는 안 된다. 이를 위해 필요한 훈련교사, 장비, 필요한 물품 등은 재활기관이나 관련업체에서 제공하며 이들은 상품을 판매할 수 있도록 중재해주어야 한다. 하청모델은 장애인이 고용주와 직접 계약하거나 재활기관의 중재 하에 하체 계약을 하여 집에서 일하는 것이다.

옥외작업프로젝트는 생산직 근로자를 대상으로 한 것으로서 공원 같은 공공시설의 유지, 관리업무를 하는 것이며, 사무작업프로젝트는 사무직 근로자를 대상으로 한 것으로서 도서관이나 박물관 등에서 사무작업을 하는 것을 말한다. 준보호고용(semi-sheltered employment)은 노동시간의 단축이나 임금보조 등 지원적 서비스를 수반한 일반기업에의 고용을 말한다. 경쟁고용은 보호고용과 반대로 비장애인과 동일한 상황과 조건 하에서 비장애인과 함께 일하는 것이다.

장애인의 고용형태 중에 지원고용(supported employment)이라는 것이 있다. 미국의 재활법에서는 지원고용을 경쟁적 고용이 불가능한 상태에 있거나 심한 장애로 인하여 그 고용이 때때로 중단되거나 방해받게 되는 중증장애인을 대상으로 하여 통합된 작업장에서 계속적인 지원서비스를 제공하면서 이루어지는 경쟁적 작업이라고 정의하고 있다. 여기서 통합된 작업장이란 대부분의 동료가 비장애인이고 장애인이 비장애인과 정기적인 접촉을 갖는 작업장을 말하며, 계속적인 지원서비스란 장애인이 작업을 제대로 수행할 수 있도록 취업기간 내내 적어도 월 2회 이상 작업장 안팎에서 제공되는 계속적 또는 간헐적 직업기술훈련을 말하며, 경쟁적 작업이란 주당 평균 20시간 이상의 일을 하고 최저임금법에 기준하여 보상 받는 것을 말한다. 즉 지원고용이란 중증장애인에게 유용한 고용서비스로서 지속적인 훈련과 감독, 지원서비스가 제공되는 가운데 일반사업체에서 유급으로 일하는 것으로서 이를 통해 장애인은 비장애인들과 같이 일하고 어울리는 기회를 가질 수 있다. 즉 지원고용을 통하여 사회통합을 이룰 수 있고, 노동에 대한 공정한 대가를 받으면서 경제적으로 가치 있고 의미 있는 일을 할 수 있으며, 자신에게 맞는 작업유형이나 작업장소, 기타 주변여건에 대한 선택을 할 수 있다.

지원고용이 이루어지는 과정은 다음과 같다.

첫째, 어떤 사업체에서 어떤 일을 할 것인지 계획을 세운다. 이를 위해서는 기존자료를 검토하고 전문가들의 의견을 수렴해야 한다. 계획을 수립할 때는 장애인 개개인의 적성과 관심사, 특성, 능력 등을 고려해야 한다.

둘째, 장애인이 취업할 사업체와 장애인에게 적합한 직종을 발굴한다.

셋째, 장애인에게 직무수행이나 적응을 위해 지속적으로 지원받아야 할 내용을 가르친다. 취업에 필요한 구체적이고 개별적인 내용을 가르쳐야 한다.

넷째, 장애인의 직무수행에 필요한 지원을 직접 또는 간접적으로 계속해서 제공한다.

지원고용의 유형에는 개별배치모델, 소집단모델, 이동작업모델, 소기업모델 등이 있다. 개별배치모델은 지원고용 중 가장 많은 형태로서 중증장애인이 한 작업장에서 하나의 직무에 배치되는 것이다. 이것은 장애인과 직업지도원이 일 대 일로 연결되므로 효과적인 서비스를 제공할 수 있는 장점이 있는 반면 비용이 많이 든다. 소집단모델은 일반 기업체의 작업장 내에 장인을 포함한 3~8명으로 구성된 소집단이 생산공정의 일부를 담당하는 것이다. 이것은 일반적으로 개별배치모델에서 보다 심한 장애를 갖고 있어서 개별적인 통합이 어려운 경우에 사용된다.

이동작업모델은 장애인을 포함한 3~8명으로 구성된 소집단이 직업지도원의 감독하에 차량관리, 건물청소, 공원관리 등의 특별히 계약된 작업을 수행하기 위해 차량을 이용하여 여러 장소를 찾아다니면서 일하는 것이다. 소기업모델은 소수의 장애인과 비장애인 근로자를 함께 고용하여 상품을 생산하거나 서비스를 제공하는 소규모 사업체를 설립, 운영하여 그 수익을 고용된 장애인들이 임금으로 받는 것이다.

⑥ 사후지도

직업배치 이후에는 지속적인 사후지도가 이루어져야 한다. 사후지도(follow-up)는 장애인이 취업 이후 직장의 사회적, 물리적, 기술적 환경에 적응할 수 있도록 지원하는 것이다. 다시 말하여 고용계획이 실제 취업 후에 잘 적용되고, 고용주와 장애인 근로자가 원만한 관계를 형성하여 완전고용이 가능하도록 유도하는 전문적 활동이다. 사후지도의 목적은 취업상태를 계속 유지하도록 지원하고, 직장생활에 적응함에 있어 불편한 문제를 찾아내고 이를 개선하도록 조정함으로써 만족스러운 직장생활을 유지하도록 하는데 있다. 사후지도의 내용에는 직업적 요구사항의 변화에 따른 보충훈련의 실시, 건강서비스의 제공 뿐 아니라 나아가서는 휠체어 수리나 교통비 보조 등도 포함된다.

사후지도를 하는 재활상담가는 장애인의 욕구와 문제점 등에 따라 다양한 지원을 제공해주어야 한다. 즉 장애인의 의견을 대변하고, 필요한 교육과 훈련을 제공하고, 가족생활과 사회생활, 여가생활을 지원해주고, 재정적 문제를 지원하고, 필요한 사회복지 서비스와 연결해주고, 직장동료와 원만한 관계를 유지하도록 지도하고, 지지적 상담을 해주고, 원만한 대인관계 형성을 위한 조언을 제공하고, 현재 종사하고 있는 직무를 올

<그림 5-6> 직업재활단계별 주요 실시기관

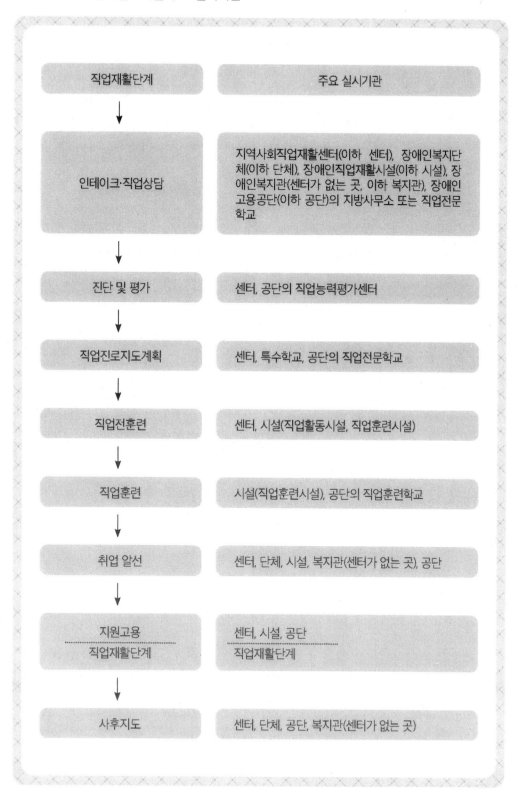

직업재활단계	주요 실시기관
인테이크·직업상담	지역사회직업재활센터(이하 센터), 장애인복지단체(이하 단체), 장애인직업재활시설(이하 시설), 장애인복지관(센터가 없는 곳, 이하 복지관), 장애인고용공단(이하 공단)의 지방사무소 또는 직업전문학교
진단 및 평가	센터, 공단의 직업능력평가센터
직업진로지도계획	센터, 특수학교, 공단의 직업전문학교
직업전훈련	센터, 시설(직업활동시설, 직업훈련시설)
직업훈련	시설(직업훈련시설), 공단의 직업훈련학교
취업 알선	센터, 단체, 시설, 복지관(센터가 없는 곳), 공단
지원고용 ------ 직업재활단계	센터, 시설, 공단 ------ 직업재활단계
사후지도	센터, 단체, 공단, 복지관(센터가 없는 곳)

바로 이해하도록 지원하고, 자신의 노력으로 자립하도록 지원해주고, 신체적 및 정신적 측면에서 조화로운 삶을 누릴 수 있도록 지원하고, 정확한 직무분석을 하여 보다 적성에 맞는 일을 할 수 있도록 지도하고, 장애인의 자질과 능력을 충분히 발휘할 수 있도록 지도하는 등의 역할을 해야 한다.

이러한 사후지도는 장애인 본인만을 대상으로 하는 것이 아니다. 함께 일하는 직장동료나 고용주에게 장애인의 직업적 특성을 이해시키고 이들이 갖고 있는 장애인에 대한 편견을 해소시키고, 필요한 경우에는 작업환경의 개선을 위해 고용주의 협조를 요청하는 일 등도 사후지도에 포함된다. 사후지도의 과정은 자료수집, 부적응 문제에 대한 진단, 문제에 대한 전략 수립, 전략의 실천과 조정 순으로 이루어진다.

사후지도를 처음 실시하는 시기는 어느 정도 직무에 적응할 시간이 필요하고 일정기간이 지나야 직무수행 상의 문제점이 드러나기 때문에 일반적으로 취업 후 보름에서 한 달 사이에 하는 것이 좋고 횟수는 주 2~4회 정도 실시하는 것이 바람직하다. 이후에는 2~3달 간격으로 주 1~2회 정도 하여 장애인이 현재의 직무에 적합한지를 최종적으로 결정한다. 그리고 6개월 후의 사후지도는 월 1회 정도 하는 것이 적절하다.

미국의 경우 1998년 재활법을 개정하면서 개별화된 성문재활프로그램을 개별화된 고용계획(Individualized Plan for Employment: IPE)으로 바꾸었다. 개별화된 고용계획은 직업재활서비스에 대한 적격성을 판정하기 위해 평가와 내담자인 장애인의 직업재활 욕구, 그리고 서비스에의 적격성에 대한 근거를 마련한 것으로서 내담자인 장애인과 후견인에게 제공하도록 되어 있다. 재활법은 개별화된 고용계획에는 다음과 같은 것이 반드시 포함되어야 한다고 명시하고 있다.

첫째, 장애인의 통합고용을 위해 내담자의 장점이나 자원, 흥미, 능력, 특성 등으로 선택할 수 있는 특별한 고용목표에 대한 계획

둘째, 보조기기나 보조기기서비스, 그리고 이들 기기나 서비스에 대한 훈련이나 관리 및 이러한 특별한 서비스 개시에 대한 스케줄이 있는 직업재활서비스 계획

셋째, 내담자와 후견인이 선택할 수 있는 직업재활서비스의 내용

넷째, 고용성과를 높이기 위해 진행되는 평가기준에 대한 내용

다섯째, 개별화된 고용계획의 의미와 지정된 주요 기관, 내담자, 기타 관계자의 책임성에 대한 내용

여섯째, 중증장애인을 위한 지원고용서비스와 그 근거, 예상되는 기대효과와 관련된 사항

일곱째, 고용 후 서비스를 위한 계획

3) 사회재활

(1) 정의

장애인이 의학적, 직업적으로 문제가 해결되었다 하더라도 가정과 사회에 적응하기 위해서는 사회심리적 재활을 거쳐야 한다. 사회심리적 재활을 구분하여 사회재활과 심리재활로 나누기도 한다. 사회심리적 재활은 재활이 총체적이고 통합적인 성격의 것임을 잘 나타내주는 것으로서 타인과 더불어 사는 공동체생활을 순조로이 영위하기 위해서 반드시 필요한 것이다.

사회재활은 재활의 사회적 측면으로서 장애인이 사회생활이나 가정생활에 적응하기 위하여 적응하는데 지장을 주는 사회적 문제들을 해결해주는 것이다. 인간은 사회적 동물로서 타인과 지속적인 상호관계를 이루면서 생활하는 존재이므로 사회재활은 중요하다. 사회재활은 장애인으로 하여금 한 사회의 구성원으로서 순조로운 사회생활을 할 수 있게 하는 것이다.

국제재활협회는 사회재활을 장애인이 사는 물리적, 사회적, 경제적, 심리적 환경조건을 정비하여 장애인이 인간다운 생활을 영위할 수 있도록 하는 것이라고 규정하고서 그 전제조건으로 네 가지를 들고 있는데, 이는 첫째, 인간 중심의 복지사회를 만들기 위한 사회제도의 개혁을 시행할 것, 둘째, 장애인의 생활을 위협하는 사회적, 심리적, 문화적 요소가 무엇인지 규명할 것, 셋째, 각국의 사회재활과 관련된 정책이나 보편원칙은 국제수준에 맞게 진행할 것, 넷째, 전인재활의 차원에서 다른 재활분야와 역동적인 관계를 가질 것 등이다.

장애인은 능력의 제한과 사회적 편견과 차별로 인하여 사회활동 참여의 기회가 제한되기 쉽다. 사회재활을 위해서는 장애인이 완전참여와 평등의 이념에 입각하여 아무런 차별이나 불편을 느끼지 않고 그가 속한 사회의 문화를 공유하면서 가정생활과 직장생활을 영위할 수 있도록 비장애인의 장애인에 대한 수용적 태도와 사회적 인식의 개선이 필요하다. 또한 물리적 환경이 장애인의 사회활동이 용이하도록 조성되어야 한다. 사회구성원들의 장애인에 대한 태도 변화 뿐 아니라 장애인이 사회적 역할을 수행하는데 지장이 없도록 사회제도와 정책이 조성되어야 한다.

사회재활을 담당하는 전문가는 장애인과 그 가족의 사회적 능력 확대를 위한 지지적 상담을 실시하고, 심리적 갈등을 제거하여 건강한 마음으로 생활하게 하기 위한 심리적 지지를 실천하고, 소득보장제도나 법적 보호 등 장애인에게 도움이 되는 제도와 정책을 강구하여 시행하고, 장애인의 경제적 능력 확대에 도움이 되는 훈련을 실시하여 경제문제의 해결에 노력하고, 활용가능한 사회적 자원을 개발하고, 장애인이 갖고 있는 잠재적 욕구와 의식을 파악하기 위한 조사를 실시하고, 도움을 주는 자원봉사자를 발굴, 훈련시키고, 편견 없는 사회를 만들기 위해 매스컴이나 지역사회활동을 통한 사회교육을 실시해야 한다.

사회재활에서 문제를 해결하고 극복하는 주체는 장애인 본인이다. 사회복지사는 어디까지나 문제의 해결을 도와주는 원조자이다. 완전한 사회재활이 이루어지기 위해서는 장애인의 사회활동을 제약하는 각종 법령과 정책과 제도, 행정업무의 정비 등 법적, 행정적 환경의 조성, 장애인의 소득보장과 자립기반 조성 등 경제적 환경의 조성, 건물이나 주택 등 물리적 환경의 조성, 비장애인의 장애인에 대한 편견 없는 태도 등 심리적 환경의 조성, 각종 문화활동과 스포츠에의 참여 등 문화적 환경의 조성 등이 이루어져야 한다.

<그림 5-7> 사회재활과 관련환경

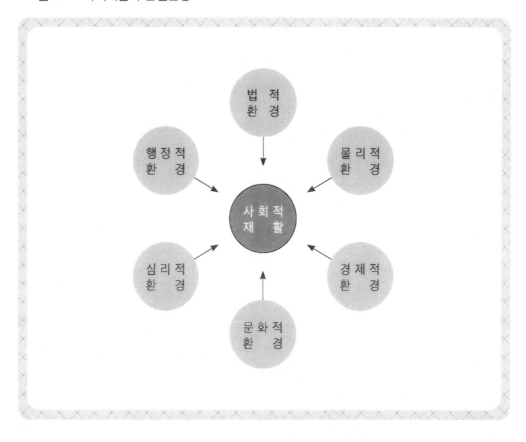

4) 심리재활

(1)정의

심리재활은 재활의 심리적 측면이다. 심리재활에 대한 관심은 재활이 의료재활, 직업재활, 교육재활 등 각 분야별로 발달되어 오다가 전인적 재활에 역점을 두면서 부터이다. 장애인이 심리적, 정신적 결함을 갖고 있다면 전인적 재활이 이루어질 수 없으므로 심리재활 또한 재활의 중요한 측면이다.

장애인은 장애를 갖고 있다는 사실로 인하여 여러 가지 부정적인 심리상태를 경험할수 있으며 원만한 인격형성이 지해될 수도 있다. 장애인 본인이 자기 자신을 보는 관점과 장애인에 대한 타인의 시각이 부정적일 때 부정적인 심리상태를 야기할 수 있다. 장애인이 경험할 수 있는 부정적 심리상태로는 현실의 부정, 퇴행, 분노, 불안, 우울감, 상실감, 확고한 자아개념과 자아존중감의 결여, 좌절감, 위축감, 박탈감, 수치심, 죄의식, 소외감 등 여러 가지가 있다.

심리재활은 장애인이 갖고 있는 이러한 심리적 문제들을 찾아내어 제거하고 장애인으로 하여금 새로운 가능성을 찾도록 돕는 것이다. 심리적으로 재활되었다는 것은 장애인이 자신의 장애를 극복하고 자신의 사회적 기능을 다할 수 있음을 의미한다. 장애인이 부정적인 심리상태에서 벗어나 건전한 심리상태로 회복되기 위해서는 장애인 본인 뿐 아니라 가족과 주위사람들에 대한 심리적 원조가 필요하다.

(2) 심리재활의 내용

심리재활과정에서는 각종 심리검사 및 인성검사와 정신분석요법, 약물요법 등의 임상심리요법이 사용된다. 심리재활전문가는 인간의 성장과 발달에 대한 이해, 인체의 해부학적 및 생리학적 이해, 사회적 및 직업적 적응에 영향을 주는 정신적 상태에 대한 이해, 장애상태에 대한 이해와 그러한 상태가 미치는 직업적 및 사회적 영향, 의료적 치료에 대한 이해, 상담기술, 지역사회자원 활용능력, 지역사회조직에 대한 이해, 재활복지행정에 대한 이해와 지식이 필요하다.

심리재활전문가는 임상심리학적 지식에 기반하여 전문적인 상담을 해야 한다. 이러한 상담을 통하여 장애인으로 하여금 자신의 심리적, 정서적 문제를 표현하게 하고, 다른 가족원들의 부정적인 심리도 파악하여 치유해야 한다.

상담을 할 때는 장애인 개개인을 개별적이고 고유한 존재로 인정하고 그에 따른 융통성 있는 도움을 주어야 한다. 이를 위해서는 편견이나 선입관으로부터 탈피하여 객관적인 입장에서 문제를 파악하고, 인간행동에 대한 전문지식을 습득하고, 장애인의 말을 경청하고 그 태도를 관찰하여 그의 행동과 감정을 이해하고 무엇을 말하고자 하는지 민감하게 파악하여 그에 대한 적절한 반응을 하고, 상담을 시작하기 전에 미리 그에 대한 기존자료와 정보를 살펴보아 사전준비를 철저히 해야 한다. 장애인의 의도적인 감정표현을 통하여 갖고 있는 긴장이나 압박감 등을 완화시켜서 객관적인 입장에서 자신의 문제를 볼 수 있게 해야 한다.

상담가는 장애인 스스로가 문제를 해결할 수 있도록 도와주어야지 장애인을 대신하여 문제를 해결해주려 해서는 안된다. 상담가는 장애인을 인격적으로 존중하고 가치 있는 존재로 대우해야 한다. 장애인의 바람직하지 못한 태도나 행동은 옳고 그른지 판단을 내려서 바람직한 상태가 되도록 도와주어야 한다. 상담가는 비심판적 태도를 가져야 한다. 장애인의 태도나 행동을 객관적으로 평가하되 이는 장애인을 비판하기 위한 것이 아니라 이해하기 위한 것이어야 한다. 장애인에 대한 관심을 가져야 하며 장애인으로 하여금 그가 희망하는 사람이 되게 하고 그가 하고 싶은 일을 할 수 있도록 도와주는 자세를 가져야 한다. 사명감과 의무감을 갖고 임하여 장애인으로 하여금 상담자가 진정으로 자신의 복지를 위해 일하고 있다는 인상을 갖게 해야 한다. 그리고 장애인이 나타내는 모든 것을 있는 그대로 이해하고 받아들이는 수용적 자세를 가져야 한다. 그럼으로써 장애인은 상담자를 믿고 있는 그대로의 자신의 모습을 드러내며 상담자는 장애인의 문제를 있는 그대로 파악할 수 있다.

상담을 할 때는 감정이입이 요구된다. 즉 상대방의 입장에서 상대방을 이해하고 느낄 수 있어야 하며 상대방의 생각 속으로 이입되기 위해 노력해야 한다. 탐색적 질문을 통해 장애인을 이해하는데 필요한 정보를 얻고 그의 사고와 감정, 행동양식을 파악해야 한다. 또한 상담자는 장애인의 말이나 행동에서 표현된 감정이나 생각을 다른 말로 부연설명해 줄 필요가 있으며 말 속에 포함되어 있는 불분명한 측면을 밝혀주어야 한다. 그리고 장애인이 모르고 있거나 인정하기 꺼리는 생각이나 감정에 직면하도록 해야 한다. 상담자는 장애인이 좋은 의도를 갖고서 행동한다고 믿어야 하며 장애인의 독특성을 인정해야 하며 장애인이 감정을 자유로이 표현하도록 격려해야 하며 현재 어떤 감정을 느끼고 있고 그 감정이 그가 갖고 있는 문제와 어떻게 연관되어 있는지를 민감하게 파악하고 이해한 후 그것을 문제해결에 이용하기 위해 그에 대해 적절한 반응을 보여야 한다.

장애인은 상담자가 그들을 실패자, 열등한 존재, 무능력자로 보지 않을까 두려워할 수 있다. 특히 장애인은 열등감이나 자격지심 때문에 비판에 대해 매우 예민하며 자기방어적인 태도를 취하여 비판에서 벗어나려고 할 수 있다. 이같은 태도를 취하게 되면 자신의 문제를 객관적으로 바라볼 수 없고 자유롭게 표현하지도 않기 때문에 문제해결에 장애가 된다. 따라서 상담가는 장애인을 비판하려는 의도가 없고 단지 도와주려 한다는 것을 보여주어야 한다. 장애인의 문제를 해결하는 과정에서 장애인 스스로 나갈 방향을 결정할 수 있도록 도와주고 그같은 권리를 존중하며 스스로 결정내릴 수 있는 잠재능력을 발휘하도록 격려해야 한다. 상담가는 상담가와 장애인이 담당하는 역할을 분명히 하고 구체적인 목표를 세워서 이를 단계별로 검토해야 한다. 그리고 상담 도중에 알아낸 비밀은 철저히 보장해주어야 한다.

Meyerson은 장애란 한 개인에게 객관적인 사실로서 존재하는 것이 아니라 사회적인 가치판단에 의해 필요에 따라 규정되어지는 것이라고 정의한다. 장애란 어떤 사람이 다른 사람과 다르다는 사실에 대해 충분한 이유가 있건 없건 간에 사회적으로 그런 사람에게 불리한 제재를 가하게 되는 조건이라고 주장한다. 그는 장애인에게 나타나는 세 가지 적응양식을 다음과 같이 구분하였다.

첫째, 장애가 없는 사람들의 세계로부터 분리되어 오로지 장애인의 역할만을 하는 제한된 환경 속에서 적응하는 것이다. 이러한 적응양식을 취하는 장애인에게는 자기 자신에 대한 정확한 정체감을 인식하게 하고 다른 장애인들과의 접촉이나 인권을 주장하는 사람들과 관계를 형성하는 것이 도움이 된다. 그러나 장애인 스스로 비장애인과의 관계를 끊어버림으로써 자기중심적이 될 수도 있다.

둘째, 장애인의 세계를 떠나서 오직 비장애인의 영역에서만 적응하는 것이다. 이러한 적응양식을 취하는 장애인은 보다 넓은 의미의 상이성을 가진 세계로 나아갈 수 있으나 아직 사회적으로 적응하기에 적절한 능력을 갖추지 못한 사람이 어렵고 애매한 환경에 그대로 노출된다는데 문제가 있다. 이들은 현실을 직시하지 않고 자신의 장애를 무시해버리고 비장애인의 가치기준에 부합하고자 애쓰며 자신이 대한 능력과 가치의 한계에 따른 실망과 좌절을 경험한다. 그러므로 이들에게는 자신에게 다가오는 장애를 이겨내는데 필요한 능력과 인내를 길러주어야 한다.

셋째, 가능한 범위 내에서만 비장애인의 사회생활에 동참하는 것으로서 적응양식 중 가장 이상적인 것이다. 이 경우 장애인은 위축되거나 부정적인 생각을 갖지 않고 자신감을 가질 수 있다. 그러나 한편으로는 비장애인의 사회에서 흔히 나타나기 쉬운 차등의식을 받아들이는 수밖에 없다.

장애가 인간의 가치를 상실하게 한다는 생각을 갖지 않게 하기 위해서는 자신의 영역을 확대하고, 신체적 조건을 부차적인 것으로 보고 신체적 조건이 불리한 상태라는 생각에 얽매이지 말고 자신의 내적 가능성을 찾아서 개발하면 가치 있고 큰 능력을 가질 수 있다고 생각하고, 장애가 생활 전반에 걸쳐서 큰 영향을 미칠 것이라는 생각을 견제해야 한다.

장애인은 장애 때문에 갖게 되는 여러 가지 제한과 불편이 생활 전반에 확대될 것이라는 잘못된 생각을 갖기 쉽다. 그러나 대부분의 생활은 장애와 관계 없는 경우가 많다. 장애가 모든 삶에 영향을 주리라는 생각 때문에 다른 많은 삶의 영역에까지 영향을 미치지 않도록 될 수 있는 한 장애의 영향을 축소해서 생각하도록 하고 부정적인 생각을 억제하고 바꿔나가는 것이 중요하다. 또 자신이 갖고 있지 않은 것에 집착하지 말고 자신이 갖고 있는 능력을 강조하도록 생각을 변화시켜야 한다. 자신의 능력정도를 타인과 비교함으로써 열등감에 빠지지 않도록 해야 하며 가능성에 대한 신념을 가져야 한다. 장애에 대한 올바른 이해를 갖고 장애가 자아존중감을 해치는 것이 아니라는 것을 깨달아야 한다. 그러기 위해서는 타인들로부터 사랑 받고 있다는 경험을 갖게 하는 것이 중요하며, 장애는 누구에게나 있을 수 있는 하나의 특징에 불과하다는 생각을 갖도록 해야 한다.

5) 교육재활

(1) 정의

인간의 지적, 정신적 능력은 성장단계에 맞는 교육을 통하여 발달된다. 장애아도 비장애아동과 동등한 교육의 의무와 권리를 갖는다. 장애아동의 능력 향상을 위하여 교육재활은 반드시 필요한 재활분야이다. 교육재활이란 장애인이 갖고 있는 능력을 최대한 향상시키고 발휘하게 하며 그의 잠재능력을 개발하여 사회생활에 적응해가도록 도움을 주는 교육제도와 교육방법 및 기술을 통한 교육적 서비스를 말한다. 교육재활의 주요 대상은 장애아동이다. 그러나 성인장애인에 대한 교육도 전인적 발달을 위하여 필요하므로 교육재활은 비단 아동기 뿐 아니라 장애인의 전 생애에 걸쳐 이루어질 필요가 있다. 장애인을 대상으로 한 교육은 장애인이 갖고 있는 특성에 맞추어 교육내용이나 교육방법이 특수한 성격을 띠므로 이를 특수교육이라고 한다. 특수교육은 장애로 인해 일반학교과정을 일반학급에서 교육받기 곤란한 아동이나 교육상 특별한 배려가 필요한 아동에게 특성에 맞는 교육환경을 마련하여 아동의 가능성을 최대한 발휘하도록 하기 위한 교육의 한 분야이다. 이것은 장애인의 독특한 교육적 요구에 맞도록 설계된 교육으로서 특수교육대상자에게 점자나 구화, 보장구 등을 사용하여 교육, 교정, 요육 및 직업보도를 하는 것이다. 특수교육에서는 실생활에 필요한 지식을 위한 교과교육과 장래의 직업생활에 적응하기 위한 직업보도, 언어치료나 물리치료, 작업치료 같이 장애를 교정해주는 요육 등을 실시한다. 특수교육의 목적은 장애인이 갖고 있는 잠재능력을 개발하여 최대한 활용하게 하는 것이다. 모든 장애아동이 특수교육을 필요로 하는 것은 아니며, 장애정도가 낮아서 비장애아동과 특성상 큰 차이가 없는 경우에는 일반교육이 가능하다.

특수교육의 기본가정과 원리는 다음과 같다.

① 특수교육의 목적은 일반교육에 비하여 특이하지 않다.

② 특수교육의 방법은 일반교육과 다르다. 즉, 특수아동은 정상성에서 벗어난 점 때문에 특별한 시설과 교육방법, 특별한 훈련을 받은 교사와 여러 가지 보조서비스가 필요하다.

③ 특수교육은 종합적인 노력의 소산이다. 즉, 특수아동을 발견하여 효과적인 교육적 조치를 하기 위해서는 여러 영역의 전문가들이 관여가 필수적이다.

④ 특수아동은 이질적인 집단이다. 특수아동은 동일영역의 장애아동이라 할지라도 개인차가 심하므로 획일적인 교육프로그램을 사용할 수 없다.

⑤ 특수교육은 많은 보조서비스를 필요로 한다. 대부분의 특수아동은 의료서비스, 특별한 시설 및 기자재, 특별한 훈련프로그램, 특별한 학급크기 등을 필요로 한다.

⑥ 특수교육과정은 선별, 진단, 교수, 평가 등 네 가지 요소로 구성된다.

⑦ 통합교육을 한다. 즉, 특수아동은 필요한 만큼만 특수교육 전문영역에 배치하여 교육받게 하고 될 수 있는 한 일반학급에서 일반아동과 함께 교육받게 한다. 일반학급에서 통합교육을 받기 위해서는 개별화 학습, 융통성 있는 교육프로그램, 물리적 환경의 개선 등이 필요하다.

(2) 특수교육 발달사

특수교육의 역사는 19세기 초 유럽에서 시작되었는데, 당시에는 장애아를 기숙사에 생활하도록 하면서 교육시키는 분리교육이 실시되었다. 그러다가 20세기 후반에 이르러 장애인도 비장애인과 함께 생활해야 한다는 사회통합의 이념이 강조됨에 따라 장애아에 대한 특수교육도 분리 교육보다는 비장애아동과 함께 공부하는 통합교육이 강조되어 오늘날에는 통합교육에 역점을 두고 있다. 통합교육을 함으로써 장애아와 비장애아간의 교류를 촉진하고, 이러한 상호교류를 통하여 비장애인이 장애인에 대하여 올바른 지식을 갖고 이해하며 수용하게 된다.

시대가 변함에 따라 특수교육에 대한 생각도 변화하는데, 과거의 관점과 현재 및 미래의 관점을 비교해보면 <표 5-4>와 같다.

<표 5-4> 특수교육에 대한 관점의 변화

과거의 관점	미래의 관점
1. 교육은 특권이다. 2. 수업이 곤란한 아동은 배제한다. 3. 교육결정은 기관이 한다. 4. 표준화된 검사가 실시된다. 5. 평점은 학급 내에서 경쟁적이다. 6. 검사는 교육의 예언에 사용된다. 7. 적성은 직업적 특성이다. 8. 적성과 교육적 조치는 분리하여 다루어진다. 9. 학습상의 곤란은 아동의 책임이다. 10. 평가는 아동에게만 초점이 주어진다. 11. 특수아동은 소극적으로 명칭을 붙여 배치된다.	1. 교육은 권리이다. 2. 누구라도 교육에서 거절될 수 없다. 3. 교육결정은 개인이 한다. 4. 영역별 검사의 중요성이 부각된다. 5. 평점은 개인의 목표와 관계가 있다. 6. 검사는 교육의 결정에 사용된다. 7. 적성은 개인이 최선의 방법으로 학습하는 것이다. 8. 적성은 교육적 조치와 통합되는 범위에서 개념화된다. 9. 학습상의 곤란은 아동과 관련된 환경의 책임이다. 10. 평가는 아동과 그의 생활교육 배치 등에 초점이 주어진다. 11. 특수아동은 기능적으로 적합한 특성의 범위 내에서 가장 적절한 교수절차에 따라 다루어진다.

<표 5-5> 특수교육의 발달사

한국 특수교육 성립기에 관한 두 개의 견해	특수교육 전사기(중세~19세기 말)	특수교육성립기 (19세기 말~20세기 초)	일본 식민지시대의 특수교육 (1910~1945)	광복 이후의 특수교육기 (1946~1960)	특수교육진흥기 (1961~현재)
	관상감 중심 교육기 (1445~1890)		시설중심 교육기 (맹·농 교육기, 1890~1945)		특수학교·특수학급 중심 교육기, 다장애 교육기 (1945~현재)
특수 교육 성립 기별 연표	관현 맹제도에 의한 맹인 예능에 종사(1076)	최초의 시각장애(여)교육 (Hall, 1894)	최초의 특수교육 관련법규의 제생원 관제 제정 (조선총독부, 1912)	대구맹아학원 설립(이영식 목사, 1946)	최초의 대학 내 특수교육교사 양성과정 설치 (한국사회사업대학, 1961)
	서운관 (국가기관)에서 맹인 10인에게 음악학에 관한 집단지도나 이러한 학문에 관한 과거제도 (당시의 공무원 시험제도) 실시 (1445)	최초의 남맹학급 설립(Moffett, 1903)	제생원 맹아부 설립 (조선총독부, 1913)	국립맹아학교에 중등과 설치 (1947)	맹·농아 특수학급 설치규정 (문교부, 1962)
	판휼전칙 (자비보호사상의 생활규범) 제정(1783)	최초의 농학교 설립 (Hall, 1908)	제1회 동양맹아회의 (평양, 1914)	대구영화학교 설립(이영식 목사, 1946)	한국특수교육학회 발족(1962)
			조선맹아협회 발족 (1920)		최초의 지체부자유 학교 설립(연세대 세브란스병원,1964)
					특수교육 5개년계획 수립(문교부, 1968)
	일본의 특수교육기관 (맹아원)에 간한 문서적 소개 (신사유람단, 1881)		훈맹정음 공포 (박두성, 1930)	특수교육기관이 보건사회부 관할에서 문교부 관할로 이관(1947)	최초의 정신박약 특수학급 설치 (칠성초등학교, 1971)
		최초의 남맹아 보호시설(학급) 설립 (Pash와 Perry, 1900)	최초로 한국인에 의한 사립특수학교인 평양맹아학교 설립(이창호, 1935)		전국 시·도 특수학급 (1개 교씩 설치, 1974)
					특수교육진흥법 개정, 무상 특수교육 개시(1977)
			동대문 공립국립학교 내 최초의 병약아 특수학급 설치 (1937)	삼육재활학교 설립(1952)	서울장애인올림픽 개최(1988)
					특수교육진흥법 전면 개정(1994)에 의한 초·중학교 의무교육 실시

자료 : 일본정신박약자복지연맹 편(1999), 「세계특수교육의 신동향」, 학지사, p.194.

(3) 특수교육대상자

장애인등에대한특수교육법에서는 특수교육대상자를 시각장애, 청각장애, 지적장애, 지체장애, 정서·행동장애, 의사소통장애, 학습장애, 건강장애, 발달지체, 자폐성장애, 그밖에 대통령령으로 정하는 장애를 지닌 자로 규정하고 있다.

특수교육은 특수교육기관에서 특수교육교사에 의해서만 이루어지는 것이 아니다. 가정에서의 부모에 의한 교육과 사회교육도 이에 못지 않게 중요하다. 특수교육은 특히 미취학연령 장애아를 대상으로 한 조기교육이 매우 중요하다. 최근에는 우리나라에도 조기특수교육기관이 많이 생겼으나 조기특수교육을 필요로 하는 아동수에 비하면 아직도 매우 부족한 실정이다. 특수교육에 있어 가장 중요한 것은 교육시설과 내용이 장애아의 특성과 수준에 맞는지 여부이다. 장애아는 성장하면서 여러 가지 능력이 발달되므로 능력에 대한 평가를 정기적으로 실시하여 교육내용이 아동의 수준에 맞는 것인지를 평가해야 한다.

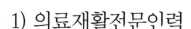

5. 재활전문인력

1) 의료재활전문인력

(1) 재활의학전문의

재활의학전문의는 신체기능의 일부를 상실한 장애인에게 적절한 의료서비스를 제공하고 손상된 신체기능의 회복을 가능케 하는 의료재활분야의 중추인력이다. 재활의학전문의는 물리치료사, 작업치료사, 언어치료사, 의지·보조기기사 등과 같이 의료팀을 구성하여 팀의 리더로서의 역할을 한다. 우리나라의 경우 전체 의사면허 취득자 중 재활의학전문의가 차지하는 비율이 낮고, 재활의학전문의가 부족한 실정이다.

(2) 물리치료사

물리치료사는 온열치료, 전기치료, 광선치료, 수치료, 기계 및 기구치료, 마사지, 기능훈련, 교정운동 및 재활에 필요한 기기, 약품의 사용·관리, 기타 물리요법적 치료 등을 고유업무로 수행하는 전문가이다. 물리치료서비스의 주요 대상은 사고나 질병, 또는 선천적 요인 등에 의해 부상을 당하거나 장애를 입은 사람들로서 특히 장기간의 치료를 요하는 장애인에게 물리치료는 필수적이다. 물리치료사는 장애인을 위하여 적절한 시기에 적절한 양질의 치료를 시행하여 2차적인 기형이나 잔류능력 손실이 뒤따르지 않게 해 줌으로써 장애인이 일상생활동작 및 사회생활의 수행능력을 향상시키도록 돕는 역할을 한다.

물리치료사 자격은 '의료기사 등에 관한 법률'에 근거한 국가자격으로서 시험은 연 1회 실시되며, 응시자격은 4년제 대학 혹은 3년제 전문대학의 물리치료학과를 졸업한자로 되어 있다. 물리치료사 면허취득자는 매년 크게 늘어나고 있으며 외국에 비해 공급이 과잉되어 있다.

(3) 작업치료사

작업치료사는 정신이나 신체에 질병 또는 장애가 있는 사람에게 여러 가지 흥미롭고 목적 있는 작업이나 동작, 놀이를 통해 불완전한 신체기능을 회복시키고 일에 대한 동기를 부여하여 학교나 직장, 가정에서 최대한의 독립된 생활을 할 수 있도록 돕는 역할을 하는 의료재활분야의 전문인력이다.

작업치료사는 조기진단과 치료를 통해 발달장애가 있는 아동의 정신적·신체적 발달을 촉진시켜주며, 신체적 장애가 있는 사람의 남아있는 능력을 이용하여 컴퓨터 사용법에서부터 옷 입기, 요리하기 및 식사법에 이르기까지 일상생활에 필요한 모든 기술을 가르치고 보조장구를 제작해 준다. 작업치료에는 기능적 작업치료(일상생활동작훈련: ADL, 지각운동기능훈련, 의지 및 재활보조기구 장착훈련), 지지적 작업치료, 직업개발을 위한 작업치료, 가정생활을 위한 재훈련 등이 있다.

작업치료사를 양성하는 정규교육과정은 4년제 대학 또는 3년제 전문대학이며, 정규교육기관에서 작업치료를 전공한 자에게만 작업치료사 국가시험에 응시할 기회가 주어진다.

물리치료사와는 정반대로 작업치료사 수는 적은 실정이다. 작업치료사의 수가 적은 원인은 작업치료에 대한 인식부족 때문으로, 현재 우리나라의 작업치료사는 수요에 비해 공급이 부족한 실정이다.

(4) 언어재활사

언어재활사는 언어장애로 인하여 의사소통에 문제를 가진 자의 잠재되어 있는 언어
능력을 최대한 개발시키고 의사소통기술을 습득하게 하여 일상생활에서 원만한 의사
소통을 할 수 있도록 하여 정상적인 언어발달을 유도하는 전문인력이다.

치료내용으로는 발성기관훈련, 조음기관훈련, 호흡훈련, 발성훈련, 조음훈련, 낱말훈
련, 문장훈련, 회화훈련 등이 있으며, 언어재활사는 언어장애의 평가·진단 및 치료뿐만
아니라 사후관리, 언어장애 임상연구, 가족상담, 언어임상 수련과정의 지도, 감독 및 평
가 등의 역할을 수행하기도 한다.

현재 우리나라에서 언어재활사를 양성하는 기관은 4년제 대학과 대학원에 전공과정
이 설치되어 있다. 자격증은 민간자격으로서 관련학회(한국언어청각임상학회, 한국언어치
료학회)에서 인정하는 연수 등의 조건을 충족하면 된다. 한국언어치료학회의 경우 1992
년부터 자격시험을 통과한 사람에게 언어치료교육사 자격을 부여하고 있으며, 한국언
어청각임상학회에서도 1996년부터 언어치료임상가 자격증 시험을 시행하고 있다. 현
재 언어재활사는 수요에 비해 인력이 부족하다.

(5) 의지·보조기기사

1999년에 장애인복지법이 개정되면서 의지·보조기기사에 대한 국가자격제도가 마련
되었으나 장애인이 사용하는 재활보조기구는 종류가 다양하여 개별적인 자격이 확립
되어 있지 않은 실정이다. 지체장애인에게 핵심적인 재활보조기구라 할 수 있는 의지,
보조기 등에 대해서만 자격이 마련되어 있다.

의지·보조기기사의 양성은 1996년 이후 전문대학에 전공과정이 설치되면서 본격적
으로 이루어졌다. 의지·보조기 제작은 인체해부학, 생체역학, 보장구제조학 등의 이론
과 기술을 습득하게 하고 있으며, 이들 과목을 이수한 후에는 일정기간의 실습훈련을
거쳐 자격증을 교부하고 있다.

(6) 청각임상가/청능사

청각임상가는 청각장애를 예방 및 진단하며 청각장애인의 재활을 돕는 전문인력이다. 청각장애의 치료과정에는 의학적 처치나 보청기 장착, 청각재활훈련(청력훈련, 구화훈련 등)이 포함된다. 청각임상가는 이러한 모든 과정에 다른 재활전문인력들과 더불어 팀을 이루어 참여하거나 직접 클리닉을 운영하여 독립적으로 재활프로그램을 수행하기도 한다.

청각임상가의 역할은 주로 청력측정기 등의 장비를 사용하여 청력의 손실정도를 측정하고, 남아 있는 청력을 최대한 살릴 수 있도록 보청기의 활용을 도와주며, 다른 사람의 말을 이해하고 말을 할 수 있도록 지도해 주는 역할을 한다.

청각임상가 자격은 한국언어청각임상학회가 주관하는 민간자격으로서 최근에는 대학에 관련학과의 설치가 늘고 있다. 미국의 경우 청각임상가는 석사 이상의 학위 취득 후 엄격한 자격시험 및 수련과정을 거쳐서 배출된다.

2) 직업재활전문인력

(1) 직업재활사

직업재활사는 장애인이 신체적·정신적·사회적·직업적 가용능력을 직업재활과정을 통해 최대한으로 회복시켜 지역사회에서 직업을 통하여 사회·경제적으로 전인격적 생활을 영위해 나가도록 하는 직업재활의 전반적인 업무를 담당하는 전문인력이다. 직업재활사는 장애인의 직업상담 및 재활상담, 직업평가 및 진로지도, 직업재활계획 수립 및 방향 설정, 직업적응훈련 및 직업훈련, 직무지도 및 직무개발, 취업 후 적응지도를 비롯한 사후관리 등을 수행한다.

직업재활사 자격은 한국직업재활학회가 운영하고 있는 직업재활사 규정에 의거하여 학회에서 인정하는 직업재활 관련학과가 설치되어 있는 대학의 교육과정을 이수하고 시험을 통해 자격증이 부여된다. 이밖에 직업재활기관에서 2년 이상 근무한 경력이 있는 경우도 응시할 수 있으며, 직업재활사 1급, 2급 및 준직업재활사로 구분되어 있다.

(2) 직업생활상담원

직업생활상담원은 장애인이 고용되어 있는 업체에서 장애인근로자의 효율적인 고용관리와 직장 내 생활상담 지도 등의 역할을 담당하는 인력이다. 직업재활상담원은 '장애인고용촉진및직업재활에관한법률'에 의거하여 상시 10인 이상 장애인근로자를 고용하는 사업주는 장애인근로자의 생활에 관한 상담 및 지도를 행하기 위하여 장애인 직업생활상담원을 두도록 규정하고 있다.

노동부 산하 한국장애인고용공단에서 직업생활상담원 양성프로그램을 설치, 운영하고 있다. 교육대상 자격은 직업생활상담원 의무대상업체(10인 이상의 장애인 근로자가 있는 사업장) 직원 중 사업주가 추천한 자 또는 심리학, 특수교육학, 사회복지학, 재활학 전공자로서 학사학위 이상을 소지한 자, 그리고 장애인복지시설이나 기타 관련단체에서 장애인업무에 2년 이상 종사한 자 등으로 되어 있다. 직업생활상담원 교육과정을 이수하고 소정의 시험을 통과한 사람은 자격증을 받게 된다.

(3) 직업훈련교사

직업훈련교사는 직업훈련기본법에 근거한 국가자격으로서 각 직업에서 필요로 하는 기술, 이론 등을 실기와 강의를 통하여 가르치고 시험으로 평가하여 취업상담과 진로지도 등을 실시하는 전문인력이다. 직업훈련교사의 자격은 전문교사, 일반교사, 현장훈련교사로 구분되어 있다. 직업훈련교사 중 각종 장애인직업훈련시설에서 장애인들에게 직종별 기술 및 이론 등을 가르치는 교사를 장애인전담 직업훈련교사라고 할 수 있으며, 장애인 직업훈련과 관련하여 별도의 자격체계는 없다.

3) 교육재활전문인력

특수교육교사는 장애가 있는 학생들에게 그들의 독특한 교육적 요구에 맞게 교육시키는 재활전문인력이다. 특수교육학과나 초등특수교육, 육아특수교육 등 관련학과가 설치된 대학에서 배출되고 있다. 특수교육교사 자격제도는 일반학교 교사의 자격제도와 동일하며, 특수교육교사는 특수학교와 일반학교 내 특수학급에 근무한다.

4) 사회·심리재활전문인력

(1) 수화통역사

수화통역사는 청각장애인과 건청인 사이에서 청각장애인에 대해서는 건청인이 말하는 언어를 수화나 필담, 구화 등의 수단을 통하여 전달해주고, 건청인에 대해서는 청각장애인의 수화를 해석하여 음성언어로 바꿔 전달하는 역할을 한다. 수화통역사는 능란한 수화 구사력뿐만 아니라 청각장애인이 갖고 있는 언어력 등을 판별하는 능력이나 의사소통 전반을 조정하는 능력 등을 필요로 한다.

수화통역사를 양성하는 교육과정으로서 수화통역학과가 설치된 대학이 있으며, 농아인협회를 비롯한 장애인단체, 복지관 등에서도 수화를 배울 수 있다. 수화통역사에 관한 자격은 한국농아인협회에서 1997년부터 시행하여 이후 국가공인자격으로 실시되고 있다.

(2) 점역·교정사

점역·교정사는 시각장애인이 촉각을 이용하여 일반도서를 읽을 수 있도록 일반문자를 점자로 번역·교정하는 것을 직무로 하는 전문인력으로서 1998년부터 연수과정이 설치되어 민간자격으로 운영되다가 2002년부터 국가공인자격제도로 도입되었다. 점역·교정사 자격은 점역가능한 전문과목의 수와 숙련정도에 따라 1, 2, 3급으로 분류되며, 대상은 시각장애인 관련기관의 점역·교정업무 3년 이상 경력자면 누구나 가능하다.

최근에는 여러 종류의 음성도서를 비롯한 음성정보들, 컴퓨터 점자번역 소프트웨어 등의 출현으로 시각장애인들이 과거에 비해 다양한 정보를 접하기가 훨씬 용이해졌지만 점역·교정사는 수학이나 과학, 음악, 그래픽 등에서 여전히 중요한 역할을 담당하고 있다.

현재 국내에서 점역사를 양성하는 교육과정은 시각장애인연합회에서 소정의 교육을 받을 수 있으며, 자격증 취득 후에는 점자번역과 점자교육, 점역자료를 교정하는 역할을 담당한다.

(3) 보행지도사

시각장애인 보행지도사는 시각장애인으로 하여금 학교, 직장 등에서 보행 및 일상생활이 가능하도록 돕는 전문인력이다. 보행지도사는 시각장애인이 독립적이며 안전하게 걷도록 하는데 일차적인 목적을 둔다.

보행지도사를 양성하는 교육과정은 시각장애인단체에서 강습회 등을 통해 양성해 왔다. 보행지도사에 관한 자격은 체계적으로 확립되어 있지는 않다.

(4) 장애인스포츠지도자

신체적·정신적 능력의 한계로 일상생활 및 사회생활에 적응하기 어려운 장애인에게 스포츠 활동은 매우 중요하다. 장애인스포츠는 장애인의 사회통합을 이루는데 반드시 필요한 영역으로 인정받고 있다. 스포츠 활동은 장애인으로 하여금 건전한 여가활동의 기회를 제공해 주며, 장애로 인한 신체활동의 감소와 함께 오는 건강과 체력의 감퇴를 예방해 준다.

장애인스포츠지도자 자격을 취득하기 위해서는 관련학과를 졸업하거나 연수과정을 이수하면 가능하다. 이 교육과정은 복지관, 장애인시설, 학교체육교사로 지도경력 3년 이상인 경우에 최소 60시간의 연수를 통해 가능하다.

(5) 치료레크리에이션지도자

치료레크리에이션지도자는 장애나 신체적·정신적·사회적·정서적으로 적응상의 문제를 지닌 개인에게 치료를 목적으로 한 다양한 레크리에이션활동을 통해 부족한 기능을 회복시키고 자신감을 회복하고 사회에 적응할 수 있도록 도와주는 전문인력이다.

치료레크리에이션은 민간자격으로서 양성과정은 한국치료레크리에이션협회에 설치되어 있으며, 기초과정(2급)과 전문자격과정(1급)으로 구분되어 있다.

(6) 각종 치료사

미술치료사는 장애인의 정서적, 사회적, 정신적 부적응 문제를 치료하고자 하는 심리상담의 한 분야로서 그림이나 조소, 디자인, 기법 등과 같은 다양한 미술활동을 통하여 심신의 어려움을 겪고 있는 내담자의 심리를 진단하고 창작활동과 적절한 신체적 에너지를 유발시켜 내담자의 갈등 해소와 치료를 돕는 전문인력이다.

미술치료사는 미술치료학회가 부여하는 민간자격으로서 일정시간의 연수(160시간 이상)를 거친 후에 시험을 통해 자격을 취득할 수 있다. 자격대상은 대학에서 미술치료, 심리치료, 재활, 가족, 아동, 교육 관련분야를 전공하고 학사학위 이상의 취득하고 미술치료 연수와 자격시험의 합격, 수련 등을 거친 후에 자격증을 받을 수 있다. 우리나라의 경우 1990년대 들어서 외국에서 미술치료 전문가들이 들어오면서 관심이 확대되고 있다.

음악치료란 치료적인 환경 속에서 치료대상자의 행동을 바람직한 방향으로 변화시키기 위한 목적으로 음악치료사가 음악을 단계적으로 사용하는 것이며, 음악치료사는 장애인을 도와서 기능을 회복시키기 위해 음악적 경험과 관계들을 통해 변화를 이끌어내는 체계적인 치료를 담당하는 전문인력이다.

음악치료사 자격은 민간자격으로서 1997년에 음악치료를 위한 대학원과정이 설치되면서 본격적으로 시행되었다. 최근 음악치료에 관한 인식이 높아짐에 따라 대학에서 교육과정에 음악치료를 설치하는 곳이 증가하고 있다.

놀이치료사는 사회·정서적 적응문제로 성장발달과 학습에 어려움을 겪는 장애아동과 청소년들을 놀이를 통해 진단, 치료, 교육하는 전문인력이다. 놀이치료사 자격은 놀이치료학회 등에서 부여하는 민간자격으로서 놀이치료, 아동심리치료, 심리학, 아동복지, 유아교육, 특수교육, 교육학 등을 학부 또는 대학원에서 전공하고 자격시험에 합격한 후 임상수련, 슈퍼비전, 사례발표 및 구술시험 등을 거쳐 자격증을 받는다. 놀이치료사가 되기 위해서는 발달심리, 정신병리, 정신치료, 상담 등에 관한 전문지식이 필요하고, 특히 아동발달과 아동심리에 관한 지식을 필요로 한다.

<표 5-6> 미국의 장애인복지전문인력

재활전문의	- 재활의학 전공(재활레지던트 기간 요구) - 미국재활의학위원회(ABPMR)에서 자격증 부여 - 수행업무: 일반의, 간호사, 물리치료사, 심리학자 등 재활전문인들과 팀 치료
재활간호사	- 4년제 또는 2년제 일반간호대학 수료 - 2년간의 재활간호 경험, 시험 통과 후 공인재활간호사(CRRN) 자격증 부여
물리치료사	- 학부, 대학원에서 관련학과 전공, 필수과목 이수, 의료시설에서 실습경험 요구 - 국가자격시험을 통과한 자에게 물리치료사 자격증 부여 - 치료방법: 물리치료, 마사지, 촉진, 냉온, 전기치료, 초음파 등 적용
작업치료사	- 관련학과 학사학위 취득자 - 전국작업치료자격위원회(NBCOT)의 자격시험에 통과한 자에게 자격증 부여
의지·보조기기사	- 의지보조기학 학사학위 취득 후 1년간 자격과정 수료자 - 학사과정 외에 전국의지보조기위원회(NCOPE) 인정 1년간 레지던트훈련 요구 - 전국의지보조기위원회(NCOPE) 인정 교육요건과 1,900시간의 임상실습을 완료한 자에게 미국의지보조기위원회(ABCOP)에서 자격증 부여
직업평가사	- 재활학 학사·석사학위 취득자 또는 관련학과 학사학위 취득자 - 국가시험에 통과한 자에게 위원회(CCWAVES)가 직업평가사(CVE) 자격증 부여 - 수행업무: 개별적 장애인 훈련프로그램 개발 및 실행, 각종 평가능력 소지
재활상담사	- 재활상담학 석사학위 취득자(18~24개월간 교육 및 600시간의 임상경험 요구) - 학부전공은 재활서비스 심리학, 사회학 관련학과 - 일정 현장실습과 자격시험에 통과한 경우 재활상담자격위원회(CRCC)가 자격증 부여 - 수행업무: 면접, 직업보도, 취업알선, 적응상담 및 지도

언어치료사 및 청각사	- 언어병리학, 청각학 관련 석사학위 취득자 - 임상훈련과 국가시험에 통과한 자에게 미국언어청각협회(ASHA)가 자격증 부여
시각장애재활요원	- 재활학 또는 교육학 학사·석사 취득자(보행학 전공) - 시각장애인재활교육협회(AER)가 보행요원 또는 시력장애재활상담사 자격증 부여 - 맹인 및 시력장애인의 안전보행훈련
재활공학가	- 재활공학 또는 재활기술학 석사학위 취득자(재학 중 재활기관에서 현장실습 요구 - 학부전공은 생체공학, 전기공학, 산업공학, 기계공학 - 수행업무 : 휠체어, 체형교정기구, 운전적응기계, 의사소통기구 고안 및 개발
청각장애 재활요원	- 청각장애 또는 관련학과 전공의 석사학위 소지자 - 청각장애재활요원 자격은 일반생활상담사 자격과 동일 - 수행업무 : 평가, 직업적응상담, 독립생활훈련, 통역 및 기타
수화통역사	- 준학사 또는 학사 이상, RID에서 통역사와 음역사 자격증 부여 - 청각장애인의 의사소통 기능
재활심리사	- 미국심리학회((APA) 인정 재활, 심리학, 신경심리학 전공 대학원 수료 - 주정부에서 심리사자격증 부여 - 수행업무 : 장애인의 심리적, 신경적, 직업적응력 평가, 상담 및 심리치료 실행
치료레크레이션 전문가	- 레크레이션치료 학사학위 취득자 - 전국레크레이션치료자격협의회(NCTRC)에서 자격증 부여 - 장애인의 독립레크리에이션 기능 강화

자료 : 권선진(2013), 장애인복지론, 청목출판사, pp.221-222.

제 6 장

장애유형별 특성

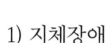

1. 외부 신체기능의 장애

1) 지체장애

(1) 정의

지체장애란 사지와 몸통의 운동기능장애를 말한다. 사지란 상지의 어깨관절에서 손가락 끝까지, 하지란 골관절에서 발가락 끝까지, 몸통은 척추를 중심으로 한 상반신과 목과 머리부분을 말한다. 단, 이 경우에 흉부와 복부의 내장기관은 포함되지 않는다. 운동기능장애란 운동에 관계하는 기관이 있는 중추신경계, 근육 및 뼈, 관절 등의 부상이나 질병으로 장기간 일상생활이나 학교생활에서 자기 혼자 보행하는 것이 곤란한 상태에 있는 것을 말한다.

(2) 특성

지체장애를 가진 아동의 경우 운동장애에 의한 직접적인 요인과 환경의 간접적 요인과의 상호작용에 의해 발달상의 특징이나 문제가 파생된다고 할 수 있다. 운동장애의 요인이 되는 질환, 장애부위, 뇌장애의 유무나 정도, 부수적 장애 등에 의해 지체장애의 상태나 정도가 달라진다. 이러한 것은 신체기능이나 운동의 발달을 지체시킴과 동시에 심리적 발달에도 큰 영향을 미친다. 운동장애는 주로 이동이나 손동작의 곤란을 야기하며, 이러한 곤란은 유아기에는 탐색활동이나 유희를 제한시키고 학령기에는 경험부족을 유발시켜 학업부진이나 학습장애를 일으키는 경우도 있다. 또 청년기에는 자신의 신체나 운동에 대한 열등감을 야기시키기도 한다.

지체장애아에게 간접적으로 영향을 미치는 요인에는 부모의 양육태도, 사회경험의 부족, 일반사회의 이해와 인식의 부족 등이 있다. 장애아를 가진 부모가 자녀의 장애가 지닌 의미를 정확하게 이해하지 못하고 장애를 그대로 수용하지 못하는 경우에는 적절한 양육태도를 갖기 어렵다. 부모의 부적절한 태도에는 익애, 과잉보호, 간섭, 불안, 거부, 방임 등이 있다. 또한 유소년기부터 요육시설이나 병원에서 장기간 보육되는 아동에게는 시설병, 모성적 양육의 상실과 같은 문제가 생길 수도 있다.

지체장애아의 시각발달상의 문제는 감각을 통한 학습의 제한과 인식부족으로 인하여 지각발달이 정상아에 비해 지체된다는 것이다. 지체장애아는 시일운동협응, 사물과 배경의 관계, 공간관계 및 위치 등의 시각장애를 가지고 있는 경우가 많다. 뇌성마비아의 가장 특징적인 지각상의 문제는 사물과 배경의 관계에 대한 지각의 왜곡에 있다. 따라서 사물에 대한 반응에서 관계가 없는 배경에 반응하는 경향이 있으며, 배경에 있는 정확한 사물을 변별하는 것이 곤란하다. 구체적으로는 책을 볼 때 주의를 집중하지 못하는 경우가 이에 속한다. 공간관계 및 공간위치의 지각장애는 사물의 크기나 형태에 대한 지각장애로서 유아기나 저학년의 뇌성마비아이에게 나타난다. 형태나 문자의 순서를 거꾸로 보기도 하고, 거울에 비친 모양의 문자나 거꾸로 된 문자 등을 쓰는 것이 특징이다. 학습면에서 뿐 아니라 일상생활에서도 신발을 좌우로 바꾸어 신는다든가 사물의 위치를 틀리게 보는 경우가 종종 있다. 뇌성마비나 뇌염 후유증 등 뇌손상이 있는 지체장애아의 경우에는 뇌의 기질적 손상이 지능의 발달에 영향을 미치는 것이 일반적이다. 그러나 뇌손상을 입지 않은 장애아인 경우에는 지체장애가 지능발달에 직접적인 영향을 미치는 일은 거의 없다.

지체장애아의 성격은 심리적 문제 이외에 욕구불만, 열등감, 사회성 미숙 등 개인에 따라 독특한 특성을 형성하는 경우가 있다. 운동기능장애에 수반되는 이동의 제한, 생육환경, 뇌손상의 범위나 부위, 지능장애 이외의 관련 요인 등을 충분히 고려하여 성격적 특성을 규명해야 한다. 지체장애아는 자신의 장애 때문에 위축되고 자아개념에 영향을 받을 수 있다. 일반적 경향으로는 운동장애는 부정적인 자아개념을 갖게 하며, 특히 자신에 대한 가치를 저하시키는 방향으로 작용하기 때문에 자아개념이 불안정하게 형성되는 경향이 있다. 자신의 신체에 대한 심상인 신체상은 자아개념의 형성에 큰 영향을 미치는 데, 이것은 신체감각, 지각, 일상생활의 경험을 통하여 이차적으로 얻게 된다. 지체장애아들은 자신의 신체장애에 대하여 같은 연령의 아동들과의 차이를 차츰 알게 되며, 주위에서의 반응에 의해 독특한 자아상을 형성한다. 이들의 신체상은 운동기능 및 인지기능과 관련이 높기 때문에 신체상의 올바른 발달과 운동 및 인지발달에 대한 지도를 중요시해야 한다.

(3) 원인

지체장애의 원인은 장애의 발생시기에 따라서 선천적 원인과 후천적 원인으로 구분할 수 있다. 선천적 원인이란 장애가 출산 전인 태아 때 이미 발생한 것이며, 후천성이란 출산 후에 발생한 것인데, 대부분의 지체장애는 후천적 원인에 의한 것이다. 특히 성인이 되어 사회활동 중에 장애가 발생한 경우를 중도장애라고 한다.

신체적 기형은 대부분의 경우 태어나는 즉시 쉽게 발견되어 선천성인지를 명확히 알 수 있지만 경미한 지적장애나 뇌성마비와 같은 경우에는 비록 출생 전인 태아 때 이미 발생되었다 하더라도 흔히 출산 후 수개월이 지나야 비로소 이상이 발견되는 수도 있다. 그러므로 장애에 따라서는 정확한 원인을 찾지 못하는 경우가 많다. 선천적 원인은 수없이 많은데 그 중 대표적인 것으로는 유전, 염색체 이상, 심한 대사장애, 임신 중 흡연, 약물 복용, 방사선 조사, 매독 또는 풍진 등의 감염, 조산 또는 난산, 혈액형 부조화, 고령 임신 등을 들 수 있다. 후천적 원인으로는 외상이 중요시되어 왔으나, 최근 선진국에서는 외상보다 당뇨병, 혈액순환장애, 관절염 등 만성질환이 장애원인의 70~80%를 차지하고 있으며, 우리나라의 경우도 마찬가지이다.

이처럼 지체장애의 원인은 척추신경계, 골격관절계, 근육운동계 장애와 선천성 기형, 외상 등 다양하며, 이를 다시 선천성 기형, 출생 시의 각종 손상, 감염, 중독, 각종 질환에 의한 손상, 교통사고로 인한 재해, 산업재해, 전상 등으로 구별할 수도 있다.

(4) 종류

① 관절장애

뼈와 뼈가 연결되는 곳을 관절이라 하는데, 신체의 활동은 관절의 움직임으로 이루어진다. 관절이 움직일 수 있는 운동범위를 관절운동가동역 또는 관절운동범위라고 하는데, 각 관절마다 관절운동범위가 다르다. 이러한 관절운동범위가 제한되어있는 것을 관절강직이라고 하며, 전혀 움직이지 않는 것을 완전강직이라 하고, 어느 정도 관절운동이 일어나는 경우를 부분강직이라고 한다.

완전강직은 크게 관절자체의 병변, 즉 관절 내 원인과 관절 밖의 병변, 즉 관절부위의 연부조직이 서로 유착되어 발생하는 관절 밖의 원인으로 구분할 수 있는데, 관절 밖의 원인으로 발생하는 경우가 더 많다. 관절 내 원인으로는 결핵성 관절염, 류마치스 관절염 등의 관절질환과 관절연골 손상이나 관절 내 골절 등을 들 수 있고, 관절 밖의 원인으로는 골수염, 화상, 심한 좌멸상, 골절 등을 들 수 있다.

② 절단

절단은 상지나 하지의 일부분을 잃어버린 상태를 말한다. 절단은 크게 상지절단과 하지절단으로 구분되는데, 절단부위에 따라서 상완절단(어깨와 팔꿈치 사이)과 전완절단 (팔꿈치와 손목사이), 수지절단(손가락), 대슬절단(무릎 위), 하슬절단(무릎과 발목 사이) 등 여러 가지 이름으로 부른다. 서구에서는 하지절단이 약 80%로 상지절단과 비교할 수 없을 정도로 많은데 우리나라의 경우에는 정확한 통계자료가 없어 확실히 알 수 없으나 상지절단과 하지절단이 비슷하거나 하지절단이 더 많을 것으로 추정된다.

절단의 원인은 미국의 경우에는 질병에 의한 것이 가장 많고 그 다음이 외상, 종양(암), 선천적 절단 등으로 나타난다. 혈관의 병변으로 혈액순환장애를 일으켜서 수술적으로 절단을 하게 되는 경우에는 주로 하지에서 이루어지고, 외상에 의한 절단은 오히려 상지절단이 다소 많다. 우리나라와 서양 간에 절단부위가 다른 것은 서양에서는 혈관장애에 의한 절단이 많고 우리나라에서는 전상, 산업재해, 교통사고 등 외상에 의한 절단이 많기 때문일 것으로 생각된다. 최근에는 우리나라도 당뇨병, 말초혈관 혈전증 등 혈액순환장애로 절단수술을 받는 경우가 점차 늘어나고 있어 하지절단이 더욱 늘어날 것으로 예상된다.

③ 변형

변형은 신체의 어떤 부문의 외적 모양이 정상과 다른 것을 말하는데, 한 쪽 하지가 짧거나 난쟁이와 같이 신체의 전반적인 발육부전으로 왜소한 경우도 변형에 포함시키고 있다. 그러나 일반적으로 절단은 변형이라 하지 않는다. 변형은 일차적으로는 외관상의 문제이지만 이보다 더욱 중요한 것은 이로 인한 기능저하의 문제이다.

변형은 태어날 때 이미 있었던 경우도 있지만(선천성 기형) 이는 매우 드물며, 대부분은 소아마비에서 보는 바와 같이 마비가 있을 때, 자라는 어린이에게서 골 성장판이 손상받았을 때, 골절 후 잘못 유합되었을 때, 오랫동안 진행된 류마치스 관절염 등으로 인하여 발생한다.

변형은 사지 뿐 아니라 척추에서도 보는데 흔히 볼 수 있는 척추의 변형으로는 척추측만증(옆으로 휜 것)과 척추후만증(뒤가 튀어 나온 것 : 곱추)이 있다. 척추측만증은 척추뼈에 이상이 있거나 척추 주위 근육의 마비 등이 있을 때 나타나는 경우도 있지만, 흔히 볼 수 있고 임상적으로 문제가 되는 것은 원인미상인 특발성 척추측만증이다.

특발성 척추측만증은 발생시기에 따라 유아형, 연소년기형, 청소년기형으로 구분한다. 이 중 발생빈도가 가장 높은 것은 청소년기형인데 10세경부터 나타나기 시작한다. 특발성 척추측만증은 일단 시작되면 골 성장이 끝날 때까지 계속 진행되기 때문에 빨리 발견하여 그 이상 진행되지 않도록 예방하는 것이 무엇보다 중요하다.

척추측만증은 이밖에도 한쪽 하지의 길이가 짧을 때, 요추디스크 또는 허리부위의 병변 등으로 통증이 있어 자세를 한쪽으로 구부리고 다닐 때, 또는 나쁜 자세로 오랫동안 앉아 공부하거나 생활할 때에도 나타난다. 이러한 경우에는 대부분 어느 정도 이상은 진행되지 않으며, 원인이 제거되면 측만증은 곧 없어진다.

척추후만증은 척추뼈가 손상을 입고 뒤로 밀려난 것으로서 심한 경우에는 여러 개의 척추가 빠져 나와 등허리가 둥그렇게 되는 곱추가 되기도 한다. 우리나라의 곱추는 주로 척추에 발생한 결핵으로 인하여 여러 개의 척추뼈가 상하여 뒤로 나오면서 서로 붙어 생긴 것인데, 근래에는 결핵 환자가 많이 줄면서 척추결핵도 감소되고 있다.

(5) 장애정도

가. 신체의 일부를 잃은 사람
① 장애의 정도가 심한 장애인
가) 두 손의 엄지손가락과 둘째손가락을 잃은 사람
나) 한 손의 모든 손가락을 잃은 사람
다) 두 다리를 가로발목뼈관절(Chopart's joint) 이상의 부위에서 잃은 사람

라) 한 다리를 무릎관절 이상의 부위에서 잃은 사람

② 장애의 정도가 심하지 않은 장애인

가) 한 손의 엄지손가락을 잃은 사람

나) 한 손의 둘째손가락을 포함하여 두 손가락을 잃은 사람

다) 한 손의 셋째손가락, 넷째손가락 및 다섯째손가락을 모두 잃은 사람

라) 두 다리를 발목발허리관절(lisfranc joint) 이상의 부위에서 잃은 사람

마) 두 발의 발가락을 모두 잃은 사람

나. 관절장애가 있는 사람

① 장애의 정도가 심한 장애인

가) 두 팔의 어깨관절, 팔꿈치관절, 손목관절 중 2개 관절기능에 상당한 장애가 있는 사람

나) 두 팔의 어깨관절, 팔꿈치관절, 손목관절 모두의 기능에 장애가 있는 사람

다) 두 손의 엄지손가락과 둘째손가락의 관절기능에 현저한 장애가 있는 사람

라) 한 손의 모든 손가락의 관절기능에 현저한 장애가 있는 사람

마) 한 팔의 어깨관절, 팔꿈치관절, 손목관절 중 2개 관절기능에 현저한 장애가 있는 사람

바) 한 팔의 어깨관절, 팔꿈치관절, 손목관절 모두의 기능에 상당한 장애가 있는 사람

사) 두 다리의 엉덩관절, 무릎관절, 발목관절 중 2개 관절기능에 현저한 장애가 있는 사람

아) 두 다리의 엉덩관절, 무릎관절, 발목관절 모두의 기능에 상당한 장애가 있는 사람

자) 한 다리의 엉덩관절, 무릎관절, 발목관절 모두의 기능에 현저한 장애가 있는 사람

② 장애의 정도가 심하지 않은 장애인

가) 한 손의 둘째손가락을 포함하여 3개 손가락의 관절기능에 상당한 장애가 있는 사람

나) 한 손의 엄지손가락의 관절기능에 상당한 장애가 있는 사람

다) 한 손의 둘째손가락을 포함하여 2개 손가락의 관절기능에 현저한 장애가 있는 사람

라) 한 손의 셋째손가락, 넷째손가락, 다섯째손가락 모두의 관절기능에 현저한 장애가 있는 사람

마) 한 팔의 어깨관절, 팔꿈치관절, 손목관절 모두의 기능에 장애가 있는 사람

바) 한 팔의 어깨관절, 팔꿈치관절 또는 손목관절 중 하나의 기능에 상당한 장애가 있는 사람

사) 두 발의 모든 발가락의 관절기능에 현저한 장애가 있는 사람

아) 한 다리의 엉덩관절, 무릎관절, 발목관절 모두의 기능에 장애가 있는 사람

자) 한 다리의 엉덩관절 또는 무릎관절의 기능에 상당한 장애가 있는 사람

차) 한 다리의 발목관절의 기능에 현저한 장애가 있는 사람

다. 지체기능장애가 있는 사람

① 장애의 정도가 심한 장애인

가) 두 팔의 기능에 상당한 장애가 있는 사람

나) 두 손의 엄지손가락 및 둘째손가락의 기능을 잃은 사람

다) 한 손의 모든 손가락의 기능을 잃은 사람

라) 한 팔의 기능에 현저한 장애가 있는 사람

마) 한 다리의 기능을 잃은 사람

바) 두 다리의 기능에 현저한 장애가 있는 사람

사) 목뼈 또는 등·허리뼈의 기능을 잃은 사람

② 장애의 정도가 심하지 않은 장애인

가) 한 팔의 기능에 상당한 장애가 있는 사람

나) 한 손의 둘째손가락을 포함하여 세 손가락의 기능에 상당한 장애가 있는 사람

다) 한 손의 엄지손가락의 기능에 상당한 장애가 있는 사람

라) 한 손의 둘째손가락을 포함하여 두 손가락의 기능을 잃은 사람

마) 한 손의 셋째손가락, 넷째손가락 및 다섯째손가락 모두의 기능을 잃은 사람

바) 두 발의 모든 발가락의 기능을 잃은 사람

사) 한 다리의 기능에 상당한 장애가 있는 사람

아) 목뼈 또는 등·허리뼈의 기능이 저하된 사람

라. 신체에 변형 등의 장애가 있는 사람(장애의 정도가 심하지 않은 장애인에 해당함)

① 한 다리가 건강한 다리보다 5센티미터 이상 짧거나 건강한 다리 길이의 15분의 1 이상 짧은 사람

   척추옆굽음증(척추측만증)이 있으며, 굽은각도가 40도 이상인 사람

③ 척추뒤굽음증(척추후만증)이 있으며, 굽은 각도가 60도 이상인 사람

④ 성장이 멈춘 만 18세 이상의 남성으로서 신장이 145센티미터 이하인 사람

⑤ 성장이 멈춘 만 16세 이상의 여성으로서 신장이 140센티미터 이하인 사람

⑥ 연골무형성증으로 왜소증에 대한 증상이 뚜렷한 사람

2) 뇌병변장애

(1) 정의

1999년에 개정된 장애인복지법에서는 뇌병변장애를 기존의 지체장애에서 별도로 분류하였다. 뇌병변장애란 뇌성마비, 외상성 뇌손상, 뇌졸중 등 뇌의 기질적 병변에 기인한 신체적 장애로서 보행이나 일상생활동작에 제한을 받는 상태를 말한다.

보행상의 장애정도는 도움과 보호가 필요한 사람, 보행이 현저하게 제한된 사람, 보행이 상당한 정도 제한된 사람, 보행이 경중한 정도 제한된 사람, 보행이 경미하게 제한된 사람, 보행시 파행을 보이는 사람으로 분류된다.

일상생활동작에서의 장애정도는 일상생활동작이 현저히 제한된 사람, 일상생활동작이 상당히 제한된 사람, 섬세한 일상생활동작이 현저히 제한된 사람, 섬세한 일상생활동작이 상당히 제한된 사람, 섬세한 일상생활동작이 경중한 정도 제한된 사람으로 분류된다.

뇌에 병변이 있는 경우에는 대부분 반신에 마비가 오는 반신불수(편마비)가 오며, 척수손상 시에는 사지마비나 하지마비가 된다. 또한 마비된 근육은 긴장이 항진되어 관절을 운동시켜 보면 뻣뻣한데, 가장 흔히 보는 것이 근경직이다. 근경직은 상지에서는 굴곡근에 나타나므로 팔이 몸에 붙고 팔꿈치와 손목 등이 구부러지어 움추리는 자세를 하게 되며, 하지에서는 신전근이 경직되어 다리를 펴게 되고 발목이 밑으로 쳐져 발뒷축을 들고 걷게 된다. 또한 근경직은 관절운동을 빨리 하려고 하면 경직은 더욱 심해지고 반대로 매우 천천히 움직이면 경직이 현저하게 줄어든다. 뿐만 아니라 뇌성마비와 같은 뇌의 병변에서는 이러한 경직과는 달리 본인의 생각과는 관계없이 얼굴이나 손이 계속해서 움직여지는 수도 있다. 뇌병변에서는 감각신경이 그대로 남아있는 경우가 대부분이다.

뇌병변장애의 판정시기는 발병 후 6개월 동안 지속적으로 치료한 이후에 판정해야 하고, 6개월이 경과한 후 기능향상이 계속되는 경우에는 판정을 미루어야 한다. 검진은 재활의학과, 신경외과 또는 신경과 전문의가 있는 의료기관에서 실시한다.

(2) 종류

① 뇌성마비

뇌성마비란 주로 유아기에 나타나서 시간이 지나도 악화되지는 않는, 운동의 통제에 결함이 생기는 일련의 만성적 장애를 갖는 것을 기술하기 위해 사용되는 용어이다. 뇌성(cerebral)이란 뇌의 두 반쪽 또는 반구를 가리키며, 마비(palsy)란 신체운동의 통제에 결함을 일으키는 모든 장애를 가리킨다. 이러한 장애는 근육이나, 신경의 문제에 의해 발생하는 것이 아니고 뇌의 운동영역의 손상이나 잘못된 발달이 운동이나 자세의 적절한 통제를 하는 뇌의 능력을 방해하는 상태를 말한다.

뇌성마비는 한 가지 원인에 의한 질환이 아니다. 개개 아동의 뇌성마비의 원인을 밝히려고 할 때 의사들은 뇌성마비의 형태를 관찰하고 모자의 병력과 장애발생시기를 본다.

뇌성마비아의 10~20% 정도는 출생 후에 장애를 갖는다. 후천적 뇌성마비는 태어난 후 초기 몇 달 또는 몇 년 동안에 발생한 뇌손상으로부터 기인하며, 종종 세균성 뇌막염이나 바이러스성 뇌염 같은 뇌감염이 뒤따르게 된다.

선천성 뇌성마비는 생후 몇 개월이 지나야 발견될 수 있으나 출생 시부터 존재하는 것이다. 선천성 뇌성마비의 원인은 대부분의 경우 알 수 없다. 그러나 학자들은 임신기간 중 또는 출산 시 발달하는 뇌 안의 운동중추에 손상을 줄 수 있는 몇 가지 요인을 지적하고 있는데, 이는 다음과 같다.

첫째, 산중 감염으로서 홍역 또는 풍진이 임산부를 감염시키는 바이러스에 의해 발생할 수 있고, 그래서 자궁 안 태아의 신경계에 손상을 일으킬 수 있다.

둘째, 유아황달이 뇌세포에 손상을 줄 수 있다.

셋째, 진통 및 분만 시 뇌의 심한 산소부족이나 두뇌 외상이다. 질식이 장시간동안 유아의 뇌에 대한 산소공급을 심하게 저하시키면 뇌손상을 유발할 수 있다. 이러한 종류의 뇌손상을 받은 아기의 상당 수는 죽거나 뇌성마비를 가질 수 있고, 또한 지적장애와 경기를 동반할 가능성이 크다.

넷째, 졸중(stroke)이다. 조산아에게 일상적으로 나타나는 신생아 호흡곤란은 졸중의 한 가지 원인이 된다. 좋은 성인에게 영향을 미치는 것으로 알려져 있지만 이는 또한 뇌조직에 손상을 주고 신경학적 문제를 일으키면서 임신 중의 태아나 출생 시 신생아에게도 발생할 수 있다.

학자들은 뇌성마비의 발생가능성을 증가시키는 어떤 특성들을 발견하였는데 이를 위험요인이라고 부른다. 이러한 위험요인으로는 분만을 할 때 머리가 먼저 나오는 대신 발이 먼저 나오는 것, 뒤얽힌 분만과 난산으로 인한 출산상의 아기의 혈관 또는 호흡기 문제, 척추의 이상 형성이나 비정상적으로 작은 턱뼈 같은 선천성 이상, 저체중(출생 시 2.5kg미만인 아기)과 조산(임신 후 37주가 안 되어 태어난 아기) 쌍둥이 같은 복합출산, 비정상적인 작은 머리(소두증) 같은 눈에 보이는 신경계 기형, 산모의 출혈 또는 임신 후기의 심한 단백뇨, 산모의 갑상선기능항진증이나 지적장애나 발작, 신생아 발작 등이다.

뇌성마비는 그 정도가 다양하다. 뇌성마비 장애인은 쓰기나 균형을 유지하면서 걷기 등의 운동에 어려움을 겪을 수 있고 불수의적 운동을 할 수 있다. 그러나 이러한 증상은 개개인에 따라 다르며, 개인 내에서도 시간에 따라 변할 수 있다. 어떤 뇌성마비인은 간질이나 지적장애 같은 다른 장애를 갖기도 한다. 그렇지만 뇌성마비가 항상 최중도의 장애를 일으키지는 않는다. 심한 뇌성마비아동은 걷지도 못하고 평생에 걸친 보호가 필요한 반면에 경도의 뇌성마비아동은 가벼운 증상만을 가지며 특수한 보조를 필요로 하지 않는다. 뇌성마비는 전염되거나 유전되지 않으며 완치되지도 않는다. 뇌성마비의 원인에 대한 예방과 조치에도 불구하고 뇌성마비 발생률은 별로 변하지 않고 있다.

뇌성마비를 가진 사람들이 모두 의료적 장애를 갖지는 않는다. 그러나 뇌와 뇌의 운동기능장애는 발작(경기)을 일으킬 수도 있고, 지능 발달, 외부세계에 대한 주의, 행동 및 활동, 시각 및 청각을 손상시킬 수도 있다.

뇌성마비와 관련된 의료적 장애로는 우선 지적장애가 있다. 뇌성마비아의 약 1/3은 경증의 지적장애를 가지며 약 1/3은 중등도 또는 중도의 지적장애를 갖는다. 지적장애는 경직형 사지마비 아동에게서 더 흔히 발생한다. 그리고 뇌성마비아의 절반 정도는 발작(경기)을 한다. 경기를 하는 동안 뇌의 정상적이고 규칙적인 전기적 활동이 통제할 수 없는 전기의 폭발에 의해 방해를 받는다. 경기가 열 같은 직접적인 원인 없이 발생할 때 이를 간질이라고 한다. 뇌성마비와 간질을 가진 사람은 이러한 혼란이 뇌 전체에 번질 수 있고 모든 신체에 다양한 증후군을 일으키는 원인이 되거나 뇌의 한 부분에만 한정되어 보다 특수한 증후군을 일으킬 수도 있다.

또한 성장실패라고 불리워지는 증후군이 중등도 및 중도 뇌성마비아, 특히 경직성 사지마비 아동에게서 일상적으로 나타난다. 성장실패란 충분한 음식을 섭취했음에도 불구하고 성장이 지연되는 듯한 상태를 말한다. 유아에게 있어 이러한 지연은 일반적으로 몸무게가 매우 적은 것으로 나타난다. 어린 아동에게 있어 이는 비정상적인 키 작음으로 나타날 수 있으며 청소년기에는 이것과 성적 발달의 결여가 함께 나타날 수 있다.

뇌성마비에 의해 침범된 근육과 팔다리는 정상보다 작은 경향이 있다. 이는 특히 경직성 편마비를 가진 사람에게서 나타나는데, 이는 신체 중 침범된 부위의 팔다리가 정상적인 쪽의 팔다리에 비해 빨리 또는 크게 성장하지 못하기 때문이다. 이러한 증상은 일반적으로 손과 발에 가장 심하게 영향을 준다.

뇌성마비는 시각과 청각, 촉각에도 손상을 입힐 수 있다. 많은 뇌성마비아들이 사시를 가지며, 성인에게 있어서는 복시(double vision)를 일으킨다. 뇌성마비아 중에는 촉각이나 아픔 같은 감각을 느끼는 능력에 결함이 있는 경우가 있다. 이들은 촉각을 사용하여 물체를 지각하거나 인식하는데 어려움을 갖는다.

뇌성마비에 수반되는 합병증으로 요실금이 있다. 요실금은 잠결에 소변을 본다거나 신체활동을 하는 동안에 비통제적으로 배뇨를 한다거나 방광으로부터 소변이 천천히 새는 것 등의 형태로 나타난다. 또한 목이나 입, 혀의 근육에 대한 미약한 통제는 침흘리기를 발생시킬 수도 있다. 그리고 입 안의 운동문제로 유발되는 먹기와 삼키기에 있어서의 곤란은 영양부족을 일으킬 수도 있다. 영양부족은 감염에 취약하게 만들고 성장실패를 일으키거나 악화시킬 수 있다.

뇌성마비아인 경우에는 장애의 정도에 따라 다르지만 초등학교 초기단계의 신변자립훈련이 매우 중요하다. 훈련항목별로는 식사, 배설, 옷 갈아입기, 세면, 목욕, 보행, 글씨 쓰기 등이다. 일반적으로 유아기의 하지운동연령(아동의 운동기능 발달을 월별로 나타낸 것)이 12개월의 단계에 도달한 자는 중학교나 고등학교에 진학할 무렵이 되어서야 보행능력을 형성할 가능성이 크다. 또한 유아기에 상지의 운동연령이 21개월 이상의 단계에 도달한 아동은 5~6세에서 8~9세가 될 무렵에 조금씩 일상생활이 가능하다. 경직성 뇌성마비아동은 운동발달 면에서 앉을 수 있는 단계까지는 일찍 도달하며 상지의 큰 운동이 가능하기 때문에 식사는 거의 혼자 할 수 있고 이외의 동작도 혼자 걷는 것을 제외하고는 거의 가능할 확률이 높다. 그러나 간질, 경련, 발작이 반복되어 지능이 아주 지체된 아동은 자립이 곤란하다.

뇌성마비는 완치될 수 없으나 치료에 의하여 능력을 향상시킬 수는 있다. 신경학적 문제가 적절히 다루어진다면 많은 뇌성마비를 가진 사람들이 정상에 가까운 삶을 즐길 수 있다. 모든 뇌성마비자에게 효과적인 표준요법은 없다. 그러므로 의사는 먼저 뇌성마비아의 독특한 요구와 결함을 인식하고 나서 개별화된 치료계획을 세워야 한다. 뇌성마비아를 치료하기 위한 치료팀은 소아과 및 소아신경과 의사, 정형외과 의사, 물리치료사, 작업치료사, 언어치료사, 사회복지사, 심리학자, 특수교사 등으로 구성된다.

뇌성마비는 운동장애의 형태에 따라 경직형, 무정위운동형, 운동실조형, 혼합형으로 분류된다.

경직형 뇌성마비는 진체의 70~80%를 차지하는데, 근육이 딱딱하고 영구적으로 구축되어 있다. 경직에 의해 양 다리가 침범되면 다리가 서로 겹쳐서 무릎에서 교차된다. 이런 사람이 걸을 때는 다리가 떨듯이 움직이고 딱딱하며 거의 무릎에 닿을 듯 말 듯하다. 이것이 특징적인 보행상의 리듬을 일으키는데, 이를 가위걸음이라고 한다. 경직형 편마비를 가진 사람은 통제할 수 없는 흔들림(shaking)이 신체 한쪽의 팔다리를 침범한다.

무정위운동형 뇌성마비는 통제할 수 없고 느리며 몸을 뒤트는 것이 특징적이다. 이러한 비정상적인 운동은 일반적으로 손과 발, 팔과 다리, 얼굴과 혀의 근육에 침범한다. 이는 정서적 스트레스가 심할 때 증가하기도 하고 잠잘 때는 사라진다. 무정위운동형 뇌성마비인 사람은 말하기에 필요한 근육운동을 협응시키는데 문제가 있기도 한다.

운동실조형 뇌성마비는 전체 뇌성마비의 5~10% 정도를 차지하는 것으로 추산되는 형태로서 균형감각과 높이에 대한 지각에 영향을 미친다. 이러한 뇌성마비를 가진 사람은 종종 협응능력이 떨어지고 불안정하게 걸으며, 글 쓰기나 단추 채우기 같은 빠르거나 정확한 동작을 시도할 때 어려움을 겪는다. 또한 의도적인 떨림을 가질 수 있는데, 이러한 형태의 떨림은 책을 잡으려고 할 때 처럼 자발적인 운동으로 시작되었으나 목표로 하는 물체에 다가갈수록 악화된다.

혼합형 뇌성마비는 앞서 언급한 세 가지 형태가 혼합된 것이다. 가장 일반적인 혼합형태는 경직성과 무정위운동형의 혼합이지만 다른 혼합형태도 가능하다.

② 뇌졸중

뇌졸중은 흔히 중풍이라고 불리우는 것으로서 뇌혈관장애로 몸의 절반에 마비가 오는 것으로 반신불수 또는 편마비라고도 한다. 이것은 뇌혈관이 터져서 뇌에 피가 고이거나, 뇌혈관이 막혀서 뇌에 피가 통하지 않아서 뇌세포가 손상되는 것이다. 전자를 뇌출혈이라고 하고, 후자를 뇌경색이라고 한다. 콜레스테롤 등 혈중 지방농도가 높은 사람이나 심장병이 있는 사람, 동맥경화증이 있는 사람은 주의해야 한다.

뇌졸중의 주요 증상은 마비이다. 이것은 갑자기 발생할 수도 있고 시간이 지나면서 서서히 한쪽 팔, 다리를 움직일 수 없게 되기도 한다. 뇌졸중은 흔히 언어장애, 시각장애, 인지능력장애, 안면마비 등 여러 가지 다른 장애를 동반한다.

(3) 장애정도

가. 장애의 정도가 심한 장애인
 ① 보행 또는 일상생활동작이 상당히 제한된 사람
 ② 보행이 경미하게 제한되고 섬세한 일상생활동작이 현저히 제한한 사람
나. 장애의 정도가 심하지 않은 장애인
보행 시 절뚝거림을 보이거나 섬세한 일상생활동작이 경미하게 제한된 사람

3) 시각장애

(1) 정의

장애인복지법 시행령에서 정의한 시각장애인은 다음과 같다.
① 두 눈의 시력이 각각 0.1 이하인 자
② 한 눈의 시력이 0.02 이하, 다른 눈의 시력이 0.6 이하인 자
③ 두 눈의 시야가 각각 10도 이내인 자
④ 두 눈의 시야의 2분의 1 이상을 상실한 자
그리고 맹(盲)에 대한 정의는 어떠한 측면에서 본 것인지에 따라 약간씩 다르게 정의
된다.
① 의학적 맹(좁은 의미의 맹) : 강각판별을 할 수 없는 절대맹
② 경제적 맹 : 사회적으로 시각장애로 인하여 생계를 유지할 수 없을 정도의 맹
③ 직업적 맹 : 시각장애로 인하여 본래 종사하고 있던 직업으로써 생계를 유지할 수
   없는 정도의 맹
④ 교육적 맹 : 시각장애로 인해 보통 사람이 받을 수 있는 교육수단으로는 교육을
   받을 수 없는 정도의 맹
한편 여러 국가에서의 맹의 정의는 그 나라의 사회적, 경제적, 문화적 여건 등을 감안
하여 정의되므로 국가간에 차이가 있으며 세계적으로 통일된 정의는 없다.

(2) 특성

시각장애가 있는 아동은 충분한 정보를 접할 수 없기 때문에 학습상 많은 문제가 있다. 시각장애아의 지적 기능에 대한 영향은 시각적 경험의 범위 및 종류의 제한과 환경과의 상호작용의 제한으로 요약될 수 있다. 맹아들은 시각을 제외한 다른 감각을 통해서만 경험을 얻고 환경과 상호작용을 할 수 있다. 남은 감각으로 시각적 경험을 보상할 수 없거나 보상이 충분하지 못할 때 지적 기능에 영향을 미치게 되는 것이다.

맹에 있어 크기, 형태, 공간개념은 촉각을 통해서만 형성될 수 있다. Lowenfeld는 촉각을 통해서 형성되는 맹아의 공간개념은 시각을 통해 형성되는 정상아의 그것과는 다르며, 태양, 별, 달과 같은 것은 직접 접촉할 수 없기 때문에 명확한 개념 형성이 불가능하다고 하였다. 촉각은 형태와 공간을 지각하는 데는 제한이 있지만 이것들을 지각하는 유일한 수단이 된다.

시각장애아동의 지능을 과학적인 방법으로 최초로 연구한 학자는 Hayes이다. 그는 1918년부터 시각장애아동의 지능을 측정하기 위해 헤이즈-비네지능검사를 발전시켜 시각장애아의 지능을 측정한 결과, 시각장애아의 지능은 정상아동과 의미있는 차이가 없으며, 선천적 맹아동과 후천적 맹아동의 지능지수도 차이가 없다고 하였다. 대부분의 아동들이 기숙학교에 다니고 있어 시각장애에도 불구하고 훌륭한 교육을 받았기 때문에 정상아동과 차이가 없다는 해석을 하였다. 그러나 Tillman은 110명의 시각장애아들을 실험군으로, 같은 수의 정상아들을 비교군으로 하여 웩슬러지능검사의 언어수리적 부분만을 사용하여 다음과 같은 두 집단 간의 지적 구조의 차이를 발견하였다. 첫째, 시각장애아들도 정상아들과 같이 사실에 대한 지식을 가지고 있으나, 사실을 통합시키는 능력이 낮은 경향을 나타내었다. 둘째, 시각장애아들은 정상적인 학문의 접근을 구체적 수준으로 해결하는 경향이 정상아동들에게 뒤졌다. 셋째, 어휘에 대한 이해의 정도가 정상아동에게 뒤졌다. 넷째, 수리적 능력에서는 두 집단 간에 차이가 없었다.

언어는 청각의 매개물로 이루어지므로 시각장애아의 언어발달은 지장없이 이루어진다는 연구가 많으며 기능상 정상에 가깝다. 그러나 학자 중에는 시각장애아의 언어가 정상인들의 그것과 약간 다르다고 주장하기도 하는데, 그 이유로서는 언어주의(verbalism), 혹은 언어적 비현실성을 내세운다. 이들이 지적하고 있는 언어의 비현실성은 맹인들의 부적절한 언어의존이 단어나 구에 대하여 이루어지는데 이것은 그들의 감각적 경험과 일치하지 않는다는 것이다. 즉 그들의 세계는 주로 청각, 촉각, 후각 등을 통하여 이루어지며 시각을 통한 것이 아니기 때문에 언어도 이러한 사실을 반영하게 된다. 이것은 맹아들이 시각적 경험을 나타내는 말을 사용한다는 것인데, 한 예로서 인디언이라는 단어에 대하여 '붉다', '갈색이다'라는 반응을 한다는 것이다.

Brieland는 맹아의 언어적 특징을 다음과 같이 요약하였다.

① 정상아에 비해 음성의 다양성이 적다.

② 정상아보다 말을 크게 하는 경향이 있다.

③ 정상아보다 느린 속도로 말을 하는 경향이 있다.

④ 표현의 수단으로 몸짓을 사용하는 경우가 적다.

⑤ 정상아에 비해 입술의 움직임이 적다.

시각이 언어발달과 사용에 있어서 역할을 하는 만큼 시각장애아동은 언어적인 측면에 영향을 받는다. 언어습득 이전에 시각장애를 입은 경우 언어습득과정에서 시각적 모방이 불가능하여 언어발달이 늦게 된다. 또한 시각적 경험과 관련된 언어발달에 지장을 받게 되어 시각적 경험에 의한 개념 형성이 어려워지게 된다.

학업성취면에서 보면 같은 정신연령의 맹아동이나 약시아동은 정상에 비하여 뒤떨어질 가능성이 있다. 시각장애 아동이 교육적인 지체를 보이는 이유는 시각장애 때문에 관찰에 의한 정보의 습득이 늦고 읽는 속도가 느리며, 교수방법의 구체성이 부족하고, 눈을 수술하거나 치료하느라고 결석을 하게 되고, 뒤늦게 특수교육을 받기 때문인 것 같다.

(3) 원인

시각장애의 원인을 크게 네 가지로 분류하면 다음과 같다.

① 외상 및 중독

가. 외상을 일으키는 물질 : 폭발물, 화공약품, 의약품, 물리적 자극, 방사선, 장난감, 각종 이물질 등

나. 중독 : 담배, 키니네, 메틸알콜, 신경안정제, 항결핵제, 납중독, 스테로이드 등

다. 운동경기, 전쟁, 교통사고 등

② 질환

가. 안질환 : 백내장, 각막혼탁, 시신경 위축, 망막변성, 녹내장, 안구위축, 무안구증, 포도막염, 망막박리 등

나. 전신질환 : 영양장애(비타민 A, B, C 결핍증), 내분비장애(당뇨병), 교원질장애(류마티
　　스성 관절염, 피부근염, 강직성 척추염 등), 고혈압

다. 감염성질환 : 결핵, 매독, 나병, 뇌막염, 성홍열, 디프테리아, 신장염 등

③ 유전 및 선천적 요인

④ 원인불명

시각장애는 선천적 원인으로 오기도 하고 후천적 원인으로 오기도 한다. 그러나 확실히 구별할 수 없는 불분명한 경우도 있으며 그 원인이 어디 있는지 알 수 없는 경우도 있다. 의학적인 측면과 교육적인 측면에서 선천적, 후천적으로 구분하는 데는 다소 차이가 있다. 의학적으로는 출생 전후로 나누어 구분하나 교육적으로는 시경험을 상기할 수 없는 약 5세 미만에서 실명된 경우까지 선천적으로 본다.

실명은 여러 가지 질병, 사고, 선천적 요인, 약물중독 및 남용, 공해 및 산업재해 등으로 인해 올 수 있다. 오늘날에는 과거에 많았던 전염성 질환이나 영양실조로는 실명률은 의학의 발달과 경제수준의 발달로 감소되었으나 백내장, 녹내장 등 질환과 산업재해, 사고 등에 의한 실명률은 높아지고 있는 추세이다.

(4) 장애정도

가. 장애의 정도가 심한 장애인

① 좋은 눈의 시력(공인된 시력표로 측정한 것을 말하며, 굴절이상이 있는 사람은 최대 교정
　　시력을 기준으로 한다. 이하 같다)이 0.06 이하인 사람

② 두 눈의 시야가 각각 모든 방향에서 5도 이하로 남은 사람

나. 장애의 정도가 심하지 않은 장애인

① 좋은 눈의 시력이 0.2 이하인 사람

② 두 눈의 시야가 각각 모든 방향에서 10도 이하로 남은 사람

③ 두 눈의 시야가 각각 정상시야의 50퍼센트 이상 감소한 사람

④ 나쁜 눈의 시력이 0.02 이하인 사람

4) 청각장애

(1) 정의

소리를 듣는 구조와 들은 소리를 뜻 있는 소리로 인지하고 구별하는 중추의 인지구조에서의 어떠한 장애로 인하여 소리를 듣지 못할 때 청각장애라고 하며, 언어의 바탕이 확립된 후에 청각장애를 입었을 때를 난청이라고 한다. 난청인은 청각을 통한 언어적 정보의 성공적 소통과정이 충분히 가능한 잔존청력을 보유하여 일반적으로 보청기를 사용하는 자이고, 농자는 보청기를 사용하든 않든 간에 청력을 통한 언어적 정보의 성공적 소통과정이 불가능한 자이다.

(2) 특성

청각장애아동은 어떠한 유형이든 공통적인 특징을 갖는 경우가 많다. 그러나 이들은 원래 개인차가 크므로 유아기와 학령기로 나누어 각 시기별 특성을 살펴보기로 한다.

① 유아기
가. 이해면
① 주위 사물의 소리나 사람의 말에 무관심하기 쉽다.
② 이름을 불러도 반응이 없는 경우가 많다.
③ 소리가 들리지 않는 듯 하면서 큰 소리에만 반응하는 경향이 있다.
④ 말하는 입모양을 보고서 말을 이해하는 경향이 있다.
⑤ 주위사람의 표정이나 동작 등을 잘 파악한다.
⑥ 몇 번 반복하여 듣고 싶어 한다.
⑦ 음을 사용한 놀이에 끼어들기를 싫어한다.
⑧ 듣고서 틀린 대답을 하기 쉽다.

나. 표현면
① 불명확한 말을 할 때가 많다.
② 억양이 없고 단조로운 말을 사용하는 경향이 있다.
③ 웃음소리가 낮은 경향이 있다.

④ 고함을 치거나 아주 큰 소리로 의사나 감정을 나타내는 경향이 있다.

⑤ 불필요할 정도로 큰 소리를 내거나 조그마한 소리를 내는 일이 있다.

⑥ 괴성을 내거나 신음소리와 같은 낮은 소리를 낸다.

⑦ 몸짓이나 손을 흔들면서 의사소통을 하는 경향이 있다.

⑧ 사용하는 말로써는 의사소통이 어렵다.

다. 신체·운동면

운동적 발달은 전체적으로 보통이지만 평형기능을 터득하는 삼반규관에 손상을 입는 경우와, 귀로 듣고 자신의 행동을 통제하는 일이 어려운 경우에는 신체적 발달의 지체로 다음과 같은 문제가 야기되기도 한다. 즉 앉거나 걷기 시작하는 시기가 약간 늦는 경향이 있으며, 평형기능의 발달이 좋지 않고 신체의 균형을 잡기가 어려우며, 발을 질질 끄는 걸음걸이를 하는 일이 있고, 폐활량이 점차로 적어지는 경향이 있다.

라. 지적 발달면

비언어성 검사나 동작성 검사에서 일반적으로 지적인 잠재능력은 청각장애가 없는 유아와 별 차이가 없지만 지적 발달 면에서는 다음과 같은 특성이 나타나는 경우가 있다. 즉 상상력을 필요로 하는 놀이를 싫어하며, 주위의 사물이나 사건을 표면적으로만 이해하는 경우가 많고, 시간적 개념이 형성되기 어렵고 빨리 또는 천천히라는 의미를 정확하게 이해하지 못하는 경우가 많다.

② 학령기

가. 언어발달면

청각장애의 영향이 가장 직접적이고 집약적으로 나타나는 영역이다. 언어는 학습되는 것으로서 유아기에는 듣고 모방하고 상호교환하는 과정의 결과로서 획득된다. 청각장애의 경우에는 이 순환적인 학습과정이 중단되기도 하고 원만하지 않게 되어 언어의 학습에 지장을 초래하게 된다.

청각장애아동의 언어발달상의 특성은 다음과 같다.

① 이해어나 사용어의 수가 빈약하고 언어의 증가도 더디다.

② 말이 느리고 힘을 들여 말을 하며 말하는 도중에 숨을 쉬기도 한다. 또한 음을 바꿔내기가 어렵고 지나칠 만큼 콧소리를 내며 전반적으로 리듬이 적합하지 않은 경우가 많다.

③ 독해력이 저조하다. 글의 요지나 말의 취지를 파악하고 읽는 속도나 정확도, 표의 읽기 등에서 지체현상이 나타난다.

④ 간접적인 표현, 추상적 표현, 비유적 표현, 복잡한 구문 등은 이해하기 어렵고, 경

우에 따라서는 오해하는 경향이 있다.

⑤ 언어가 정확하게 개념화되어 있지 않는 경우가 있다.

⑥ 작문은 단조로운 나열식의 문장으로 되기 쉽고 한번 읽어서는 의미 파악이 어려운 경우가 많다.

⑦ 의사소통의 수단으로는 구두언어와 수화를 겸용하는 경우가 많다.

나. 신체운동면

눈을 감고 한 쪽 발로 서거나 평형기능이 중심적인 역할을 하는 운동은 전혀 하지 못하는 경우가 있으며, 탁구, 야구, 농구, 축구 등은 비교적 장애의 영향이 적어 즐겁게 하는 경우가 많다.

다. 지적 행동면

① 비언어성이나 동작성의 지능검사에 의하면 청각장애아동과 정상아의 능력의 차이는 없다는 것이 명확하다.

② 시지각은 정상이지만 판단에는 면밀성이 결여되어 있다.

③ 원형의 기억이나 촉각의 기억은 좋은 편이지만 숫자의 기억은 부족하며 범위도 넓지 않다.

④ 언어성 지능검사의 결과는 낮게 나타나는 경향이 있다.

⑤ 구체적이고 실제적인 사고는 양호한 편이지만 추상적인 사고에서는 지체현상이 나타난다. 외계를 지각적으로 파악하여 직관적으로 이해하는 일에는 능숙하다.

⑥ 초등학교 3~4학년 이후의 학습이 정체되어 충분한 성장발달이 나타나지 않는 경우가 많다.

⑦ 교과학습에서는 국어가 저조하고 이것이 타교과에서의 저조를 가져오는 경우가 많다.

청각장애아동은 자신이 말한 것이 정확하며 정확하게 이해되었는지, 또 타인의 말을 정확하게 이해하였는지 등에 대하여 불안감을 갖는 경우가 많다. 자기 자신이 확인할 수 없기 때문에 계속 타인에게 의존하게 된다. 또한 친구 선택의 범위가 넓지 못하며 사회적 교섭이나 경험도 많지 않기 때문에 사회적 규범을 학습하는 간접경험의 기회가 결핍된 경우가 많다. 언어의 습득에서도 언어의 주입식 교육이 실시되어져 단순히 피동적으로 받아들이는 학습을 하는 경우가 많으며, 판단의 주체가 일반적으로 부모나 교사가 되어 아동이 주체적으로 판단할 기회가 그리 많지 않다.

(3) 원인

① 어린이 난청

정상소아의 경우에는 3세 경에 대부분의 언어모형을 발달시키지만 청력장애가 있는 어린이의 경우에는 언어를 듣고 모방할 수 없으므로 언어를 형성하지 못한다.

어린이 난청에는 많은 원인이 있으며, 청각기제의 장애발생시기에 따라 태아기(출생 전기), 출생기, 출생후기로 분류할 수 있다. 유전적인 난청은 청각기제가 태아기 때 침해된다는 의미에서 선천적 난청이라고 하는 경우가 많다. 태아기 원인에 의한 난청은 대부분이 감각신경성 난청이며, 출생 후 원인에 의한 것은 진음성 난청이 발생하기도 한다.

어린이 난청의 원인에 대한 분류법은 여러 가지 있으나 발생시기에 따른 분류는 다음과 같다.

출생 전 원인

① 유전적 원인 : Scheibe씨 병, Michel씨 병, Bingsiebemann씨 병, Usher씨 증후군, Waardenburg씨 증후군, 지방성크레틴병, Pendred씨 증후군, Klippel-Fell씨 증후군, Mondini-Alexander씨 병 등

② 비유전적 원인 : 임신 중 질환, 풍진 및 기타 바이러스성 질환(자간증, 당, 신장염 등), 임신 중 약물(스트렙토마이신, 키니네, 살리실레이트, 탈리도마이드 등)

출생 시 원인

미숙아, 용혈성 질환(황달), 출산시 외상(저산소증)

출생 후 원인

① 유전적 원인 : 가족성 지각성 난청, 이경화증(Aport씨 증후군) 등

② 비유전적 요인 : 감염성 질환(홍역, 유행성이하선염, 결핵성수막염, 폐렴구균성 수막염 등), 외상, 중이염(화농성, 비화농성) 등

② 노인성 난청

노년기의 난청을 처음 기술한 사람은 1891년 Zwardemaker에 의해서인데, 그는 노인성 난청이란 중이질환 때문에 생기는 것이 아니고 감각신경성으로 오는 것이라고 했다. 노년에 접어들면서부터 진행성 감각신경성 난청의 증세가 서서히 나타나기 시작한다. 노인성 난청은 보통 양측성이며 그 정도는 양쪽이 비슷하다. 개인차가 심할 수 있으나 보통 65세경부터 나타나며 남자에게서 더 흔히 볼 수 있다. 그 원인으로 중요한 것은 음향외상, 즉 장기간 소음에 노출되는 경우이다.

③ 음향외상성 난청

기계문명의 발전으로 각종 소음 속에서 생활하게 되는데, 이러한 소음이 음향외상성 난청의 원인이 된다고 할 수 있다. 소음이라는 것은 듣기 싫은 음, 또는 불쾌한 음을 말하는 것으로서 각종 순음, 즉 각 주파수의 순음의 집합체이며, 이것이 정당하게 잘 집결되어 있으면 음악이 되고 무질서하게 집결되어 있는 것이 소음이다. 소음의 측정치는 일반회화 35~70dB, 상가 60dB, 자동차나 시장 70dB, 철광소, 철물공사장 등 100dB, 항공기엔진 110dB, 제트엔진 720dB 등으로 우리 주변에는 항상 소음이 있으며 평균소음 80dB 이상에 장기간 또는 순간적이나마 단절적으로 노출될 때 청각장애가 발생될 수 있다.

소음에 노출되었다가 조용한 장소에 오면 한동안 잘 안들리는 것을 느낄 수 있는데 이는 청각순응 또는 청각피로로서 회복이 가능한 것이다. 그러나 청각피로가 회복되기 전 또는 회복된 직후에 다시 같은 소음에 노출됨으로써 청각피로가 회복되지 못하고 점차 난청으로 이행되는 것을 음향외상성 난청이라고 한다. 이러한 난청은 폭파음, 포사격, 반복되는 총포의 발사음 등으로도 생길 수 있다.

(4) 종류

장애발생부위에 의하여 청각장애를 분류하면 다음과 같다.
① 전음성 난청 : 음을 전달하는 기관, 즉 외이와 중이의 병변 시 생긴다.
② 감각신경성 난청 : 물리적 음향에너지를 전기적 음향에너지로 바꾸어 각 중추로 전달하는 기관, 즉 내이와 청신경의 병변 시 생긴다.
③ 중추성 난청 : 청신경이 연수에 들어가서부터 대뇌피질 사이의 중추신경계통에 장애가 초래된다.
④ 기능성 난청 : 기질적 장애 없이 심인성으로 청력장애가 초래된다.
⑤ 혼합성 난청 : 위의 두 가지 이상의 장애가 혼합된 것으로서 주로 전음성과 감각신경성 장애가 공존하는 경우이다.

(5) 장애정도

가. 청력을 잃은 사람
① 장애의 정도가 심한 장애인
두 귀의 청력을 각각 80데시벨 이상 잃은 사람(귀에 입을 대고 큰소리로 말을 해도 듣지 못하는 사람)
② 장애의 정도가 심하지 않은 장애인
가) 두 귀에 들리는 보통 말소리의 최대의 명료도가 50퍼센트 이하인 사람
나) 두 귀의 청력을 각각 60데시벨 이상 잃은 사람(40센티미터 이상의 거리에서 발성된
　　말소리를 듣지 못하는 사람)
다) 한 귀의 청력을 80데시벨 이상 잃고, 다른 귀의 청력을 40데시벨 이상 잃은 사람

나. 평형기능에 장애가 있는 사람
① 장애의 정도가 심한 장애인
양측 평형기능의 소실로 두 눈을 뜨고 직선으로 10미터 이상을 지속적으로 걸을 수 없는 사람
② 장애의 정도가 심하지 않은 장애인
평형기능의 감소로 두 눈을 뜨고 10미터 거리를 직선으로 걸을 때 중앙에서 60센티미터 이상 벗어나고, 복합적인 신체운동이 어려운 사람

5) 언어장애

(1) 정의

언어기능은 출생과 더불어 선천적으로 얻어지는 것이 아니고, 생후 1년 내지 수년 사이에 얻어지는 학습의 결과로서 획득된다. 대개 생후 9개월부터 생후 24개월까지를 언어 형성기라 하는데, 그 발달과정을 울기(cry : 출생 직후), 중얼대기(생후 3~4개월), 불완전한 발음하기(생후 6~12개월), 남의 말 흉내내기(생후 9~10개월) 및 의도적인 말하기(7세까지 구음기능이 완성됨)로 나눌 수 있다. 일반적으로 연령이 2년 6개월에 이르러서도 언어

발달이 충분하지 않을 때 언어발달지체라 말하며, 연령이 7세에 이르러서도 완전하지 못할 때 언어장애가 있다고 한다. 어떤 개인의 의사소통이 방해되어 사회생활면에서 정상적 적응이 불가능할 때 언어장애가 있다고 진단할 수 있다.

그리고 언어장애와 청각장애가 동시에 나타나는 언어·청각장애는 듣는 기제를 통하여 중추의 인지기제에서 생기는 느낌이나 판단을 소리를 통해 말로서 표시하는 표시기제(expressive mechanism)가 제기능을 발휘하지 못하는 경우를 말한다.

(2) 특성

언어장애인에게 나타나는 특징으로는 다음과 같은 것이 있다.
① 말을 해도 쉽게 들을 수 없다.
② 말이 쉽게 이해되지 않는다.
③ 음성이 듣기에 거북하다.
④ 특정음성(자음, 모음, 이중모음)의 변형이 있다.
⑤ 언어학적으로 불완전하다.
⑥ 발성이 어렵거나 말의 리듬, 음조, 혹은 고저에 이상이 있다.
⑦ 말이 화자의 연령, 성, 신체적인 발달정도와 일치하지 않는다.

(3) 원인 및 종류

언어장애를 청각적 요소에 기초를 두어 분류하면 다음과 같이 분류할 수 있다.
① 구음장애 또는 조음장애 : 단어를 구성하는데 있어서의 장애
② 리듬장애 : 말의 리듬에 장애가 있는 경우로서 말더듬 및 속화증
③ 실어증 : 언어학적인 의사표현에 있어서의 장애
④ 음성장애 : 음성의 고저, 음색 및 강도의 장애
이들을 보다 자세히 설명하면 다음과 같다.
① 구음장애
가. 구내음
　　언어 구성기제에 있어서 내적 언어는 정확하게 구성되어 있지만 외적 언어를 형성

하는 구음기관의 형태이상이나 운동부전이 있으면 언어 조절에 장애를 일으킨다. 구내음의 원인은 기질적인 원인과 기능적인 원인으로 나눌 수 있는데 기질적 원인으로는 구순, 치열, 혀, 구개, 인구 등의 기형이나 손상 및 신경마비 등을 들 수 있으며, 기능적 원인으로는 구음기술의 발달지체를 들 수 있다.

나. 중추성 구음장애

발음에 관련되어 있는 운동지배 신경중추, 핵, 말초신경계의 질환에 기인하는 발음운동의 장애이며 근육성 질환에 기인하는 것도 있다. 발음에 관련된 운동지배 신경중추, 핵, 말초신경계의 질환은 모두 구음장애를 일으킬 수 있다. 즉 뇌혈관 장애, 뇌종양, 신경계의 외상, 염증, 변성, 선천성 기형, 중독 및 대사장애 등이 원인이 될 수 있다.

② 리듬장애

가. 속화증

발음하려는 의욕과 언어운동능력 사이의 불균형에 의한 언어의 발육지연, 조급한 성격, 주의력 산만 등이 원인이 된다. 유아기를 지나서 나타나며 연령이 많아짐에 따라 증가한다. 유전적인 중추언어의 불균형에서 오는 경우(진성 속화증)와 신경학적 장애에 의해서 오는 경우(증상적 속화증)로 나눌 수 있다. 특정한 음에 한정되어 있지 않으며 동일어음에서도 어느 때는 바르게, 어느 때는 틀리게 발음하는 점이 구내음과 쉽게 구별되며, 말더듬과 다른 점으로는 음의 반복은 있어도 말더듬처럼 경련성의 반복이나 강직성의 저지는 없다는 것이다. 이 질환은 환자 자신이 그 증상을 의식하지 못하는 특성이 있다.

나. 말더듬

말을 시작할 때 혹은 도중에 호흡, 발성 및 구음에 관계되는 기관에 경련을 일으켜서 유창한 발음을 할 수 없는 상태이다. 원인은 정상인에서 볼 수 있는 비유창성으로부터 발병하며, 신체적인 장애에서 오는 것이 아니라 유창하게 말하려고 애씀으로서 나타나는 하나의 회피반응이다. 말더듬의 발병기제에 대하여는 아직 확립된 설명이 없다. 언어발달의 완성단계인 3~5세에 많이 나타나는 말의 유창성을 막는 현상으로서, 말소리나 음절이 반복, 연장되거나 막히는 것을 아동 자신이 인식하고 그로 인해 말에 대한 공포심을 갖게 되면 말더듬을 회피하려는 노력이 신체적인 반응으로 나타나게 된다. 입술, 얼굴 근육의 뒤틀림, 고개, 턱의 좌우상하로의 격렬한 움직임, 나아가서는 어깨, 허리를 꼬는 현상까지 나타나게 된다.

③ 실어증

언어를 주관하고 있는 뇌의 부분에 이상이 생기면 언어를 이루는 문법적, 의미적, 인식론적 기능이 지장을 받게 되고 이로 인하여 언어표현 또는 언어이해가 어려워지며, 극단적인 경우에는 언어표현 전체를 상실하게 된다. 이렇게 중추신경인 뇌의 기능장애 또는 기능상실에 의한 언어장애를 실어증이라고 한다. 대뇌의 기질적 장애에 기인하는 실어증후군이며, 증상으로는 언어의 이치 및 표현에 이상을 나타낸다.

④ 음성장애

음성장애는 음성의 요소가 되는 음의 고저, 강도 및 음색을 기준으로 하여 구분할 수 있다. 음의 고저상의 장애란 음조에 있어서의 이상, 비정상적으로 높거나 낮은 음성, 단조로운 음성 또는 기이한 음성 등을 말하며, 음의 강도상의 장애란 음성이 지나치게 크거나 작은 경우를 말한다. 그리고 음색상의 장애는 음성장애 중 가장 흔히 볼 수 있으며 가장 복잡한 양상을 가지는 것으로 음향적 요소 혹은 발성적 요소의 이상에 의해 초래된다.

(4) 장애정도

가. 장애의 정도가 심한 장애인
음성이나 언어기능을 잃은 사람
나. 장애의 정도가 심하지 않은 장애인
음성·언어만으로는 의사소통을 하기 곤란할 정도로 음성기능이나 언어기능에 현저한 장애가 있는 사람

6) 안면장애

2003년부터 새로 추가된 외부 신체기능장애 중 하나로서 안면부의 추상, 함몰, 비후 등 변형으로 인한 장애를 말한다.
안면장애의 판정시기는 원인이 된 질환이나 부상 등의 발생 후 또는 수술 후 6개월

이상 지속적으로 치료한 후에 한다. 장애진단기관은 성형외과, 피부과 또는 외과 전문의가 있거나 치과(구강악안면외과) 전문의가 있는 의료기관이다.

안면장애정도는 다음과 같이 구분된다.

가. 장애의 정도가 심한 장애인

① 노출된 안면부의 75퍼센트 이상이 변형된 사람

② 노출된 안면부의 50퍼센트 이상이 변형되고 코 형태의 3분의 2 이상이 없어진 사람

나. 장애의 정도가 심하지 않은 장애인

① 노출된 안면부의 45퍼센트 이상이 변형된 사람

② 코 형태의 3분의 1 이상이 없어진 사람

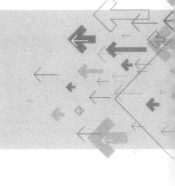

2. 내부장애

내부장애란 인간의 몸 속에 있는 각종 장기에 장애가 있는 것을 말한다. 일본의 경우 1967년에 최초로 심장과 호흡기능장애를 내부장애로 간주하였고, 1972년에 신장기능 장애, 1984년에 방광과 직장기능장애, 1986년에 소장기능장애를 내부장애에 포함시키는 등 단계적으로 내부장애의 범위를 확대하였다. 우리나라도 1999년 장애인복지법의 개정으로 내부장애가 처음으로 장애범주에 포함되었으며, 앞으로 점차적으로 내부장애의 범위를 확대해나갈 예정이다.

내부기관에는 폐 같은 호흡기관, 심장 같은 순환기관, 위장이나 췌장 같은 소화기관, 신장 같은 비뇨기관, 내분비기관 등이 있는데, 어떤 종류의 장기기능장애를 내부장애에 포함시킬 것인지에 대해서는 전문의를 중심으로 한 전문가들의 의견을 수렴해야 하며, 장기적으로 지속되는 만성질환을 우선적으로 포함시켜야 한다.

독일의 경우에는 다음과 같은 것들을 내부장애에 포함시키고 있다.

① 흉곽, 심층기도와 허파 : 만성기관지염, 기관지확장증, 진폐증, 흉막비후, 폐기종, 폐섬유증, 비활동성 폐결핵, 악성기관지종양, 기관지천식, 폐결핵, 결핵성흉막염 등

② 심장과 순환기 : 심장판막결손, 심장관상질환, 심장근육질환, 혈관 손상, 혈압장애(고혈압) 등

③ 소화기 : 식도질환, 악성위종양, 만성장염, 궤장성 대장염, 만성소화장애증, 악성장종양, 복막유착, 직장탈출증, 만성감염, 간섬유증, 염증성 간경변, 지방간, 담도질환 등

④ 비뇨기 : 신장의 변형, 신장애, 인공신장, 만성요로간염 등

⑤ 생식기 : 음경 상실, 고환 상실, 만성전립선염, 자궁 상실, 난소 상실, 자궁내막염, 자궁탈출증 등

⑥ 신진대사 및 내분비 : 당뇨병, 통풍, 지방대사질환, 페닐케톤뇨증, 낭성섬유증, 갑상선기능장애, 만성부신피질기능부전 등

⑦ 혈액과 혈액생성기관 : 비장 상실, 만성림프성 백혈병, 골수종, 만성골수성 백혈병, 악성빈혈 등

1) 심장장애

심장은 혈액순환의 원동력이 되는 기관으로서 혈액을 신체의 각 부위에 보내는 펌프 역할을 한다. 장애인복지법에서는 심장장애를 심장기능의 장애가 지속되며 심부전증 또는 협심증 등으로 일상생활이 현저히 제한되는 심장기능 이상이 있는 것으로 규정하고 있다.

심부전증이란 심장의 펌프기능이 장애를 일으켜 정맥압이 상승하고 충분한 양의 산소를 말초조직에 공급할 수 없는 상태를 말한다. 펌프질된 혈액량이 감소하면 피로, 권태, 쇠약, 빈약한 기억력, 우울증 등을 야기시킨다. 심부전은 모든 기질적인 심장질환에 기인하여 발생하는데, 가장 흔한 것은 심근경색, 심근변성, 심장판막증, 고혈압증, 심낭염 등이다.

심장질환은 노인 인구의 증가와 서구화된 생활양식으로 인하여 계속 증가할 것으로 예상된다. 심장질환은 당뇨, 고혈압, 고콜레스테롤, 갑상선 기능저하, 흡연, 비만, 운동부족 등으로 발생한다.

심장장애의 판정은 의사가 장애판정 직전 1년간 심장질환에 대해 지속적으로 치료했다는 것을 증명하는 치료력이나 의사 소견서를 확인하고, 최근 2개월간의 환자 상태와 임상 및 검사소견에 기초하여 판정한다.

심장장애정도는 다음과 같이 구분된다.

가. 장애의 정도가 심한 장애인

심장기능의 장애가 지속되며, 가정에서 가벼운 활동은 할 수 있지만 그 이상의 활동을 하면 심부전증이나 협심증 증상 등이 나타나 정상적인 사회활동을 하기 어려운 사람

나. 장애의 정도가 심하지 않은 장애인

심장을 이식받은 사람

2) 신장장애

신장은 좌우에 하나씩 두 개가 있으며 등쪽 갈비뼈의 가장 밑부분에 쌓여 척추의 양 옆에 위치해 있다. 신장은 체내의 배설물과 잉여분의 수분을 소변을 통해 배설하는 기능을 담당하는 장기로서 배설과 재흡수라는 복잡한 과정을 통해 체내의 균형을 안정적으로 유지시키고 체내의 염분과 칼륨의 균형과 신체의 산성과 알칼리성을 유지하는 데 중요한 기능을 한다. 또 여러 가지 호르몬과 비타민을 생성하여 다른 장기의 기능을 조절하기도 한다. 신장은 체내의 노폐물을 제거해주고, 체내의 수분 균형을 유지시키고, 혈압을 조절하는 호르몬을 분비하고, 성장을 조절하는 비타민을 합성하고, 적혈구의 생성을 조절해준다.

신장장애란 신장이 제 기능을 하지 못하여 만성신부전증에 이르는 것을 말한다. 만성신부전증이란 신장이 여러 가지 원인에 의해 점차적으로 그 기능이 감소되어 혈중 요소와 질소 및 기타 노폐물을 배설시키지 못하고 체내에 축적되는 상태를 말한다. 신장장애는 보통 양측의 신장 모두에서 일어나는데, 질환이 심해져서 화학물질과 수분을 제거하고 조절하는 능력이 상실되면 노폐물이 체내에 쌓이고 수분 과다상태가 되어 부종과 함께 요독증세를 보이게 된다.

만성신부전증 환자들의 신장 기능의 손상은 단기적인 치료가 불가능하며 지속적인 치료를 한다고 하더라도 완전한 회복은 불가능하다. 만성신부전증이라는 진단이 내려지면 신장이식을 하거나 장기적인 투석요법을 사용해야 한다.

만성신부전증 환자는 신장이식 수술을 하지 않는 경우에는 평생 동안 투석치료를 받아야 한다. 투석요법에는 복막투석과 혈액투석이 있다. 투석의 목적은 체내의 노폐물을 제거하여 체액과 전해질의 균형을 회복시키는 것이다.

복막투석요법은 환자의 복벽에 반영구적인 도관을 삽입하여 도관의 한 쪽 끝은 복강 내에, 다른 한 쪽은 밖으로 나오게 하여 연결기를 통해 투석액 주입관과 연결시킨다. 이러한 조작이 끝나면 복강 내에 투석액을 주입하여 4~8시간 동안 저류시켜 혈장과 투석액 사이에 복막을 통한 확산 및 삼투현상에 의해 체내에 축적된 노폐물과 수분을 복강 내 투석액 쪽으로 이동하게 한 후 투석액을 정기적으로 배액하고 새로운 투석액과 교환하는 것을 1일 3~4회 반복한다.

복막투석은 혈액투석 시 관찰되는 불균형 증상이나 빈혈이 적고 혈압조절이 용이하며 치료비용이 혈액투석에 비해 적게 드는 장점이 있다. 특별한 문제가 없는 한 월 1회의 외래진료와 자가치료로서 매일 3~4회 약 1시간 정도 투석액 교체를 해야 한다. 이처럼 복막투석을 하는 경우에는 하루에 3~4번씩 투석액을 교환해야하므로 활동하는데 지장이 있다.

혈액투석요법은 체외에서 인공적으로 반투막을 사용하여 시행하는 것으로서 반투과성 막을 통하여 혈액 내의 어떤 물질이 농도 차이에 의해 투석액 쪽으로 이동하는 확산과 체내 과잉수분이 삼투압이나 정수차압에 의해 이동하는 한외여과에 의해 수분과 노폐물을 제거하는 방법이다. 주 2~3회 병원을 방문하여 매회 4~5시간 동안 적정의 혈액 정화를 위해 투석을 하게 된다. 그러나 이 방법은 식이요법이 필요하고 환자가 지켜야 할 사항이 까다롭고 치료비용이 비싸고 규칙적으로 병원을 방문해야 하는 단점이 있다.

신장장애의 판정은 회복할 가능성이 매우 희박한 경우로서 1개월 이상 지속적으로 혈액투석이나 복막투석 치료를 받는 경우나 신장을 이식받은 경우로 한다.

신장장애정도는 다음과 같이 구분된다.

가. 장애의 정도가 심한 장애인
만성신부전증으로 3개월 이상 혈액투석이나 복막투석을 받고 있는 사람

나. 장애의 정도가 심하지 않은 장애인
신장을 이식받은 사람

3) 간장애

2003년도부터 새로 장애범주에 들어간 간장애는 만성간질환이다. 간질환은 만성간염에서 간경변증에 이르기까지 그 종류와 정도가 다양하다. 간질환의 유무는 병력, 문진, 진찰소견, 혈액검사, 간초음파검사 등을 종합하여 이루어진다.

대표적인 만성간질환인 간경변증은 간의 염증이 오래 지속된 결과, 간의 표면이 우둘우둘해지고 단단하게 굳어지는 병을 말한다. 지속적인 간세포 파괴와 이에 따른 섬유화 현상 및 작은 덩어리가 만들어지는 현상으로 인하여 간이 굳어지고 울퉁불퉁해

진 것이다. 우리나라의 경우 40~50대 남성에게서 흔히 발생한다. B형 및 C형 만성간염이나 알콜성간염이 오래되면 발생한다. 만성간염이 간경변증으로 되는 것은 본인도 모르는 사이에 상당히 오랜 기간에 걸쳐 이루어지므로 혈액검사나 간기능검사로도 구분하기가 쉽지 않다. 간염의 경우에는 간의 염증이 소멸되면 원래의 상태로 돌아갈 수 있으나 간경변증은 섬유화 현상으로 간이 굳어버리기 때문에 원래의 정상적인 간으로 돌아갈 수 없다. 많은 합병증을 가져오거나 간암으로 발전할 가능성이 많다. 많은 경우에 간경변증이 한참 진행될 때까지 별다른 증상을 느끼지 못하는데, 이는 간은 15~20%만 있어도 최소한의 생존에 필요한 대사작용을 할 수 있기 때문이다. 이같은 특성 때문에 진단이 늦어지는 경우가 많다. 간경변증의 치료에는 적절한 영양 공급과 휴식이 기본이다.

간경변증의 초기 증상은 만성간염과 비슷하다. 피로, 구토, 식욕부진, 헛배가 부르고 소화불량, 체중감소 등이 나타난다. 소변이 진해지고 황달이 나타나며 잇몸이나 코에서 피가 나고 성욕이 감퇴되고 여성인 경우에는 생리가 없어지기도 한다. 얼굴이 흑갈색으로 변하거나 목이나 가슴에 거미줄 모양의 혈관종이 생기고 남자인 경우 고환이 수축되기도 한다. 말기 증상은 간세포기능장애와 합병증이다. 합병증은 간의 구조가 파괴되어 흠이 잡힌 결과 혈액이 눌려서 정상적인 혈액순환이 안되기 때문에 일어난다. 그 결과 비장이 커지게 되고 복수가 차서 배가 부르기도 한다. 부종이 오는 수가 있으며 토혈을 하거나 혈변을 보기도 한다.

간장애의 판정시기는 현재의 상태와 관련한 최초 진단 이후 1년 이상 경과하고, 2개월 이상의 지속적인 치료 후에도 호전의 기미가 거의 없을 정도로 장애가 고착되었을 때 한다. 간장애의 진단기관은 내과, 외과 또는 소아청소년과 전문의가 있고, 장애인 등록 직전 2개월 이상 진료한 의료기관이다.

간장애정도는 다음과 같이 구분된다.

가. 장애의 정도가 심한 장애인

1) 간경변증, 간세포암종 등 만성간질환을 가진 것으로 진단받은 사람 중 잔여 간기능이 만성간질환 평가척도(Child-Pugh score) 평가상 C등급인 사람

2) 간경변증, 간세포암종 등 만성간질환을 가진 것으로 진단받은 사람 중 잔여 간기능이 만성간질환 평가척도(Child-Pugh score) 평가상 B등급이면서 난치성 복수가 있거나 간성뇌증 등의 합병증이 있는 사람

나. 장애의 정도가 심하지 않은 장애인

간을 이식받은 사람

4) 호흡기장애

2003년도부터 장애범주에 새로 추가된 호흡기장애는 폐나 기관지 등 호흡기관의 만성적 질환을 말한다. 대표적인 것으로 만성 폐쇄성 폐질환이 있다. 이것은 만성적으로 호흡에 장애를 주는 폐질환을 총칭하는 것으로, 원인이 되는 폐질환이나 심장질환이 없이 기도폐쇄가 발생하여 기류의 속도가 감소하는 질환군을 말한다. 어떠한 원인에 의해서든 기도가 좁아지면 공기의 이동에 지장이 초래되어 호흡곤란이 나타나는데, 이것이 만성적으로 진행되는 것을 말한다. 정상인의 경우에는 안정호흡시 폐 전체 용적의 약 1/10 정도만 사용하므로 여유가 있으나 만성 폐쇄성 폐질환의 경우에는 이러한 여유가 감소하므로 가벼운 운동이나 보행시에도 호흡곤란이 초래된다. 원인으로는 공해, 흡연, 호흡기 감염 등이 있다. 만성 폐쇄성 폐질환의 증상은 대개 40대에서 만성적 기침, 호흡기 질환의 재발 등으로 나타나기 시작한다. 종류로는 만성 기관지염, 만성 폐쇄성 기관지염, 천식성 기관지염, 폐기종 등이 있다.

만성 기관지염은 세균이나 오염된 공기, 흡연, 유해가스나 체질적 요인 등에 의해 기관지 점막에 염증이 생기고 가래가 생기는 경우 기관지염이라고 하는데, 이러한 증상이 1년 중 3개월 이상 2년간 지속적으로 나타나면 만성 기관지염이라고 한다. 기관지염이 심해지면 폐성심과 호흡부전이 반복될 수 있다. 만성 폐쇄성 기관지염은 단순한 기침 및 객담 이외에 기도폐쇄 증상이 동반되어 기도저항이 증가하고 폐쇄성 환기장애를 보인다. 천식성 기관지염은 천식 발작과 감별하기 힘든 경우가 많고, 천식성 발작이 가라앉으면 만성기관지염의 증상만 보이는 가역성 요소가 매우 많은 질환이다. 폐기종은 말초세기관지와 폐포가 비정상적으로 늘어나서 폐장 고유의 신축기능이 없어진 상태를 말한다. 흡연이나 대기오염 등 호흡기 자극물질이 폐장에 흡입될 때 폐포에 탄력성을 유지시키는 물질의 기능을 약화시켜서 폐기종을 유발하며, 일단 수축력을 잃어버린 폐조직은 그 기능을 회복하지 못하는 경우가 대부분이다. 주된 증상은 호흡곤란이며 2차적으로 세균감염이 생겨 기침과 객담이 생기고 체중이 감소하기도 한다.

호흡기장애의 판정시기는 현재의 상태와 관련한 최초 진단 이후 1년 이상 경과하고, 2개월 이상의 지속적인 치료 후에도 호전의 기미가 거의 없을 정도로 고착되었을 때 한다. 진단기관은 내과, 흉부외과, 소아청소년과, 결핵과 또는 산업의학과 전문의가 있고, 장애인 등록 직전 2개월 이상 진료한 의료기관이다.

호흡기장애정도는 다음과 같이 구분된다.

가. 장애의 정도가 심한 장애인

① 만성호흡기질환으로 기관절개관을 유지하고 24시간 인공호흡기로 생활하는 사람

② 폐나 기관지 등 호흡기관의 만성적인 기능장애로 평지에서 보행해도 호흡곤란이 있고, 평상 시의 폐환기기능(1초 시 강제날숨량) 또는 폐확산능(폐로 유입된 공기가 혈액 내로 녹아드는 정도)이 정상예측치의 40% 이하이거나 안정 시 자연호흡상태에서의 동맥혈 산소분압이 65밀리미터수은주(mmHg) 이하인 사람

나. 장애의 정도가 심하지 않은 장애인

① 폐를 이식받은 사람

② 늑막루가 있는 사람

5) 장루·요루장애

장루란 직장이나 대장, 소장 등의 질병으로 인하여 대변 배설에 어려움이 있을 때 복벽을 통해 체외로 대변을 배설시키기 위해 만든 구멍을 말한다. 장루는 항상 촉촉하며 모세혈관이 분포되어 색깔은 붉고 모양은 동그랗거나 타원형이며 소량의 점액이 분비된다. 신경이 없어 만져도 아프지 않으며 그 크기나 모양은 개인마다 다르지만 수술 후 차차 작아지기 시작하여 5~6주 후에는 거의 자기 모양과 크기를 갖게 된다. 장루에는 항문의 괄약근과 같은 조절능력이 없어 대변이 수시로 배출되므로 부착물을 이용하여 관리한다.

장루를 시술하는 원인은 대부분이 질병 때문이다. 장루의 종류에는 상행 결장루, 횡행 결장루, 하행 결장루, S상 결장루, 회장루, 요루 등이 있다. 결장루는 대장을 이용하여 만든 장루를 말하며, 회장루는 소장의 끝부분인 회장으로 만든 장루이다. 결장루의 원인은 90% 이상이 직장암이나 대장암이다. 회장루의 원인은 대장암, 거대결장증, 궤양성 대장염, 가족성 용종증 등인데, 우리나라에는 회장루 보유자가 극히 적다. 요루의 원인은 대부분 방광암이다.

장루·요루장애의 판정시기는 복원수술이 불가능한 장루·요루의 경우에는 장루(요루) 조성술 이후 진단이 가능하며, 복원수술이 가능한 장루(요루)인 경우에는 장루(요루) 조성술 이후 1년이 지난 시점에서 한다. 장애의 진단은 외과, 산부인과, 비뇨기과 또는 내과 전문의가 있는 의료기관에서 한다.

장루·요루장애 정도는 다음과 같이 구분된다.

가. 장애의 정도가 심한 장애인

① 배변을 위한 말단 공장루를 가지고 있는 사람

② 장루와 함께 요루 또는 방광루를 가지고 있는 사람

③ 장루 또는 요루를 가지고 있으며, 합병증으로 장피누공 또는 배뇨기능장애가 있는 사람

나. 장애의 정도가 심하지 않은 장애인

① 장루 또는 요루를 가진 사람

② 방광루를 가진 사람

6) 뇌전증장애

생물학적으로 인간의 뇌는 수천 억 개의 신경세포로 구성되어 있고 이들 신경세포는 미약한 전류를 발생시켜 정보를 생산하고 상호 전달하는 생물학적 활동을 통하여 인지하고 생각하며 말을 하고 의식을 유지하며 행위를 하는 인간의 고유한 기능을 수행한다. 그러나 이같은 고유한 기능을 상실하고 갑자기 허공을 응시한 채 멍청해지거나 몸의 일부 또는 전체를 뒤틀고 정신을 잃으면서 온몸을 뒤흔들어대는 갑작스러운 행동의 변화를 경련발작이라고 한다. 이러한 발작이 신경세포들 중 일부 또는 전체가 짧은 시간동안 과도한 흥분상태로 돌입해 발작적으로 과도한 전류를 발생시킴으로써 나타나는 신경계 증상을 간질발작이라고 한다. 그리고 간질발작이 하루 이상의 간격을 두고 두 번 이상 나타나면 간질이라고 한다. 따라서 뇌전증(간질)은 간질발작이 언제든지 재발할 수 있는 만성적 질병상태를 말한다.

뇌전증(간질)은 정신병이 아니다. 간질발작 시 일어나는 현상이 일부 정신병의 증상과 유사한 경우도 있으나 발생기전으로 볼 때 뇌의 손상에 의한 발작성 뇌기능 이상이지 정신병에서 볼 수 있는 심인성 병리기전은 없으며, 나타나는 행동이상의 상태도 다르다. 뇌전증(간질) 중에는 일부 가족적 발생을 보이는 경우도 있지만 유전된다는 명확한 증거는 아직 없다. 연령별로 보면 성인보다는 소아의 발생률이 3~4배 더 높으며, 특히 2세 이하의 영유아에서 가장 잘 발생한다. 따라서 전체 간질환자의 60~70% 정도가 14세 이하의 소아이다. 간질발작은 대뇌의 신경세포들이 과흥분되어 과도한 전류를 발

생함으로써 일어나는 현상이므로 뇌의 어떤 부위가 흥분되는가에 따라 다양한 형태의 증상을 보일 수 있다.

대부분의 간질발작은 3~5분 안에 저절로 멈춘다. 발작이 자주 발생하거나 오래 지속되면 뇌가 탈진상태에 빠진다. 따라서 뇌의 기능이 일시적으로 저하되고 그러한 상태가 반복되면 심한 경우 영구적인 뇌손상을 입게 된다. 이러한 뇌손상은 또 다른 발작의 원인이 되어 결국 뇌 전체 기능에 나쁜 영향을 미치게 되어 경우에 따라서는 기억력, 집중력, 지능을 저하시키고 학습장애와 사회적응능력의 저하를 유발한다. 이러한 악영향은 뇌의 발달이 급속히 이루어지는 영유아 및 소아에게는 더욱 중요하므로 정확한 진단 후에 적절한 항간질 약제로 조기에 치료해야 한다. 간질환자 중에서 간혹 치료받지 않아도 자연치유가 된다는 보고도 있으나, 간질 발생 후 바로 치료를 시작하지 않으면 난치성 간질이 될 위험이 높으므로 발작빈도에 관계 없이 치료해야 한다. 간질 초기단계에서의 적절한 약물치료가 효과적인 치료법이다. 일반적으로 3~5년 간 간질발작이 없는 경우를 완치라고 하는데, 여러 연구결과를 종합해 보면 간질 진단 후 10년이 지났을 때의 완치율은 약 60~75% 정도이다. 뇌전증장애의 판정시기는 현재의 상태와 관련하여 최초 진단 이후 3년이 경과하고, 2년 이상의 지속적 치료를 받음에도 불구하고 호전의 기미가 거의 없을 정도로 장애가 고착되었을 때 한다. 장애진단은 신경과, 신경외과, 정신과, 또는 소아청소년과(소아청소년의 경우) 전문의가 있고, 장애인 등록 직전 6개월 이상 진료한 의료기관에서 한다.

뇌전증장애정도는 다음과 같이 구분된다.

가. 성인 뇌전증
① 장애의 정도가 심한 장애인

만성적인 뇌전증에 대한 적극적인 치료에도 불구하고 연 6회 이상의 발작(중증 발작은 월 5회 이상을 연 1회, 경증 발작은 월 10회 이상을 연 1회로 본다)이 있고 발작으로 인한 호흡장애, 흡인성 폐렴, 심한 탈진, 두통, 구역질, 인지기능의 장애 등으로 요양관리가 필요하며, 일상생활 및 사회생활에서 보호와 관리가 수시로 필요한 사람

② 장애의 정도가 심하지 않은 장애인

만성적인 뇌전증에 대한 적극적인 치료에도 불구하고 연 3회 이상의 발작(중증 발작은 월 1회 이상을 연 1회, 경증 발작은 월 2회 이상을 연 1회로 본다)이 있고, 이에 따라 협조적인 대인관계가 곤란한 사람

나. 소아청소년 뇌전증

① 장애의 정도가 심한 장애인

전신발작, 뇌전증성 뇌병증, 근간대발작, 부분발작 등으로 요양관리가 필요하며, 일상생활 및 사회생활에서 보호와 관리가 수시로 필요한 사람

② 장애의 정도가 심하지 않은 장애인

전신발작, 뇌전증성 뇌병증, 근간대발작, 부분발작 등으로 일상생활 및 사회생활에서 보호와 관리가 필요한 사람

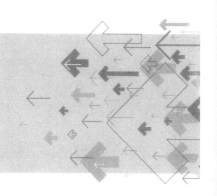

3. 정신적 장애

1) 지적장애

(1) 정의

지적장애는 지능의 발달이 정지되거나 불완전한 상태라고 정의할 수 있다. 지적장애는 발달과정에 있어서 생존에 필요한 여러 기술들의 기능의 저하로 표현될 수 있는데, 지능의 여러 측면들, 즉 인지기능, 언어, 운동(motor), 그리고 사회적 기능에서의 기능저하로 특징지워지며, 확진을 내리기 위해 반드시 표준화된 지능검사를 시행하여 지능지수가 70 이하임이 증명되어야 한다.

지적장애의 정의는 여러 기관이나 국가에 따라 약간씩 다를 수 있으나 공통점으로는 첫째, 발생원인이 다양하고, 둘째, 정신발육이 항구적으로 지진하며, 셋째, 지적 능력이 열악하고, 넷째, 사회생활의 적응이 곤란한 증후군이라고 할 수 있다. 미국정신박약협회는 1973년에 적응행동과 지적 기능과의 관계를 더욱 긴밀하게 연결시켜서 지능이 수준 이하라 해도 적응행동에 이상이 없는 한 정신박약으로 규정하지 않았다. 즉 적응행동에 결함이 있을 때만 지적장애로 규정하였다.

처음에는 정신박약(mental deficiency)이란 용어가 사용되다가 그 후 정신지체(mental retardation)란 개념으로 바뀌었는데, 이렇게 변경된 것은 정신결함이나 정신박약이란

DSM-III-R의 진단기준

① 표준화된 지능검사 결과 지능지수 70 이하이다. 1세 이전의 유아기에 있어서는 표준화된 검사방법에 의하여 지능지수를 결정하기가 어렵기 때문에 발달학적인 측면에서 유아의 행동을 관찰하여 임상적인 측면에서 판단을 내릴 수 밖에 없다.

② 지능지수의 저하와 함께 적응 기능에 있어서의 장애가 동반된다. 즉, 사회적 기술, 책임감, 의사소통, 일상생활 기술, 개인적 독립성 등의 측면에서 개인이 속해 있는 문화적 배경을 고려할 때 능력이 현저히 저하되어 있다.

③ 발생이 만 18세 이전이어야 한다.

용어가 치료 불가능의 의미를 내포하므로 이런 뜻을 배제하기 위해서였다. 1974년에 Dunn은 지적장애나 기타의 용어를 배제하고 일반적 학습장애란 용어로 대체하자고 제안하기도 하였다. 우리나라의 경우 2007년에 장애인복지법을 개정하여 정신지체를 지적장애로 바꾸었다.

최근에는 미국 지적 및 발달장애협회에서 지적장애에 관한 새로운 개념정의를 내놓았다. 이에 의하면 지적장애란 현재의 기능의 현저한 제한을 뜻한다. 지적장애는 의사소통, 자기보호, 가내생활, 사회적 기술, 지역사회의 이용, 자기감독관리 및 안전, 학업능력, 여가, 일 등의 적응적 기술영역 중 두 가지 이상의 영역에서의 제한과, 이와 동시에 발생하는 현저히 평균 이하인 지적 기능(I.Q. 70~75 이하)이 그 특징이며, 18세 이전에 나타나는 것이다.

그리고 이러한 정의를 적용하는 데는 4가지 전제조건이 필수적이라고 하였다. 첫째, 지적장애의 타당한 평가에는 의사소통과 행동요인에서의 차이 뿐 아니라 문화적, 언어적 다양성도 고려한다. 둘째, 적응기술의 제한은 지적장애인 자신의 또래집단에 전형적인 지역사회 환경 내에서 발생하며, 그 개인의 개별적인 지원에의 욕구에 영향을 준다. 셋째, 특수한 적응면의 제한은 흔히 다른 적응기술이나 개인적 능력에서의 강점과 병존한다. 넷째, 일정기간 동안의 적절한 지원이 있으면 지적장애인의 생활기능은 일반적으로 개선될 것이다. 미국 지적 및 발달장애협회는 이러한 정의와 전제조건 하에서 지적장애의 정도를 종전과 같이 경도, 중등도, 중도, 최중도로 나누지 않고, 지적장애인이 필요로 하는 지원의 정도를 간헐적 지원(intermittent Support), 제한적 지원(limited support), 강력한 지원(extensive support), 포괄적 지원(pervasive support) 등 4가지로 나누어 이에 따라 구분하고 있다. 이처럼 오늘날 지적장애는 지능 뿐 아니라 일상생활의 영위에 필요한 적응기술이라는 측면에서 정의되고 있으며, 정도에 대한 새로운 구분방법도 등장하고 있다.

(2) 특성

지적장애의 정의상 발생시기는 만 18세 이전이어야 한다. 만 18세 이후에 발병되는 지적 장애는 치매(dementia)라고 하며, 이것의 임상증상은 지적 장애와 유사하지만 구별하여 진단을 내리도록 되어 있다. 만 18세 이전에 지적장애가 있으면서 그 후 뇌의 손상과 함께 치매가 발생한 경우에는 지적장애와 치매라는 두 가지 진단을 함께 내린다.

지적장애의 임상적 특성은 DSM-III-R과 ICD-10에서의 진단기준에 큰 차이는 없다.

지적장애가 있는 아동은 행동상의 문제들도 동반할 수 있다. 즉 의존성이 강하거나 자존심이 낮고 공격적이며 충동적이고, 좌절을 견디기 어렵다. 또 상동적인 자기자극 또는 자해행동 등의 문제도 동반될 수 있다. 일반적으로 전체 인구의 약 1%에서 지적장애가 있다고 보고되고 있으며, 성별로는 남아가 여아보다 약 1.5배 정도 더 많이 발병되는 것으로 알려져 있다. 지적장애가 있는 경우에는 다른 정신질환에 이환될 위험성이 높은 것으로 보고되는데, 일반인에 비하여 3~4배 정도 더 정신질환이 많은 것으로 알려져 있다. 기질적 장애 또는 신체적 장애와 동반될 수도 있고 동반되지 않을 수도 있으나, 지적장애의 정도가 더 심할수록 기질적인 장애가 발생할 위험성은 더 높아진다.

지적장애아동의 일반적 특성은 다음과 같이 요약될 수 있으나 개개 아동 간에는 개인차가 클 수 있다.

① 지적 특성

지적장애아동의 가장 현저한 특징은 지적 발달의 장애이며, 언어의 지체가 두드러지게 나타난다. 언어발달과 지적 기능의 관계는 표리관계에 있기 때문에 말을 배우는 시기나 문자를 익히는 발달정도로써 지적장애의 조기진단이 가능한 경우가 많다.

지적장애아동은 이처럼 언어의 발달이 지체되었을 뿐 아니라, 특히 사물이나 개념을 추상화하고 일반화하는데 쓰이는 표상언어가 발달하지 않는다. 따라서 지적장애아동은 성인이 되어도 추상적 언어의 이해와 사용이 극히 곤란한데 이러한 것은 산수, 과학, 공업계통의 교과나 도덕 학습의 곤란을 가져오는 경우가 많다.

어떤 목표를 달성하기 위해서는 그 목표와 방법, 수단의 관계를 정확하게 파악하여 합리적으로 실천에 옮겨야 하나 지적장애인은 이러한 방법으로 행동하지 못한다. 행위의 연속이 합리적인 통찰에 근거하지 않고 각각의 행위가 단편적이어서 일관성이 없다. 특히 욕구가 좌절되었을 때는 폭발하는 경우도 있다. 그리고 이미 알고 있는 지식이나 소재를 재구성하여 미지의 사실을 추리하거나 전혀 새로운 관념을 창조하는 사고작용이 어렵다. 이러한 지적장애아동은 학교 공부에 필요한 언어능력, 개념 및 지각 능력, 상상력과 창의력 등에서 점수가 낮거나 발달이 늦다.

② 운동기능 및 감각·지각상의 특성

정신적 기능과 신체의 모든 기관의 운동과는 밀접한 관계가 있다. 따라서 지적장애아동은 신체 각 부위의 형태나 기능면에서도 다양한 특성을 나타내는 경우가 많다. 여기서는 운동기능과 감각, 지각상의 특징 중 5가지를 살펴본다.

가. 신생아에게 나타나는 반사운동(빨기, 잡기, 모로반사, 긴장성 목반사 등)이 시간이 경과해도 나타나지 않는다든가 나타나더라도 미약한 경우가 있으며, 때로는 반사의 소멸시기가 늦은 경우도 있다.

나. 머리들기, 혼자서 앉기, 기어 다니기, 잡고 서기, 보행, 달리기 및 계단 오르내리기, 높은 곳에서 뛰어내리기, 수저 사용하기, 한 쪽 발로 뛰어가기 및 8km 걷기 등의 운동기능이 나타나는 시기가 지각기능장애의 정도에 비례하여 지체된다.

다. 학령기에는 걷기, 달리기, 던지기, 혼자 잠자기, 손가락 사용 등의 기능이 지체되고 민첩성이 결핍된 경우가 많다.

라. 뇌수의 기질적 장애에 의한 지적장애아동의 경우에는 시각 인지, 청각 인지, 촉각 인지 등에서 장애가 나타나는 경우가 많다. 예컨대 사물의 대소, 장단, 경중, 색조의 차이에 대한 변별, 원형의 전체적, 형태적 파악, 문자의 모사능력 등이 매우 약하다.

마. 아픈 감각의 상실, 미각이나 후각의 도착된 감각과 같은 이상이 나타나는 경우도 있다.

③ 정서적·사회적 특성

지적 기능의 장애는 정서나 사회성에도 영향을 주는 경우가 많다. 융통성이 없기 때문에 하나의 일에만 집착하며 인간관계가 원만하지 못하다. 유연한 사고력 없이 단지 자신이 성공했던 과거의 방법이 유일한 최선의 것처럼 생각하는 경향이 있는데 이렇게 정신구조가 굳는 것은 지적장애아동의 기본적 특성의 하나로 지적된다. 임기응변으로 상황에 적절히 적응하는 일이 곤란하며 고정적인 방법을 고집하는 경향이 강하다. 그리고 새로운 환경에 적응하는데 많은 시간이 필요하다.

또한 지적장애아동은 일반적으로 새로운 경험을 획득하려는 욕구가 결여되어 있고 새로운 경험에 대한 관심과 흥미가 적다. 특히 자발적으로 사물을 처리한다든가 집단에 참가하려는 의욕이 결여되어 있기 때문에 전반적으로 의존하기 쉽다. 따라서 적당한 자극이 없는 경우에는 주위에서 일어나는 일에 무관심하게 되며, 방관적인 태도를 취하거나 혼자서 멍청히 있는 경우가 많다. 그리고 미래를 생각하는 능력이 부족하여 일정한 요구수준을 설정하여 노력하는 의욕이 부족하기 때문에 어려운 일을 맡겨 놓으면 성실하고 근면하게 계속해서 일을 하지 않는다. 자기통제나 자율심이 약하며 사회성 발달이 늦은 지적장애아동은 사회의 규칙을 이해하고 준수하는 정신이 희박하고 자기중심적으로 행동하는 경우가 많아서 사회적 적응성이 결핍되기도 한다.

④ 학업적 특성

어떤 일을 의도적으로 학습하기 위해서는 그 일을 충분히 인지하고 적극적으로 이해하여 논리적으로 생각하는 능력이 필요한데, 이러한 일련의 학습과정에서 요구되는 모든 능력이 지적장애아동에게는 제약된다. 일상생활과 밀접한 관계가 있는 일이라면 반복해서 경험하기 때문에 우연한 기회에 학습되기도 한다. 그러나 산수, 국어, 과학 등의 학습에서는 일상생활에서 직접 경험하는 일이 적어 상위의 개념이나 추상화, 일반화의 활동을 요구하는 내용의 학습은 매우 곤란하다.

(3) 원인

일반적으로 경도의 지적장애는 그 원인이 분명하지 않은 경우가 많으며, 중등도의 지적장애는 약 25%, 중도 지적장애는 약 60~80%에서 유전적 또는 뇌손상과 관련된 요인이 발견된다.

① 사회심리적 요인

직접적인 원인과 결과의 관계로 설명이 어려운 경우도 있으나, 지적장애와 밀접한 관계가 있다고 생각되는 사회심리적인 요인은 다음과 같다.

가. 사회경제적 요인

낮은 사회경제적 지위, 빈곤, 부적절한 주거환경, 좋지 못한 위생상태, 영양실조, 감염성 질환에 이환될 위험성이 높거나, 감염성 질환에 대한 예방접종이 적절하게 되지 않는 등 낮은 사회계층에서 지적장애의 발생 가능성이 높다.

나. 부모에 의한 요인

부모의 지능지수, 부모의 결혼연령 (10대의 계획되지 않은 결혼 또는 너무 늦은 나이에 결혼을 하게 되는 경우에 지적장애가 나타날 위험성이 높음), 부모의 교육상태, 부모가 정신질환이 있는 경우, 아동학대 또는 아동방임이 있는 경우, 또는 부적절한 아동보호(예를 들어 일정한 원칙이 없이 아이를 키운다거나, 아동의 행동에 대한 통제를 전혀 하지 않는다거나, 자극을 많이 가하지 않는 등)가 있는 경우에 지적장애의 발생가능성이 높아진다.

다. 지능적 요인

Heber는 지적장애를 광범위하게 보아 경계선, 경도, 중등도, 중도 및 최중도로 구분하였는데 이는 지능검사 결과로 나온 지능지수를 표준편차에 따라 분류한 심리측정적 구분이다. 주된 관심을 통계적 분석에 두고 분류한 것이므로 처방에 관심이 있는 실천가에게는 크게 도움을 주지 못하는 것이라 하겠다. 이러한 인위적 분류는 종류별로 명확한 행동특징의 기술을 거의 불가능하게 한다.

② 생물학적 요인

가. 유전적 요인

결절성 경화증 등 단일 유전인자의 결함, 페닐케톤뇨 등 대사장애, fragile-X 증후군 등의 염색체 이상 등이 유전적 원인으로서 지적장애와 관계가 있는 질환들로 추정된다.

나. 출생 전 요인

초기 배아기의 장애 :

유전적인 질환은 아니지만 염색체 이상(Down씨 증후군 등)이 있는 경우, 산모의 감염(풍진, 매독 등), 또는 술, 납중독, 방사능 노출, 항경련제의 복용 등이 지적장애를 일으킬 수 있다.

후기 태아기의 장애 :

태아의 뇌발달장애, 심한 미숙아, 작은 몸무게, 심한 영양부족, 자궁 내의 경련, 산모의 질병(임신중독증, 당뇨병, 지혈당증 등) 등이다.

주산기(perinatal) 요인 :

신생아와 산모의 혈액형이 서로 맞지 않아(Rh 또는 ABO형) 비양립성 신생아 용혈이 일어나는 경우, 분만과 관련된 외상, 분만과 관련된 질식 등이 이에 해당된다.

다. 출산 후 신경학적 질환

뇌의 감염(뇌염 또는 뇌막염), 아동학대 또는 아동방임으로 인한 두부외상, 대사 또는 내분비기능장애 (갑상선기능 저하증), 독성물질에의 노출(납중독 또는 방사선) 또는 극심한 영양부족 등이 이에 해당된다.

(4) 장애정도

장애인복지법상 지적장애인은 지능지수가 70 이하인 사람으로서 교육을 통한 사회적·직업적 재활이 가능한 사람으로 규정되어 있다. 지적장애는 지능지수의 정도에 따라서 다음과 같이 구분한다.

가. 경도(mild)

① 지능지수가 50~70 사이이다.

② 교육적 측면에서는 교육가능이라고 정의하며, 초등학교 6학년 수준까지의 교육이 가능하다.

③ 전체 지적장애의 약 80~85%를 차지하는 가장 흔한 형태의 지적 장애이다.

④ 사회경제적인 측면에서는 낮은 계층에서 더 흔히 나타난다.

⑤ 일상생활에서 필요한 정도의 언어발달이 가능하다.

⑥ 대부분의 경우 기질적 요인이 발견되지 않는다.

⑦ 스스로 독립적으로 직업생활을 영위할 수 있을 정도까지의 발달이 가능하다. 심한 스트레스 등 특별한 상황을 제외하고는 독립적인 생활이 가능하다.

나. 중등도(moderate)

① 지능지수가 35~49 사이이다.

② 교육적 측면에서는 훈련가능이라고 정의하며, 초등학교 2학년 정도까지의 교육이 가능하다.

③ 전체 지적장애의 약 10% 내외를 차지한다.

④ 사회경제적인 측면에서는 낮은 계층에서 더 흔히 나타난다.

⑤ 언어의 발달에 장애가 있어서 아주 기본적인 대화 이상의 언어소통이 어렵다.

⑥ 간단한 사회활동은 가능하다.

⑦ 대부분의 경우에 있어 기질적인 요인이 발견되며, 경련성 질환, 신경학적 질환, 신체적 질환이 흔히 동반된다.

⑧ 스스로 독립적으로 사회생활을 영위할 수 있을 정도까지의 발달이 어려우며 타인의 도움이 지속적으로 필요하다.

다. 중도(severe)

① 지능지수는 20~34 사이이다.

② 교육적 측면에서는 훈련불가능 또는 보호가능이라고 정의되며, 초등학교 1학년 수준의 교육도 어렵다.

③ 전체 지적장애의 약 4~7%를 차지한다.

④ 사회경제적 상태에 따른 유병율의 차이는 없다.

⑤ 언어발달에 있어서 심각한 장애가 동반된다.

⑥ 대부분의 경우에 있어 뚜렷한 기질적 요인이 발견되며, 운동발달면에서도 심각한 발달장애를 보인다.

⑦ 스스로 독립적으로 사회생활을 할 수 있을 정도의 발달이 어렵다.

라. 최중도(profound)

① 지능지수가 20 미만이다.

② 교육적 측면에서는 훈련불가능 또는 보호가능이라고 정의되며, 교육이 불가능하다.

③ 전체 지적장애의 약 1%를 차지한다.

④ 사회경제적 상태에 따른 유병률의 차이는 없다.

⑤ 심각한 언어발달의 지연이 있다.

⑥ 대부분의 경우에 있어 뚜렷한 기질적 요인이 발견되며, 운동발달, 신체적 발달 등에 있어서 심각한 장애가 동반된다.

⑦ 특히 유아자폐증이 흔히 동반될 수 있는 지적장애이다.

⑧ 독립적인 사회생활이 어렵다.

2) 자폐성장애

(1) 정의

미국의 발달장애인원조및권리장전법(Developmental Disabilities Assistance and Bill of Rights Act)에서는 발달장애를 5세 이후에 기속되는 심각하고 만성적인 장애로서 신체적 또는 정신적 손상을 동반하고 22세 이전에 발생하며 장기적으로 지속되는 경향이 있으며, 주요 생활활동영역 중 2~3가지 이상에서 기능적 한계를 지니고 특수하고 다학문적인 서비스가 필요한 장애라고 규정하고 있다. 이러한 발달장애 중 대부분을 차지하는 것은 지적장애이며, 자폐성장애도 그 중 하나이다. 자폐증을 가진 아동의 약 60~90%는 지적장애를 가지며 자폐아의 약 1/3 정도가 발작을 보인다.

장애인복지법상 자폐성장애인은 제10차 국제질병사인분류(International Classification of Diseases, 10th Version)의 진단기준에 따른 전반성발달장애(자폐증)로 정상발달의 단계가 나타나지 않고, 기능 및 능력장애로 일상생활이나 사회생활에 간헐적인 도움이 필요한 사람으로 규정되어 있다.

(2)특성

자폐증은 1943년 Kanner에 의해 처음으로 보고되었는데, Kanner는 자폐아를 지적장애아동이나 정신분열증 아동과 구분하면서 자폐아가 다음과 같은 10가지 증상을 보인다고 하였다.

첫째, 대인관계를 형성하지 못한다. 둘째, 언어습득이 지연된다. 셋째, 언어발달상 대화할 수 없는 언어를 사용한다, 넷째, 반향어, 즉 앵무새처럼 다른 사람의 말을 되풀이하는 경향이 있다. 다섯째, 대명사를 반전하여 사용한다. 여섯째, 틀에 박힌 놀이를 반복한다, 일곱째, 동일성 유지에 대한 강박적인 욕구를 가지고 있다. 여덟째, 상상력의 결여를 보인다. 아홉째, 기계적 암기력이 좋다, 열번째, 외견상 정상적인 신체발달을 보인다.

Kanner가 자폐증의 특성을 제시한 이래 많은 학자들이 그 특성에 대하여 연구하였다. 1950년대에는 대다수의 임상가들이 심리적 원인을 강조하여 아동과 부모에게 징기간의 심리치료를 실시하였으며 이외에 많은 학자들이 생리학적 원인을 찾고 자폐증을 유아정신분열증과 구분하려고 하였다. 1960년대에는 자폐아에 대한 기본정보가 여러 연구에서 밝혀지기 시작하였다. 이러한 연구들은 대부분의 자폐아들이 지적 장애를 보이고 상류층 뿐 아니라 여러 사회계층에서 고루 발생하며 명백한 신경학적 이상을 보이는 아동이 있음을 밝혀냈다. 그후 많은 연구에서 자폐아의 증상을 보다 명확히 하고 원인을 탐구하였다. 예를 들어 Rutter는 자폐증을 언어의 이해에 영향을 미치는 인지지각적 결함이 있는 장애로 간주하였으며, Lovaas는 행동치료기법을 적용하여 자폐아가 언어의 모방과 관습적인 언어 사용을 배울 수 있음을 보여주었다. 1970년대와 1980년대 연구들의 대부분은 자폐증이 정서장애가 아니라 발달에 문제가 있는 장애라는 것을 받아들였으며 조기개입이 효과적임을 주장하였다.

자폐증은 아동자폐증, 유아자폐증, 자폐장애, 전반적인 발달장애, 아동기 정신병 등 다양한 용어로 불리워졌다. 자폐증이라는 용어는 Bleuler가 처음 사용한 것으로서 캐너가 사용한 유아자폐증과는 약간 개념이 다르다.

Wing과 Gould는 자폐아의 사회적 결손에 관심을 두고서 학습능력의 정도보다 대인관계를 형성하는데 실패함으로써 발견되는 정상아동과의 차이에 대하여 연구하였다. 이들은 자폐아의 행동상 특징으로서 세 가지를 제시하고 있는데, 이는 사회적 대인관계의 손상, 사회적 의사소통의 손상, 사회적 이해와 상상력의 손상이다.

사회적 대인관계의 손상은 다음과 같은 증상으로 나타난다.

첫째, 사람들로부터 혼자 떨어져 있거나 무관심하다.

둘째, 수동적으로 사회적 접촉을 한다.

셋째, 다른 사람과의 사회적 접촉이 일방적으로 한 사람에게 치우치고 이상한 곳에 빠져들고 관심을 둔다.

넷째, 사회적 접촉을 하더라도 사회행동의 규율과 규범에 대한 이해가 부족하다.

사회적 의사소통의 손상은 다음과 같이 나타난다.

첫째, 상대방의 의사소통 요구에 응하지 않는다.

둘째, 단지 자신이 필요한 것에서만 제한적으로 의사소통을 한다.

셋째, 사실적인 것에 대해서는 설명을 하나 사회적 변화에 관해서는 설명하지 못한다. 그리고 상호간의 대화를 기대하기 어렵다.

넷째, 많은 이야기를 하지만 듣는 사람의 반응에 주의를 기울이지 않고 상호간에 대화가 지속되지 않는다.

사회적 이해와 상상력의 손상은 다음과 같이 나타난다.

첫째, 모방하거나 하는 척하는 것이 없다.

둘째, 다른 사람의 행동을 모방하더라도 행동의 의미와 목적에 대한 실질적인 이해가 없다.

셋째, 생활규칙을 고정적으로 반복한다. 어떤 역할을 해내기는 하지만 변화와 감정이입이 없다.

넷째, 때로는 타인의 마음이 어디에 있는가를 자각하지만 타인의 감정을 인식하지 못한다. 최소한의 타인을 지각하는 능력을 가지고 있으나 이는 감정이입이라기보다는 학습되어진 것이다.

미국국립자폐아협회(NSAC)에 의하면 자폐아는 다음과 같은 기본특성을 지닌다.

첫째, 30개월 이전에 나타난다.

둘째, 발달속도나 순서에 장애가 있다.

셋째, 감각자극에 장애가 있다.

넷째, 언어 및 인지상의 장애가 있다.

다섯째, 사람, 사건, 사물에 반응하는 능력에 장애가 있다.

그러나 자폐증의 증상은 그 양상이 매우 복잡하고 다양하다. 따라서 무엇을 자폐증이라고 단정짓는 일은 간단한 것이 아니다. 부분적으로 관찰할 경우에는 자폐행동이라고 여겨지는 행동들이 자폐아가 아닌 다른 특수아동에게서도 나타나기 때문이다. 따라서 자폐증을 정확히 진단하는 것은 쉽지 않다. 통계에 의하면 자폐증은 신생아 1만 명당 4~5명 정도, 12세 이하의 소아 1만 명당 2~5명 정도 발생하며, 정확한 진단을 내리지 못하는 자폐 행동을 보이는 아동은 1만 명당 15~20명 정도, 심한 지적장애를 보이면서 자폐증을 보이는 소아를 포함하면 1만 명당 약 20명 정도이다. 자폐증의 발병률은 국가에 따라 큰 차이를 보이고 있는데, 독일의 경우에는 1만 명 당 2명인데 비하여 일본은 1만 명당 16명에 달한다. 이러한 차이는 서로 다른 진단기준이나 각 나라의 유전적 또는 환경적 요인에 기인하는 것으로 추측된다. 성별로 보면 남자가 여자에 비하여 3~5배 정도 발생률이 높다. 이러한 성별 차이는 자폐증 이외의 다른 발달장애에서도 나타난다.

자폐아는 태어나면서부터 다른 점을 느낄 수 있다. 가장 흔한 두 가지 특징은 안아주는 사람으로부터 신체적인 접촉을 피하기 위해 등을 활처럼 뒤쪽으로 휘는 것과 안아줄 것을 기대하지 않는다는 점이다. 유아 때는 아주 수동적이거나 지나치게 흥분된 아이라는 느낌을 준다. 수동적인 아이는 대부분 아주 조용하고 부모에게 거의 아무런 요구도 하지 않는다. 지나치게 흥분된 느낌을 주는 아이는 부모가 깨어있는 동안에 계속해서 쉬지 않고 울어댄다. 태어나서 처음 몇 년 동안은 어떤 자폐아는 다른 아이들보다 더 빨리 말하기나 걷기도 하지만 대부분의 경우에는 더 늦게 된다. 자폐아는 일반적으로 의사소통이나 사회적인 기술, 인식력 등이 같은 또래의 아이들에 비해 뒤떨어진다. 또한 반복적인 행동, 자해(손가락을 물어뜯거나 머리를 부딪치는 행동 등), 수면상의 문제, 음식문제, 눈맞춤이 없고 고통을 못 느끼거나 과잉 또는 과소행동, 주의력 부족 등 이상행동이 나타나기 시작한다.

자폐아에게 나타나는 흔한 특징 중 하나는 동일성에 대한 고집 또는 고집스러운 행동이다. 일상생활을 정해진 대로만 하려고 하며, 조금이라도 거기서 벗어나면 마음이 혼란해지고 분노한다. 예를 들어 식사 때 같은 음식만 먹거나, 같은 색깔로 된 옷만 입거나 같은 길로만 가려고 한다. 이러한 동일성에 대한 고집이 나타나는 이유 중 하나는 일상적인 상황에 대해 이해할 수 없고 거기에 잘 맞추어 나가지 못하기 때문이다.

사회적 행동에서의 기능장애도 가장 특징적인 증상 중의 하나이다. 사회적 행동 상의 기능장애는 사회적 회피, 사회적 무관심, 사회적 어색함 등 세 가지로 분류될 수 있다. 자폐증이 있는 사람은 다른 사람들과 사회적 상호작용을 하려고 하지 않는다. 이들은 다른 사람들과의 관계 속에서 자신을 발견하지 못하며 때로는 자기 자신에 대해서도 관심이 없다.

자폐아의 증상은 유아기 때부터 인지, 언어, 사회적 측면에서 조금씩 발견되기 시작하며 시간이 지남에 따라 현저하게 나타난다. 자폐증의 조기 발현은 대개 출생 후 30개월 전후에 나타난다. 30개월 이전에는 대체로 아동의 발달이 정상적이다. 이때까지는 눈을 맞추거나 웃음을 나누기도 하며 간단한 손짓이나 몸짓을 모방하기도 한다. 옹알이도 하고 물건을 가지고 오는 등의 상호작용을 하기도 한다. 그러나 30개월 전후의 시기에 갑자기 아동은 간단한 언어나 부모와의 상호작용, 모방행동 등을 잃어버리고 발달상의 정체현상을 보이면서 발달이 지체되기 시작한다. 대인과 접촉하는 것을 꺼려하고 시선을 회피하고 특정한 사물에 관심을 두고 언어가 늦어진다. 언어가 나오더라도 비정상적인 언어 활용을 하며 정서적으로 감정상의 변화가 급격하게 나타나거나 아무런 표현 없이 침묵하는 특징을 보인다.

자폐아는 언어로써 의사를 표현하기보다는 신체적 행동으로써 의사를 표현하는 경우가 많다. 자폐아의 언어는 정상아동에 비해 매우 지연될 뿐 아니라 언어를 사용하더라도 발음상 뚜렷하지 않고 억양이 불규칙하다. 정상아동은 언어를 사용함에 있어 몸짓을 함께 사용하지만 자폐아는 이러한 몸짓을 사용하지 못한다. 언어 사용이 매우 제한적이고 말을 하더라도 문장으로 하기가 어렵다. 자폐아의 대부분은 정상아동에 비하여 기계적인 암기력이 높다. 즉 자신이 관심을 갖는 사물이나 문자, 숫자, 책 내용에 대하여 많은 부분을 정확히 기억한다. 모든 전철역의 이름을 단 한 번에 암기하는 경우도 있다. 이러한 암기력은 모든 자폐아에게서 나타나는 것은 아니지만 대부분의 자폐아는 암기력이 뛰어난 편이다.

(3) 원인

① 심리적 원인

심리적 원인으로써 자폐아의 행동특성을 설명하는 데는 세 가지 이유가 있다. 첫째, 자폐아의 대부분이 어릴 때 다른 사람들과의 관계와 애정 표시에 현저한 어려움을 보이는 행동상의 문제를 가지고 있으며, 둘째, 대부분의 정신과 의사들은 여러 가지 정신병을 초래하는 아동기의 초기 경험을 중요시해야 한다고 주장하였고, 자폐아가 보이는 정서장애는 하나의 증상이라기보다는 자폐증의 원인이라고 보았으며, 셋째, 정신과 의사들은 임상경험에 의하여 자폐아 부모들이 비정상적인 성격을 가지며, 특히 어머니가 냉담하고 부정하여 자녀를 배격하거나 자녀를 과잉보호하여 아동이 심리적 억압에서 벗어나지 못하는 경향이 있다고 지적한다.

그러나 최근에는 이러한 견해는 다음과 같은 이유로 인해 인정 받지 못하고 있다. 즉 대다수의 자폐아 부모들은 아이가 출생 때부터 이상한 행동을 한다고 말하고 있으며 자폐아의 대다수가 유아기 때부터 이상한 행동을 보인다. 또 자기 주위에 대한 이해와 혼동을 경험하는 아동은 이차적인 결과로서 정서장애를 갖게 된다는 것이다. 아울러 많은 정신과 의사나 심리학자들은 모든 정신병의 심리적 원인을 확실히 규명할 수 없다고 본다.

② 유전적 원인

오늘날 자폐증이 유전적 원인에 기인한다는 관점이 제시되고 있다. Rimland는 일란성 쌍생아와 이란성 쌍생아를 비교한 연구에서 자폐증의 발생이 일란성 쌍생아에게서 더 높게 나타난다는 것을 발견하였다. 유전적으로 동일한 일란성 쌍둥이는 유전형질이 똑같이 배분되는 반면에 이란성 쌍둥이는 50%의 유전형질만이 나뉘어진다. 그 후 다른 연구에서도 똑같은 연구결과가 나타났고, 쌍생아 중에 한 명이 자폐증일 경우 둘 다 자폐증일 가능성이 크다는 것을 확신하게 하였다.

자폐아의 가족이나 형제 중에서 발견되는 자폐증의 출현율은 낮지만 이 비율을 최소한 2%로 잡는다고 하더라도 평균적인 자폐아 출현율의 50~100배에 이른다. 따라서 이러한 비율은 자폐증이 열성유전에 의한 것임을 시사한다.

③ 기질적 원인

가. 생화학적 원인

자폐증에 관한 생화학적 연구의 대부분은 신경전달물질에 관한 것이다. 신경전달물질은 근육수축과 신경활동에 영향을 주는 화학적 매개체로 간주된다. 이러한 매개체는 사람의 기분이나 정서, 사고과정에 영향을 준다. 매개체의 과잉이나 부조 또는 여러 가지 다른 화학적 매개체간의 불균형은 혼란행동을 유발할 수 있다. 자폐증의 경우에는 세라토닌이라는 신경전달물질에 초점을 둔다. 세라토닌은 사람에게 필수적인 것으로서 신체 내부에서 다른 단백질로부터 합성할 수 없다. 세라토닌 수준이 감소되거나 증가되는 경우 행동이상이 나타난다. 어떤 자폐아에게서 높은 수준의 세라토닌이 보고된 경우가 있으나 아직까지 연구결과들은 일치되지 않는다.

나. 뇌기질적 원인

DeMyer는 155명의 자폐아를 대상으로 그들의 신경학적 상태와 지능수준을 평가하고, 부모들의 병리와 성격, 양육기술을 측정한 결과, 자폐아의 사회적 금단증과 의사소통이 안 되는 언어, 비기능적 대상의 내용 등이 신경학적 기능장애에 기인한 것이라고 주장하였다. Bauman과 Kemper는 자폐아의 소뇌가 정상아동에 비하여 해부학적으로 비정상적인 현저한 차이를 보인다는 것을 보여주었다. 자폐아의 소뇌는 보통 아동에 비해 크기가 작고 소뇌의 발육단계에서 나타나는 분화 속도가 둔화되며 분화과정에서 비정상적인 형태를 보인다.

1988년 Courchesne 등 여러 학자들이 연구한 자료에서는 자폐아의 초기 뇌 발달과정에서 광범위한 세포층으로 구성되어 있는 대뇌피질 세포의 대부분이 손상을 입었을지도 모른다는 증거가 제시되었다.

(4) 진단

자폐증의 진단은 정신과나 소아정신과 전문의가 있는 의료기관에서 한다. 오늘날 자폐증을 진단하는데 널리 사용되는 것은 미국정신의학회에서 만든 DSM이다. 자폐증의 증상들이 소아정신장애가 아니라는 것이 많은 연구에서 밝혀졌고 이러한 점이 DSM-

III-R에서 보완되었다. DSM-III-R에서는 자폐아에게서 나타나는 항목들을 첨부하였으며 이를 통해 자폐아의 진위를 진단할 수 있도록 고안되었다. 그러나 조기 자폐아에게서 나타나는 행동상의 문제들이 초기 소아 정신분열증 아동의 특성과 큰 차이가 없다는 점이 자폐증을 정확하게 진단하는데 있어 어려움을 야기하였다.

DSM-IV는 이러한 진단상의 문제들을 수정하고 보완하였다. 아동의 행동문제를 항목별로 범주를 나열함으로써 DSM-III-R의 문제점을 보완하여 진단상의 오류의 범위를 축소시켰다는 점이 장점이다. DSM-IV는 지금까지의 자폐증 진단검사보다도 매우 신뢰도 높은 검사도구이다. DSM-IV의 자폐증 진단기준은 다음과 같다.

DSM-IV의 자폐증 진단기준

A. 다음 1, 2, 3 중 최소한 6개(또는 그 이상) 항목, 1에서 적어도 2개 항목, 2와 3에서 각각 1개 항목이 충족되어야 한다.

1. 사회적 상호작용에서의 질적인 장애가 다음 항목들 중 최소한 2개 항목으로 나타난다.

   (a) 사회적 상호작용을 조절하기 위한 눈 마주치기, 얼굴표정, 몸자세, 몸짓과 같은 다양한 비언어적 행동을 사용함에 있어 현저한 장애

   (b) 발달수준에 적합한 친구관계 형성의 실패

   (c) 자발적으로 다른 사람들과 기쁨, 관심, 성취감을 나누지 못한다(예 : 관심을 갖고 관심대상을 보여주거나 가지고 오거나 지적하지 못한다).

   (d) 사회적 또는 정서적으로 서로 반응을 주고 받는 상호교류의 결여

2. 의사소통의 질적인 장애를 보이며 다음 항목들 중 최소한 1개 항목으로 나타난다.

   (a) 구두적 언어발달의 지연 또는 완전한 발달결여(몸짓이나 흉내내기 같은 다른 의사소통방법에 의해 부족한 언어발달을 보충하려 하지

않는다)

(b) 적절하게 대화를 함에 있어 다른 사람과 대화를 시작하거나 지속함에 있어서의 현저한 장애

(c) 상동적이고 반복적인 언어나 특이한 언어의 사용

(d) 발달수준에 적합한 자발적이고 다양한 가상적 놀이나 사회적 모방 놀이의 결여

3. 제한적이고 반복적이고 상동적인 행동, 관심, 활동이 다음 항목들 중 최소한 1개 항목으로 나타난다.

(a) 강도나 집중도가 비정상적인, 한 가지 이상의 상동적이고 제한적인 관심에의 집착

(b) 특이하고 비효율적인, 틀에 박힌 일이나 의식에 대한 고집스러운 집착

c) 상동적이고 반복적인 운동행동(예 : 손이나 손가락을 흔들거나 비틀거나 복잡한 몸 전체의 움직임을 보인다)

B. 다음 영역 중 최소한 한 가지 영역에서 기능이 지연되거나 비정상적이며, 3세 이전에 증상이 나타난다.

1. 사회적 상호작용

2. 사회적 의사소통에서 사용되는 언어

3. 상징적 또는 상상적 놀이

C. 레트장애 또는 소아기 붕괴성 장애로 설명되지 않는다.

다음은 생후 10~18개월경에 자폐증 여부를 감별할 수 있는 증상들이다.

자폐증을 감별할 수 있는 증상

엄마에게 다음 질문을 하여 아기가 어떤 증상을 보이는지 확인한다.

1. 아기가 눈맞춤을 정상적으로 한다고 생각합니까?
2. 아기가 정상적으로 듣는다고 생각하십니까? 혹시 특이한 소리에만 반응하지는 않습니까??
3. 아기가 잘 먹지 않거나 혹은 수유와 관련된 문제가 있습니까? 있다면 어떤 문제입니까??
4. 다른 사람이 안거나 가까이 하는 것에 대해 아기가 편안해합니까?
5. 사람들이 안는 것을 싫어하지는 않습니까?
6. 주변환경에 관심을 보입니까?
7. 상황에 적절치 못하게 미소 짓거나 웃습니까?
8. 혼자 있는 것을 더 좋아합니까?
9. 일반적으로 자녀가 다른 아이들과 비슷합니까?

다음의 특징을 좀 더 체계적으로 조사할 수 있다.
- 상동적인 손동작들(손의 자세나 손의 움직임을 포함)
- 눈맞춤을 피하는 것
- 뻣뻣하고 이상한 응시
- 신체접촉의 거부
- 갑작스러운 매우 큰 소음에 반응하지 않거나 혹은 매우 특이한 반응을 함
- 주변에 관심이 없음

자료 : 이용승·이정희(2000) 자폐증, 학지사, p.61.

3) 정신장애

1999년에 장애인복지법이 개정되기 전까지는 장애인복지법은 신체장애인을 주 대상으로 하였으며, 지적장애인을 제외한 정신장애인의 경우에는 사회복지서비스의 수혜대상이 되지 못하고 정신질환자로 취급되어 장애라기보다는 질환의 측면에서 다루어졌다.

정신장애는 어떤 조건에 의하여 영구적이거나 반영구적인 정신적 장애를 갖게되거나 질병으로 인하여 이전의 정신적 기능상태로 되돌아 갈 수 없는 것을 말한다. 즉 정신장애라고 할 때는 우선 시간적으로 영구적 또는 반영구적인 것으로서 장기간 지속되어야 하며, 이로 인하여 일상적 활동에 제약을 받아야 한다.

사회복지적 차원에서 특히 수혜의 대상이 되어야 할 정신장애인은 장기간 지속되는 만성중증정신장애로 인하여 일상적 역할수행에 장애를 가진 사람이다. 장기적으로 정신질환을 앓고 있어 생활에 어려움을 겪는 사람을 질환자라고 하기 보다는 장애인으로 규정하는 것이 타당하며, 이로부터 정신장애인의 문제가 사회복지적 차원에서 다루어지게 된다.

만성정신장애를 정의하는 것은 쉬운 일이 아니다. 왜냐하면 만성정신장애의 개념이 단순히 병리학적 용어로 규정되는 것이 아니라 사회와 문화에 따라서 그 의미가 변화하기 때문이다. 만성정신장애인은 그 임상적 상태와 기능적 장애가 매우 다양하다. 정신장애의 다양성과 변이성으로 인하여 정신장애인구의 크기와 성격을 명확히 규정하기는 매우 어렵다.

Goldman 등(1981)은 만성정신장애인이란 어떤 정신적 또는 정서적 장애(기질적 뇌증후군, 정신분열증, 반복성 우울증, 조울증, 망상증, 기타 정신신경증적 장애)로 인하여 일상생활의 기본적 측면(개인위생 및 자기보호, 자기지시, 대인관계, 사회적 교류, 학습과 오락 등)중 세 가지 이상에서 기능적 능력의 발달과 경제적 자립이 저해되는 사람을 말한다고 하였다.

Minkoff(1978)는 만성중증정신장애인을 그 특성에 따라 만성정신질환자(the chronic ill), 만성정신장애자(the chonically mentally disabled), 만성정신병환자(the chronic mental patient) 등 세 가지로 나누었는데, 첫 번째 것은 진단명을 기준으로 한 것이고 두 번째 것은 기능적 역할수행상의 장애를, 세 번째 것은 입원기간과 입원횟수 같은 입원과 관련된 특성을 기준으로 한 것이다. 이러한 Minkoff의 분류에 의하면 정신장애인은 특히 두 번째 개념, 즉 기능적 역할수행 상에 장애가 있는지의 여부를 중시한 개념이다.

이규항(1985)은 만성정신장애란 첫째, 진단기준에 따른 것으로 전형적인 기질적 원인에 의한 정신질환, 정신분열증, 주요. 정동장애, 성격장애의 일부를 포함하며, 둘째, 입원기간이 1년 이상인 경우를 말하며, 셋째, 일상생활수단이나 역할수행의 장애로 정의되는 무능력에 의한 것이라고 정의하였다. 또한 유병기간이 최소한 2년 이상이고 재입원기간이 최소한 1년 이상이며, 일상생활에서 역할수행을 하는데 장애를 나타내는 전형적인 기질적 원인에 의한 정신질환, 정신분열증, 주요 정동장애, 일부 성격장애 등의 정신질환이라고 정의되기도 한다. 그러나 이것은 단순한 의료적 정의일 뿐이며 다양한 사회적 의미도 고려해야 한다.

이처럼 만성중증정신장애인에 대한 정의는 학자에 따라 다르고 간단한 문제가 아니다. 일반적으로 진단명과 일상생활 면에서의 장애여부, 지속기간 등을 기준으로 삼고 있는데, 이 중에서도 지속기간의 기준을 무엇으로 할 것인지에 대해서는 의견이 다양하다. 미국국립정신보건원(NIMH)에서는 진단상으로는 기타 정신병과 인격장애를, 장애 면에서는 5가지 역기능 중 3가지 이상을 지닌 경우를, 기간 면에서는 과거의 입원경력이나 질병 또는 장애로 인한 장기간의 외래이용 경험이 있는 경우를 포함시키고 있다.

정신장애의 판정은 첫째, 정신질환의 진단명 및 최초 진단시기에 대한 확인, 둘째, 정신질환의 상태(impairment)의 확인, 셋째, 정신질환으로 인한 정신적 능력장애상태의 확인, 넷째, 정신장애 등급의 판정 등을 종합하여 이루어진다. 판정시기는 1년 이상의 지속적인 치료 후에도 호전의 기미가 거의 없을 정도로 장애가 고착되었을 때이며, 검진기관은 장애인 등록 직전에 1년간 지속적으로 치료 받은 정신의료기관이나 최근 3개월 이상 지속적으로 치료 받은 정신의료기관이다.

(2) 원인

정신장애의 원인은 매우 다양하고 복잡하므로 정확히 밝히기 어려운 경우가 많이 있다. 대부분의 정신장애는 여러 가지 요인이 복합적으로 작용하여 발생한다. 정신장애의 원인을 크게 나누면 생물학적 원인, 심리적 원인, 사회문화적 원인 등으로 나누어 볼수 있다.

① 생물학적 원인

유전적 요인이나 기질 같은 생리적, 생물학적 원인이 정신장애의 원인이라고 주장하는 학자들이 있다. 생물학적 원인을 주장하는 학설은 1950년대에 정신치료를 위한 약물의 발견과 더불어 제고되었다. 최근 일부 학자들은 정신질환의 유전적, 화학적 원인을 제시하고 뇌의 이상과 정신질환간의 관계를 연구한다. 일단의 학자들은 정신분열증의 유전적 요인을 발견하기 위하여 정신분열증을 가진 부모의 자녀를 입양하여 연구한 결과 정신분열증에 유전적 요인이 있음을 확인하기도 하였다.

② 심리적 원인

사랑의 상실, 절망, 미움, 분노, 열등감, 갈등, 공포, 불안감, 수치심과 같은 부정적인 감정과 심리상태가 정신장애를 일으킨다고 본다. Freud의 정신분석이론은 심리적 원인을 주장하는 대표적인 이론이다. Freud의 뒤를 이은 Erikson은 인간의 성격은 일련의 단계를 거쳐서 발달하며, 각 단계마다 수행해야 할 과제가 있다고 보았다. 각 발달단계마다 위기의 긍정적인 해결을 통해서 통합적이고 건강한 성격을 형성하게 되며, 그렇지 않으면 정서적인 문제를 갖게 된다고 본다. 예를 들어 아동기에 심각한 신체적, 성적 학대를 경험한 아동은 나중에 정신적인 문제를 경험할 가능성이 커진다는 것이다.

③ 사회·문화적 원인

가정환경이나 사회·문화적 환경 등 후천적인 사회환경이 정신장애의 원인이 된다는 것이다. 빈곤한 환경이나 사회적 차별 등과 같이 스트레스를 유발하는 사회적 여건이 정신장애를 유발한다는 것이다.

(3) 종류

정신장애의 종류는 매우 다양하다. 과거에는 인간의 이상행동을 신경증과 정신증으로 구분하였는데, 일부에서는 아직도 이러한 기준에 따라 정신장애를 구분하고 있다.

신경증(neurosis)은 현실판단력에는 별 문제가 없으나 생활에의 적응 면에서 여러 가지 불편함을 나타내는 심리적 장애를 말한다. 신경증의 일종인 불안장애의 경우 늘 초조하고 불안감을 느끼지만 환각이나 망상 같은 현실왜곡은 나타나지 않는다. 신경증을 가진 사람들은 자신에게 문제가 있다는 것을 지각할 수 있으므로 스스로 치료하려고 한다. 이들은 사회적으로 적응하는데 애로가 있지만 그 정도가 미약하므로 직업이나 학업활동을 계속할 수 있으며 치료가 가능하다.

이와 달리 정신증(psychosis)은 부적응의 정도가 매우 심한 심리적 장애로서 환각이나 망상 같은 현실왜곡이 두드러지게 나타난다. 정신증을 가진 사람은 대부분 자신이 비정상적이라는 것에 대한 자각이 없으므로 스스로 의료기관을 찾지 않는다. 현실판단력에 장애가 있으므로 대개의 경우 직업이나 학업활동, 사회적 적응이 불가능하다. 따라서 이러한 사람은 병원에 입원하여 집중적인 치료를 받는 것이 좋다. 정신분열증은 가장 대표적인 정신증이다.

<표 6-1> 신경증과 정신증의 비교

구 분	신경증	정신증
현실판단력	정 상	현저한 손상
주요 장애	불안장애, 우울증	정신분열증
병 식	있 음	없 음
사회적 적응상태	경미한 부적응	심각한 부적응
주요 치료방식	외래치료	입원치료

자료 : 원호택 · 권석만(2000), 「이상심리학총론」, 학지사, p.79.

<표 6-2> 국제질병분류(ICD-10)에서의 정신장애 분류

코 드	병명
(290~294)	(기질적 정신병상태)
290	노인성, 초로성 기질적 정신병
291	알콜성 정신병
292	약물성 정신병
293	일과성 기질적 정신병상태
294	기타 기질적 정신병상태(만성)
(295~299)	(기타 정신병)
295	정신분열증 정신병
296	정동성 정신병
297	편집상태
298	기타 비기질성 정신병
299	소아에 기원한 특이성을 가진 정신병

(300~316)	(신경증성 장애, 인격장애 및 기타 비정신병적 장애)
300	신경증성 장애
301	인격장애
302	성도착 및 성적장애
303	알콜의존성 증후군
304	약물의 존
305	비의존성 약물남용
306	정신적인 요인에서 발생하는 생리적 기능장애
307	기타 비분류 특수증상과 증후군
308	급성 스트레스반응
309	조정반응
310	기질적 뇌손상에 따른 비정신병적 정신장애
311	다른 곳에서 분류되지 않은 우울성 장애
312	다른 곳에서 분류되지 않은 행동장애
313	아동기 및 청소년기에 특이한 정서장애
314	소아기의 운동과다성 증후군
315	발육상 특수지원
316	다른 곳에서 분류된 질환에 관련된 정신요인
(317~319)	(정신발육지연)
317	가벼운 정신발육지연
318	기타 명시된 정신발육지연
319	상세불명의 정신발육지연

오늘날 보편적으로 사용되는 정신장애 진단체계에는 두 가지가 있다. 하나는 세계보건기구에서 질병의 체계적 분류를 위하여 제정하여 국제적으로 통용되는 국제질병분류체계(ICD: International Classification of Diseases)에 포함된 정신장애 진단분류방식이고, 다른 하나는 미국정신의학회에서 만든 정신장애 진단 및 통계편람(DSM : Diagnostic and Statistical Manual of Mental Disorders)이다. 1992년에 나온 ICD-10에서는 정신장애를 크게 기질적 정신병(psychosis), 기타 정신병, 신경증성 장애와 인격장애 및 기타 비정신병적 장애, 정신발육지연으로 구분하고 있다.

1950년에 DSM-1이 나온 이후 지속적으로 발전되어 온 DSM은 1994년에 DSM의 제4개정판인 DSM-IV가 나왔다. 이는 전세계적으로 가장 많이 사용되는 정신장애분류체계이다. DSM-IV는 특정이론에 치우치지 않고 증후군을 위주로 장애의 특성을 기술적인 측면에서 정의하고 있다. 여기서의 정신장애의 진단은 장애의 원인을 알려주거나 장애를 실체로 보는 설명적인 것이 아니라 이상행동의 형태나 증후군으로써 장애

DSM-IV의 정신장애 분류

유아기, 아동기, 청소년기에 흔히 처음으로 진단되는 장애
정신분열증과 기타 정신증적 장애

- 기분장애
- 불안장애
- 신체형 장애
- 해리성 장애
- 성적 장애 및 성정체감장애
- 섭식장애
- 수면장애
- 물질관련장애
- 충동조절장애
- 성격장애
- 적응장애
- 섬망, 치매, 기억상실장애 및 기타 인지장애
- 허위성 장애
- 미분류된 일반적인 의학적 상태로 인한 정신장애
- 임상적 관심의 초점이 되는 기타 상태

를 표현하는 기술적인 성격을 갖는다. DSM-IV는 각각의 정신장애를 진단하기 위해 특정한 진단기준을 제시하고 있다. 이는 다섯 개의 축으로 이루어진 다축적 진단체계로 되어 있어 정신장애와 관련된 다섯 가지 차원의 정보를 수집하여 정신장애를 진단하도록 되어 있다. 또한 정신장애를 17개의 주요 범주로 나누고, 다시 하위범주로서 200개 이상의 정신장애를 제시한다.

1999년 개정된 장애인복지법에 포함되어 있는 정신장애의 종류는 정신분열증, 우울증, 양극성 정동장애, 정신분열형 정동장애이다. 정신분열증(schizophrenia)은 정신장애 중에서도 가장 심각한 것이다. 이것의 주된 증상은 망상, 환각, 혼란된 언어, 혼란되고 경직된 행동, 무감동, 무의욕, 사고의 빈곤 등이다. 망상은 현실과는 다른 잘못된 강한 믿음으로 피해망상, 과대망상, 신체망상, 색정망상, 관계망상 등 다양하게 나타난다. 환각은 실제와 달리 헛것을 지각하는 것으로서 환청, 환시, 환족 등이 있다. 정신분열증을 가진 사람은 말을 횡설수설하고 기이한 행동을 하거나 몸이 굳은 자세로 장시간 움직이지 않는 경직된 행동을 하기도 한다. 감정이 없는 것처럼 무감동하거나 의욕을 느끼지 못하고 무위도식하거나 사고가 빈곤하여 사회적 적응이 어렵다. 이러한 증상 중 몇 가지가 1개월 이상 현저히 나타나고 6개월 이상 계속된다고 판단되면 정신분열증으로 진단한다. 정신분열증에는 망상과 환청이 주된 증상인 망상형, 혼란된 언어와 행동과 부적절한 감정이 주된 증상인 혼란형, 경직된 행동과 자세나 과도한 행동이 주된 증상인 긴장형 등이 있다.

우울증과 양극성 정동장애(조울증)는 기분장애(mood disorder)의 일종이다. 기분장애는 우울한 기분이나 고양된 기분이 주된 증상이다. 우울증은 우울하고 슬픈 기분이 주된 증상이며, 그밖에도 일상생활에 대한 의욕과 즐거움, 활력이 감소되고, 체중이 현저히 감소되고 불면증이 나타나고, 안절부절 못하거나 느린 행동을 하고, 무가치감과 죄책감에 시달리고, 주의집중력과 판단력이 저하되고, 죽음이나 자살에 대한 생각이 증가하는 증상이 나타난다. 양극성 정동장애는 조울증이라고도 하며, 우울증과 더불어 조증이 주기적으로 교차하면서 나타난다. 조증상태에서는 과대망상적으로 자존심이 팽창하고 수면시간이 감소하며 말이 많아지고 사고가 비약하고 주의가 산만해지며 활동이 증가하고 과도한 쾌락추구적 행동이 나타난다. 정신분열형 정동장애는 정신분열증 증상과 우울증이나 조증 증상이 같이 나타나는 것이다.

(4) 장애정도

정신장애정도는 다음과 같이 구분된다.
가. 기능 및 능력장애로 일상생활이나 사회생활에 간헐적으로 도움이 필요한 사람으로서 다음의 어느 하나에 해당하는 경우
① 조현병으로 인한 망상, 환청, 사고장애 및 기괴한 행동 등의 양성증상이 있으나, 인

격변화나 퇴행은 심하지 않은 경우

② 양극성 정동장애(여러 현실 상황에서 부적절한 정서반응을 보이는 장애)에 따른 기분·의욕·행동 및 사고의 장애증상이 현저하지는 않으나, 증상기가 지속되거나 반복되는 경우

③ 재발성 우울장애로 기분·의욕·행동 등에 대한 우울 증상기가 지속되거나 자주 반복되는 경우

나. 조현정동장애로 인하여 가목1)부터 3)까지에 준하는 증상이 있는 사람

<표 6-3> 장애유형별 진단기관

장애유형	장애진단기관
지체장애	1. 절단장애 : X-선 촬영시설이 있는 의료기관의 의사 2. 기타 지체장애 : X-선 촬영시설 등 검사장비가 있는 의료기관의 재활의학과·정형외과·신경외과·신경과 또는 내과(류마티스분과) 전문의
뇌병변장애	- 의료기관의 재활의학과·신경외과 또는 신경과 전문의
시각장애	- 시력 또는 시야결손정도의 측정이 가능한 의료기관의 안과 전문의
청각장애	- 청력검사실과 청력검사기(오디오미터)가 있는 의료기관의 이비인후과 전문의
언어장애	1. 의료기관의 재활의학과 전문의 또는 언어치료사가 배치되어 있는 의료기관의 이비인후과 정신과 또는 신경과 전문의 2. 음성장애는 언어치료사가 없는 의료기관의 이비인후과 전문의 포함 3. 의료기관의 치과(구강악안면외과)·치과 전속지도 전문의(구강악안면외과)
지적장애	- 의료기관의 정신과 또는 재활의학과 전문의
정신장애	1. 장애진단 직전 1년 이상 지속적으로 진료한 정신과 전문의 (다만, 지속적으로 진료를 받았다 함은 3개월 이상 약물치료가 중단되지 않았음을 의미한다) 2. 1호에 해당하는 전문의가 없는 경우 장애진단 직전 3개월 이상 지속적으로 진료한 의료기관의 정신과 전문의가 판정할 수 있으나, 장애진단 직전 1년 이상의 지속적인 정신과 진료기록을 진단서 또는 소견서 등으로 확인하고 장애진단을 하여야 한다.

자폐성장애	- 의료기관의 정신과(소아정신과) 전문의
신장장애	1. 투석에 대한 장애판정은 장애진단 직전 3개월 이상 투석치료를 하고 있는 의료기관의 의사 2. 1호에 해당하는 의사가 없을 경우 장애진단 직전 1개월 이상 지속적으로 투석치료를 하고 있는 의료기관의 의사 3. 신장이식의 장애판정은 신장이식을 시술했거나 이식환자를 진료하는 의료기관의 외과 또는 내과 전문의
심장장애	1. 장애진단 직전 1년 이상 진료한 의료기관의 내과(순환기분과)·소아청소년과 또는 흉부외과 전문의 2. 1호에 해당하는 전문의가 없는 경우 의료기관의 내과(순환기분과) 전문의가 판정할 수 있으나 장애진단 직전 1년 이상 내과(순환기분과)·소아청소년과 또는 흉부외과의 지속적인 진료기록 등을 확인하고 장애진단을 하여야 한다.
호흡기장애	- 장애진단 직전 2개월 이상 진료한 의료기관의 내과(호흡기분과, 알레르기분과)·흉부외과·소아청소년과·결핵과 또는 산업의학과 전문의
간장애	- 장애진단 직전 2개월 이상 진료한 의료기관의 내과(소화기분과)·외과 또는 소아청소년과 전문의
안면장애	1. 의료기관의 성형외과·피부과 또는 외과(화상의 경우) 전문의 2. 의료기관의 치과(구강악안면외과)·치과 전속지도 전문의(구강악안면외과)
장루·요루장애	- 의료기관의 외과, 산부인과, 비뇨기과 또는 내과 전문의
뇌전증장애	- 장애 진단 직전 6개월 이상 진료한 의료기관의 신경과·신경외과·정신과 또는 소아청소년과(소아청소년의 경우) 전문의

<표 6-4> 장애유형별 판정시기

장애유형	장애판정시기
지체/시각/청각/언어/지적/안면장애	장애의 원인질환 등에 관해 충분히 치료하여 장애가 고착되었을 때 등록하며 그 기준시기는 원인질환 또는 부상 등의 발생 후 또는 수술 후 6개월 이상 지속적으로 치료한 후로 한다(지체의 절단장애의 경우는 예외로 한다).
뇌병변장애	뇌성마비, 뇌졸중, 뇌손상 등과 기타 뇌병변(예, 파킨슨병 등)이 있는 경우는 발병 또는 외상 후 6개월 이상 지속적으로 치료한 후에 장애 진단을 하여야 하며 최초 판정일로부터 2년 후에 반드시 재판정을 해야 한다.
정신장애	1년 이상의 성실하고 지속적인 치료 후에 호전의 기미가 거의 없을 정도로 장애가 고착되었을 때에 한다.
자폐성장애	전반성발달장애(자폐증)가 확실해진 시점
신장장애	3개월 이상 지속적으로 혈액투석 또는 복막투석치료를 받고 있는 사람 또는 신장을 이식받은 사람
심장장애	1년 이상의 성실하고 지속적인 치료 후에 호전의 기미가 거의 없을 정도로 장애가 고착되었거나 심장을 이식받은 사람
호흡기/간장애	현재 상태와 관련된 최초 진단 이후 1년 이상이 경과하고, 최근 2개월 이상의 지속적인 치료 후에 호전의 기미가 거의 없을 정도로 장애가 고착되었거나 폐 또는 간을 이식받은 사람
장루·요루장애	복원수술이 불가능한 장루(복회음절제술 후 에스결장루, 전대장절제술 후 시행한 말단형회장루 등), 요루(요관피부루, 회장도관 등)의 경우에는 장루(요루)조성술 이후 진단이 가능하며, 그 외 복원수술이 가능한 장루(요루)의 경우에는 장루(요루) 조성술 후 1년이 지난 시점
뇌전증장애	1. 성인의 경우 현재 상태와 관련해 최초 진단 이후 3년이 경과하고 2년 이상의 지속적인 치료를 받음에도 불구하고 호전의 기미가 거의 없을 정도로 장애가 고착된 시점 2. 소아청소년의 경우 간질 증상에 따라 최초 진단 이후 규정기간(1년 내지 2년) 이상의 지속적인 치료를 받음에도 불구하고 호전의 기미가 거의 없을 정도로 장애가 고착된 시점

제 7 장

장애인
복지정책

1. 장애인 관련법률

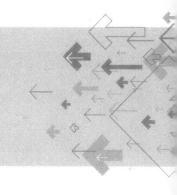

1) 장애인 관련법률의 종류

　장애인과 직접 또는 간접적으로 관련이 있는 법률에는 여러 가지가 있으며 그 주무
부처도 다양하다. <표 7-1>은 이들 법률의 이름과 주무부처이다.

<표 7-1> 장애인 관련법률과 주무부처

내　용	법　　률	주무부처
장애예방 및 치료	장애인복지법 모자보건법 산업안전보건법 근로복지공사법 산업재해보상보험법 국가유공자등예우및지원에관한법률	보건복지부 보건복지부 고용노동부 고용노동부 고용노동부 보훈처
교육 및 훈련	장애인등에대한특수교육법 장애인복지법 직업훈련기본법 직업안정및고용촉진에관한법률 국가유공자등예우및지원에관한법률	교육부 보건복지부 고용노동부 고용노동부 보훈처

취업 및 소득보장	장애인고용촉진및직업재활법	고용노동부
	직업안정및고용촉진에관한법률	고용노동부
	장애인연금법	보건복지부
	국가유공자등예우및지원에관한법률	보훈처
	산업재해보상보험법	고용노동부
	근로기준법	고용노동부
	국민기초생활보장법	보건복지부
	국민연금법	보건복지부
	장애인복지법	보건복지부
복지시설 및 환경	장애인차별금지및권리구제등에관한법률	보건복지부
	사회복지사업법	보건복지부
	장애인·노인·임산부등의편의증진보장에관한법률	보건복지부
	장애인복지법	보건복지부
	국가유공자등예우및지원에관한법률	보훈처
	산업재해보상보험법	고용노동부
	장애인활동지원에관한법률	보건복지부
	장애아동복지지원법	보건복지부

장애인복지에 관한 기본법은 1981년에 제정된 심신장애자복지법이다 동법은 1989년에 전문 개정과 함께 장애인복지법으로 명칭이 변경되었다. 이 법은 장애발생 예방, 의료재활, 직업재활, 교육재활, 소득보장, 주거보장, 여가 및 문화활동 촉진, 사회참여 조장, 시설보호 등 전반적인 장애인복지사업을 규정하고 있다. 장애인복지법 외에 장애인등에대한특수교육법에서는 장애아동의 특수교육에 관한 사항을 규정하고 있으며, 장애인고용촉진및직업재활법에서는 장애인의 직업지도 및 훈련, 의무고용제, 취업후 적응지도 등 장애인의 고용촉진을 위한 정책을 규정하고 있다.

이밖에도 장애로 인한 손해보상을 위한 법으로서 산업재해보상보험법에서는 장해급여, 상병보상연금, 장해특별급여 등의 지급과 관련된 사항을 규정하고 있으며, 자동차손해배상보장법에서는 후유장해 손해배상금, 근로기준법에서는 장해보상금, 국가배상법에서는 장해배상금 관련사항을 규정하고 있다. 또한 장애관련 연금에 관한 법률로서 국민연금법에서는 장해연금, 공무원연금법에서는 장해연금 또는 장해보상금, 사립학교교원연금법에서는 장해급여, 군인연금법에서는 상이연금과 장애보상금의 지급에 관한 사항을 규정하고 있다.

국가유공자등예우및지원에관한법률에서는 전상(공상)군경, 4·19의거 상이자, 공상공무원, 국가사회발전 특별공로 상이자에 대한 상이연금, 생활조정수당, 간호수당 등의 지급과 교육보호, 취업보호, 의료급여사업 등에 대하여 규정하고 있다. 장애기준이 제시되어 있는 법령들의 주요 내용을 요약하면 <표 7-2>와 같다. <표 7-2>에서 보듯이 각 법령에서 규정하고 있는 시책의 대상이 각기 다르고, 제반 서비스나 급여가 각기 다른 장애기준에 입각하여 실시되고 있다.

〈표 7-2〉 장애기준이 명시된 법령과 내용

법 명	주 요 내 용
장애인복지법 (1981)	• 장애발생예방사업 • 의료 및 보호서비스 : 의료비 지급, 보장구 교부 및 보장구제작업체 육성 • 교육 : 특수교육시설 설치 • 직업 및 고용촉진 : 직업지도, 직업훈련, 고용촉진사업 • 주택보급 • 문화환경의 정비 등 : 여가 및 스포츠활동 지원 • 경제적 부담의 경감 : 세제혜택, 공공시설 이용료 감면, 공공교통수단 운임감면 • 장애인 등록사업 : 장애진단, 수첩교부, 장애판정위원회 • 시설보호 및 재활상담 • 생업지원 • 담배소매인 및 홍삼류판매인 지정, 우표판매업자 지정 • 편의시설 설치 • 생계보조수당 지급 • 장애인단체 지원
장애인차별금지및 권리구제등에 관한법률 (2007)	• 다음 각 영역에서의 장애인 차별금지 : 고용, 교육, 재화와 용역의 제공 및 이용, 사법·행정절차 및 서비스와 참정권, 모·부성권, 성, 가족·가정·복지시설, 건강권 등 • 차별 시 국가인권위원회에 진정 가능

장애인고용촉진및 직업재활법 (1990)	• 장애인고용촉진기본계획의 수립 • 장애인고용촉진위원회 설치 • 사업주에 대한 자료제공 및 고용지도 • 장애인 직업지도, 직업훈련, 취업후 적응지도 실시 • 장애인고용공단 설립 및 운영 • 장애인고용촉진사업 실시 : 의무고용제도 실시, 장애인고용지원금 및 장려금 지급, 장애인고용부담금 수납 • 장애인고용촉진 및 직업재활기금 설치 및 운용 • 장애인직업생활상담원 배치 • 장애인 해고 시 신고
장애인등에 대한 특수교육법 (2007)	• 특수교육대상자 선정 및 해당학교 지정·배치 • 특수교육운영위원회 설치 : 특수교육 관련사항 심의, 건의 • 의무교육(유치원, 초·중·고등학교) 실시 • 특수교육지원센터 설치 • 순회교육, 통합교육, 치료교육, 직업교육, 개별화교육 등 특수교육 방법의 확대와 다양화 • 장애인평생교육시설 설치
장애인활동지원에 관한 법률 (2011)	• 혼자서 생활하기 어려운 장애인에게 활동지원급여 지급 • 활동지원기관 운영 • 활동지원인력 육성, 보급

산업재해보상보험법
(1963)
	• 장해급여 : 근로자가 업무상의 재해로 인하여 장해를 입었을 경우
	  1~14등급으로 구분된 신체장해등급에 따라 장해보상연금 또는
	  장해보상일시금 지급
	• 상병보상연금 : 요양급여를 받는 근로자가 요양개시 후 2년이
	  경과된 날 이후에도 폐질이 치유되지 않은 지에 대하여 1~3등급
	  으로 구분된 폐질등급표에 의거하여 상병보상연금 지급
	• 장해특별급여 : 장해등급에 해당하는 강해를 입은 수급권자가 민
	  법에 의한 손해배상 청구에 갈음하여 장해특별급여를 청구한 때
	  에는 이를 지급할 수 있음

자동차손해배상보장법
(1984)
	• 손해배상금 : 자동차사고로 인한 부상의 치료가 완료된 이후에도
	  당해 부상이 원인이 되어 신체의 장해(후유장해)가 생긴 경우에는
	  1~14등급으로 구분된 장해등급과 후유장해손해배상(보상)금 기
	  준에 의거하여 일정액의 손해배상금 지급

근로기준법
(1953)
	• 장해보상금 : 근로자가 업무상 상병 또는 질병에 걸려 완치후 신체
	  에 장해가 있는 경우에 그 장해정도(1~14등급으로 구분)에 응하
	  여 평균임금에 신체장해등급표에 규정된 일수를 곱하여 얻은 금
	  액을 장해보상금으로 지급

국가배상법 (1967)	• 장해배상금 : 피해자가 완치후 신체에 장해가 있는 때에는 그 장해 로 인한 노동력 상실정도에 따라 피해를 입은 때의 월급액이나 월 실수액 또는 평균임금에 장래의 취업가능 기간을 곱한 금액을 장 해배상금으로 지급(유족배상 및 장해배상 등 산정을 위한 취업가 능기간과 이에 대응하는 라이프니츠계수표 및 신체상해의 등급과 노동력 상실률표 기준)
국민연금법 (1986)	• 장해연금 : 가입중에 발생한 질병 또는 부상으로 인하여 그 완치 후에도 신체 또는 정신상의 장해가 있는 자에 대하여 그 장해가 존속하는 동안 장해등급(1~4급)에 따라 일정비율의 기본연금액에 가급연금액을 가산한 장해연금 지급
공무원연금법 (1959)	• 장해연금 또는 장해보상금 : 공무상 질병 또는 부상으로 인하여 퇴직 후 3년 이내에 그 질병 또는 부상으로 인하여 폐질상태로 된 때에는 폐질의 정도에 따라 본인이 원하는 바에 의하여 장해연금 또는 장해보상금을 지급하되, 장해연금액은 보수연액에 폐질등 의(1~14등급)에 따른 비율을 곱한 금액을, 그리고 장해보상금은 장애연금의 5배에 상당하는 금액 지급
군인연금법 (1963)	• 상이연금 : 군인이 공부상 질병 또는 부상으로 인하여 폐질상태로 되어 퇴직한 때에는 그 때부터 사망할 때까지 폐질등급(1~3 및 기 타)에 따라 상이연금 지급 • 장애보상금 : 군복무 중 질병에 걸리거나 부상으로 인하여 군병원 에서 전역하는 군인에게 신체장애등급(1~3급)에 따라 보상금 (보 수월액의 6~12배) 지급
사립학교교원연금법 (1973)	• 장해급여 : 폐질상태의 정도(폐질등급 1~14등급)에 의거하여 장 해급여
국가유공자등예우및 지원에관한법률 (1984)	• 상이연금 : 애국지사. 전상군인, 공상군경, 재일학도의용군인, 4·19 의거 상이자 및 특별공로상이자에 대하여 상이등급(1~6급)에 따 라 지급 • 생활조정수당, 간호수당, 보철구수당, 연금 등 지급 • 교육보호, 취업보호, 의료보호, 기타 보호(양로보호, 양육보호, 수 송시설의 이용보호, 고궁 등의 이용보호, 주택의 우선분양)

2) 주요 장애인 관련법률의 내용

장애인과 관련된 대표적인 법률로는 장애인차별금지및권리구제등에관한법률, 장애인복지법, 장애인등에대한특수교육법, 장애인고용촉진및직업재활법, 장애인·노인·임산부등의편의증진보장에관한법률이 있다.

(1) 장애인차별금지및권리구제등에관한법률

2007년 제정된 장애인차별금지및권리구제등에관한법률은 모든 생활영역에서 장애를 이유로 한 차별을 금지하고 장애를 이유로 차별받은 사람의 권익을 효과적으로 구제함으로써 장애인의 완전한 사회참여와 평등권 실현을 통하여 인간으로서의 존엄과 가치를 구현함을 목적으로 하고 있다.

동법은 모두 6장으로 구성되어 있다. 제1장은 동법의 목적, 정의, 차별행위, 차별금지, 자기결정권 및 선택권, 국가 및 지방자치단체의 의무, 다른 법률과의 관계로 구성되어 있으며, 제2장은 차별금지 영역으로 고용, 교육, 재화와 용역, 사법·행정절차 및 서비스와 참정권, 모·부성권, 성, 가족·가정·복지시설, 건강권 등을 규정하고 있다. 제3장은 장애여성 및 장애아동의 차별금지를 규정하고 있고, 제4장은 장애인 차별시정기구 및 권리구제로서 진정, 직권조사, 장애인차별시정소위원회, 권고의 통보, 시정명령 등으로 구성되어 있다. 제5장은 손해배상과 입증책임으로 입증책임의 배분, 법원의 구제조치를 규정하고 있으며, 제6장은 벌칙으로 차별행위에 대해서는 3년 이하의 징역 또는 3천만 원 이하의 벌금과, 시정명령을 이행하지 않을 시 과태료 부과규정을 규정하고 있다.

동법은 직접차별, 간접차별, 정당한 편의제공 거부, 광고에 의한 차별 등 4대 차별행위를 금지하고 있으며, 각각의 차별행위를 고용, 교육, 재화, 용역 등 6개 영역에 대해 적용하고 있다. 또한 여성장애인과 장애아동, 정신적 장애인에 대해서는 별도의 규정을 두고 있다.

(2) 장애인복지법

1981년에 '심신장애자복지법'으로 제정되었다가 1989년에 '장애인복지법'으로 개정되었다. 장애인복지법의 목적은 장애인의 인간다운 삶과 권리 보장을 위한 국가와 지방자치단체 등의 책임을 명백히 하며, 장애발생의 예방과 장애인의 의료, 교육, 직업재활, 생활환경개선 등에 관한 사업을 정함으로써 장애인복지대책을 종합적으로 추진하며, 장애인의 자립생활, 보호 및 수당의 지급 등에 관하여 필요한 사항을 정함으로써 장애인의 복지와 사회통합에 이바지함을 목적으로 한다. 동법에서는 장애인복지의 기본이념으로서 장애인의 완전한 사회참여와 평등을 통한 사회통합을 규정하고 있다.

장애인복지법은 모두 9장으로 구성되어 있다. 제1장 총칙에서는 장애인의 권리, 장애인 및 가족의 의무, 중증장애인의 보호, 여성장애인의 권익보호, 장애인정책조정위원회, 국가 및 지방자치단체의 책임을 규정하고 있으며, 제2장 기본정책의 강구에서는 장애발생 예방, 재활치료, 사회적응훈련, 교육, 직업재활, 정보에의 접근, 편의시설, 사회적 인식개선, 선거권 등 행사의 편의제공, 주택의 보급, 문화환경의 정비, 복지연구 등의 진흥, 경제적 부담의 경감을 규정하고 있다. 제3장 복지조치에서는 조사, 장애인등록, 장애인복지상담원, 재활상담 및 입소 등의 조치, 장애유형별 서비스 제공, 의료비 지급, 산후조리도우미 지원, 자녀교육비 지급, 장애인자동차에 대한 지원, 장애인보조견 훈련 및 보급지원, 자금의 대여, 생업지원, 자립훈련비 지급, 생산품의 구매, 고용촉진, 장애수당, 장애아동부양수당 및 보호수당 등을 규정하고 있다. 제4장은 자립생활의 지원으로 중증장애인자립생활지원센터, 활동보조인 등 서비스 지원, 동료상담으로 구성되어 있으며, 제5장은 복지시설과 단체, 제6장은 장애인보조기구, 제7장은 장애인복지 전문인력으로 구성되어 있다.

(3) 장애인등에대한특수교육법

2007년에 제정된 장애인등에대한특수교육법은 이전의 특수교육진흥법을 대신한 법으로서 국가 및 지방자치단체가 장애인 및 특별한 교육적 욕구가 있는 사람에게 통합된 교육환경을 제공하고 생애주기에 따라 장애유형, 장애정도의 특성을 고려한 교육을 실시하여 이들이 자아실현과 사회통합을 하는데 기여함을 목적으로 하고 있다.

제1장 총칙에서는 동법의 목적, 정의, 의무교육, 차별의 금지를 규정하고 있으며, 제2

장 국가 및 지방자치단체의 임무에서는 종합계획의 수립을 비롯하여 특수교육 기관의 설립 및 위탁교육, 교원의 자질향상, 특수교육대상자의 권리와 의무의 안내, 특수교육지원센터 설치·운영, 특수교육실태조사를 하도록 규정하고 있다. 제3장 특수교육대상자의 선정 및 학교배치는 장애의 조기발견, 특수교육대상자 선정, 대상자의 배치 및 교육, 제4장 영유아 및 초·중등교육에서는 장애영아의 교육지원, 보호자의 의무, 통합교육, 개별화교육, 진로 및 직업교육 지원, 순회교육, 특수학교 및 특수학급 설치기준 등을 규정하고 있다. 제5장 고등교육 및 평생교육은 대학 내 특별지원위원회 설치, 장애학생지원센터, 편의제공, 장애인 평생교육과정 등으로 구성되어 있으며, 제5장은 보칙 및 별칙으로 되어 있다.

동법의 특징은 교과교육, 치료교육, 직업교육을 특수교육대상자의 특성에 따라 관련 서비스를 통해 지원하도록 한 점, 특수교육대상자를 ① 시각장애 ② 청각장애 ③ 지적장애 ④ 지체부자유 ⑤ 정서·행동장애 ⑥ 의사소통장애 ⑦ 학습장애 ⑧ 자폐성장애 ⑨ 심장장애·신장장애·간장애 등 만성질환으로 인한 건강장애 ⑩ 발달지체 ⑪ 기타 교육부령이 정하는 장애 등으로 구분하여 이전보다 세분화하였다는 점, 의무교육을 유치원에서 고등학교과정까지 확대하여 3~17세까지의 특수교육대상자는 의무교육을 받을 권리를 갖도록 한 점, 장애인평생교육시설의 설치 등이다.

(4) 장애인고용촉진및직업재활법

1990년에 장애인고용촉진등에관한법률로 제정되었다가 1999년에 전면개정된 장애인고용촉진및직업재활법은 장애인이 능력에 맞는 직업생활을 통하여 인간다운 생활을 할 수 있도록 장애인의 고용촉진과 직업재활 및 직업안정을 도모하는 것을 목적으로 한다. 제1장 총칙에서는 국가 및 지방자치단체의 책임, 사업주의 책임, 장애인고용촉진 기본계획, 교육인적자원부 및 보건복지부와의 관계 등을 규정하고 있으며, 제2장 장애인고용촉진 및 직업재활에서는 장애인 직업재활실시기관, 직업능력개발훈련, 지원고용, 보호고용, 자영업 장애인 지원, 사업주에 대한 고용지도 등이 포함되어 있다. 제3장에서는 국가와 지방자치단체의 장애인 고용의무, 사업주의 장애인 고용의무, 장애인 고용장려금 지급, 고용부담금 납부 등에 대해 규정하고 있다. 제4장에서는 한국장애인고용공단에 대한 규정을 두고 있으며, 제5장에서는 장애인고용촉진 및 직업재활기금의 관리운용에 대해 규정하고 있다.

동법은 보건복지부가 고용노동부와 함께 장애인 직업재활사업을 수행하도록 하고, 직업재활기금을 일부 활용하도록 하고 있다. 이에 따라 지역사회중심직업재활센터 설치, 사회통합지향적 고용의 확대, 중증장애인을 위한 직업재활과정을 강조하는 정책을 도모하였다. 2002년에는 동법을 개정하여 장애인의무고용대상 사업체가 300인 이상 근로자가 일하는 업체에서 50인 이상 근로자가 있는 업체로 범위가 확대되었다.

(5) 장애인·노인·임산부등의편의증진보장에관한법률

장애인·노인·임산부등의편의증진보장에관한법률은 장애인 등이 생활을 영위함에 있어 다른 사람의 도움 없이 안전하고 편리하게 시설 및 설비를 이용하고 정보에 접근하도록 보장함으로써 이들의 사회활동 참여와 복지증진에 이바지함을 목적으로 하고 있다. 1997년에 시행된 동법에서는 편의시설 설치의 기본원칙, 접근권, 국가 및 지방자치단체의 의무, 대상시설, 편의시설 설치기준, 시설의지도·감독, 설치 지원, 미설치 시 과태료, 이행강제금 등을 규정하고 있다. 동법은 각 소관부처별로 분산되어 있던 규정들을 장애인을 주 대상으로 하여 편의시설을 종합적으로 규정한 법률이라는 점에 의의가 있다.

이와 더불어 교통약자의이동편의증진법이 2005년부터 시행되고 있다. 동법은 교통약자가 안전하고 편리하게 이동할 수 있도록 교통수단·여객시설 및 도로에 이동편의시설을 확충하고 보행환경을 개선하여 인간중심의 교통체계를 구축함으로써 이들의 사회참여와 복지증진에 이바지함을 목적으로 한다. 이에 따라 정부와 지자체는 2006년부터 '이동편의증진 5개년 계획'을 수립하고, 저상버스 배치, 지하철·도시철도 등 구체적인 이동권 보장을 위한 여건을 조성해야 한다.

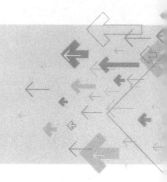

2. 장애인복지정책

1) 장애인복지정책의 기본방향

장애인복지법 제3조에는 장애인이 개인으로서의 존엄과 가치를 존중받고 이에 상응하는 처우를 받을 것을 규정하고 있으며, 장애로 인하여 차별받지 않을 것과 모든 활동에 대한 참여기회가 보장됨을 명시하고 있다. 장애인은 인간으로서의 존엄성을 존중받을 권리가 있으며 인간다운 생활을 할 권리를 지니고 있다. 장애인은 이러한 권리를 향유함에 있어 차별받지 않아야 한다.

장애인의 평등성, 정상화 및 통합화는 장애인복지의 기본이념이다. 장애인복지정책의 기본방향은 이러한 장애인복지 기본이념을 충실히 이행하는 쪽으로 설정되어야 한다. 장애인복지이념에 근거하여 수립되는 장애인복지정책의 기본목표는 장애인의 완전한 사회참여와 평등의 보장이다.

이를 달성하기 위한 장애인복지정책의 중점 추진방향은 다음과 같다.

첫째, 장애인복지정책의 추진과정에 이해당사자인 장애인의 적극적인 참여를 유도하고, 장애인의 자립생활에 대한 지원을 강화함으로써 장애인의 권익 증진과 사회참여를 확대한다. 정부의 장애인정책 결정과 관련된 각종 위원회에 장애인 당사자를 위원으로 적극 위촉하고, 정책추진과정에서도 당사자의 의견 수렴을 강화한다. 장애인이 지역사회에서 비장애인과 더불어 일상생활을 영위하고, 다양한 영역에서 활발한 사회참여가 가능하도록 활동지원, 보조기기 제공 등 필요한 지원정책도 확대해 나간다.

둘째, 정책의 다양화를 통해 수요자 중심의 복지시스템을 마련하고 전달체계를 보완

한다. 복지서비스 제공에 있어서 장애의 유형과 상태를 반영하고, 복지욕구와 생활환경 등 구체적 특성을 파악하여 소득·고용·교육·주거·보건의료·문화 등 다각적인 부문에서 수요자인 장애인의 실질적인 욕구와 필요에 적합한 '장애인 중심 정책'을 추진한다. 저소득장애인을 중심으로 지원하고 있는 복지서비스의 대상을 점진적으로 확대하고, 지역사회의 복지환경과 조화를 이룰 수 있는 탄력적인 정책 추진으로 중앙정부, 지방자치단체, 민간의 합리적인 역할 분담 및 협력을 강화해 나간다.

셋째, 장애인의 역량강화를 통한 자주적·능동적 복지정책을 추진한다. 장애의 특성에 따른 전문적인 직업재활서비스 및 훈련체계를 확립하여 각자의 적성과 능력에 맞게 사회에 참여할 수 있는 제도를 마련하고, 장애수당, 장애인연금 등을 단계적으로 현실화한다. 장애인 일자리 확충 및 직업재활서비스 확대, 창업 지원 등을 통해 장애인의 자립을 촉진하고, 맞춤형 복지체계를 구축한다.

넷째, 장애인 차별 해소 및 실질적 권리보장을 통하여 사회참여를 촉진한다. 장애인 활동의 장을 확대하여 자유로운 사회참여를 위한 정책을 확대하고, 공공시설 등에 편의시설을 확충하여 생활환경 면에서 물리적 장벽을 제거한다.

2) 장애인정책종합계획

정부 각 부처가 협력하여 「제1차 장애인복지발전 5개년 계획(1996~2002년)」을 수립한 이후 2018년에는 '모두가 누리는 포용복지국가'라는 국정기조를 담아 「제5차 장애인정책종합계획(2018~2022년)」을 발표하였다. 이는 "장애인의 자립생활이 이루어지는 포용사회"란 비전 아래 "장애인과 비장애인의 삶의 격차 완화"라는 목표를 달성하기 위해 복지·건강지원체계 개편, 교육·문화·체육 기회 보장, 경제적 자립기반 강화, 권익 및 안전 강화, 사회참여 활성화 등 5대 분야 69개 세부과제를 선정하여 관련부처가 모두 참여한 종합계획이다.

제5차 장애인정책종합계획은 제4차 계획의 한계를 보완하여 장애인이 비장애인과 격차 없이 자립생활을 할 수 있도록 전 분야를 망라하였다. 복지·건강분야에서는 장애인의 욕구와 환경에 맞는 맞춤형 서비스 지원을 위해 2019년 7월부터 장애등급제를 단계적으로 폐지하고 종합판정도구의 도입을 중점과제로 하여 탈시설지원센터 설치 등 탈시설 지원, 공공어린이재활의료기관 설립, 장애인 건강주치의제 도입, 장애인 건강검진기관 확충을 추진한다.

교육·문화·체육분야에서는 특수학교 및 특수학급 확대, 통합문화이용권 지원 확대, 생활체육 지원 확대 등 장애인들이 주거지에서 최대한 가까운 곳에서 문화·여가를 즐길 수 있도록 지원한다.

경제적 자립기반분야에서는 장애인에 대한 두터운 소득보장을 위해 장애인연금 기초급여를 단계적으로 인상하고, 장애인고용장려금 단가 인상, 장애인 의무고용률 제고, 중증장애인 생산품 우선구매 비율 확대 등을 통해 장애인에 대한 고용 확대를 유도해 나가고, 최저임금 적용 제외 대상을 최소화하는 등 장애인 고용의 질적 개선을 위해 노력한다.

권익 및 안전분야에서는 장애인에 대한 국민들의 인식개선을 위한 중장기 로드맵을 마련하고, 중앙 및 시도의 장애인 권익옹호기관을 통해 장애인 학대와 차별문제에 체계적으로 대응한다.

사회참여분야에서는 장애인들이 웹사이트 뿐만 아니라 모바일앱, 소프트웨어, 정보통신 융합제품에도 쉽게 접근할 수 있도록 지원하고, 공공기관 건축물에 의무적용되는 BF(Barrier Free) 인증을 민간 건축물에도 단계적으로 확대한다. 또한 저상버스 보급률을 확대하고, 휠체어장애인이 탑승가능한 고속·시외버스 모델을 개발·도입하는 한편, 철도·공항·버스 등 여객시설에 휠체어 승강기 등의 이동편의시설을 대폭 확충하고, 장애인의 보행환경을 개선하는 등 장애인 이동권 보장을 강화해 나간다.

정부에서는 2017년에 장애등급제를 폐지하도록 장애인복지법, 장애인활동지원법 등을 개정하였으며, 시범사업을 통해 서비스 종합판정도구 및 맞춤형 전달체계 모형을 마련하였다. 2015년 11월부터는 「발달장애인 권리 보장 및 지원에 관한 법률」을 시행하여 광역지방자치단체에 지역발달장애인지원센터를 신설하였고, 발달장애인의 법적 조력서비스를 강화하기 위해 공공후견법인을 신규로 지정하였다. 2018년에는 관계부처 합동으로 「발달장애인 생애주기별 종합대책」을 발표하였다.

장애인과 비장애인 간의 건강 격차 해소 및 의료 접근성 격차 해소를 위해 2015년에는 「장애인 건강권 및 의료접근성 보장에 관한 법률」을 제정하였다. 동법은 장애인건강주치의제 도입, 장애인건강검진기관 및 재활의료기관 지정 등을 주요 내용으로 하고 있으며 2017년 12월부터 시행되었다.

2014년 12월에는 「장애인·노인·임산부 등의 편의증진보장에 관한 법률」을 개정하여 장애물 없는 생활환경 인증제도(Barrier Free)(어린이·노인·장애인·임산부 등이 개별 시설물·지역을 접근·이용함에 있어 불편을 느끼지 않도록 계획·설계·시공되는 것)의 법적 근거가 마련

<그림 7-1> 제5차 장애인정책종합계획

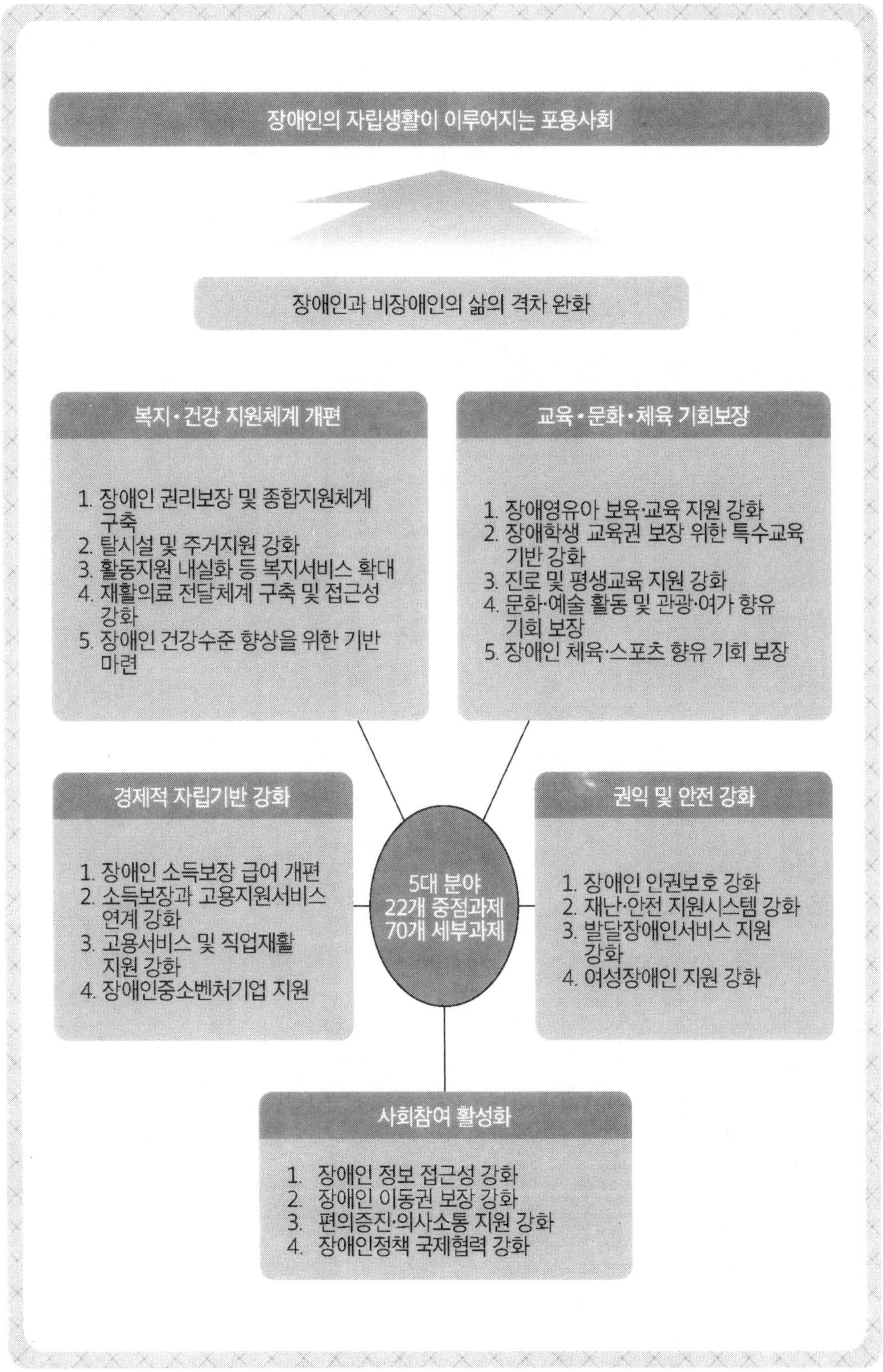

장애인의 자립생활이 이루어지는 포용사회

장애인과 비장애인의 삶의 격차 완화

복지·건강 지원체계 개편

1. 장애인 권리보장 및 종합지원체계 구축
2. 탈시설 및 주거지원 강화
3. 활동지원 내실화 등 복지서비스 확대
4. 재활의료 전달체계 구축 및 접근성 강화
5. 장애인 건강수준 향상을 위한 기반 마련

교육·문화·체육 기회보장

1. 장애영유아 보육·교육 지원 강화
2. 장애학생 교육권 보장 위한 특수교육 기반 강화
3. 진로 및 평생교육 지원 강화
4. 문화·예술 활동 및 관광·여가 향유 기회 보장
5. 장애인 체육·스포츠 향유 기회 보장

경제적 자립기반 강화

1. 장애인 소득보장 급여 개편
2. 소득보장과 고용지원서비스 연계 강화
3. 고용서비스 및 직업재활 지원 강화
4. 장애인중소벤처기업 지원

5대 분야
22개 중점과제
70개 세부과제

권익 및 안전 강화

1. 장애인 인권보호 강화
2. 재난·안전 지원시스템 강화
3. 발달장애인서비스 지원 강화
4. 여성장애인 지원 강화

사회참여 활성화

1. 장애인 정보 접근성 강화
2. 장애인 이동권 보장 강화
3. 편의증진·의사소통 지원 강화
4. 장애인정책 국제협력 강화

되고, 국가나 지방자치단체가 신축하는 공공건물 등에 대해 장애물 없는 생활환경 인증이 의무화되었다.

또한 교육 및 문화예술에 대한 접근성 제고를 위해 유아기부터 성인평생교육에 이르기까지 일관된 생애주기별 특수교육 인프라를 지속적으로 확충하고 있으며, 문화예술강사, 장애인생활체육지도자 등의 파견을 통한 문화예술프로그램 및 생활체육교실 지원도 지속적으로 추진하고 있다.

<표 7-1> 제5차 장애인정책종합계획 세부과제

전략1 : 지역사회 삶이 가능하도록 복지서비스 지원체계 개편		
중점과제	세부 추진과제	담당기관(부서)
장애인 권리보장 및 종합지원체계 구축	장애등급제 폐지 및 맞춤형 종합지원체계 구축	보건복지부 (장애인정책과)
	장애인권리보장법 제정	보건복지부 (장애인정책과)
	장애판정제도 개선	보건복지부 (장애인정책과)
탈시설 및 주거 지원 강화	시설 거주 장애인의 자립생활 전환 지원체계 마련	보건복지부 (장애인권익지원과)
	새로운 거주서비스 유형 개발	보건복지부 (장애인권익지원과)
	재가장애인에 대한 주택지원 강화	국토교통부 (주거복지기획과)
활동지원 내실화 등 복지서비스 확대	장애인 활동지원 급여확대 및 내실화	보건복지부 (장애인서비스과)
	장애아동 가족지원서비스 확대	보건복지부 (장애인서비스과)
	장애인 보조기기 지원 확대	보건복지부 (보험급여과) (장애인자립기반과)
	로봇을 활용한 장애인 돌봄서비스 도입	보건복지부 (장애인서비스과)

재활의료 전달 체계 구축 및 접근성 강화	어린이 재활의료체계 구축	보건복지부 (장애인정책과) (보험급여과)
	재활의료 전달체계 개편	보건복지부 (의료기관정책과)
	권역재활병원 확충	보건복지부 (장애인정책과)
	국가유공자 등 보훈대상자를 위한 재활치료 지원 확대	보건복지부 (보훈의료과)
장애인 건강수준 향상을 위한 기반 마련	장애인 건강주치의제 도입을 통한 건강관리 서비스 강화	보건복지부 (장애인정책과)
	장애인건강검진기관 지정을 통한 건강검진 접근성 강화	보건복지부 (장애인정책과)
	지역사회 장애인 건강보건관리 지원체계 구축	보건복지부 (장애인정책과)

전략2 : 교육·문화·체육 형평성 제고를 위한 지원체계 강화

중점과제	세부 추진과제	담당기관(부서)
장애영유아 보육 및 교육 지원 강화	장애영유아 보육 지원 강화	보건복지부 (보육사업기획과)
	특수교육대상자 조기 발견 및 교육지원 내실화	교육부 (특수교육정책과)
장애학생 교육권 보장을 위한 특수 교육 기반 강화	특수교육기관 확충 및 환경 개선	교육부 (특수교육정책과)
	특수교육교원 증원 및 전문성 제고	교육부 (특수교육정책과)
	통합교육 지원 내실화	교육부 (특수교육정책과)
장애인 진로 및 고등·평생교육 지원 강화	장애청소년을 위한 진로·직업교육 전문화	교육부 (특수교육정책과)
	장애대학생 교육복지 지원 내실화	교육부 (특수교육정책과)
	장애인 평생교육 지원 강화	교육부 (특수교육정책과)

장애인 문화·예술 활동 및 관광·여가 향유 기회 확대	장애인의 문화·예술 향유 기회 확대	문화체육관광부 (문화인문정신정책과) (예술정책과)
	장애인 문화예술활동 접근성 제고	문화체육관광부 (예술체육과) (문화기반과)
	장애인 영화 관람 접근권 지원 강화	문화체육관광부 (영상콘텐츠산업과)
	장애인 관광·여가 향유권 증진	문화체육관광부 (관광정책과)
장애인 체육 향유 기회 보장	재활운동 및 체육서비스 전달체계 구축 및 효율화	보건복지부 (장애인정책과)
	시설조성, 지도자 배치 확대 등 거주지 중심 체육활동 지원 강화	문화체육관광부 (장애인체육과)
	재활-복지-교육영역 연계 유형별/대상별 생활체육프로그램 운영	문화체육관광부 (장애인체육과)

전략3 : 장애인도 더불어 잘 살기 위한 경제자립기반 강화		
중점과제	세부 추진과제	담당기관(부서)
장애인 소득보장 급여 개편	장애인연금 기초급여액 인상	보건복지부 (장애인자립기반과)
	장애로 인한 추가비용 보전 급여 현실화	보건복지부 (장애인자립기반과)
소득보장과 고용 지원서비스의 연계 강화	소득보장 대상 선정방안 개선 및 전달체계 구축	보건복지부 (장애인자립기반과)
	장애인근로자 소득수준 향상을 위한 고용지원 제도 개편	고용노동부 (장애인고용과)
	국민기초생활보장제도의 장애인 소득공제방식 개선	보건복지부 (기초생활보장과)
장애인 고용서비스 및 직업재활 지원 강화	장애인 의무고용 이행 제고	고용노동부 (장애인고용과)
	장애인 맞춤형 직업훈련 인프라 확대	고용노동부 (장애인고용과)
	장애인 직업재활시설 체계화 방안 마련	보건복지부 (장애인자립기반과)
	장애인근로자 중심으로 우선구매제도 내실화	보건복지부 (장애인자립기반과)

장애인 중소벤처 기업 지원	장애인 창업 지원	중소기업벤처부 (소상공인과정책과)
	장애인 기업 성장기반 구축 지원	중소기업벤처부 (소상공인과정책과)

전략4 : 다중적 차별을 겪고 있는 장애인의 권리 강화

중점과제	세부 추진과제	담당기관(부서)
장애인 인권보호 강화	장애 인식개선 교육 강화	보건복지부 (장애인권익지원과)
	장애인 학대 피해 예방 및 피해자 지원 강화	보건복지부 (장애인권익지원과) (장애인서비스과)
	장애인 금융이용 제약 해소	금융위원회 (금융소비자과)
	정신장애인 사회통합 지원	보건복지부 (정신건강정책과)
장애인 재난·안전 지원시스템 강화	장애인 재난·안전 지원 정책기반 구축	행정안전부 (안전개선과) (복구지원과)
	시청각장애인을 위한 경보·피난·안전 설비 기준 강화	보건복지부 (장애인권익지원과)
	장애인 재난·안전교육 및 대응 매뉴얼 개발·보급	행정안전부 (안전문화교육과) (국립재난안전연구원) 보건복지부 (장애인정책과)
발달장애인을 위한 복지서비스 지원 강화	발달장애인지원센터 역할 강화 및 개인별 지원체계 구축	보건복지부 (장애인서비스과)
	발달장애인의 욕구에 기반한 보호·돌봄체계 강화	보건복지부 (장애인서비스과)
	발달장애인 성적 권리 및 가족지원체계 강화	보건복지부 (장애인서비스과)
	발달장애인 지원정책협의체 운영	보건복지부 (장애인서비스과)

여성장애인 지원 강화	여성장애인 임신, 출산, 양육 지원 확대	보건복지부 (장애인정책과) (장애인서비스과)
	여성장애인 사회참여 지원 확대	보건복지부 (장애인서비스과)
	가정폭력, 성폭력 예방 및 피해자 지원 강화	여성가족부 (권익보호과)

전략5 : 동등한 사회참여를 위한 기반 구축

중점과제	세부 추진과제	담당기관(부서)
장애인 정보접근성 보장	웹·모바일 정보접근성 보장	과학기술정보통신부 (정보활용지원팀)
	정보통신 보조기기 개발 및 보급	과학기술정보통신부 (정보활용지원팀)
	지식정보 격차 해소를 위한 독서환경 구축	문화체육관광부 (국립장애인도서관)
	차별없는 방송접근 및 이용환경 보장	방송통신위원회 (시청자지원팀)
장애인 이동성 보장 강화	교통수단 확대 및 새로운 수단 개발	국토교통부 (교통안전복지과)
	여객시설·보행환경의 이동편의 개선	국토교통부 (교통안전복지과)
편의증진· 의사소통 지원 강화	장애물 없는 생활환경(BF) 인증 활성화	보건복지부 (장애인권익지원과)
	유니버설디자인 환경 조성	보건복지부 (장애인권익지원과) 문화체육관광부 (시각예술디자인과)
	전동보장구 이동지원 확대	보건복지부 (장애인권익지원과) 국토교통부 (교통안전복지과)
	장애인 의사소통 보조기기 활용서비스 지원 강화	보건복지부 (사회서비스사업과) (장애인서비스과)
	수어통역 통신중계서비스 이용환경 개선	과학기술정보통신부 (통신경쟁정책과)

장애인정책	실천전략의 완전한 이행	보건복지부 (장애인권익지원과)
국제협력 강화	UN장애인권리협약 국내 이행 강화, 모니터링 강화	보건복지부 (장애인권익지원과)

3) 장애인복지전달체계

장애인복지 업무를 담당하는 중앙부처는 보건복지부 장애인정책국과 그 밑에 있는 장애인정책과, 장애인권익지원과, 장애인자립기반과, 장애인서비스과이다.

장애인정책과의 주요 업무는 장애인복지관련 종합계획의 수립 및 조정, 장애인단체에 관한 사항, 장애인복지 관련법령에 관한 사항, 장애인복지 관련정책의 평가에 관한 사항, 장애인 등록 및 판정에 관한 사항, 한국장애인개발원 운영지원, 장애발생과 예방에 관한 사항, 장애인차량 LPG 지원사업, 장애인복지 전문인력의 양성 및 지원사항 등이다.

장애인권익지원과의 주요 업무는 장애인거주시설의 지원 및 육성, 지역사회재활시설의 지원 및 육성, 장애인의료재활에 관한 사항, 의료재활서비스에 관한 사항, 장애인자립생활센터 및 서비스의 지원, 장애인편의증진에 관한 계획 수립 및 평가, 장애인차별금지 관련법령에 관한 사항, 장애인 이동편의 지원에 관한 사항, 장애인의 권익증진 및 사회적 인식개선에 관한 사항, 재활프로그램 개발 및 지원, 국립재활원 운영 및 지원 등이 있다.

장애인자립기반과의 주요 업무는 장애인 직업재활 및 소득보장에 관한 계획 수립, 직업재활시설 지원 및 육성, 장애인 일자리 창출 관련사항, 장애인 창업지원 및 자립자금 대여사업, 장애인연금 및 장애수당에 관한 사항, 장애인보조기기 관련사항 등이다.

장애인서비스과의 주요 업무는 발달장애인 지원 기본계획의 수립 및 평가, 여성장애인 관련정책의 개발 및 지원, 장애아동 및 장애인가족 지원사항, 장애인후견제도 지원사항, 장애인활동지원 관련사항 등이다.

장애인복지법에 의한 등록장애인에게는 본인의 희망에 따라 장애인등록증 또는 장애인복지카드 중 1종류만을 발급한다. 장애인등록증 발급일자를 기준으로 2019년 7

<그림 7-2> 장애인 등록절차

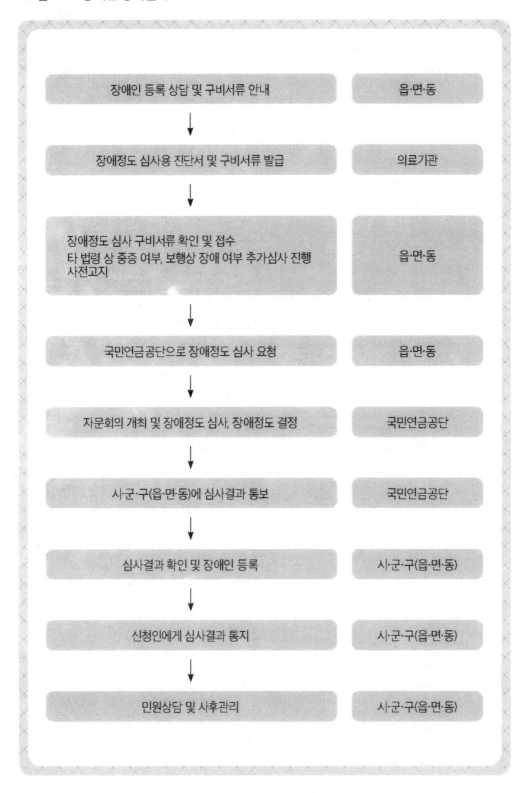

장애인 등록 상담 및 구비서류 안내	읍·면·동
장애정도 심사용 진단서 및 구비서류 발급	의료기관
장애정도 심사 구비서류 확인 및 접수 타 법령 상 중증 여부, 보행상 장애 여부 추가심사 진행 사전고지	읍·면·동
국민연금공단으로 장애정도 심사 요청	읍·면·동
자문회의 개최 및 장애정도 심사, 장애정도 결정	국민연금공단
시·군·구(읍·면·동)에 심사결과 통보	국민연금공단
심사결과 확인 및 장애인 등록	시·군·구(읍·면·동)
신청인에게 심사결과 통지	시·군·구(읍·면·동)
민원상담 및 사후관리	시·군·구(읍·면·동)

<그림 7-3> 사업별 업무처리 절차

구분	① 종합조사	② 통합조사	③ 즉시처리	④ 사례관리

대상 사업	• 활동지원서비스
	• 장애인보조기기
	• 장애인거주시설
	  (중증, 장애유형별)
	  입소
	• 응급안전알림
	• 발달장애인 주간
	  활동서비스
		• 장애인연금
		• 장애수당
		• 장애아동수당
			• 각종 발급업무
			• 장애등록증명서
			• 장애인복지카드
			• 장애인차량표지
			• 고속도로할인카드
			• 각종 감면신청
			• 서비스 의뢰
				• 복지사각지대발굴
				• 동행상담
				• 서비스연계
				• 통합사례관리

상담 신청	읍·면·동 통합 상담·신청			읍·면·동
	↓ 공단 요청	↓ 시·구·군 요청	↓ 즉시처리 (종료)	↓
조사	국민연금공단 • 기능제한 • 사회활동 • 가구환경	통합조사관리팀 소득재산조사	시·구·군 희망복지지원단 • 고난도 사례 • 관리대상 조사	읍·면·동 찾아가는 복지전담팀 •수급희망서비스 이력관리 •장애인복지 사각지대 발굴 •동행상담
보장 결정	시·구·군 사업팀 •수급자격심의위원회 (활동지원만 해당) •결정, 통지	시·구·군 사업팀 결정, 통지	시·구·군 •장애인전담 민간협의체 운영 •서비스이용계획	읍·면·동 찾아가는 복지전담팀 •사례회의 •서비스이용계획
급여 서비스	시·구·군 사업팀 서비스제공	시·구·군 사업팀 급여지급		희망복지지원단 찾아가는복지팀 급여,서비스연계
사후 관리	사업팀, 국민연금공단 적정이용 모니터링	통합조사관리팀 소득재산 변동사항 적용 관리		희망복지지원단 찾아가는복지팀 서비스점검
보장 중지	사업팀 서비스중지	사업팀 급여중지		희망복지지원단 찾아가는복지팀 종결처리

월 1일부터는 장애등급 대신 장애정도(중증, 경증)를 표기한 새로운 장애인등록증을 발부한다. 기존 등록장애인의 경우에는 장애인등록증을 재발급 받지 않아도 된다.

4) 부문별 장애인복지정책

장애란 단순한 개념이 아니라 여러 가지 다양한 측면을 지닌 것이므로 이에 대한 정책적 대응방안 역시 매우 복잡하고 다양해진다. 이러한 복잡성과 다양성은 장애인복지정책이 다양한 부문의 정책들로 구성되어야 함을 뜻한다. 장애의 특성 및 장애인이 직면하는 상황의 복잡성과 다양성으로 인하여 장애인복지정책분야가 다양해진다고 할 수 있다. 본 절에서는 장애인복지정책의 주요 분야를 소득, 고용, 보건·의료, 교육, 주거, 문화, 재가복지서비스, 시설보호, 생활환경, 장애발생 예방 등으로 나누어 본다. 앞으로 이러한 제분야의 장애인복지정책을 실시함에 있어서는 장애인의 연령, 장애종류, 장애정도, 장애발생시기 등에 따라 특화된 정책과 복지서비스를 개발, 실시하여야 한다. 특히 우리나라도 고령사회가 됨에 따라 장애를 가진 노인인구가 증가할 것이므로 장애노인들에 대한 대책의 수립과 시행이 보다 중요해질 것이며 장애인복지정책과 노인복지정책의 상호연계가 요구된다.

동일한 장애유형에 속하는 장애인집단이라고 하더라도 세부적인 하위유형에 따라서 복지욕구가 다를 수 있고 지원의 필요정도 등이 다를 수 있으므로 장애유형에 따른 장애인복지서비스의 기본방향을 제시한다는 것은 매우 어렵다. 앞으로는 서로 다른 장애유형과 장애인 개개인의 복지욕구에 맞도록 보다 특화된 서비스를 제공하여야 할 것이다. 그리고 장애유형이 보다 다양화, 복잡화, 중복화되므로 이에 대응하는 대책이 마련되어야 할 것이며, 교통사고나 산업재해 등으로 인하여 중도장애인이 증가하므로 이들에 대한 사회복귀와 재활대책이 더욱 강화되어야 할 것이다.

일반적으로 장애정도가 심한 중증장애인의 경우에는 보호대책이 중요하고, 장애정도가 가벼운 경증장애인에 대하여는 재활대책이 중요하다. 그러나 우리나라는 아직까지 중증장애인 위주로 장애인복지정책이 수립, 시행되고 있다. 앞으로는 장애유형과 장애정도를 고려하여 보다 다양하고 개별화된 정책을 수립, 제공하여 장애인복지서비스의 질을 높이도록 해야 할 것이다.

우리나라에서 장애인복지서비스의 발달을 제한하는 가장 큰 요인 중의 하나는 복지

재정의 취약성이라고 할 수 있다. 이러한 복지재정의 빈약으로 인하여 대부분의 무료 서비스는 장애인 중에서도 저소득층에 국한되어 있으며 급여내용도 기본적인 욕구를 충족시키는 정도에 머물러 있다. 따라서 공공부문만으로는 부족한 부분을 보완하기 위해서도 장애인과 그 가족, 그리고 지역사회의 참여가 필수적이며, 일정 소득수준 이상의 계층이나 부가적 욕구의 충족을 요구하는 장애인에 대해서는 실비 또는 유료서비스를 제공하는 것이 필요하다. 장애인복지 증진의 책임은 기본적으로 정부에 있다. 그러나 국가의 전반적인 복지수준이 가족, 영리 및 비영리부문을 포함한 시장, 그리고 국가라는 삼자가 생산하는 재화나 서비스가 혼합되어 결정된다는 점을 고려할 때 국가에게만 장애인복지에 대한 책임을 떠맡길 수는 없다. 우리나라는 복지 책임을 분담해야 할 삼자가 모두 복지에 대한 책임을 수행할 수 있는 능력이 제한되어 있어 복지수준의 저하를 초래하게 되었다. 앞으로의 장애인복지정책은 민간 영리 및 비영리부문의 복지기여를 촉진하고 가족과 지역사회의 복지기능을 강화하며 비장애인의 장애인에 대한 인식개선과 적극적인 복지참여를 유도하기 위한 다양한 정책들이 실시되어야 할 것이다. 장애인복지정책의 대상은 전체 장애인이 되어야 함은 당연하다. 그러나 복지재정이 충분하지 못한 여건에서는 보호와 지원의 필요성이 가장 많고 복지수요가 가장 큰 계층인 저소득 중증장애인에게 우선적으로 복지서비스를 제공하고, 점차 소득수준과 장애정도를 확대하는 것도 필요하다. 아울러 법적 장애범주를 단계적으로 확대하여 장애인간에 형평성을 도모해야 할 것이다.

(1) 소득보장대책

장애인에 대한 소득보장대책은 크게 직접적 소득보장대책과 경제적 부담의 경감을 통한 간접적 소득보장대책으로 나눌 수 있다.

① 직접적 소득보장대책

대표적인 직접적 소득보장제도에는 장애인연금과 장애수당이 있다. 장애수당제도는 1990년에 처음으로 도입되었다. 현재는 18세 이상 장애인에게 주는 장애수당과 장애아동수당이 있다.

또 하나의 직접적 소득보장제도는 연금제도이다. 우리나라의 대표적인 사회보험제도인 국민연금제도는 1988년부터 시행되었다. 국민연금법상 장해연금은 연금가입기간 중에 장애가 발생한 경우에 지급되는데, 질병으로 인한 장애는 초진일 현재 가입기간이 1년 이상이어야 하며, 부상으로 인한 경우는 가입기간 1년 이전에 완치된 경우에는 1년 이상이 되는 시점부터 장해연금이 지급된다. 장해연금은 장해등급 1~3급에 따라 기본연금액의 60~100%가 지급되며, 장해등급 4급인 경우에는 기본연금액의 150%가 장해일시금으로 일시에 지급된다.

우리나라에서 장해연금 또는 장해보상금을 지급하고 있는 사회보험 및 배상제도로는 국민연금법, 공무원연금법, 사립학교교원연금법, 군인연금법, 산업재해보상보험법, 자동차손해배상보장법, 근로기준법, 국가배상법 등에 의한 것이 있다.

이들 사회보험 또는 배상제도에서 지급하는 장해급여나 배상액은 각기 달리 분류된 장애등급에 따라서 각기 다른 급여율을 책정하고 있다. 그리고 급여액의 산정방식에도 차이가 있는 관계로 실제로 지급되는 장해연금액이나 배상액에 있어 많은 차이를 보인다. 이와 같은 연금 또는 보상제도간의 급여수준과 내용의 차이가 합리적인 것인지, 그리고 각 제도의 장애등급의 구분이 다른 제도와 비교시 합리적인 것인지를 종합적으로 검토할 필요가 있다. 물론 각각의 법률의 적용대상과 목적이 다르므로 급여내용이나 장애기준에 차이가 있을 수 있으나, 그 차이가 유사한 장애임에도 불구하고 매우 크다면 형평성에 문제가 있으므로 장애와 관련된 사회보험제도와 배상제도를 종합적으로 비교검토할 필요가 있다.

<표 7-2> 장애인연금과 장애수당 내용

주요 사업명	지원대상	지원내용					비 고
		구 분		계	기초	부가	
장애인연금	• 만 18세 이상 장애인연금법 상 중증장애인 • 2019년도 선정기준액 : -단독가구: 122만원 -부부가구: 195.2만원	기초 (생계· 의료급여)	18~64세	330,000	250,000	80,000	읍·면·동에 신청
			65세 이상	330,000		330,000	
		주거· 교육급여 차상위	18~64세	323,750	253,750	70,000	
			65세 이상	70,000		70,000	
		차상위 초과	18~64세	273,750	253,750	20,000	
			65세 이상	40,000		40,000	

| 장애수당 및 장애아동수당 | • 장애수당
-국민기초생활보장법에 의한 수급자 및 차상위계층(기준 중위소득 50% 이하)의 만 18세 이상 등록장애인 중 장애인연금법 상 중증장애 인에 해당하지 않은 자
• 장애아동수당
-국민기초생활보장법에 의한 수급자 및 차상위계층 (기준중위소득 50%이하)의 만18세 미만 장애아동
* 중증장애인: 장애인연금법상 중증장애인
* 경증장애인: 장애인연금법 상 중증장애인에 해당하지 않은 자 | • 장애수당
-기초(생계, 의료, 주거, 교육) 및 차상위: 1인당 월 4만원 보장시 설 수급자(생계, 의료): 1인당 월 2만원
• 장애아동수당
-기초(생계, 의료) 중증: 1인당 월 20만원
-기초(주거,교육), 차상위 중증: 1 인당 월 15만원
-기초(생계, 의료, 주거, 교육) 및 차상위 경증: 1인당 월 10만원
-보장시설(생계, 의료) 중증: 1인 당 월 7만원
-보장시설(생계, 의료) 경증: 1인 당 월 2만원 | 읍·면·동에 신청 |

② 간접적 소득보장대책

경제적 부담의 경감을 통한 간접적 소득보장대책은 <표 7-3>과 같다.

<표 7-3> 경제적부담경감대책

주요 사업명	지원대상	지원내용	비 고
장애인 도시가스 요금 경감	• 장애의 정도가 심한 장애인	• 주택용(취사용 및 개별난방용에 한함) 도시가스 할인	지역별 도시가스 지사·지점 및 읍·면·동에 신청
장애인 전기요금 할인	• 장애의 정도가 심한 장애인	• 전기요금 정액 감액: • 여름철(6~8월): 월 20,000원 한도 • 기타 계절: 월16,000원 한도 -문의전화: 국번없이 123 -인터넷: www.kepco.co.kr	한국전력 관할지사·지점 및 읍·면·동에 신청

지역난방에너지 복지요금 지원	• 장애의 정도가 심한 장애인	• 장애인 지역난방에너지 복지요금 지원(평균 월 5천원)	한국지역난방공사지사 및 읍·면·동에 신청
시·청각장애인 TV 수신료 면제	• 시각·청각장애인이 있는 가정 • 사회복지시설에 입소한 장애인을 위하여 설치한 TV	• TV수신료 전액 면제: 시·청각 장애인 가정의 수신료 면제는 주거전용의 주택 안에 설치된 TV에 한함	주소지 관할 한전지사 및 읍·면·동에 신청
이동통신 요금 감면	• 등록장애인 • 장애인복지시설, 장애인복지단체, 특수학교, 아동복지시설 • 장애인복지법에 따른 장애수당, 장애아동수당 수급자, 장애인연금법에 따른 장애인연금수급자 중 국민기초생활보장법에 따라 차상위계층으로 지정된 자	• 가입비 면제 • 기본료 및 통화료(음성 및 데이터 한함) 35% 할인: 차상위계층은 가구당 4인 한도 감면 가능, 월 최대감면액은 10,500원 / 단, 이동전화재판매사업자(MVNO, 알뜰폰)는 감면 미실시	해당 통신회사 및 읍·면·동에 신청
초고속인터넷 요금 할인	• 등록장애인 • 장애인복지시설, 장애인복지단체, 특수학교, 아동복지시설	• 초고속인터넷 월이용료 30% 감면	해당 통신회사 및 읍·면·동에 신청
유선통신 요금 감면	• 등록장애인 • 장애인복지시설, 장애인복지단체, 특수학교, 아동복지시설	• 시내전화: 월통화료 50% 감면 • 시외전화: 월통화료 50% 감면(월 3만원 한도) • 월통화료 50% 감면 • 이동전화에 거는 요금: 월 1만원 사용한도 이내에서 30% 감면 • 114 안내요금 면제(자동연결은 요금부과)	해당 통신사에 신청
고속도로 통행료 할인	• 장애인 또는 장애인과 주민등록표상 같이 기재되어 있는 보호자(배우자·직계존속·직계비속·직계비속의 배우자·형제·자매)의 명의로 등록한 아래 차량 중 1대(장애인자동차표지 부착)에 승차한 등록장애인 - 배기량 2,000cc 이하의 승용자동차 - 승차인원7~10인승 승용자동차(배기량 제한없음) - 승차정원 12인승 이하 승합차 - 최대적재량 1톤 이하 화물자동차 *경차와 영업용차량(노란색 번호판의 차량)은 제외	• 고속도로 통행료 50% 할인 • 일반차로: 요금 정산소에서 통행권과 할인카드 또는 장애인복지카드를 함께 제시하면 요금 할인 • 하이패스 차로: 출발전 하이패스 감면 단말기에 연결된 지문인식기에 지문을 인증한 후 고속도로(하이패스 차로) 출구를 통과할 때 통행료 할인 *지문인식기 내 지문인증 시 유효기간은 4시간이며 초과 또는 전원 재부팅시 재인증 필요 *장애인복지카드와 고속도로 통행료 할인 기능을 통합한 '장애인통합 복지카드' 신청 개시	장애인통합 복지카드 발급 신청: 주소지 읍·면·동 감면단말기 지문정보 입력: 전국 읍·면·동, 한국도로공사 지역본부

철도 및 도시철도 요금감면	• 등록장애인	• 장애인에 대한 철도·도시철도 요금감면 - 장애의 정도가 심한 장애: 50% 할인(보호자 1인 포함) - 장애의 정도가 심하지 않은 장애: 30% 할인(토일 공유일을 제외한 주중에 한함) • 장애인에 대한 도시철도 요금 감면: 100% 할인 * 각 자치단체별로 상이	장애인 등록증 (복지카드 제시)
장애인 자동차 검사 수수료 할인	• 등록장애인	• 자동차 검사수수료 할인 • 장애의 정도가 심한 장애: 50% 할인 • 장애의 정도가 심하지 않은 장애: 30% 할인	교통안전 공단에 문의
공영주차장 주차요금 감면	• 등록장애인 - 장애인 자가운전 차량 - 장애인 승차한 차량	• 지방자치단체의 조례에 의거 할인 혜택 부여 * 대부분 50% 할인 혜택이 부여 되나 각 자치단체별로 상이	장애인 등록증 (복지카드 제시)
국내여객 이용료 감면	• 등록장애인	• 연안여객선 여객운임 50% 할인(장애의 정도가 심한 장애인 및 장애인 보호자 1인) • 연안여객선 여객운임 20% 할인(장애의 정도가 심하지 않은 장애인) * 선사별, 개별운송약관에 의해 구체적 할인율이 상이할 수 있음	장애인 등록증 제시
장애인 자립자금 대여	• 성년(만 19세 이상) 등록장애인 -소득기준: 가구의 소득인정액이 기준 중위소득 50% 초과 100% 이하 -금융기관의 여신규정상 결격사유가 없는 자 * 국민기초생활보장법상의 수급자 및 차상위계층은 미소금융재단의 관련자금대여상품을 이용(자영업자대출자금, 장애인 자립자금 대출자금) * 대여목적: 생업자금, 생업용 자동차 구입비, 출퇴근용 자동차 구입비, 취업에 필요한 지도 및 기술훈련비 등 * 생활가계자금, 주택전세자금, 학자금 등의 용도로 융자 불가	• 대여한도 -무보증대출 : 가구당 1,200만원 이내 단, 자동차 구입자금의 경우 특수설비 부착시 1,500만원 이내) * 요건: 재산세 2만원 이상 또는 연간소득 600만원 이상 -보증대출: 가구당 2,000만원 이내 * 요건: 재산세 2만원 이상 또는 연간소득 800만원 이상 -담보대출 : 5,000만원 이하 • 대여이자: 최고 3% • 상환방법: 5년 거치, 5년 분할 상환	읍·면·동에 신청

장애인의료비 공제	• 등록장애인	• 당해년도 의료비 - 의료비 지출액 전액의 15% 공제	근로 소득자의 연말정산 또는 종합소득 신고시 공제 신청 (국세청 전화 세무상담 126)

장애인
특수교육비
소득공제
	• 등록장애인	• 사회복지시설이나 보건복지
		  부장관으로부터 장애인재활
		  교육시설로 인정받은 비영리
		  법인에 지급하는 특수교육비
		  전액의 15% 공제	

장애인 보험료
공제
	• 등록장애인	• 장애인전용 보장성보험의
		  보험료 공제
		 - 연 100만원 한도, 15% 공
		   제율 적용	

승용자동차에
대한 개별소비
세 면제
	• 장애의 정도가 심한 장애인
	 - 장애인 본인 명의 또는 장애
	   인과
	   주민등록표상 생계를 같이 하
	   는 배우자·직계존속·직계비속·
	   직계비속의 배우자·형제·자매
	   중 1인과 공동명의로 등록한
	   승용자동차 1대
	* 5년 이내 양도할 경우 잔존년도
	  분 부과
		개별소비세 500만원 한도로
		면제(교육세는 개별소비세의
		30%한도)
		* 장애인을 위한 특수장비 설치
		  비용은 과세표준에서 제외
			자동차
			판매인에게
			상담, 관할
			세무서
			문의

장애인용 차량에 대한 취득세(종전 등록세 포함) 자동차세 면제	• 장애의 정도가 심한 장애인 -장애인 본인이나 그 배우자 명의 또는 주민등록표상 장애인과 함께 거주하는 직계존·비속(재혼포함), 직계 비속의 배우자(외국인 포함), 형제, 자매 중 1인과 공동명의로 등록한 차량 * 배기량 2,000cc 이하 승용차 * 승차정원 7인승 이상 10인승 이하인 승용자동차, 승차정원 15인승 이하 승합차, 적재정량 1톤이하인 화물차, 이륜자동차 중 1대	• 취득세(종전 등록세 포함)·자동차세 면세	시·군·구 세무과에 신청
승용자동차 LPG 사용 허용	• 장애인 또는 장애인과 주민등록표상 거주를 같이 하는 보호자(배우자, 직계 존비속, 직계존비속의 배우자, 배우자의 직계존비속, 형제·자매) 1인과 공동 명의 또는 보호자 단독명의로 하는 경우의 등록한 승용자동차 1대	• LPG 연료사용 허용(LPG 연료사용 차량을 구입하여 등록 또는 휘발유 사용 차량을 구입하여 구조변경) * LPG승용차를 사용하던 장애인이 사망한 경우는 동 승용차를 상속받은 자에게도 사용 허용	시·군·구 차량 등록기관에 신청
차량 구입시 도시철도 채권 구입 면제	• 등록장애인	• 지방자치단체별 조례에 의거 장애인 차량에 대한 지역개발공채 구입의무 면제	시·군·구 차량등록기관에 신청 (자동차판매사 영업사원에 문의)

장애인보장구 부가 가치세 영세율 적용	• 등록장애인	• 부가가치세 감면 보장구 - 의수족, 휠체어, 보청기, 점자판과 점필, 시각장애인용점자정보단말기, 시각 장애인용 점자프린터, 청각장애인용 골도전화기, 시각장애인용 특수제작된 화면낭독 소프트웨어, 지체장애인용으로 특수제작된 키보드 및 마우스, 보조기(팔·다리·척추 및 골반 보조기에 한함), 지체장애인용 지팡이, 시각장애인용흰지팡이, 청각장애인용 인공달팽이관 시스템, 목발, 성인용 보행기, 욕창예방 물품(매트리스 쿠션 및 침대에 한함), 인공후두, 장애인용 기저귀, TV 자막수신기(국가·지방자치단체 또는 한국방송통신전파진흥원이 청각장애인에게 무료로 공급하기 위하여 구매하는 것에 한함), 청각장애인용 음향 표시장치, 시각장애인용 인쇄물 음성변환 출력기, 시각장애인용 전자독서확대기, 시각장애인용 음성독서기, 화면해설 방송수신기 (국가 지방자치단체 또는 사단법인 한국시각장애인연합회가 시각장애인에게 무료로 공급하기 위하여 구매하는 것에 한함)	별도신청 없음
소득공제	• 등록장애인	• 부양가족(직계존/비속, 형제/자매 등) 공제 시 장애인인 경우 연령제한 미적용(소득세법 제50조) • 소득금액에서 장애인 1인당 연 200만원 추가 공제(소득세법 제51조)	연말정산 또는 종합 소득 신고시 공제신청 (국세청 전화세무상담 126)

상속세 상속공제	•등록장애인 -상속인과 피상속인이 사실상 부양하고 있던 직계존·비속, 형제, 자매	•상속인 및 동거가족인 등록장 애인에게 상속공제	관할 세무서에 신청
증여세 과세가액 불산입	•등록장애인 -친족으로부터 재산(부동산, 금전, 유가 증권)을 증여받고 다음의 요 건을 모두 갖춘 경우 •증여받은 재산 전부를 신탁업자 에게 신탁하였을 것 •그 장애인이 신탁의 이익 전부를 받는 수익자일 것 •신탁기간이 그 장애인이 사망할 때까지로 되어있을 것	•장애인이 생존기간 동안 증여 받은 재산 가액의 합계액에 대 하여 최고 5억원까지 증여세과 세가액에 불산입 -단, 증여세 부과사유가 발생하 면 즉시 부과 •신탁을 해지하거나, 연장하지 아니한 경우 •수익자를 변경하거나 증여재 산 가액이 감소한 경우 •신탁의 이익 전부 또는 일부가 그 장애인이 아닌 자에게 귀속 되는 것으로 확인되는 경우	관할 세무서에 신청
장애인 수입물품 관세감면	•등록장애인	•장애인용 물품으로 관세법 시행규칙 별표2에서 정한 101종의 수입물품에 대하여 관세 면제 -재활병원등에서 사용하는 지체·시각 등 장애인 진료용구 에 대하여 관세면제	통관지 세관에서 수입 신고시에 관세면제 신청
1가구 1주택 적용의 예외 사항(취득세 면제)	•장애의 정도가 심한 장애인인 직계존속을 부양하고 있는 사람	•장애의 정도가 심한 장애인인 직계존속을 부양하고 있는 사 람은 같은 세대별 주민등록표 에 기재되어있더라도 같은 가 구에 속하지 아니하며, 직계존 속이 주택을 보유하더라도 취 득세 면제	관할 세무서에 신청
자동차분 건강보험료 전액 면제	•등록장애인 소유 자동차	•해당 자동차는 건강보험료 산정 시 제외	국민건강보 험공단지사 에 문의
생활수준 및 경제활동 참가율 등급별 점수산정 시 특례적용	•등록장애인	•건강보험료 책정시 지역가입자 인 등록장애인에 한해 연령·성 별에 상관없이 기본구간(1구 간)을 적용	국민건강보험 공단지사에 확인

(2)고용보장대책

장애인의 고용형태는 보통 일반고용과 보호고용으로 분류된다. 일반고용이란 일반사업장에서 비장애인과 같이 고용되는 것을 말하며 보호고용은 일반고용이 어려운 장애인을 대상으로 하여 이들만 따로 고용되어 일하는 것이다.

① 일반고용대책

장애인고용촉진및직업재활법의 주요 내용은 장애인 할당의무고용제와 장애인 고용장려금 및 고용부담금제도의 실시 등 장애인 고용촉진사업 실시, 장애인고용촉진 및 직업재활기금의 설치운용, 한국장애인고용공단의 설립운영, 직업훈련 및 직업알선사업 실시 등이다. 이 법에 의하여 현재 추진되고 있는 주요 장애인고용촉진사업으로는 장애인 고용업체에 대한 재정지원, 장애인 고용을 위한 시설, 장비의 설치 및 개선비용 지원, 장애인 통근차량 구입자금 융자지원, 직업알선사업, 직업훈련사업, 한국장애인고용공단 설립운영 등이 있다.

장애인고용촉진및직업재활법에 의하면 2003년까지는 300인 이상의 상시근로자를 고용하는 사업체는 장애인 의무고용 대상사업체였고 300인 미만 사업체는 장애인 의무고용 비적용사업체였다. 동법이 개정되면서 2004년부터는 장애인 고용의무사업체가 50인 이상의 상시근로자를 고용하는 사업체로 확대되었다. 장애인 의무고용 대상업체에서 지켜야 할 장애인 의무고용률은 1991년에 1%, 1992년에 1.6%, 1993년부터 2%, 2010년부터 2.3%, 2012년부터 2.5%, 2014년부터 2.7%, 2020년 3.1%로 점차 상향조정되었다. 그리고 의무고용 대상업체에서 장애인을 의무고용률 이상으로 고용한 경우 초과인원 1인당 중증 여성, 중증 남성, 경증 여성, 경증 남성 장애인 여부에 따라 고용장려금을 차등지급한다.

장애인고용촉진및직업재활법에 의하면 국가 및 지방자치단체, 공기업 및 준정부기관은 소속공무원 정원의 3.4% 이상을 장애인으로 고용하도록 해야 한다고 규정되어 있다. 정부 및 민간기업의 장애인고용 현황을 보면 매년 의무고용률에 미달하고 있다.

장애인 고용의무사업체는 장애인 의무고용 미달인원 1인당 부담기초액에 해당하는 금액을 납부해야 한다. 2004년부터 고용의무 사업체가 상시근로자 300인 이상에서 50인 이상으로 확대됨에따라 중소기업의 사정을 감안하여 상시근로자 100인 미만 사업체에는 부담금을 부과하지 않고, 100인 이상~199인 이하 사업체는 2007년부터, 200인~299인 이하 사업체는 2006년부터 부담금을 부과하며, 부과 후에도 부과시점부터 5년간은 부담금의 50%만 납부하도록 하였다.

② 보호고용대책

장애인을 위한 보호고용시설은 근로능력과 중증장애인의 구성비율에 따라 직업적응 훈련시설, 보호작업장, 근로사업장으로 구분된다. 이들 시설은 정부에서 보호작업장 육 성정책을 실시한 1980년대 후반 이후 정부의 지원 아래 설립되었다.

장애인생산품의 판로 개척 및 판매 증대 등을 위해 장애인직업재활시설 또는 장애인 복지단체가 생산하고 있는 제품을 국가, 지방자치단체, 기타 공공단체가 우선적으로 구 매하도록 하는 장애인생산품 우선구매제도를 1989년에 시행하였고, 1999년에는 6개 종 목(복사용지, 행정봉투, 화장지, 면장갑, 칫솔, 쓰레기봉투)에 대하여 2~20% 범위에서 우선 구매하도록 하였다.

장애인복지법에 따라 운영되던 우선구매제도의 실효성 강화를 위하여 2008년에 중 증장애인생산품우선구매특별법을 제정하게 되었다. 이에 따라 공공기관은 매년도 구매 실적을 보건복지부로 제출하고, 보건복지부는 각 공공기관의 구매실적을 취합하여 공표 하고 있다.

정부는 중증장애인생산품 우선구매제도를 통한 장애인 고용촉진을 위해 중증장애인 고용 비율 및 직접 생산의 요건을 갖춘 장애인복지시설(장애인직업재활시설)과 장애인복 지단체 및 정신재활시설을 중증장애인생산품 생산시설로 지정하여 공고함으로써 공공기 관의 중증장애인생산품 구매 이행을 지원하고 있다.

또한 공공기관의 구매 접근성 및 편의성 증대를 위해 중증장애인생산품쇼핑몰(꿈드래) 을 구축하였고, 장애인 직접생산 등 생산시설의 지정 기준 준수를 유도하고 우선구매제 도의 신뢰 확보를 위한 제도 마련을 위해 「중증장애인생산품우선구매특별법」 개정을 통 해 생산시설 지정이 취소된 경우 1년간 재지정을 제한하도록 하였다.

중증장애인생산품 구매촉진을 위하여 보건복지부장관은 전년도 구매실적이 구매목표 비율에 미달하는 경우에는 해당 공공기관의 장에게 시정을 요구하는 등 필요한 조치를 할 수 있도록 중증장애인생산품우선구매특별법을 개정하였다.

아울러 중증장애인생산품우선구매특별법에 의거한 중증장애인생산품 생산시설 지정 및 사후관리 업무와 관련하여 생산시설의 업무이해도와 예측가능성을 높이고 행정집행 의 효율성을 도모하고자 「중증장애인생산품 생산시설 지정 및 사후관리 업무안내」를 자 체적으로 수립하여 시행하였다.

중증장애인생산품의 우선구매를 촉진하기 위하여 중증장애인생산품 구매계획 및 전 년도 구매실적 공표, 실태조사 실시 및 중증장애인생산품 분리발주에 관한 근거를 마련 하고 중증장애인생산품 업무수행기관의 업무에 생산시설에 대한 컨설팅과 중증장애인

생산품 홍보를 추가하였고, 또한 중증장애인생산품생산시설이 지속 증가함에 따라 위반행위의 양태도 다양해지고 있어 지정취소라는 단일처분만으로 생산시설을 제재하는 데에는 불합리한 측면이 있어 개선명령, 영업정지 등 지정취소 이전에 6개월 이내의 기간을 정하여 영업의 정지 또는 시설의 개선을 명령할 수 있도록 하고, 지정 취소에 갈음하는 과징금 규정을 마련하여 생산시설이 지정취소로 인하여 발생할 수 있는 중증장애인의 고용불안을 해소하고 위반 내용 및 정도 등에 따라 합리적 처분기준을 마련하였다. 2011년부터는 품목 구분 없이 기관의 총구매액의 1% 이상을 중증장애인생산품으로 구매하도록 의무가 강화되었다.

<표 7-4> 장애인고용대책의 내용

주요사업명	지원대상	지원내용	비고
장애인일자리 지원	• 1순위: 신규참여 장애의 정도가 심한 장애인 • 2순위: 장애의 정도가 심한 장애인, 여성장애인, 저소득층(기초수급자, 차상위계층)	• 미취업 장애인에 대한 공공형 일자리 제공	시·군·구 (읍·면·동) 및 위탁기관에서 공개모집
장애인 고용장려금 지원	• 장애인고용촉진법 상에 따른 중증장애인	• 의무고용사업주(상시 50인 이상)에 대한 장애인 의무고용 이행지원 강화(정부, 공공기관: 3.4%, 민간기업: 3.1%) -의무고용률 미준수 사업주에게 장애인고용 부담금부과 (상시 100인 이상 사업체) -장애인 의무고용률을 초과고용한 사업주에게 장애인고용 장려금 지급	한국장애인 고용공단에 신청
중증장애인 지원고용	• 장애인고용촉진법 상에 따른 중증장애인 만15세 이상	• 직무수행이 어려운 중증장애인이 사업체 현장을 거쳐 취업까지 연계하는 프로그램(훈련자에 대한 훈련수당, 사업주에 대한 보조금, 훈련지도원 수당)	한국장애인 고용공단에 신청

중증장애인 인턴제	•장애인고용촉진법 상에 따른 중증장애인 만15세 이상	•중증장애인 인턴채용 및 정규 재용 시 임금의 일부를 지원	한국장애인 고용공단에 신청
장애인고용 촉진지원금	•장애인고용촉진법 상에 따른 중증장애인	•중증장애인으로서 1개월 이상 실업상태에 있는 사람을 채용 한 사업주에게 고용촉진 지원 금을 지급	한국장애인 고용공단에 신청
근로지원인 지원제도	•장애인고용촉진법 상에 따른 중증장애인	•장애로 인하여 업무를 수행하 는데 어려움을 겪는 중증장애 인근로자에게 근로지원인 지원	한국장애인 고용공단에 신청
고용관리비용 지원	•장애인고용촉진법 상에 따른 중증장애인	•사업주가 중증장애인근로자를 상시 1명 이상 5명까지 고용하 고 당해 사업장에 배치된 작업 지도원으로 하여금 장애인근로 자 1명당 월 12시간 이상 작업 지도를 실시한 경우 해당 사업 주에게 지급	한국장애인 고용공단에 신청
중증장애인 경력경쟁채용 시험실시	•장애인고용촉진법 상에 따른 중증장애인	•공채의 장애인 구분모집을 통 해서도 공직임용에 어려움이 있는 중증장애인의 공직진출 을 확대하기 위해 중증장애인 만을 대상으로 경력경쟁채용 시험 실시	인사혁신처에 신청
장애인공무원 근로지원인 지원	•장애인고용촉진법 상에 따른 중증장애인	•중증장애인 공무원이 핵심적 인 업무수행 능력을 보유하고 있으나 신체적 제약으로 부수 적인 업무수행이 어려운 경우 근로지원인을 배치하여 중증 장애인이 안정적·지속적으로 직업생활을 하도록 돕는 사업	인사혁신처에 신청

장애인의무 고용제도의 예외	• 장애의 정도가 심한 시각장애인	• 특정한 장애인의 능력에 적합하다고 인정되는 직종(시각장애인 안마사)에 대하여는 장애인을 고용하여야 할 비율을 대통령령으로 따로 정할 수 있으며, 이 경우 그 비율은 의무고용률로 보지 아니함	별도 신청 없음
국가직 5,7급 공채영어검정 시험 대체	• 장애의 정도가 심한 청각장애인	• 국가직 5·7급 공채 영어과목 검정시험시 장애정도가 심한 청각장애인에 대해서는 듣기(L/C) 시험을 실시하지 않고 별도 기준점수 적용 대체	사이버국가 고시센터에 문의
저소득장애인 맞춤형창업 인 큐베이터 구축 사업	• 장애의 정도가 심한 장애인	• 점포(전세보증금)지원사업(저소득장애인 또는 중증장애인에게 1억 1억 3천만원 한도 내에서 영업점포 지원)	장애인기업 종합지원센터에 신청
중증장애인 직업재활 지원	• 만15세 이상의 등록장애인 • 선정기준 -직업적응훈련 대상자 • 직업적응훈련의 대상자는 만15세 이상의 장애인으로서 직업생활 및 직업환경에 대한 심리적, 기능적인 적응력의 향상이 필요한 자 -직업능력개발훈련 대상자 • 만 15세 이상의 장애인으로서 직업생활 및 직업환경에 대한 심리적/기능적 적응력의 향상과 직무능력향상이 필요한 자. • 직업능력개발훈련을 통해 취업이 가능한 자 • 중증 및 여성, 고령장애인 우선 선발 -훈련수당 지급 대상자 • 개발원이 훈련과정을 승인한 직업능력개발훈련 실시기관에서 재학 중인 훈련생으로서 다음의 요건 해당자(등록장애인, 실업급여 수급자격이 없는 자)	• 직업적응훈련수당: 월 7만원 • 직업능력개발훈련수당 -훈련준비금: 1회 4만원 -가계보조수당: 월 7만원 -가족수당: 월 7만원 -교통비: 월 5만원 -식비: 월 5만원 -자격취득수당: 1회 5만원 • 지원고용수당 -훈련준비금: 4만원(사전훈련 포함 6일 이상 출석한 자 1회) -일비: 1일 17,000원 -사업주 보조금: 훈련생 1인당 1일 19,340원	중증장애인 직업재활지원 사업 수행기관에 신청

장애인창업 자금융자 사업	•등록장애인 만 20세 이상	•자영업 창업을 희망하는 장애 인에게 융자 지원 -1인당 5,000만원 이내 융자 가능(연리3%), 영업장소는 1인당 1억원 이내에 지원	한국장애인 고용공단에 신청
취업알선 지원	•등록장애인 만 15세 이상	•장애인 구인·구직 알선	한국장애인 고용공단에 신청
장애인고용 인원산정 특례	•장애인고용법 상 중증장애인	•장애인 고용인원을 산정하는 경우 중증장애인의 고용은 그 인원의 2배에 해당하는 장애 인 고용으로 인정(장애인고용 법시행령·시행규칙)	고용노동부에 문의

(3) 의료보장대책

장애인보조기기 교부사업은 저소득장애인에게 장애인보조기기를 교부하여 일상생활능력 및 사회활동을 촉진함으로써 삶의 질을 향상시키는데 목적을 두고 있다.

장애인보조기기 교부사업을 통해 2007년까지 5개 품목(욕창방지 방석 및 커버, 음향리모콘, 자세보조기기, 음성탁상시계, 휴대용 무선신호기)을 지원하였고, 2008년에 4개 품목(기립보조기기, 진동시계, 식사도구, 보행보조기기)이 추가되었다. 2017년에는 6개 품목이 추가됨으로써 28개의 품목이 각 품목의 기준금액 내에서 전액 지원되고 있다. 지원대상은 국민기초생활보장법상 수급자 및 차상위계층으로 등록한 지체, 뇌병변, 시각, 청각, 심장, 호흡, 발달, 언어장애인이다.

<표 7-5> 장애인보조기기 교부사업 지원품목

품　　목	대상 장애유형	기준금액	내구연한
욕창 예방용 방석 및 커버	1~2급의 지체·뇌병변· 심장장애인	35만 원/인	2년
와상용 욕창 예방 보조기기			

음성유도장치	시각장애인	2만 원/인	2년
음성시계	시각장애인	2만 원/인	2년
시각신호표시기	청각장애인	15만 원/인	2년
진동시계	청각장애인	3만 원/인	2년
보행차	지체·뇌병변장애인	20만 원	5년
좌석형 보행차	지체·뇌병변장애인		5년
탁자형 보행차	지체·뇌병변장애인		5년
음식 및 음료섭취용 보조기기	뇌병변장애인 1~2급 및 지체장애인 1~2급 중 식사보조기기가 필요하다고 판단되는 장애인(근육병증 등)	5만 원/인	1년
식사도구(칼-포크), 젓가락 및 빨대			
머그컵, 유리컵, 컵 및 받침접시			
접시 및 그릇			
음식 보호대			
기립훈련기	뇌병변장애인 1~2급 및 지체장애인 1~2급 중 기립보조기기가 필요하다고 판단되는 장애인(근육병증 등)	150만 원/인	3년
헤드폰(청취증폭기)	청각장애인	12만 원/인	2년
영상확대비디오(독서확대기)	시각장애인	80만 원/인	2년
문자판독기	시각장애인	80만 원/인	2년
목욕의자	1~2급의 지체·뇌병변장애인	60만 원/인	3년

<표 7-6> 주요 의료보장대책 내용

주요사업명	지원대상	지원내용	비고
장애인 의료비 지원	•의료법에 의한 의료급여 2종 수급권자인 등록장애인 •건강보험의 차상위 본인부담 경감 대상자인 등록장애인(만성질환 및 18세 미만 장애인)	•의료기관 이용 시 발생하는 급여항목 본인부담금의 일부 또는 전액 지원(비급여 제외): 1차 의료기관 외래진료 본인부담금 750원 일괄지원 •2차, 3차 의료기관 진료: 의료(요양)급여수가적용 본인부담 진료비 15% (차상위 14%, 암환자 5%, 입원 10% 등) 전액을 지원하되 본인부담금 식대 20%는 지원하지 않음	의료급여증 및 장애인 등록증 제시
장애 진단서 발급비 지원	•국민기초생활보장법상의 생계급여 또는 의료급여 수급자로서 신규 등록장애인 및 재판정시기가 도래한 장애인	•진단서 발급 비용 지원 　-지적, 자폐성, 정신장애:4만원 　-기타 일반장애 : 1만 5천원 * 장애판정을 위한 검사비용은 본인 부담	시·도 및 시·군·구에서 의료기관에 직접 지급 또는 읍·면·동에 신청
보장구 건강보험 급여 (의료급여) 적용	•건강보험: 등록장애인 중 건강보험 가입자 및 피부양자 •의료급여: 등록장애인 중 의료급여 수급권자 * 세부 대상기준은「국민건강보험법시행규칙」[별표7] 및「장애인보장구 보험급여 기준 등 세부사항(보건복지부고시)」[별표2] 참조	•건강보험 대상자 :전동휠체어, 의지 보조기, 자세보조용구 등 88개 품목에 대해 지급기준 금액의 90%까지 국민건강보험공단에서 지원(차상위는 100%) •의료급여 수급권자 : 전동휠체어, 의지·보조기, 자세 보조용구 등 88개 품목에 대해 지급기준 금액의 100%까지 의료급여 기금에서 지원 * 보험급여 대상 보장구 유형 및 기준액, 내구연한 등은「국민건강 보험법 시행규칙」[별표7] 참조 * 국민건강보험 공단에 등록된 업소 및 품목에 대해 구입한 경우 급여지원(공단 홈페이지 사이버민원 센터 참조)	건강보험: 국민건강보험 공단(지사) 신청 의료급여: 시·군·구청 신청

직장 내 보조공학 기기 지원	•장애인고용법상 중증장애인	•직업생활에 어려움을 겪는 중증장애인에 작업용 보조공학기기 지원 및 출퇴근 차량용 보조공학 기기지원	한국장애인 고용공단에 신청
보조공학 기기 지원 (공무원)	•장애인고용법상 중증장애인	•장애인 공무원이 효율적으로 업무를 수행할 수 있도록 기기 또는 장비를 무상지원하여 장애인의 안정적·지속적 직업생활 지원	시·군·구에 신청
인공 달팽이관 수술비 지원	•인공달팽이관 수술로 청력회복이 가능한 저소득 청각장애인	•인공달팽이관 수술비 및 재활치료비 지원	읍·면·동에 신청
발달재활 서비스	•연령기준: 만 18세 미만 장애아동 •장애유형: 뇌병변, 지적, 자폐성, 언어, 청각, 시각장애아동 •소득기준: 기준 중위소득 180% 이하 •기타 요건 -장애인복지법상 등록장애아동 -다만, 등록이 안된 만 6세 미만 아동은 의사진단서(검사자료 포함)로 대체가능	•매월 14만원~22만원의 발달재활 서비스 바우처 지원 •언어·청능, 미술·음악, 행동 ·놀이·심리, 감각·운동 등 발달재활서비스 선택하여 이용	읍·면·동에 신청
지역사회 중심재활 (CBR)	•법적 등록장애인 •손상이나 질병 발생 후 완전한 회복이 어려워 일정기간 내 장애인이 될 것으로 예상되는 자(의료기관 퇴원환자)	•집중관리군, 정기관리군, 자기역량 지원군으로 분류하고, 서비스 필요도에 따라 프로그램 제공 -재활운동, 조기적응프로그램, 교육 및 2차장애관리프로그램 등	지역 보건소에 신청
발달 장애인 가족휴식 지원	•발달장애인 및 그 가족 •장애인 유형: 「장애인복지법」에 근거한 지적·자폐성장애인	•힐링캠프(가족캠프, 인식개선캠프, 동료상담캠프), 테마여행 (역사, 문화 기관방문 등) -1인당 최대지원 금액: 240,000원 -돌보미 및 캠프(여행도우미) (발달장애인 2인당 1명까지 지원)	사업수행 선정기관에 신청
발달장애인 부모상담 지원사업	•발달장애인의 부모 및 보호자 •장애인 유형: 「장애인복지법」에 근거한 지적·자폐성장애인	•상담(개별/단체) 서비스 지원 -1인당 월 160천원 바우처 지원 (초과금액은 본인부담) -월 3~4회, 회당 50분~100분, 12개월간 제공 (특별한 경우 연장 최대 12개월 가능)	읍·면·동에 신청

| 장애인
보조기기
교부 | • (장애유형) 지체·뇌병변·시각·청각·
심장·호흡·발달·언어·자폐성·지적
장애
• (소득수준) 등록장애인 중 국민기
초생활보장법상의 수급자 및 차상
위계층
• (교부대상) 서비스 지원 종합조사
에서 보조기기 필요(적격)로 판정
된 자 | • 품목 및 교부대상
　-욕창방지용 방석 및 커버:
　　심장장애인
　-와상용 욕창예방 보조기기:
　　심장장애인
　-보행차, 좌석형·탁자형 보행자:
　　지체·뇌병변장애인
　-음식 및 음료섭취용 보조기기, 식
　　사도구, 젓가락 및 빨대, 머그컵, 유
　　리컵, 컵 및 받침대, 접시 및 그릇,
　　음식보호대, 기립훈련기: 지체·
　　뇌병변장애인
　-목욕의자: 지체·뇌병변장애인
　-휴대용경사로: 지체·뇌병변장애인
　-이동변기: 지체·뇌병변장애인
　-미끄럼 보드, 미끄럼 매트 및
　　회전 좌석: 지체·뇌병변·심장·
　　호흡기장애인
　-장애인용의복: 지체·뇌병변·심장·
　　호흡기장애인
　-휠체어용 탑승자 고정장치 및 기타
　　액세서리: 지체·뇌병변·심장·
　　호흡기장애인
　-독립형 변기 팔 지지대 및 등지지
　　대: 지체·뇌병변장애인
　-환경조정장치: 지체·뇌병변장애인
　-대화용장치: 뇌병변·발달·청각·
　　언어장애인
　-녹음 및 재생장치, 영상확대 비디
　　오(독서확대기), 문자판독기(광학
　　문자판독기), 음성유도장치(음향신
　　호기리모콘), 음성시계:
　　시각장애인
　-시각신호표시기, 헤드폰(청취증폭
　　기), 진동시계: 청각장애인
　-(2019년 7월 신규)안전손잡이:
　　지체·뇌병변장애인
　-(2019년 7월 신규)전동침대:
　　지체·뇌병변·심장·호흡기장애인 | 읍·면·동에
신청 |

(4) 교육보장대책

우리나라에서는 장애인의 교육을 위하여 장애인등에대한특수교육법에 의거하여 시각장애, 청각장애, 지적장애, 지체장애, 정서·행동장애, 의사소통장애, 건강장애, 학습장애, 발달지체, 자폐성장애 등을 가진 특수교육대상자에 대하여 교과교육, 치료교육 및 직업교육 등의 특수교육을 실시하고 있다.

특수학교의 교육과정별 학급수는 초등부 과정이 가장 많고, 그 다음이 중등부, 고등부, 유치부 과정 순이다. 장애인등에대한특수교육법에서는 유치원부터 고등학교 과정까지 의무교육으로 규정하고, 전공과와 3세 미만 장애영아교육은 무상교육으로 규정하고 있다.

특수교육의 발전을 위해서는 특수교육 전달체계를 개선하여 현재와 같이 장애정도를 기준으로 하여 중증은 특수학교, 경증은 특수학급에 배치하지 말고 모든 장애학생을 일반학급에 배치하는 것을 골자로 하는 배치체계를 확립해야 한다. 특수학교에 다니는 학생들을 가능한 한 특수학급과 일반학교로 배치하고, 기존의 특수학교는 소수의 중증, 중복장애아들을 교육하는 기관이 되어야 할 것이다.

특수학교 교육의 질을 제고하기 위하여 개별화교육을 강화하고, 교사당 학생수를 줄이고 특수교육전문인력을 배치해야 한다. 또 특수학교에서 실시하는 직업교육의 경우 담당교사의 부족, 직업교육프로그램의 미비, 직업교육 직종의 단순성, 취업알선서비스의 부족, 직업교육시설의 부족 등으로 인하여 충분한 직업교육이 이루어지지 못하고 있으므로 이러한 문제들을 개선해야 한다.

일반학교 내의 특수학급의 목적은 장애학생을 통합된 교육환경에서 분리시키는 것이 아니라 분리된 환경으로부터 통합하는 것이어야 한다. 이를 위해서는 특수교육운영위원회가 있어 특수학급 대상자의 기준을 정하여 대상자를 선정하고, 학교 내에 일정 수 이상의 장애학생이 있는 경우에 시군구 교육장이나 시도 교육감이 특수학급을 설치하도록 지시하여야 한다. 그리고 특수학급은 특수교육교사가 담당하도록 하고, 특수학급의 대상이 되는 장애범주와 장애정도를 확대하여 다양한 장애유형과 장애정도를 가진 학생들이 교육받을 수 있도록 해야 한다. 또 현재는 특수학급의 대부분이 초등학교에 집중되어 있어 중학교부터는 특수학교에 가야 하는 경우가 발생하므로 중학교의 특수학급수를 늘려야 한다.

한편 일반학교의 개선도 필요하다. 일반학교에서는 장애학생들의 요구에 적합한 통합교육을 제공하는 학습활동을 실시해야 한다. 그리고 일반교사들의 특수교육에 대한 지식을 증진시키기 위하여 교원양성과정에 특수교육개론 과목을 필수과목으로 개설하고 현직교원 연수시 특수교육강좌를 실시해야 한다.

특수교육 내용을 향상시켜야 한다. 이를 위하여 개별화 교육계획을 개선하고 교육과정 운영을 내실화해야 한다. 장애 학생들을 위한 교과서와 자료, 교사용 지도서 등을 적극 개발, 보급하고, 교육과정 운영자료를 개발, 보급해야 한다.

장애인의 경우에는 특히 조기교육이 중요하므로 장애영유아 특수교육을 강화해야 한다. 대부분의 장애영유아들이 사설 조기교육기관을 이용하는데, 이러한 사설기관은 비용이 많이 드는 문제점이 있다. 앞으로 조기교육기관을 증설하고, 초등학교에 조기 특수학급을 설치하고, 일반유치원에 특수학급을 설치해야 한다.

또한 장애인의 고등교육을 강화하기 위하여 현재의 장애인 대학특례입학제도를 강화해야 한다. 그리고 평생교육을 강화하기 위해 장애인 평생교육원을 설치, 운영하여 성인장애인과 장애인가족, 비장애인들을 대상으로 교육을 실시한다. 이동상의 불편을 감안하여 원격 특수교육방송망을 구축하여 교육을 실시한다. 그리고 교육부, 고용노동부, 보건복지부간에 정보망을 구축하여 보건, 복지, 교육, 고용 등에서 다양한 정보를 제공해야 한다. 특수교육 행정체계 면에서는 전체 시도 및 시군구 교육청에 특수교육 담당 행정인력을 배치해야 할 것이다.

장애인 자녀교육비 지원은 비장애인에 비해 상대적으로 교육비용이 많이 드는 저소득장애인가구의 교육여건을 개선하고자 1992년부터 도입되었다. 최초에는 저소득장애인가구의 중학생 자녀 또는 중학생 장애아동 본인에게 입학금 및 수업료를 지원하였으나, 1995년에는 지원대상자가 고등학생까지 확대되었다. 2004년부터는 중학생 전체에 대한 의무교육 실시로 입학금과 수업료가 면제됨에 따라 중학생은 부교재비와 학용품비를 지원하고 있으며, 고등학생은 입학금, 수업료, 교과서대, 학용품비를 지원하고 있다. 2012년에는 초등학생까지 대상을 확대하였으며 초등학생에게는 부교재비를 지원하고 있다. 2015년 7월부터 맞춤형 급여체계로의 개편으로 인해 교육급여 지급기준이 완화(기준 중위소득 40% → 50%)되어 장애인 자녀교육비 수급자가 교육급여 수급자(교육부 소관)로 전환이 가능하게 되어 2016년까지는 교육급여 미전환자에 대해 한시적으로 지원하였다.

장애인의 교육수준은 일반적으로 비장애인에 비하여 낮은 바, 이들의 고등교육기회를 확대시키기 위한 시책이 필요하다. 장애인의 대학교육을 지원하기 위해서는 각 대학에서 장애인에 대한 정원외 특례입학제도를 적극 활용할 수 있도록 장려, 유도해 나가고, 대학 진학 장애인에 대한 기숙사 입주 우선권 부여, 성적 우수자에 대한 장학금 우선지급, 입학금 및 등록금 대부신청 시 우선대부제도 등을 도입할 필요가 있다. 그리고 일반학교에 다니는 장애인이 불편 없이 학교생활을 할 수 있도록 일반학교내의 편의시설을 확대설치해야 한다. 이밖에도 장애인의 교육기회를 확대하기 위하여 학교통학이 어려운 재가중증장애아, 일반학교의 일반학급 통학장애아, 장애인생활시설 거주장애아동, 병원의 장기입원 장애아동 등을 대상으로 한 순회방문교육을 적극적으로 실시해야 한다.

(5) 주거보장대책

현재 실시되고 있는 장애인을 위한 주거보장시책으로는 국민기초생활보장법상의 수급자인 장애인에게 영구임대주택 입주대상자 선정시 가산점을 부여하는 제도와 공동생활가정(group home)의 운영비 지원, 무주택 세대주 장애인에게 국민주택과 공공기관에서 분양하는 85제곱미터 이하의 공동주택 공급시 전체 물량의 일부를 특별분양해주는 제도 등이 실시되고 있다.

정부 지원을 받는 장애인 공동생활가정은 1992년부터 지적 장애인의 개개인의 적성에 맞는 자립자활능력을 배양하여 탈시설화, 사회통합 등을 기하기 위하여 만족도가 매우 높게 나타나 정부에서는 공동생활가정을 확대설치하여 운영비를 지원하고 있다.

장애인을 위한 주거보장정책은 미흡한 실정이다. 등록장애인가구의 경우 비장애인가구에 비하여 주택보급률이 낮음에도 불구하고 이들에 대한 주택구입자금이나 전세자금의 지원 또는 융자제도가 전무한 실정이다. 그리고 일부 장애인의 경우 활동편의를 위하여 주택구조를 개조할 필요성이 높은데, 이에 대한 주택개량자금의 지원이나 융자제도가 미비하다.

앞으로 무주택 저소득장애인이 주택을 구입하거나 분양받을 때에 우선적으로 주택자금을 융자해주는 제도를 도입할 필요가 있으며, 이에 필요한 자금은 국민연금기금을 활용하여 융자하는 방안을 검토해야 한다. 그리고 이들이 주택을 구입하였을 경우에는 취득세 감면 등의 각종 세제혜택을 부여하여야 할 것이다. 그리고 장애인 중에서 일상생활의 편의를 위하여 주택구조나 설비를 개조하기를 원하는 장애인에 대하여는 주택개조비를 융자해주는 주택정비자금 대부제도를 확대실시하여야 한다. 기초생활보장 수급자가 아닌 차상위 저소득층 장애인에 대해서는 아무런 주거보장대책이 마련되어 있지 않는 점을 고려할 때 이들에게도 영구임대주택 입주자 선정 시 가산점을 부여

<표 7-7>주요 주거보장사업

주요 사업명	지원대상	지원내용	비고
공동주택 특별분양 알선	• 무주택세대구성원인 장애인 (지적장애 또는 정신 및 장애의 정도가 심한 뇌병변장애인의 경우 그 배우자 포함)	• 청약저축에 상관없이 전용면적 85제곱미터 이하의 공공분양, 공공임대주택 및 국민·민영주택 분양 알선	시·도에 문의 및 읍·면·동에 신청
농어촌 장애인 주택 개조 지원	• 등록장애인 중 기초생활보장 수급자 및 차상위계층	• 농어촌지역 주택개조 지원으로 장애인 주거 안정권 확보 • 편의시설 개선에 소요되는 비용(호당 380만원) 지원	읍·면·동에 신청
실비장애인 생활시설 입소 이용료 지원	• 아래의 소득조건을 만족하여 실비장애인거주시설에 입소한 장애인 • 소득조건(지원대상) -기준 중위소득 이하인 자	• 실비장애인거주시설 입소 시 입소비용 중 매월 286만원 지원	시·군·구에서 해당시설에 지원

하여야 할 것이다. 또 영구임대주택 입주자에게는 공공주택보조금과 같은 것을 지급하는 방안을 강구하여야 할 것이다. 일반주택에서 생활하기 어려울 정도의 장애를 갖고 있는 장애인을 대상으로 한 특수설계된 장애인복지주택을 개발하여 보급하고, 일반아파트와 같은 공동주택 건설시에는 반드시 장애인 편의시설을 의무적으로 설치하게 함으로써 일반공동주택에 입주하는 장애인들의 생활편의를 도모하여야 한다. 장애인의 편의를 고려하여 설계된 주택의 보급을 촉진하기 위하여 건축주가 장애인 거주용 주택을 건축하거나 매입할 경우 우대금리에 의한 융자와 세제혜택을 부여해주고, 장애인의 생활편의를 고려한 시설을 갖춘 주거시설을 장애인에게 임대하는 임대주에게 세제감면 혜택을 부여하는 방안도 강구되어야 할 것이다.

공동생활가정의 확대운영도 주거보장을 위한 방안의 하나라고 할 수 있다. 현재는 주로 취업 중인 지적 장애인 중에서 일상활동이 가능한 저소득층 성인장애인을 대상으로 하여 공동생활가정을 운영하고 있는데, 장애인의 정상화와 사회통합을 촉진한다는 측면에서도 공동생활가정의 운영은 확대되는 것이 바람직하다. 앞으로 공동생활가정을 확대설치하기 위하여 정부소유 또는 관리 하의 주택을 장기로 무상임대해주거나 임대아파트에 대하여 우선입주할 수 있게 지원하고, 사회복지법인에 위탁운영하는 것이 바람직할 것이다. 그리고 정부에서는 생활비 이외의 관리비, 생활보조원 인건비 등에 대한 운영비와 기본적인 생활용품 구입에 대한 재정지원을 확대해야 한다.

(6) 문화생활대책

장애인의 경우 여가시간을 주로 TV 시청이나 집안일을 하면서 소일하는 정도일 뿐 여타의 문화생활이나 여가활동은 여건의 미비로 인하여 부진하다. 이와 같이 장애인의 문화생활 및 여가활동이 부진한 이유는 여러 가지가 있겠지만 장애인을 위한 문화정책이 미흡한 것도 한 원인이다. 장애인복지정책 중에서 문화생활 지원정책은 제한된 부분에서만 이루어지고 있으며, 장애인을 위한 문화시설, 여가 및 체육시설 등이 부족한 실정이다. 정부의 지원은 대부분 체육관 신축비나 운영비에 국한되어 있고, 민간 문화단체에 대한 지원이 부족하여 장애인의 건전한 문화생활과 여가생활을 위한 여건조성이 미흡하다.

1988년 서울장애인올림픽을 계기로 하여 장애인 체육에 대한 관심이 높아졌는데, 현재 각종 장애인 체육대회가 개최되고 있으며, 국제 장애인 체육대회에 참가하고 있다. 그리고 장애인의 체육활동을 지원하기 위하여 정부에서는 한국장애인복지진흥회에 운영비를 지원하고 있으며, 장애인전용체육시설을 설치하여 운영비를 지원하고 있다. 이밖에 장애인들로 구성된 민간문화단체로서 장애인문인협회, 구족화가협회 등이 설립운영되고 있다. 장애인문인협회의 경우 수백 명의 회원을 가지고 있으며, 우편통신 등을 통하여 문학교류를 하고 있다.

정부에서는 장애인의 문화적 욕구충족을 위하여 음악회나 각종 전시회 등을 관람하는 장애인에 대한 입장료 할인혜택의 부여를 통하여 문화생활을 지원하고, 음악, 미술, 문학 등 각종 예술분야에서 기량을 발휘할 수 있도록 장애인 예술제 개최를 지원해야 한다. 그리고 문화영역별로 민간장애인 문화단체를 결성할 수 있도록 정부에서는 재정적, 행정적으로 지원하고, 각종 장애인 문화단체가 한데 모여 장애인문화협회와 같은 단체를 조직하여 문화적 상호교류를 촉진하고, 장애인 문화단체와 비장애인 문화단체간의 교류도 촉진하여 나가야 할 것이다. 장애인의 여가선용을 위해서는 각각의 장애특성에 적합한 레저, 오락 또는 게임 등을 개발·보급 할 필요가 있다. 민간여행사의 협조 하에 장애인에게 맞는 휴가여행프로그램 등을 개발, 실시해 나가고, 등록장애인에게는 국민관광단지의 입장료를 면제해 주어야 할 것이다. 특히 체육활동은 재활의 주요한 수단이 되므로 체육활동을 촉진할 수 있는 다양한 시책들이 실시되어야 할 필요가 있다. 그러기 위해서는 장애인경기 지도자, 심판원 등 장애인체육관련 전문인력을 양성하고, 장애인전용체육시설의 확충과 더불어 일반체육시설에 장애인이 사용할 수 있는 체육시설을 설치하고 장애인에게 적절한 체육활동을 개발·보급해 나가야 할 것이다. 그리고 장애인단체간의 합동체육대회의 개최로 장애인간의 상호이해와 친목을 도모하고, 국제장애인체육대회와 같은 행사참여를 위한 지원을 더욱 강화해야 한다.

(7) 재가복지서비스대책

정부에서는 재가장애인이 집에서 생활하면서 치료와 교육, 직업훈련서비스등을 받을 수 있도록 통원가능한 이용시설을 설치, 운영하는 것을 지원하고 있다. 주된 장애인 이용시설로는 장애인종합복지관과 재가복지봉사센터, 장애종별복지관, 주간보호시설, 단기보호시설, 장애인심부름센터, 수화통역센터, 장애인체육관 등이 있다.

장애인복지관에서는 재가장애인의 상담, 치료, 교육훈련, 사회교류 촉진 및 여가활동 등의 종합적인 복지서비스를 제공하고 있으며, 장애종목별복지관에서는 지체, 시각, 청각 및 언어, 지적장애 등 일정유형의 장애인을 대상으로 하여 복지서비스를 제공하고 있다.

장애인복지관 이외에 일반종합사회복지관에서도 여러 가지 장애인복지사업을 실시하고 있다. 사회복지관에서는 주로 상담, 서비스 알선 및 이송사업 등을 실시한다. 사회복지관 운영규정에 의하면 사회복지관에서 실시해야 할 사업의 하나로서 장애인복지사업이 포함되어 있다.

장애인이용시설과 관련된 문제로는 이용시설의 수적 부족, 시설의 위치로 인한 이용 장애인의 접근도 저하, 전문인력과 설비 부족 등을 들 수 있다. 현재 장애인종합복지관은 대부분의 시도의 경우 시도에 1개소씩만이 설치되어 있으며, 장애종별복지관은 서울에 집중되어 있다. 따라서 지방의 장애인종합복지관은 시도 전체가 사업대상지역이지만 실제로는 인근의 소수 시군구에 거주하는 재가장애인에게만 서비스를 제공하는 실정이다.

<그림 7-4> 서울장애인복지관조직도

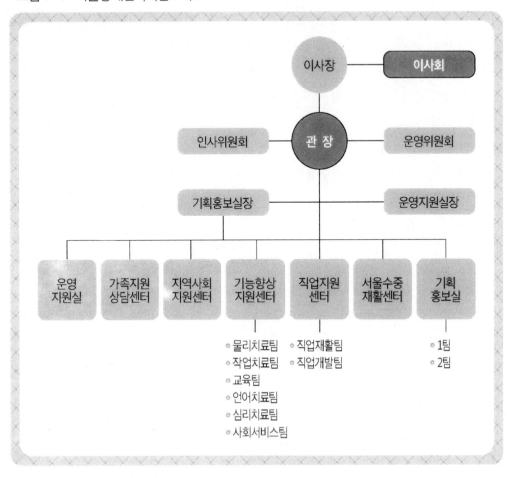

<표 7-8> 장애인복지관 프로그램 내용

영역	프로그램	세부프로그램
재 활 서비스	1. 진단판정	접수상담, 진단, 판정, 통보
	2. 의료재활	진료, 재활치료, 수중재활, 재활보조기, 의료상담, 서비스평가
	3. 교육재활	조기교육, 학습지도, 교구대여 및 의뢰, 시각장애인기초재활, 부모상담 및 교육, 서비스평가, 장애인사회교육
	4. 직업재활	직업상담 및 평가, 직업훈련, 취업알선 및 사후지도, 취업준비활동, 부모상담 및 교육, 서비스평가, 보호작업시설, 작업활동센터
	5. 사회심리재활	재활상담, 사회적응훈련, 심리치료, 장애가족지원, 자조집단, 결혼상담, 행사, 부모상담 및 교육, 서비스평가
	6. 스포츠여가활동	스포츠, 여가

지역 복지 사업	1. CBR서비스	일반서비스, 전문서비스, 협력서비스, 지역자원관리, 가정봉사원활동
	2. 정보제공사업	시각장애인도서, ARS, BBS 관련
	3. 수화관련사업	수화관련사업
	4. 사회교육사업	사회교육, 부모교육, 지역사회주민교육, 장애체험
	5. 지역사회자원개발	자원봉사활동관리, 후원개발사업 교류
	6. 홍보계몽사업	홍보, 계몽
	7. 기타사업	시설이용(대여)
연구개 발사업	1. 조사연구사업	조사연구, 도서/자료관리
	2. 직원교육	직원교육

자료: 한국장애인복지관협회(2003)

(8) 시설보호대책

장애인생활시설은 장애유형별로 구분되어 있는데 지적장애인생활시설이 가장 많고, 그 다음으로 지체장애인시설, 청각·언어장애인시설, 시각장애인시설의 순이다. 생활시설의 변화 추이를 보면 지체장애인, 시각장애인, 청각·언어장애인생활시설은 연도별로 거의 시설수의 변화가 없는 반면에 지적장애인생활시설과 중증장애인요양시설은 꾸준히 증가하였다.

장애인생활시설 및 요양시설에 살고 있는 장애인들은 거의 대부분 국민기초생활보장법 상의 수급자들이며 실비의 비용을 납부하고서 입소해 있는 장애인은 매우 적다. 성별로는 남자가 여자보다 더 많고, 연령별로는 10대와 20대가 가장 많으며 장애유형별로는 지적장애인이 가장 많고 그 다음이 지체장애인이다. 그리고 장애등급별로는 1~2급의 중증장애인이 가장 많다.

장애인생활시설과 요양시설은 장애유형과 장애정도에 따라 시설종류가 구분되지만, 실제로는 장애유형, 장애정도, 그리고 연령에 따라 적절한 분리수용이 이루어지지 못하고 있다. 특히 장애영유아나 장애아동의 경우 이들만을 수용하는 시설이 필요하나 현재는 이러한 시설이 거의 없다. 또한 규정 상 장애인복지시설에의 입소자격이 연고지가 있는 시도 내로 제한되어 있어 해당지역에 시설이 없거나 있어도 수용정원이 차 있는 경우에는 입소를 할 수 없는 문제점이 있다.

대부분의 장애인생활 및 요양시설에는 전문인력의 부족, 재정부족 등으로 인하여 장애인의 재활에 필수적인 재활프로그램조차 실시하지 못한 채 단순히 수용보호하는 실정이다. 그리고 시설종사자에 대한 열악한 처우로 인하여 치료사나 간호사 등의 전문인력 확보가 어렵고 이들의 이직률이 매우 높다. 물리치료실, 작업치료실, 언어치료실 등의 필수적인 재활시설의 설치율이 낮고, 설치되어 있는 경우에도 장비나 시설이 노후화되어 있는 경우가 많지만 예산부족으로 인하여 필요장비를 교체 또는 구입하는데 애로가 있다. 또 현재 운영 중인 장애인 수용 및 요양시설은 대부분이 비전문가에 의해 운영되고 있으며, 시설운영의 합리화, 효율화를 위한 자구노력이 미흡한 채 정부지원에 거의 의존하고 있다. 그러나 정부보조금의 책정기준이 낮으므로 재정이 부족한 곳이 많다. 또한 대부분의 생활 및 요양시설은 지역사회와 격리된 채 폐쇄적으로 운영되고 있다. 그리고 수용장애인의 사회복귀를 지원하기 위한 프로그램이 미비한 관계로 장애인이 시설에서 퇴소하더라도 자립생활과 사회적응에 상당한 어려움을 겪을 수밖에 없다.

장애인생활시설과 요양시설에 대해서는 운영비와 인건비 전액을 국고와 지방비로 지원하고 있다. 그러나 이들 시설에서 재활프로그램의 다양화나 서비스의 질적 향상을 도모할 수 있도록 하기 위해서는 종사자 인건비, 급식비, 시설유지비, 연료비 등의 지원단가를 상향조정해야 한다. 아울러 시설에서는 자체 수익사업을 강화하고, 지역사회자원을 동원할 수 있는 방안을 모색하는 등 자체적인 재정확충 노력을 병행해야 한다. 시설운영의 합리화, 현대화를 위해서는 시설장과 시설종사자들이 인사관리, 재무관리, 자원동원 등에 관한 전문적 지식을 갖추고 이에 근거하여 시설을 운영할 필요가 있다.

대부분의 시설에서의 전문인력 부족현상을 개선하기 위하여 시설에 필요한 전문인력을 확충해 나가야 할 것이다. 적정수의 인력을 확보하기 위해서는 무엇보다도 먼저 종사자에 대한 처우개선이 이루어져야 한다.

(9) 생활환경대책

장애인이 각종 시설물에 쉽게 접근하여 이용할 수 있도록 도로, 공원, 공공건물, 교통·통신시설, 기타 공중이용시설에 맹인용 신호기, 횡단보도 유도바닥재, 경사로, 장애인용 공중전화기 등 장애인 편의시설을 설치하는 일은 물리적 환경을 마련하는 것으로서, 이를 위해 정부에서는 1997년에 장애인·노인·임산부등의편의증진보장에관한법률을 제정하여 1998년 4월부터 실시하고 있다. 동법에서는 도로, 공원, 일정규모 이상의 공공건물 및 공중이용시설, 공동주택, 대중교통수단, 통신시설 등에 장애인 편의시설을 의무적으로 설치하도록 규정하고 있다. 장애인 편의시설 실태조사는 전수조사 또는 표본조사 형태로 실시하고 있으며 매 5년마다 전수조사를 실시하고 있다.

편의시설을 설치해야 하는 대상시설은 다음과 같다.

1. 공원

2. 공공건물 및 공중이용시설

가. 제1종 근린생활시설

(1) 수퍼마켓·일용품(식품·잡화·의류·완구·서적·건축자재·의약품·의료기기 등을 말한다. 이하 같다) 등의 소매점으로서 동일한 건축물(하나의 대지 안에 2동 이상의 건축물이 있는 경우에는 이를 동일한 건축물로 본다. 이하 같다) 안에서 당해 용도에 쓰이는 바닥면적의 합계가 300제곱미터 이상 1천제곱미터 미만인 시설

(2) 이용원·미용원·목욕장으로서 동일한 건축물 안에서 당해 용도에 쓰이는 바닥면적의 합계가 500제곱미터 이상인 시설

(3) 지역자치센터, 파출소, 지구대, 우체국, 보건소, 공공도서관, 국민건강보험공단·국민연금공단·한국장애인고용공단·근로복지공단의 지사, 그 밖에 이와 유사한 용도로서 동일한 건축물 안에서 당해 용도에 쓰이는 바닥면적의 합계가 1천제곱미터 미만인 시설

(4) 대피소

(5) 공중화장실

(6) 의원·치과의원·한의원·조산소(산후조리원을 포함한다)로서 동일한 건축물 안에서 당해 용도로 쓰이는 바닥면적의 합계가 500제곱미터 이상인 시설

(7) 지역아동센터로서 바닥면적의 합계가 300제곱미터 이상인 시설

나. 제2종 근린생활시설

(1) 일반음식점으로서 동일한 건축물 안에서 당해 용도로 쓰이는 바닥면적의 합계가 300제곱미터 이상인 시설

(2) 휴게음식점·제과점 등 음료·차, 음식·빵·떡·과자 등을 조리하거나 제조하여 판매하

는 시설로서 제1종 근린생활시설에 해당하지 아니하는 것으로서 동일한 건축물 안에서 당해 용도로 쓰이는 바닥면적의 합계가 300제곱미터 이상인 시설

(3) 공연장(극장·영화관·연예장·음악당, 서커스장 그 밖에 이와 비슷한 것을 말한다. 이하 같다)으로서 관람석의 바닥면적의 합계가 300제곱미터 이상 500제곱미터 미만인 시설

(4) 안마시술소로서 동일한 건축물 안에서 당해 용도로 쓰이는 바닥면적의 합계가 500제곱미터 이상인 시설

다. 문화 및 집회시설

(1) 공연장으로서 관람석의 바닥면적의 합계가 500제곱미터 이상인 시설

(2) 집회장(예식장·공회당·회의장 그 밖에 이와 비슷한 것을 말한다. 이하 같다)으로서 동일한 건축물 안에서 당해 용도에 쓰이는 바닥면적의 합계가 500제곱미터 이상인 시설

(3) 관람장(경마장·자동차 경기장 그 밖에 이와 비슷한 것을 말한다. 이하 같다)

(4) 전시장(박물관·미술관·과학관·기념관·산업전시장·박람회장 그 밖에 이와 비슷한 것을 말한다. 이하 같다) 으로서 동일한 건축물 안에서 당해 용도에는 바닥면적의 합계가 500 제곱미터 이상인 시설

(5) 동·식물원(동물원·식물원·수족관 그 밖에 이와 비슷한 것을 말한다. 이하 같다)로서 동일한 건축물 안에서 당해 용도에 쓰이는 바닥면적의 합계가 300제곱미터 이상인 시설

라. 종교시설

종교집회장(교회·성당·사찰·기도원 그 밖에 이와 비슷한 것을 말한다)으로서 동일한 건축물 안에서 당해 용도에 쓰이는 바닥면적의 합계가 500제곱미터 이상인 시설

마. 판매시설

도매시장·소매시장·상점으로서 동일한 건축물 안에서 당해 용도로 쓰이는 바닥 면적의 합계가 1천제곱미터 이상인 시설

바. 의료시설

(1) 병원(종합병원·병원·치과병원·한방병원·정신병원 및 요양병원을 말한다. 이하 같다)

(2) 격리 병원(전임병원·마약진료소 그 밖에 이와 비슷한 것을 말한다. 이하 같다)

(3) 삭제 <2012.8.22>

사. 교육연구시설 (제2종 근린생활시설에 해당하는 것을 제외한다)

(1) 학교(유치원·초등학교·중학교·고등학교·전문대학·대학교, 그 밖에 이에 준하는 각종 학교를

말한다. 이하 같다)

(2) 교육원(연수원 그 밖에 이와 비슷한 것을 말한다. 이하 같다)·직업훈련소·학원(자동차학원과 무도학원을 제외한다. 이하 같다) 기타 이와 유사한 용도로서 동일한 건축물 안에서 당해 용도에 쓰이는 바닥면적의 합계가 500제곱미터 이상인 시설

(3) 도서관으로서 동일한 건축물 안에서 당해 용도에 쓰이는 바닥면적의 합계가 1천 제곱미터 이상인 시설

아. 노유자시설

(1) 아동관련시설(어린이집·아동복지시설, 그 밖에 이와 비슷한 것으로서 제1종 근린생활시설에 해당하지 아니하는 것)

(2) 노인복지시설 및 장애인복지시설

(3) 그 밖에 다른 용도로 분류되지 아니한 사회복지시설

자. 수련시설

(1) 생활권수련시설(청소년수련관·청소년문화의 집·유스호스텔 그 밖에 이와 비슷한 것을 말한다. 이하 같다)

(2) 자연권수련시설(청소년수련원·청소년야영장 그 밖에 이와 비슷한 것을 말한다. 이하 같다)

차. 운동시설(동일한 건축물 안에서 당해 용도에 쓰이는 바닥면적의 합계가 500 제곱미터 이상인 시설에 한한다)

(1) 체육관

(2) 운동장(육상·구기·볼링·수영·스케이트·롤러스케이트·승마·사격·궁도·골프의 운동장을 말한다. 이하 같다)과 운동장에 부수되는 건축물

카. 업무시설

(1) 공공업무시설 중 국가 또는 지방자지단체의 청사로서 제1종 근린생활시설에 해당하지 아니하는 것

(2) 일반업무시설로서 금융업소·사무소·신문사·오피스텔(업무를 주로 하는 건축물이고, 분양 또는 임대하는 구획에서 일부 숙식을 할 수 있도록 한 건축물로서 국토해양부장관이 고시하는 기준에 적합한 것을 말한다) 그 밖에 이와 유사한 용도로서 동일한 건축물 안에서 당해 용도에 쓰이는 바닥면적의 합계가 500제곱미터 이상인 시설

(3) 일반업무시설로서 국민건강보험공단·국민연금공단·한국장애인고용공단·근로복지공단 및 그 지사(동일한 건축물 안에서 해당 용도에 쓰이는 바닥면적의 합계가 1천 제곱미터 이상인 시설만 해당한다)

타. 숙박시설

(1) 일반숙박시설 및 생활숙박시설(객실 수가 30실 이상인 시설에 한정한다. 이하같다)

(2) 관광숙박시설(관광호텔·수상관광호텔·한국전통호텔·가족호텔·호스텔·소형호텔·의료관광
호텔 및 휴양콘도미니엄을 말한다. 이하 같다)

파. 공장

물품의 제조·가공(염색·도장·표백·재봉·건조, 인쇄 등을 포함한다) 또는 수리에 계속적으
로 이용되는 건축물로서 「장애인고용촉진 및 직업재활법」에 따라 장애인고용의무가
있는 사업주가 운영하는 시설

하. 자동차관련시설

(1) 주차장

(2) 운전학원

거. 교정시설

교도소 및 구치소

너. 방송통신시설

방송국·전신전화국 그 밖에 이와 유사한 용도로서 동일한 건축물 안에서 당해 용도
로 쓰이는 바닥면적의 합계가 1천제곱미터 이상인 시설

더. 묘지관련 시설

(1) 화장시설

(2) 봉안당(종교시설에 해당하는 것을 제외한다)

러. 관광휴게시설

(1) 야외음악당·야외극장·어린이회관 기타 이와 유사한 용도로서 동일한 건축물안에
서 당해 용도에 쓰이는 바닥면적의 합계가 1천제곱미터 이상인 시설

(2) 휴게소로서 동일한 건축물 안에서 당해 용도에 쓰이는 바닥면적의 합계가 300제
곱미터 이상인 시설

머. 장례식장[의료시설의 부수시설(「의료법」 제36조제1호에 따른 의료기관의 종류에 따
른 시설을 말한다)에 해당하는 것은 제외한다. 이하 같다]

동일한 건축물 안에서 해당 용도에 쓰이는 바닥면적의 합계가 500제곱미터 이상인
시설

3. 공동주택

가. 아파트

나. 연립주택(세대수가 10세대 이상인 주택에 한한다)

다. 다세대주택(세대수가 10세대 이상인 주택에 한한다)

라. 기숙사

학교 또는 공장 등의 학생 또는 종업원 등을 위하여 사용되는 것으로서 공동취사 등을 할 수 있는 구조이되 독립된 주거의 형태를 갖추지 아니한 것으로 30인 이상이 기숙하는 시설에 한한다.

4. 통신시설

가. 공중전화

나. 우체통

<표 7-9> 대상시설별 편의시설의 설치기준

(1) 공원

편의시설의 종류	설치기준
장애인 등의 출입이 가능한 출입구	○ 주출입구를 포함하여 적어도 1곳 이상을 장애인등의 출입이 가능하도록 유효폭·형태 및 부착물 등 고려하여 설치
장애인 등의 통행이 가능한 보도	○ 공원안의 보도 중 적어도 하나는 장애인등이 통행할 수 있도록 유효폭·기울기와 바닥의 재질 및 마감 등을 고려하여 설치
장애인 등의 이용이 가능한 화장실	○ 구조, 바닥의 재질 및 마감과 부착물 등을 고려하여 설치하되, 장애인용 대변기는 남자 및 여자용 각 1개이상을 설치 ○ 영유아용 거치대 등 임산부 및 영유아가 안전하고 편리하게 이용할 수 있는 시설을 구비하여 설치
점자블록	○ 공원과 도로 또는 교통시설을 연결하는 보도에는 점자블록을 설치

시각장애인 유도 및 안내설비	○ 공원의 주출입구 부근에 점자안내판·촉지도식 안내판·음성안내장치 또는 기타 유도신호장치를 설치 가능
장애인 등의 이용이 가능한 매표소·판매기 또는 음료대	○ 매표소(자동발매기를 설치한 경우와 시설관리자등으로부터 별도의 상시서비스가 제공되는 경우는 제외) 판매기 및 음료대는 형태 규격 및 부착물 등을 고려하여 설치하되, 동일한 장소에 2곳 또는 2대이상을 각각 설치하는 경우에는 그중 1곳 또는 1대만을 장애인등의 이용을 고려하여 설치 가능
장애인 등의 이용이 가능한 공원시설	○ 공원시설의 종류에 따라 공공건물 및 공중이용시설과 통신시설의 설치기준을 각각 적용 ○ 장애인전용주차구역을 주차장법령이 정하는 설치기준에 따라 구분 설치

(2) 공공건물 및 공중이용시설

편의시설의 종류	설치기준
장애인 등의 통행이 가능한 접근로	○ 유효폭 기울기와 바닥의 재질 및 마감 등을 고려하여 설치 ○ 주출입구에 연결하여 시공하는 것이 구조적으로 곤란하거나 주출입구보다 부출입구가 장애인등의 이용에 편리하고 안전한 경우 주출입구 대신 부출입구에 연결하여 설치 가능
장애인전용 주차구역	○ 부설주차장은 주차장법령이 정하는 설치비율에 따라 구분 설치하되, 부설 주차장의 주차대수가 10대 미만인 경우는 제외하며, 산정된 장애인전용주차구역의 주차대수 중 소수점 이하의 끝수는 이를 1대로 봄) ○ 특별시장·광역시장·시장·군수·구청장이 설치하는 노외주차장에는 장애인전용주차구역을 주차장법령이 정하는 설치기준에 따라 구분 설치
높이차이가 제거된 건축물 출입구	○ 건축물의 주출입구와 통로에 높이 차이가 있는 경우에는 턱낮추기를 하거나 휠체어리프트 또는 경사로를 설치 ○ 주출입구의 높이 차이를 없애는 것이 구조적으로 곤란하거나 주출입구보다 부출입구가 장애인등의 이용에 편리하고 안전한 경우 주출입구 대신 부출입구의 높이 차이 제거 가능
장애인 등의 출입이 가능한 출입구 등	○ 건축물의 주출입구와 건축물 안의 공중의 이용을 주목적으로 하는 사무실 등의 출입구(문)중 적어도 하나는 유효폭·형태 및 부착물 등을 고려하여 설치 ○ 국가 또는 지방자치단체의 청사는 출입구를 자동문 형태로 설치
장애인 등의 통행이 가능한 복도 등	○ 복도는 유효폭, 바닥의 재질 및 마감과 부착물 등을 고려하여 설치

장애인 등의 통행이 가능한 계단, 장애인용 승강기, 장애인용 에스컬레이터, 휠체어리프트 또는 경사로	○ 장애인 등이 건축물의 1개 층에서 다른 층으로 편리하게 이동할 수 있도록 그 이용에 편리한 구조로 계단을 설치하거나 장애인용 승강기, 장애인용 에스컬레이터, 휠체어리프트(신축하는 경우에는 수직형 휠체어리프트를 설치) 또는 경사로를 1대 또는 1곳 이상 설치. 다만, 장애인 등이 이용하는 시설이 1층에만 있는 경우에는 예외 ○ 6층 이상의 연면적이 2천제곱미터 이상인 건축물(층수가 6층인 건축물로서 각 층 거실의 바닥면적 300제곱미터 이내마다 1개소 이상의 직통계단을 설치한 경우를 제외)의 경우에는 장애인용 승강기, 장애인용 에스컬레이터, 휠체어리프트(신축)하는 경우에는 수직형 휠체어리프트를 설치) 또는 경사로를 1대 또는 1곳 이상 설치
장애인 등의 이용이 가능한 화장실	○ 구조, 바닥의 재질 및 마감과 부착물 등을 고려하여 설치하되, 장애인용 대변기는 남자용 및 여자용 각 1개 이상을 설치 ○ 영유아용 거치대 등 임산부 및 영유이가 안전하고 편리하게 이용할 수 있도록 시설을 구비하여 설치
장애인 등의 이용이 가능한 욕실	○ 1개실 이상을 장애인등이 편리하게 이용할 수 있도록 구조, 바닥의 재질 및 마감과 부착물 등을 고려하여 설치
장애인 등의 이용이 가능한 샤워실 및 탈의실	○ 1개실 이상을 장애인등이 편리하게 이용할 수 있도록 구조, 바닥의 재질 및 마감과 부착물 등을 고려하여 설치
점자블록	○ 건축물의 수출입구와 도로 또는 교통시설을 연결하는 보도에는 점자블록을 설치
시각 및 청각장애인 유도·안내설비	○ 시각장애인의 시설이용 편의를 위하여 건축물의 주출입구 부근에 점자안내판, 촉지도식 안내판·음성안내장치 또는 기타 유도신호장치를 점자블록과 연계하여 1개 이상 설치 ○ 공원·근린공공시설·장애인복지시설·교육연구시설·공공업무시설·시각장애인 밀집 거주지역 등 시각장애인의 이용이 많거나 타당성이 있는 설치요구가 있는 곳에는 교통신호기가 설치되어 있는 횡단보도에 시각장애인을 위한 음향신호기 설치 ○ 청각장애인 등의 이용이 많은 곳에는 전자문자안내판 또는 기타 전자문자안내설비를 설치
시각 및 청각장애인 경보·피난설비	○ 위급한 상황에 대피할 수 있도록 청각장애인용 피난구유도등 통로유도등 및 시각장애인용 경보설비 등을 설치
장애인 등의 이용이 가능한 객실 또는 침실	○ 기숙사 및 숙박시설 등의 전체 침실수 또는 객실의 1퍼센트 이상(관광숙박시설은 3퍼센트 이상)은 구조, 바닥의 재질 및 마감과 부착물 등을 고려하여 설치하되, 산정된 객실 또는 침실수 중 소수점 이하의 끝수는 1실로 간주

장애인 등의 이용이 가능한 관람석, 열람석 또는 높이 차이가 있는 무대	○ 공연장, 집회장, 관람장 및 도서관 등의 전체 관람석 또는 열람석 수의 1퍼센트이상(전체 관람석 또는 열람석 수가 2천석 이상인 경우에는 20석 이상)은 장애인등이 편리하게 이용할 수 있도록 구조와 위치 등을 고려하여 설치하되, 산정된 관람석 또는 열람석 수 중 소수점 이하의 끝수는 이를 1석으로 간주 ○ 공연장, 집회장 및 강당 등에 설치된 무대에 높이 차이가 있는 경우에는 장애인 등이 안전하게 이용할 수 있도록 경사로 및 휠체어리프트 등을 설치. 다만, 설치가 구조적으로 어려운 경우에는 이동식으로 설치
장애인 등의 이용이 가능한 접수대 또는 작업대	○ 읍·면·동사무소(동주민자치센터) 및 장애인복지시설 등의 접수대 또는 작업대는 형태 규격 등을 고려하여 설치하되, 동일한 장소에 각각 2대 이상을 설치하는 경우에는 그 중 1대만을 장애인등의 이용을 고려하여 설치 가능
장애인 등의 이용이 가능한 매표소·판매기 또는 음료대	○ 매표소(장애인등의 이용이 가능한 자동발매기를 설치한 경우와 시설관리자등으로부터 별도의 상시서비스가 제공되는 경우를 제외)·판매기 및 음료대는 형태 규격 및 부착물 등을 고려하여 설치하되, 동일한 장소에 2곳 또는 2대 이상을 각각 설치하는 경우에는 그중 1곳 또는 1대만을 장애인 등의 이용을 고려하여 설치 가능
임산부 등을 위한 휴게시설 등	○ 임산부와 영유아가 편리하고 안전하게 휴식을 취할 수 있도록 구조와 재질 등을 고려하여 설치하고, 내부에는 모유수유를 위한 별도의 장소를 마련하되, 문화재보호법 제2조에 따른 지정문화재(보호구역 포함)에 설치하는 시설물은 제외

(3) 공동주택

편의시설의 종류	설치기준
장애인 등의 통행이 가능한 접근로	○ 유효폭 기울기와 바닥의 재질 및 마감 등을 고려하여 설치 ○ 주출입구에 연결하여 시공하는 것이 구조적으로 곤란하거나 주출입구보다 부출입구가 장애인등의 이용에 편리하고 안전한 경우에는 주출입구 대신 부출입구에 연결하여 접근로 설치 가능
장애인전용주차구역	○ 부설주차장은 주차장법령이 정하는 설치비율에 따라 구분 설치하되, 부설주차장의 주차대수가 10대미만인 경우는 제외하며, 산정된 장애인전용주차구역의 주차대수중 소수점이하의 끝수는 이를 1대로 봄 ○ 장애인전용주차구역은 입주한 장애인가구의 동별 거주현황 등을 고려하여 설치
높이차이가 제거된 건축물 출입구	○ 건축물의 주출입구와 통로에 높이차이가 있는 경우에는 턱낮추기를 하거나 휠체어리프트 또는 경사로를 설치 ○ 주출입구의 높이 차이를 없애는 것이 구조적으로 곤란하거나 주출입구보다 부출입구가 장애인 등의 이용에 편리하고 안전한 경우에는 주출입구 대신 부출입구의 높이차이 제거 가능

장애인 등의 출입이 가능한 출입구(문)	○ 유효폭·형태 및 부착물 등을 고려하여 설치 ○ 장애인전용주택의 세대 내 출입문은 장애인등의 출입이 가능하도록 유효폭·형태 및 부착물 등을 고려하여 설치 가능
장애인 등의 통행이 가능한 복도	○ 장애인 등의 통행이 가능하도록 유효폭, 바닥의 재질 및 마감과 부착물 등을 고려하여 설치 가능
장애인 등의 통행이 가능한 계단·장애인용 승강기, 장애인용 에스컬레이터, 휠체어리프트 또는 경사로	○ 아파트는 장애인 등이 건축물의 1개 층에서 다른 층으로 편리하게 이동할 수 있도록 그 이용에 편리한 구조로 계단, 장애인용 승강기, 장애인용 에스컬레이터, 휠체어리프트 또는 경사로를 1대 또는 1곳 이상 설치
장애인 등의 이용이 가능한 화장실 및 욕실	○ 장애인전용주택의 화장실 및 욕실은 장애인등이 편리하게 이용할 수 있도록 구조, 바닥의 재질 및 마감과 부착물 등을 고려하여 설치 가능
점자블록	○ 시각장애인을 위한 장애인전용주택의 주출입구와 도로 또는 교통시설을 연결하는 보도에는 점자블록 설치 가능
시각 및 청각장애인 경보·피난설비	○ 시각 및 청각장애인을 위한 장애인전용주택에는 청각장애인용 피난구유도등·통로유도등 및 시각장애인용 경보설비 등 설치 가능
장애인 등의 이용이 가능한 부대시설 및 복리시설	○「주택법」제2조 제12호에 따른 주택단지안의 관리사무소·경로당·의원·치과의원·한의원·조산소·약국·목욕탕·슈퍼마켓, 일용품 등의 소매점, 일반음식점·휴게음식점·제과점·학원·금융업소·사무소 또는 사회 복지관이 있는 건축물에 대하여는 공공건물 및 공중이용시설의 접근로, 주출입구 높이차이 제거, 출입구(문), 복도, 승강설비, 화장실의 규정을 적용하되, 당해 주택단지에 건설하는 주택의 총세대수가 300세대 미만인 경우에는 예외 ○「주택법」제2조 제13호 또는 제14호에 따른 부대시설 및 복리시설 중 위의 규정에 의한 시설을 제외한 시설(공공건물·공중이용시설 및 통신시설로서 편의시설 설치 대상시설에 해당되는 경우에 한함)에 대여하는 용도 및 규모에 따라 공공건물·공중이용시설 및 통신시설의 설치기준을 각각 적용

장애인의 생활환경은 크게 사회적 환경과 물리적 환경으로 구분할 수 있다. 장애인에 대한 비장애인의 편견과 고정관념이 존재하고 있으며, 장애인의 고용기피 등과 같은 사회적 차별이 상존해 있다. 장애인의 사회참여에 따른 편의제공을 위하여 경사로, 횡단보도 턱낮추기 등의 편의시설을 확대설치하고 있으나 대부분의 건물과 시설들이 아직도 비장애인 위주로 설계, 건축되어 장애인의 사회활동에 많은 지장을 초래하고 있다. 건축주의 편의시설에 대한 인식부족과 비용부담으로 인한 설치 기피 등의 문제가 자리하고 있어 편의시설의 확대설치에 장애요소가 제기되고 있다. 그리고 장애인의 교통이용 편의를 제공하기 위하여 지하철 등에 승하차편의시설이 설치되어 있긴 하지만 이에 대한 관리소홀 및 시설의 비연속성으로 인하여 실질적인 편의제공이 미흡한 점이 있다.

장애인에 대한 일반인의 부정적 인식과 편견을 개선하기 위해서는 지속적인 대국민 홍보와 교육이 추진되어야 한다. 이를 위하여 장애인관련 비디오테이프를 제작·배포하고 대중매체를 이용하여 장애인관련 공익광고를 지속적으로 실시하며, 장애인을 주제로 한 라디오나 TV프로그램을 제작, 방영하고 반상회보·포스터 등 각종 홍보물을 제작·배포하고, 장애인등록사업에 대한 홍보를 강화해 나가야 할 것이다. 이러한 대국민 홍보와 아울러 초·중·고등학교 교과과정, 국가 또는 공공기관에서 실시하는 연수교육과정, 민방위 및 예비군 훈련과정에 장애인복지와 관련된 교육내용을 포함시켜 나가야 한다. 또한 장애인과 비장애인간의 합동행사의 개최, 장애인단체와 비장애인단체간의 교류사업, 비장애인의 장애인행사에의 참여확대 등을 통하여 장애인에 대한 올바른 이해와 인식개선을 도모해야 한다.

장애인의 사회활동 촉진을 위하여 기본적으로 이루어져야 할 것이 편의시설의 설치이다. 새로이 건축되는 공공시설이나 공중이용시설 등에는 물론 의무적으로 설치되어야 하지만 기존에 건축된 시설인 경우에도 필요시 편의시설 설치자금을 대부해주어 설치를 유도해야 할 것이다. 현재 설치된 장애인 편의시설은 그 숫자는 많으나 시설간에 연속성이 적어 실제로 이용하는 장애인에게 실질적인 도움을 주지 못하는 경우가 발생하고. 실제 사용이 어려워 전시용이 되어 버린 편의시설이나 설비도 있다.

이러한 문제점을 개선하기 위해서는 일부 장소의 일정부분에만 편의시설을 설치하기보다는 장애인의 동선을 고려하여 필요한 장소에 연속적으로 설치하는 것이 바람직할 것이다. 특히 이동시 넓은 공간이 필요한 휠체어 이용자와 맹인을 위한 편의시설의 확충에 주력하여야 할 것이다. 편의시설 설치확충과 더불어 대중교통을 이용하는 데에 따른 편의제공도 확대되어야 한다. 장애인의 대중교통 이용편의를 도모하기 위해서는 리프트장치를 구비한 버스의 보급, 버스와 지하철 내부의 편의시설 확대, 택시의 장애인 우선태워주기운동 전개, 장애인의 택시 탑승 거부시 법적 제재, 택시에 휠체어를 실을 수 있는 장비 구비 등과 같은 조치들이 필요하다.

오늘날과 같은 정보화사회에서는 특히 정보통신권의 확보가 중요한 과제이다. 장애인은 외부활동이 제한되는 경우가 많으므로 집에서 정보를 접할 수 있는 기회를 확대하여야 하는데, 이를 위해서는 PC통신을 이용한 정보교류를 촉진할 필요가 있다.

시각장애인의 정보권 보장을 위해서는 국공립도서관에 의무적으로 점서 및 녹음서를 비치하도록 하고, 저렴한 가격으로 점서를 보급할 수 있도록 점자출판시설에 대하여 재정지원과 세제혜택을 부여하고, 점서 및 녹음서의 전국적 유통체계를 수립하도록 해야 한다. 청각장애인의 의사소통과 통신권을 신장시키기 위해서는 수화통역사 국가자격제도를 도입하여 수화통역에 필요한 전문인력을 양성하고, 우선적으로 관공서에 수화통역사를 확대배치하여야 할 것이다.

또한 TV 방송시간의 일정비율 이상을 자막 또는 수화방송으로 하도록 추진하고, 장기적으로는 자막처리장치의 설치를 통해 청각장애인에게 시청 편의를 제공하여야 한다. 그리고 공중전화를 우선대상으로 하여 청각장애인용 골도전화기를 보급하는 등 청각 및 언어장애인을 위한 통신기기의 개발과 보급이 이루어져야 한다.

<표 7-10> 장애인 관련단체 현황

(2018년 말 현재)

구분	단체명	설립목적
재단 법인	• 한국장애인개발원 • 한국장애인재단 • 푸르메 • 이형섭복지재단	장애인 관련 조사·연구, 정책 개발, 복지 진흥 등 장애인복지기금 운용 및 관리 장애인재활병원 설립·운영 장애인복지시설 지원
사단 법인	• 한국시각장애인연합회 • 한국농아인협회 • 한국지체장애인협회 • 한국뇌성마비복지회 • 한국여성장애인연합 • 한국신장장애인협회	시각장애인의 사회 참여와 평등 이념 실현 농아인 재활 및 자립 도모 지체장애인의 사회 참여와 평등 이념 실현 뇌성마비인의 재활과 복지 진흥 여성장애인 복지 증진 신장장애인 지원사업 및 권익 신장

사단 법인	• 한국뇌병변장애인인권협회 • 한국척수장애인협회 • 한국장루장애인협회 • 한국장애인연맹(DPI) • 한국장애인인권포럼 • 한국신체장애인복지회 • 한국장애인자립생활센터총연합회	뇌병변장애인 권익 옹호 및 복지 증진 척수장애인 권익 보호 장루관리 방문 교육 및 간호 장애인 차별 제거 및 사회 경제적 자립 실천 장애인의 인권 및 권익 보호와 정치 참여 보장 신체장애인 재활 대책 도모 중증장애인의 정책 개발 및 제도 연구
	• 자행회 • 한국지적발달장애인복지협회 • 한국자폐인사랑협회 • 한국장애인단체총연합회 • 한국장애인단체총연맹 • 한국장애인복지관협회 • 한국장애인재활협회 • 장애우권익문제연구소 • 한국의지보조기협회 • 한국장애인복지시설협회 • 국제키비탄한국본부 • 한국언어재활사협회 • 장애인먼저실천운동본부 • 한국장애인직업재활시설협회 • 해냄복지회 • 한국장애인부모회 • 전국장애인부모연대 • 한국장애인주간보호시설협회 • 한국장애인재활상담사협회	지적장애아동 복지 증진 지적장애인 권익 옹호 및 복지 증진 자폐인의 자립 지원 및 복지 증진 장애인 당사자 단체 권리 증진 장애인단체 간 협력 강화 장애인복지관 교류·협력 지원 장애 발생 예방 및 재활에 기여 장애인 제반 문제 연구 조사 보장구 제작 기술 향상 장애인 복지시설의 육성·발전 장애인의 재활과 복지, 권익 보장과 건강 증진 언어재활사의 권익 보호 및 질적 관리 장애인먼저실천운동 및 인식 개선 장애인직업재활시설 상호간의 교류·협력 활성화 발달장애인 교육 및 재활, 중증장애인 자립 지원 장애자녀 양육 및 재활 정보 교환 장애인, 부모, 가족 지원을 통한 장애인 권리 확대 장애인주간보호시설 교류·발전 도모 재활상담사의 전문성 향상을 위한 교육훈련 및 보수교육

　한국장애인개발원은 장애인복지법에 근거하여 설립된 공공기관으로서 장애인복지의 종합적이고, 체계적인 조사연구 평가 및 정책 개발, 장애인복지 진흥, 자립 지원, 재활체육 진흥 등을 수행함으로써 장애인의 사회 참여를 원활히 하고, 장애인에 대한 국민의 이해를 증진시켜 더불어 사는 사회 환경 조성과 장애인 복지 발전에의 기여를 목적으로 하고 있다.

　한국장애인개발원의 주요 사업으로는 장애인정책 관련 각종 조사연구·개발, 장애인복지 관련 평가 및 인증 사업, 복지진흥사업, 중증장애인 생산품 우선구매사업, 중증장애인 직업재활지원사업 및 장애인 일자리사업, 장애물 없는 생활환경 인증사업 및 장애인 주거환경 개선사업, 장학사업 및 올해의 장애인상 사업, 국제협력사업, 이룸센터의 관리 및 운영(사용, 임대 포함), 국가와 지방자치단체 등에서 위탁하는 사업, 개발원의 목적달성을 위한 기금조성사업 등이 있다.

(10) 장애예방대책

모자보건사업은 임산부와 영유아를 대상으로 장애발생 위험요인을 사전에 발견하고 장애발생을 예방할 목적에서 실시되고 있는 사업이다. 정부에서는 저소득층 자녀를 대상으로 지적장애아 발생예방을 위하여 무료로 선천성 대사이상검사를 실시하고 있다. 이러한 직접적 장애발생 예방사업 이외에 모자보건교육의 강화를 위하여 양호교사를 위한 모자보건교육책자를 발간하고, 선천성 장애예방을 위한 홍보물을 제작, 배포하고 있다.

우리나라에서는 1960년대 이후 산업화과정을 거치면서 산업재해로 인한 장애인이 증가하였다. 1964년에 산업재해보상보험이 도입된 이래 수백만 명이 산업재해로 인하여 부상을 당하였으며, 이 중 많은 사람들이 신체장해를 입었다. 산업재해자수와 산업재해율은 최근 들어 조금씩 줄어들고 있으나 선진국에 비해서는 아직도 높은 수준이다. 산업재해로 인한 장애발생과 더불어 자동차의 증가, 교통환경의 미비, 운전자와 보행자의 안전의식 미비 등으로 인하여 교통사고로 인한 장애인이 증가하고 있다.

모든 문제가 그렇듯이 장애인문제 또한 문제발생 이전에 미리 예방하는 것이 최선의 대책이다. 따라서 사후적인 장애인복지대책에 앞서 무엇보다도 우선 장애발생예방대책이 강화되어야 한다.

오늘날 장애는 선천적 원인보다 후천적 원인에 의해 많이 발생하는데, 후천적 원인으로서 중요한 것으로는 각종 질병과 더불어 산업재해와 교통사고를 들 수 있다. 산업재해로 인한 장애를 예방하기 위해서는 산업체에 대한 정기적 안전검사를 강화하여 안전수칙 준수여부, 안전장치 설치여부 등을 수시로 감독·지도하되, 건설업체, 화학류 취급업체, 영세 소규모사업장 등 안전보건취약업체와 재해다발사업장에 대해서는 지도관리를 강화하여야 할 것이다. 아울러 산업안전보건전문인력을 확대양성하여 공급하고, 질 높은 보호구와 안전장치를 개발, 보급하여야 한다. 직업병의 조기발견과 신속한 사후조치를 위해서는 근로자, 특히 유해물질 취급 사업장 근로자에 대한 정기검진과 특진을 강화하여 나가야 할 것이다. 그리고 직업병 전문의료기관을 육성하고 산업의학과를 증설하며 산업의학전문의를 양성해야 한다.

　교통사고로 인한 장애를 예방하기 위해서는 대중매체를 활용하여 교통안전에 대한 홍보를 연중 실시하고 지속적인 교통사고 줄이기 캠페인을 전개하며, 일반인과 운전자를 대상으로 한 교통안전교육을 강화하여야 한다. 교통안전의식의 증진 이외에 위험도로의 개량, 도로시설의 개선, 반사경, 안전표지 등과 같은 각종 교통안전시설의 확충 등을 통하여 도로의 물리적 여건을 개선하여야 한다. 또한 자동차의 안전기준과 아전설비를 강화하여 자동차의 안전도를 제고시켜야 한다. 교통사고 발생시 신속한 대응에 의해 후유장애의 발생을 최대한 억제하기 위해서는 신속하고 효과적인 응급의료체계가 구축되어야 하며, 응급의료기관을 확대하고, 응급의료전문의, 응급간호사, 응급구조사 등의 응급의료기관련전문가를 양성하여야 한다.

| 참고문헌 |

강위영·나운환(2000), 직업재활개론, 나눔의 집.

고용노동부, 산업재해분석, 각 연도.

_____, 노동백서, 각 연도.

고용노동부·한국장애인고용공단, 장애인 의무고용 현황, 각 연도.

교육부, 교육통계연보, 각 연도,

_____, 특수교육백서, 각 연도.

교육부, 특수교육연차보고서, 각 연도.

권도용(1995), 장애인재활복지, 홍익재.

권선진(2005), 장애인복지론, 청목출판사.

권선진 외(1996), 장애인구 대상별 특성과 정책과제, 한국보건사회연구원.

_____(1998), 재활전문인력의 현황과 자격제도 도입방안, 한국보건사회연구원.

김미옥·김용득·이선우(2004), 장애와 사회복지, 학지사.

김용득·유동철(편)(1999), 한국 장애인복지의 이해, 인간과 복지.

김정권 외(편저) (1998), 정신지체아 교육과 지도의 실제, 양서원.

남상만 외(1997), 장애인복지개론, 홍익재.

박옥희·권중돈(1994), 장애인복지의 현황과 정책과제, 한국보건사회연구원.

박옥희 외(1992), 장애인 직업재활시설 개선방안 연구, 한국보건사회연구원.

박옥희 외(1993), 장애인 의료재활서비스 개선방안 연구, 한국보건사회연구원.

박희찬 외(1994), 장애인직업, 인간과 복지.

변용찬 외(2004), 장애인의 종합적 소득보장체계 구축방안, 한국보건사회연구원.

보건복지부, 보건복지통계연보, 각 연도.

_____, 주요업무자료, 각 연도.

_____, 보건복지백서, 각 연도.

_____, 장애인복지사업안내, 각 연도.

보건복지부·한국보건사회연구원(2017), 2017년도 장애인 실태조사 보고.

백화종 외(2000), 장애예방전략과 사회경제적 효과분석, 한국보건사회연구원.

사회복지정책심의위원회(1994), 21세기를 대비하는 사회복지정책과제와 발전방향.

서동우 외(2000), 2단계 장애범주 확대방안 연구, 한국보건사회연구원.

서울시 남부장애인종합복지관 (1989), 장애자 재활서비스 개선을 위한 기초연구 보고서.

_____(1992), 서울시 장애인 복지수요 실태조사 보고서.

서울특별시 (1990), 서울시 장애인의 실태파악과 대책수립에 관한 조사연구.

_____(1997), 서울시 사회복지 기초수요조사 및 정책연구.

서울특별시립정신박약자복지관(1993), 장애인 공동생활가정 실태조사 연구.

서화자 (1999), 장애인가족원조론, 홍익재.

송종용(2000), 학습장애, 학지사.

오혜경(2005), 장애인복지론, 창지사.

원호택·권석만 (2000), 이상심리학총론, 학지사.

이소현·박은혜(1999), 특수아동교육, 학지사.

이영실(2000), 정신장애 이해와 사회복지, 양서원

이용승·이정희 (2000), 자폐증, 학지사.

이윤로(2000), 정신보건사회복지론, 학지사.

이익섭(1993), "장애인에 관한 국제문헌과 행동지침", 연세사회복지연구, 제1권, 연세대학교 사회복지연구소, pp. 119~140.

이홍재(1989), "장애인 인권의 사회법적 보장", 법무부, 장애인복지법제, pp. 9~35.

일본 정신박약자복지연맹(편), 박화문 외(역)(1999), 세계 특수교육의 신동향, 학지사

일본 총리부(편)(1999), 장해자백서

장애우권익문제연구소(편)(2001), 장애우복지개론, 나눔의 집.

전용호(2000), 좋은 사회를 위한 장애인복지론, 학문사.

정기원 외(1996), 장애인 취업실태와 고용의 경제적 효과, 한국보건사회연구원.

통계청, 한국의 사회지표, 각 연도.

한국갤럽조사연구소(1985), 한국 장애자와 일반인의 의식.

한국과학기술연구원(1990), 신체장애자 보장구에 관한 조사연구.

한국교육개발원(1986), 특수교육진흥방안 연구.

한국보건개발연구원(1980), 심신장애자 실태조사 보고서.

한국사회복지관협회(1994), 재가복지봉사센터 현황조사 보고서.

한국소비자보호원(1988), 장애자 소비생활에 관한 연구.

한국인구보건연구원(1985), 전국 심신장애자 실태조사 보고.

한국장애인고용촉진공단 (1990), 장애인 직업재활.

_____(1991), 장애인 직업생활상담.

_____(1992), 장애인 취업실태조사.

_____(1993), 독일의 의학적 장애판정기준.

_____(1993), 중도장애인의 직장복귀 지원에 관한 연구.

_____(1994), 장애인고용, 특집 합본호.

한국장애인복지체육회 (1993), 한국의 장애인 복지용품.

한국장애인재활협회 (1990), 재활요원 양성에 관한 연구

_____(편)(1991), 장애인 직업재활대책 Workshop.

_____(편)(1992), 국제 장애정책 선언집.

_____(편)(1992), 제1회 재활심포지움 보고서 : 장애인의 사회통합.

_____(1992), 중증장애인을 위한 보호고용사업 활성화방안에 관한 연구.

_____(1992), 장애자복지종합대책의 시행 · 평가.

_____(편)(1993), 제2회 재활심포지움 보고서.

한국장애인선교 (단체)연합회(1989), 서울시 장애자 임의단체의 실태와 활성화방안,

한국정신건강복지연구소(편) (1995), 만성정신장애와 사회복지서비스, 인간과 복지.

황의경·배광웅(1991), 심신장애인 재활복지론, 홍익재.

J. Bitter, 강위영 외(역)(1991), 직업재활개론, 성원사.

福祉上養成講座福委員會(編)(1990), 障害者福祉論,東京 :中央法規.

日本 全國社會福祉社協議會(編譯)(1992), ADA.

厚生省 更生課(編)(1990), 身體障害認定基準, 東京: 中央法規.

_____(監修)(1993), 國連·障害者の十年以降の障害者對策の在り方につじて,

東京 :中央法規,

_____(監修)(1994), 日本の身體障害者, 東京: 第一法規.

American Association on Mental Retardation(1992), _Mental Retardation_(9th ed),
      Washington, D. C. : AAMR.

American Psychiatric Association(1987), _Diagnostic and Statistical Manual of Mental
      Disorders_(3rd ed.), Washington, D. C. : APA.

Australian Bureau of Statistics(1988, 1990), _Disability and Handicap : Australia._

_____(1993), _The Survey of Disability, Ageing and Carers._

Ballentyne, J. L. and J. Groves(1971), _Diseases of the Ear, Nose, and Throat_(3rded.),
      Philadelphia : Butterworth Co.

Chamie, M.(1989), "Survey Design Strategies for the Study of Disability, _World Health
      Statistics Quarterly,_ Vol. 42, pp. 122~140.

_____(1990), "The Status and Use of the International Classification of
      Impairments, Disabilities, and Handicaps," _World Health Statistics Quarterly._

Vol. 43, pp. 273~280.

_____(1993), *Overview of Trends in Morbidity and Disability in Aging Research* : Evidence from Censuses and Surveys, New York: U. N.

Chudley, A. and R. Hagerman(1987), "Fragile X Syndrome," *Journal of Pediatrics.* Vol. 110, pp. 821~831.

Cull, J. and R. Hardy(1977), *Vocational Rehabilitation: Profession and Process Spring field* : Charles C. Thomas Publisher.

Finnstam, J., Grimby, G., and S. Rashid(1989), "Use of the WHO Classification in Assessing the Prevalence of Diseases, Impairments and Handicaps in Punjab Province, Pakistan," *World Health Statistics Quarterly,* Vol. 42, pp. 157~160.

Gurin, A(1989), "Governmental Responsibility and Privatization Examples from Four Social Services", in S. B. Kamerman and A. J. Kahn(eds.), *Privatization and Welfare State, New Jersey* : Princeton University Press, pp. 179~206.

Jensen, M., Karoly, P., and S. Braver(1986), "The Measurement of Clinical Pain Intensity: A Comparison of Six Methods," *Pain*, Vol. 27, pp. 117~26.

Judge, K. and M. Knapp(1985), "Efficiency in the Production of Welfare: The Public and the Private Sectors Compared", in R. Klein and M. O'Higgins (eds.) *The Future of Welfare*, N. Y. : Basil Blackwell, pp. 131~149.

Kamerman, S. and A. Kahn(eds.)(1989), *Privatization and Welfare State*, New Jersey: Princeton University Press.

Klein, R. and M. O Higgins (eds.) (1985), *The Future of Welfare*, N. Y.: Basil Blackwell.

Kramer, R. (1981), *Voluntary Agencies in the Welfare State*, Berkeley: Univ. of California Press.

McBride, E.(1985), Disability Evaluation(6th ed.), Philadelphia: JB Lippincott Company.

McCarthy, D.(1972), *Manual for the McCarthy Scales of Childre's Abilities*, San Antonio: The Psychological Corporation.

McDowell, I. and C. Newell(1987), Measuring Health : *A Guide to Rating Scales and Questionnaires*, N. Y.: Oxford Univ. Press.

KIVIIN, A. and J. Wiener(1988), Caring for the Disabled Elderly : Who will pay? Washington, D. C.: The Brookings Institution.

Rodriguez, P. (1989), "Using the International Classification of Impairments, Disabilities, and Handicaps in Surveys: The Case of Spain," *World Health Statistics Quarterly*, Vol. 42, pp. 161~166.

Rose, R.(1989), "Welfare: The Public/Private Mix," in S. Kamerman and A. Kahn(eds.), *Privatization and Welfare State, New Jersey* : Princeton University Press, pp.73-96.

Turner, G., Opitz, J., and T. Brown(1986), "Conference Report: Second International Workshop on the Fragile X and on X-linked Mental Retardation," *American Journal of Medical Genetics*, Vol. 23, pp. 11~67.

U. N.(1986), *Development of Statistics of Disabled Persons* : Case Studies.

_____(1988), *U. N. Disability Statistics Data Base*, 1975~1986: Technical Manual.

_____(1988), *Development of Statistical Concepts and Methods on Disability for Household Surveys.*

_____(1990), Disability : Statistics Compendium.

Wade, D. and R. Hewer(1987), "Functional Abilities After Stroke: Measurement, Natural History and Prognosis," *Journal of Neurology, Neurosurgery, and Psychiatry*, Vol. 50, pp. 177~182.

Wechsler, D. (1967), *Manual for the Wechsler Intelligence Scale for the Children*, New York: The Psychological Corporation.

WHO(1980), *International Classification of Impairments*, Disabilities, and Handicaps.

Yeun-Chung Yu(1991), "The Demography of Disability," *Population Bulletin of the U. N.*, No. 30, pp. 61~78.

|부록|

장애인복지법

장애인복지법 시행령

장애인복지법 시행규칙

장애인복지법

[시행 2019. 12. 12] [법률 제15904호, 2018. 12. 11, 일부개정]

| 제1장 총칙 |

제1조(목적) 이 법은 장애인의 인간다운 삶과 권리보장을 위한 국가와 지방자치단체 등의 책임을 명백히 하고, 장애발생 예방과 장애인의 의료·교육·직업재활·생활환경 개선 등에 관한 사업을 정하여 장애인복지대책을 종합적으로 추진하며, 장애인의 자립생활·보호 및 수당지급 등에 관하여 필요한 사항을 정하여 장애인의 생활안정에 기여하는 등 장애인의 복지와 사회활동 참여증진을 통하여 사회통합에 이바지함을 목적으로 한다.

제2조(장애인의 정의 등) ①"장애인"이란 신체적·정신적 장애로 오랫동안 일상생활이나 사회생활에서 상당한 제약을 받는 자를 말한다.

②이 법을 적용받는 장애인은 제1항에 따른 장애인 중 다음 각 호의 어느 하나에 해당하는 장애가 있는 자로서 대통령령으로 정하는 장애의 종류 및 기준에 해당하는 자를 말한다.

1. "신체적 장애"란 주요 외부 신체기능의 장애, 내부기관의 장애 등을 말한다.
2. "정신적 장애"란 발달장애 또는 정신질환으로 발생하는 장애를 말한다.

③ "장애인 학대"란 장애인에 대하여 신체적·정신적·정서적·언어적·성적 폭력이나 가혹행위, 경제적 착취, 유기 또는 방임을 하는 것을 말한다. <신설 2012. 10. 22., 2015. 6. 22.>

제3조(기본이념) 장애인복지의 기본이념은 장애인의 완전한 사회참여와 평등을 통하여 사회통합을 이루는 데에 있다.

제4조(장애인의 권리) ①장애인은 인간으로서 존엄과 가치를 존중받으며, 그에 걸맞은 대우를 받는다.

②장애인은 국가·사회의 구성원으로서 정치·경제·사회·문화, 그 밖의 모든 분야의 활동에 참여할 권리를 가진다.

③장애인은 장애인 관련 정책결정과정에 우선적으로 참여할 권리가 있다.

제5조(장애인 및 보호자 등에 대한 의견수렴과 참여) 국가 및 지방자치단체는 장애인정책의 결정과 그 실시에 있어서 장애인 및 장애인의 부모, 배우자, 그 밖에 장애인을 보호하는 자의 의견을 수렴하여야 한다. 이 경우 당사자의 의견수렴을 위한 참여를 보장하여야 한다.

제6조(중증장애인의 보호) 국가와 지방자치단체는 장애정도가 심하여 자립하기가 매우 곤란한 장애인(이하 "중증장애인"이라 한다)이 필요한 보호 등을 평생 받을 수 있도록 알맞은 정책을 강구하여야 한다.

제7조(여성장애인의 권익보호 등) 국가와 지방자치단체는 여성장애인의 권익을 보호하고 사회참여를 확대하기 위하여 기초학습과 직업교육 등 필요한 시책을 강구하여야 한다.

제8조(차별금지 등) ①누구든지 장애를 이유로 정치·경제·사회·문화 생활의 모든 영역에서 차별을 받지 아니하고, 누구든지 장애를 이유로 정치·경제·사회·문화 생활의 모든 영역에서 장애인을 차별하여서는 아니 된다.

②누구든지 장애인을 비하·모욕하거나 장애인을 이용하여 부당한 영리행위를 하여서는 아니 되며, 장애인의 장애를 이해하기 위하여 노력하여야 한다.

제9조(국가와 지방자치단체의 책임) ①국가와 지방자치단체는 장애 발생을 예방하고, 장애의 조기 발견에 대한 국민의 관심을 높이며, 장애인의 자립을 지원하고, 보호가 필요한 장애인을 보호하여 장애인의 복지를 향상시킬 책임을 진다.

②국가와 지방자치단체는 여성 장애인의 권익을 보호하기 위하여 정책을 강구하여야 한다.

③국가와 지방자치단체는 장애인복지정책을 장애인과 그 보호자에게 적극적으로 홍

보하여야 하며, 국민이 장애인을 올바르게 이해하도록 하는 데에 필요한 정책을 강구하여야 한다.

제10조(국민의 책임) 모든 국민은 장애 발생의 예방과 장애의 조기 발견을 위하여 노력하여야 하며, 장애인의 인격을 존중하고 사회통합의 이념에 기초하여 장애인의 복지향상에 협력하여야 한다.

제10조의2(장애인정책종합계획) ① 보건복지부장관은 장애인의 권익과 복지증진을 위하여 관계 중앙행정기관의 장과 협의하여 5년마다 장애인정책종합계획(이하 "종합계획"이라 한다)을 수립·시행하여야 한다.

② 종합계획에는 다음 각 호의 사항이 포함되어야 한다.

1. 장애인의 복지에 관한 사항
2. 장애인의 교육문화에 관한 사항
3. 장애인의 경제활동에 관한 사항
4. 장애인의 사회참여에 관한 사항
5. 그 밖에 장애인의 권익과 복지증진을 위하여 필요한 사항

③ 관계 중앙행정기관의 장은 장애인의 권익과 복지증진을 위하여 관련 업무에 대한 사업계획을 매년 수립·시행하여야 하고, 그 사업계획과 전년도의 사업계획 추진실적을 매년 보건복지부장관에게 제출하여야 한다.

④ 보건복지부장관은 제3항에 따라 제출된 사업계획과 추진실적을 종합하여 종합계획을 수립하되, 제11조에 따른 장애인정책조정위원회의 심의를 미리 거쳐야 한다. 종합계획을 변경하는 경우에도 또한 같다.

⑤ 보건복지부장관은 종합계획의 추진성과를 매년 평가하고, 그 결과를 종합계획에 반영할 필요가 있는 경우에는 제4항 후단에 따라 종합계획을 변경하거나 다음 종합계획을 수립할 때에 반영하여야 한다.

⑥ 제1항부터 제5항까지에서 규정한 사항 외에 종합계획의 수립 시기, 절차 및 방법 등에 관하여 필요한 사항은 대통령령으로 정한다.

[본조 신설 2012. 1. 26.]

제10조의3(국회에 대한 보고) 보건복지부장관은 종합계획을 수립하거나 해당 연도의 사업계획, 전년도 사업계획의 추진실적, 추진성과의 평가를 확정한 때에는 이를 지체

없이 국회 소관 상임위원회에 보고하여야 한다.

[본조 신설 2015. 6. 22.]

제11조(장애인정책조정위원회) ①장애인 종합정책을 수립하고 관계 부처 간의 의견을 조정하며 그 정책의 이행을 감독·평가하기 위하여 국무총리 소속하에 장애인정책조정위원회(이하 "위원회"라 한다)를 둔다.

②위원회는 다음 각 호의 사항을 심의·조정한다.

1. 장애인복지정책의 기본방향에 관한 사항
2. 장애인복지 향상을 위한 제도개선과 예산지원에 관한 사항
3. 중요한 특수교육정책의 조정에 관한 사항
4. 장애인 고용촉진정책의 중요한 조정에 관한 사항
5. 장애인 이동보장 정책조정에 관한 사항
6. 장애인정책 추진과 관련한 재원조달에 관한 사항
7. 장애인복지에 관한 관련 부처의 협조에 관한 사항
8. 그 밖에 장애인복지와 관련하여 대통령령으로 정하는 사항

③위원회는 필요하다고 인정되면 관계 행정기관에 그 직원의 출석·설명과 자료 제출을 요구할 수 있다.

④위원회는 제2항의 사항을 미리 검토하고 관계 기관 사이의 협조 사항을 정리하기 위하여 위원회에 장애인정책조정실무위원회(이하 "실무위원회"라 한다)를 둔다.

⑤위원회와 실무위원회의 구성·운영에 관하여 필요한 사항은 대통령령으로 정한다.

제12조(장애인정책책임관의 지정 등) ①중앙행정기관의 장은 해당 기관의 장애인정책을 효율적으로 수립·시행하기 위하여 소속공무원 중에서 장애인정책책임관을 지정할 수 있다.

②제1항에 따른 장애인정책책임관의 지정 및 임무 등에 관하여 필요한 사항은 대통령령으로 정한다.

제13조(지방장애인복지위원회) ①장애인복지 관련 사업의 기획·조사·실시 등을 하는 데에 필요한 사항을 심의하기 위하여 지방자치단체에 지방장애인복지위원회를 둔다.

②제1항의 지방장애인복지위원회를 조직·운영하는 데에 필요한 사항은 대통령령으로 정하는 기준에 따라 지방자치단체의 조례로 정한다.

제14조(장애인의 날) ①장애인에 대한 국민의 이해를 깊게 하고 장애인의 재활의욕을 높이기 위하여 매년 4월 20일을 장애인의 날로 하며, 장애인의 날부터 1주간을 장애인 주간으로 한다.

②국가와 지방자치단체는 장애인의 날의 취지에 맞는 행사 등 사업을 하도록 노력하여야 한다.

제15조(다른 법률과의 관계) 제2조에 따른 장애인 중 「정신건강증진 및 정신질환자 복지서비스 지원에 관한 법률」과 「국가유공자 등 예우 및 지원에 관한 법률」 등 대통령령으로 정하는 다른 법률을 적용 받는 장애인에 대하여는 대통령령으로 정하는 바에 따라 이 법의 적용을 제한할 수 있다. <개정 2016. 5. 29.>

제16조(법제와 관련된 조치 등) 국가와 지방자치단체는 이 법의 목적을 달성하기 위하여 필요한 법제·재정과 관련된 조치를 강구하여야 한다.

| 제2장 기본정책의 강구 |

제17조(장애발생 예방) ①국가와 지방자치단체는 장애의 발생 원인과 예방에 관한 조사 연구를 촉진하여야 하며, 모자보건사업의 강화, 장애의 원인이 되는 질병의 조기 발견과 조기 치료, 그 밖에 필요한 정책을 강구하여야 한다.

②국가와 지방자치단체는 교통사고·산업재해·약물중독 및 환경오염 등에 의한 장애발생을 예방하기 위하여 필요한 조치를 강구하여야 한다.

제18조(의료와 재활치료) 국가와 지방자치단체는 장애인이 생활기능을 익히거나 되찾을 수 있도록 필요한 기능치료와 심리치료 등 재활의료를 제공하고 장애인의 장애를 보완할 수 있는 장애인보조기구를 제공하는 등 필요한 정책을 강구하여야 한다.

제19조(사회적응훈련) 국가와 지방자치단체는 장애인이 재활치료를 마치고 일상생활이나 사회생활을 원활히 할 수 있도록 사회적응훈련을 실시하여야 한다.

제20조(교육) ①국가와 지방자치단체는 사회통합의 이념에 따라 장애인이 연령·능력·

장애의 종류 및 정도에 따라 충분히 교육받을 수 있도록 교육 내용과 방법을 개선하는 등 필요한 정책을 강구하여야 한다.

②국가와 지방자치단체는 장애인의 교육에 관한 조사·연구를 촉진하여야 한다.

③국가와 지방자치단체는 장애인에게 전문 진로교육을 실시하는 제도를 강구하여야 한다.

④각급 학교의 장은 교육을 필요로 하는 장애인이 그 학교에 입학하려는 경우 장애를 이유로 입학 지원을 거부하거나 입학시험 합격자의 입학을 거부하는 등의 불리한 조치를 하여서는 아니 된다.

⑤모든 교육기관은 교육 대상인 장애인의 입학과 수학(修學) 등에 편리하도록 장애의 종류와 정도에 맞추어 시설을 정비하거나 그 밖에 필요한 조치를 강구하여야 한다.

제21조(직업) ①국가와 지방자치단체는 장애인이 적성과 능력에 맞는 직업에 종사할 수 있도록 직업 지도, 직업능력 평가, 직업 적응훈련, 직업훈련, 취업 알선, 고용 및 취업 후 지도 등 필요한 정책을 강구하여야 한다.

②국가와 지방자치단체는 장애인 직업재활훈련이 원활히 이루어질 수 있도록 장애인에게 적합한 직종과 재활사업에 관한 조사·연구를 촉진하여야 한다.

제22조(정보에의 접근) ①국가와 지방자치단체는 장애인이 정보에 원활하게 접근하고 자신의 의사를 표시할 수 있도록 전기통신·방송시설 등을 개선하기 위하여 노력하여야 한다.

②국가와 지방자치단체는 방송국의 장 등 민간 사업자에게 뉴스와 국가적 주요 사항의 중계 등 대통령령으로 정하는 방송 프로그램에 청각장애인을 위한 한국수어 또는 폐쇄자막과 시각장애인을 위한 화면해설 또는 자막해설 등을 방영하도록 요청하여야 한다. <개정 2016. 2. 3.>

③국가와 지방자치단체는 국가적인 행사, 그 밖의 교육·집회 등 대통령령으로 정하는 행사를 개최하는 경우에는 청각장애인을 위한 한국수어 통역 및 시각장애인을 위한 점자 및 인쇄물 접근성바코드(음성변환용 코드 등 대통령령으로 정하는 전자적 표시를 말한다. 이하 이 조에서 같다)가 삽입된 자료 등을 제공하여야 하며 민간이 주최하는 행사의 경우에는 한국수어 통역과 점자 및 인쇄물 접근성바코드가 삽입된 자료 등을 제공하도록 요청할 수 있다. <개정 2012. 1. 26., 2016. 2. 3., 2017. 12. 19.>

④제2항과 제3항의 요청을 받은 방송국의 장 등 민간 사업자와 민간 행사 주최자는

정당한 사유가 없으면 그 요청에 따라야 한다.

⑤국가와 지방자치단체는 시각장애인이 정보에 쉽게 접근할 수 있도록 점자도서와 음성도서 등을 보급하기 위하여 노력하여야 한다.

⑥국가와 지방자치단체는 장애인의 특성을 고려하여 정보통신망 및 정보통신기기의 접근·이용에 필요한 지원 및 도구의 개발·보급 등 필요한 시책을 강구하여야 한다.

제22조(정보에의 접근) ①국가와 지방자치단체는 장애인이 정보에 원활하게 접근하고 자신의 의사를 표시할 수 있도록 전기통신·방송시설 등을 개선하기 위하여 노력하여야 한다.

②국가와 지방자치단체는 방송국의 장 등 민간 사업자에게 뉴스와 국가적 주요 사항의 중계 등 대통령령으로 정하는 방송 프로그램에 청각장애인을 위한 한국수어 또는 폐쇄자막과 시각장애인을 위한 화면해설 또는 자막해설 등을 방영하도록 요청하여야 한다. <개정 2016. 2. 3.>

③국가와 지방자치단체는 국가적인 행사, 그 밖의 교육·집회 등 대통령령으로 정하는 행사를 개최하는 경우에는 청각장애인을 위한 한국수어 통역 및 시각장애인을 위한 점자 및 인쇄물 접근성바코드(음성변환용 코드 등 대통령령으로 정하는 전자적 표시를 말한다. 이하 이 조에서 같다)가 삽입된 자료 등을 제공하여야 하며 민간이 주최하는 행사의 경우에는 한국수어 통역과 점자 및 인쇄물 접근성바코드가 삽입된 자료 등을 제공하도록 요청할 수 있다. <개정 2012. 1. 26., 2016. 2. 3., 2017. 12. 19.>

④제2항과 제3항의 요청을 받은 방송국의 장 등 민간 사업자와 민간 행사 주최자는 정당한 사유가 없으면 그 요청에 따라야 한다.

⑤국가와 지방자치단체는 시각장애인과 시청각장애인(시각 및 청각 기능이 손상된 장애인을 말한다. 이하 같다)이 정보에 쉽게 접근하고 의사소통을 원활하게 할 수 있도록 점자도서, 음성도서, 점자정보단말기 및 무지점자단말기 등 의사소통 보조기구를 개발·보급하고, 시청각장애인을 위한 의사소통 지원 전문인력을 양성·파견하기 위하여 노력하여야 한다. <개정 2019. 12. 3.>

⑥국가와 지방자치단체는 장애인의 특성을 고려하여 정보통신망 및 정보통신기기의 접근·이용에 필요한 지원 및 도구의 개발·보급 등 필요한 시책을 강구하여야 한다.

[시행일 : 2020. 6. 4.] 제22조제5항

제23조(편의시설) ①국가와 지방자치단체는 장애인이 공공시설과 교통수단 등을 안전하고 편리하게 이용할 수 있도록 편의시설의 설치와 운영에 필요한 정책을 강구하여야

한다.

②국가와 지방자치단체는 공공시설 등 이용편의를 위하여 한국수어 통역·안내보조 등 인적서비스 제공에 관하여 필요한 시책을 강구하여야 한다. <개정 2016. 2. 3.>

제24조(안전대책 강구) 국가와 지방자치단체는 추락사고 등 장애로 인하여 일어날 수 있는 안전사고와 비상재해 등에 대비하여 시각·청각 장애인과 이동이 불편한 장애인을 위하여 피난용 통로를 확보하고, 점자·음성·문자 안내판을 설치하며, 긴급 통보체계를 마련하는 등 장애인의 특성을 배려한 안전대책 등 필요한 조치를 강구하여야 한다.

제25조(사회적 인식개선) ①국가와 지방자치단체는 학생, 공무원, 근로자, 그 밖의 일반국민 등을 대상으로 장애인에 대한 인식개선을 위한 교육 및 공익광고 등 홍보사업을 실시하여야 한다.

② 국가기관 및 지방자치단체의 장, 「영유아보육법」에 따른 어린이집, 「유아교육법」·「초·중등교육법」·「고등교육법」에 따른 각급 학교의 장, 그 밖에 대통령령으로 정하는 교육기관 및 공공단체의 장은 소속 직원·학생을 대상으로 장애인에 대한 인식개선을 위한 교육을 실시하고, 그 결과를 보건복지부장관에게 제출하여야 한다. <신설 2015. 12. 29.>

③국가는 「초·중등교육법」에 따른 학교에서 사용하는 교과용도서에 장애인에 대한 인식개선을 위한 내용이 포함되도록 하여야 한다. <개정 2015. 12. 29.>

④제1항 및 제3항의 사업, 제2항에 따른 교육의 내용과 방법, 결과 제출 등에 필요한 사항은 대통령령으로 정한다. <개정 2015. 12. 29.>

제25조(사회적 인식개선 등) ①국가와 지방자치단체는 학생, 공무원, 근로자, 그 밖의 일반국민 등을 대상으로 장애인에 대한 인식개선을 위한 교육 및 공익광고 등 홍보사업을 실시하여야 한다.

② 국가기관 및 지방자치단체의 장, 「영유아보육법」에 따른 어린이집, 「유아교육법」·「초·중등교육법」·「고등교육법」에 따른 각급 학교의 장, 그 밖에 대통령령으로 정하는 교육기관 및 공공단체(이하 "국가기관등"이라 한다)의 장은 매년 소속 직원·학생을 대상으로 장애인에 대한 인식개선을 위한 교육(이하 "인식개선교육"이라 한다)을 실시하고, 그 결과를 보건복지부장관에게 제출하여야 한다. <신설 2015. 12. 29., 2019. 12. 3.>

③ 보건복지부장관은 인식개선교육의 실시 결과에 대한 점검을 대통령령으로 정하

는 바에 따라 매년 실시하여야 한다. <신설 2019. 12. 3.>

④ 보건복지부장관은 제3항에 따른 점검 결과 인식개선교육 이수율 등이 보건복지부 장관이 정한 기준에 미치지 못하는 국가기관등에 대하여 대통령령으로 정하는 바에 따라 관리자(인식개선교육에 관한 업무를 총괄하여 책임지는 사람을 말한다. 이하 같다) 특별 교육 등 필요한 조치를 하여야 한다. <신설 2019. 12. 3.>

⑤ 보건복지부장관은 제3항에 따른 점검 결과를 대통령령으로 정하는 바에 따라 언론 등에 공표하여야 한다. 다만, 다른 법률에서 공표를 제한하고 있는 경우에는 그러하지 아니하다. <신설 2019. 12. 3.>

⑥ 보건복지부장관은 제3항에 따른 점검 결과를 다음 각 호의 평가에 반영하도록 해당 평가를 실시하는 기관·단체의 장에게 요구할 수 있다. <신설 2019. 12. 3.>

1. 「정부업무평가기본법」 제14조제1항 및 제18조제1항에 따른 중앙행정기관 및 지방자치단체의 자체평가

2. 「공공기관의 운영에 관한 법률」 제48조제1항에 따른 공기업·준정부기관의 경영실적 평가

3. 「지방공기업법」 제78조제1항에 따른 지방공기업의 경영평가

4. 「초·중등교육법」 제9조제2항에 따른 학교 평가

⑦ 보건복지부장관은 인식개선교육을 효과적으로 실시하기 위하여 전문강사를 양성하고 교육프로그램을 개발·보급하여야 한다. <신설 2019. 12. 3.>

⑧ 보건복지부장관은 인식개선교육의 효율적 지원 및 실시 결과의 관리 등을 위하여 인식개선교육 정보시스템을 구축·운영할 수 있다. <신설 2019. 12. 3.>

⑨국가는 「초·중등교육법」에 따른 학교에서 사용하는 교과용도서에 장애인에 대한 인식개선을 위한 내용이 포함되도록 하여야 한다. <개정 2015. 12. 29., 2019. 12. 3.>

⑩ 보건복지부장관은 대통령령으로 정하는 바에 따라 다음 각 호의 업무를 「공공기관의 운영에 관한 법률」 제4조에 따른 공공기관 중 장애인 복지향상을 설립목적으로 하는 공공기관에 위탁할 수 있다. 이 경우 보건복지부장관은 예산의 범위에서 업무 수행에 필요한 비용의 전부 또는 일부를 지원할 수 있다. <신설 2019. 12. 3.>

1. 제3항 및 제4항에 따른 인식개선교육 실시 결과에 대한 점검과 관리자 특별교육

2. 제7항에 따른 전문강사 양성 및 교육프로그램 개발·보급

3. 제8항에 따른 인식개선교육 정보시스템 구축·운영

⑪제1항 및 제9항의 사업, 인식개선교육의 내용과 방법, 결과 제출 및 제8항에 따른 인식개선교육 정보시스템의 구축·운영 등에 필요한 사항은 대통령령으로 정한다. <개

정 2015. 12. 29., 2019. 12. 3.>

[제목 개정 2019. 12. 3.]

[시행일 : 2021. 6. 4.] 제25조

제25조의2(인식개선교육의 위탁 등) ① 국가기관등의 장은 인식개선교육을 보건복지부장관이 지정하는 기관(이하 "인식개선교육기관"이라 한다)에 위탁할 수 있다.

② 인식개선교육기관의 장은 보건복지부령으로 정하는 바에 따라 인식개선교육을 실시하여야 하며, 국가기관등의 장 및 인식개선교육기관의 장은 교육 실시 관련 자료를 3년간 보관하고 국가기관등의 장이나 피교육자가 원하는 경우 그 자료를 내주어야 한다.

③ 인식개선교육기관은 보건복지부령으로 정하는 자격을 가진 전문강사를 1명 이상 두어야 한다.

④ 보건복지부장관은 인식개선교육기관이 다음 각 호의 어느 하나에 해당하면 그 지정을 취소할 수 있다. 다만, 제1호에 해당하는 경우에는 그 지정을 취소하여야 한다.

1. 거짓이나 그 밖의 부정한 방법으로 지정을 받은 경우

2. 정당한 사유 없이 제3항에 따른 전문강사를 6개월 이상 계속하여 두지 아니한 경우

⑤ 보건복지부장관은 제4항에 따라 인식개선교육기관의 지정을 취소하려면 청문을 하여야 한다.

⑥ 인식개선교육기관의 지정 기준 및 절차는 보건복지부령으로 정한다.

[본조 신설 2019. 12. 3.]

[시행일 : 2021. 6. 4.] 제25조의2

제26조(선거권 행사를 위한 편의 제공) 국가와 지방자치단체는 장애인이 선거권을 행사하는 데에 불편함이 없도록 편의시설·설비를 설치하고, 선거권 행사에 관하여 홍보하며, 선거용 보조기구를 개발·보급하는 등 필요한 조치를 강구하여야 한다.

제27조(주택 보급) ①국가와 지방자치단체는 공공주택등 주택을 건설할 경우에는 장애인에게 장애 정도를 고려하여 우선 분양 또는 임대할 수 있도록 노력하여야 한다.

②국가와 지방자치단체는 주택의 구입자금·임차자금 또는 개·보수비용의 지원 등 장애인의 일상생활에 적합한 주택의 보급·개선에 필요한 시책을 강구하여야 한다.

제28조(문화환경 정비 등) 국가와 지방자치단체는 장애인의 문화생활, 체육활동 및 관

광활동에 대한 장애인의 접근을 보장하기 위하여 관련 시설 및 설비, 그 밖의 환경을 정비하고 문화생활, 체육활동 및 관광활동 등을 지원하도록 노력하여야 한다. <개정 2017. 9. 19.>

제29조(복지 연구 등의 진흥) ①국가와 지방자치단체는 장애인복지의 종합적이고 체계적인 조사·연구·평가 및 장애인 체육활동 등 장애인정책개발 등을 위하여 필요한 정책을 강구하여야 한다.

② 삭제 <2018. 6. 12.>

③ 삭제 <2018. 6. 12.>

④ 삭제 <2018. 6. 12.>

제29조의2(한국장애인개발원의 설립 등) ① 제29조제1항에 따른 장애인 관련 조사·연구 및 정책개발·복지진흥 등을 위하여 한국장애인개발원(이하 "개발원"이라 한다)을 설립한다.

② 개발원은 법인으로 한다.

③ 개발원은 다음 각 호의 사업을 수행한다.

1. 장애인복지에 관한 정보의 수집·분석·관리, 조사·연구·정책개발 및 국제개발 등의 국제협력 사업

2. 장애인에 대한 사회적 인식개선 등 장애인복지 관련 교육, 홍보, 컨설팅

3. 중증장애인 직업재활지원 및 재정지원 장애인일자리 개발·지원

4. 중증장애인생산품에 대한 공공기관의 우선구매 촉진 지원

5. 편의시설 설치 기술지원, 장애물 없는 생활환경 조성 등 장애인 편의증진 사업 지원

6. 장애인 재난안전 대응 지침 개발·보급 등 장애인 안전대책 강화를 위한 사업

7. 그 밖에 장애인복지와 관련하여 국가 또는 지방자치단체로부터 위탁받은 사업

④ 국가와 지방자치단체는 개발원의 운영 및 사업에 필요한 비용을 보조할 수 있다.

⑤ 개발원에 대하여 이 법과 「공공기관의 운영에 관한 법률」에서 규정한 사항을 제외하고는 「민법」 중 재단법인에 관한 규정을 준용한다.

[본조 신설 2018. 6. 12.]

제30조(경제적 부담의 경감) ①국가와 지방자치단체, 「공공기관의 운영에 관한 법률」 제4조에 따른 공공기관, 「지방공기업법」에 따른 지방공사 또는 지방공단은 장애인과 장

애인을 부양하는 자의 경제적 부담을 줄이고 장애인의 자립을 촉진하기 위하여 세제상의 조치, 공공시설 이용료 감면, 그 밖에 필요한 정책을 강구하여야 한다.

②국가와 지방자치단체, 「공공기관의 운영에 관한 법률」 제4조에 따른 공공기관, 「지방공기업법」에 따른 지방공사 또는 지방공단이 운영하는 운송사업자는 장애인과 장애인을 부양하는 자의 경제적 부담을 줄이고 장애인의 자립을 돕기 위하여 장애인과 장애인을 보호하기 위하여 동행하는 자의 운임 등을 감면하는 정책을 강구하여야 한다.

제30조의2(장애인 가족 지원) ① 국가와 지방자치단체는 장애인 가족의 삶의 질 향상 및 안정적인 가정생활 영위를 위하여 다음 각 호의 필요한 시책을 수립·시행하여야 한다.

 1. 장애인 가족에 대한 인식개선 사업

 2. 장애인 가족 돌봄 지원

 3. 장애인 가족 휴식 지원

 4. 장애인 가족 사례관리 지원

 5. 장애인 가족 역량강화 지원

 6. 장애인 가족 상담 지원

 7. 그 밖에 보건복지부장관이 장애인 가족을 위하여 필요하다고 인정하는 지원

 ② 국가와 지방자치단체는 장애인 가족 지원 사업을 효율적으로 추진하기 위하여 장애인 관련 사업을 수행하는 기관·단체 등을 장애인 가족 지원 사업 수행기관(이하 "수행기관"이라 한다)으로 지정할 수 있다.

 ③ 국가와 지방자치단체는 수행기관이 다음 각 호의 어느 하나에 해당하는 경우에는 지정을 취소할 수 있다. 다만, 제1호에 해당하는 경우에는 지정을 취소하여야 한다.

 1. 거짓이나 그 밖의 부정한 방법으로 지정을 받은 경우

 2. 제4항에 따른 지정 기준에 적합하지 아니하게 된 경우

 3. 정당한 사유 없이 장애인 가족 지원 사업을 수행하지 아니한 경우

 ④ 수행기관의 지정 기준·절차 등에 필요한 사항은 보건복지부령으로 정한다.

[본조 신설 2017. 2. 8.]

| 제3장 복지 조치 |

제31조(실태조사) ① 보건복지부장관은 장애인 복지정책의 수립에 필요한 기초 자료로 활용하기 위하여 3년마다 장애실태조사를 실시하여야 한다.

② 제1항에 따른 장애실태조사의 방법, 대상 및 내용 등에 관하여 필요한 사항은 대통령령으로 정한다.

[전문 개정 2012. 1. 26.]

제32조(장애인 등록) ①장애인, 그 법정대리인 또는 대통령령으로 정하는 보호자(이하 "법정대리인등"이라 한다)는 장애상태와 그 밖에 보건복지부령이 정하는 사항을 특별자치시장·특별자치도지사·시장·군수 또는 구청장(자치구의 구청장을 말한다. 이하 같다)에게 등록하여야 하며, 특별자치시장·특별자치도지사·시장·군수·구청장은 등록을 신청한 장애인이 제2조에 따른 기준에 맞으면 장애인등록증(이하 "등록증"이라 한다)을 내주어야 한다. <개정 2008. 2. 29., 2010. 1. 18., 2010. 5. 27., 2015. 6. 22., 2017. 2. 8.>

② 삭제 <2017. 2. 8.>

③ 특별자치시장·특별자치도지사·시장·군수·구청장은 제1항에 따라 등록증을 받은 장애인의 장애상태의 변화에 따른 장애정도 조정을 위하여 장애 진단을 받게 하는 등 장애인이나 법정대리인등에게 필요한 조치를 할 수 있다. <개정 2017. 2. 8., 2017. 12. 19.>

④장애인의 장애 인정과 장애정도 사정(査定)에 관한 업무를 담당하게 하기 위하여 보건복지부에 장애판정위원회를 둘 수 있다. <개정 2008. 2. 29., 2010. 1. 18., 2017. 12. 19.>

⑤등록증은 양도하거나 대여하지 못하며, 등록증과 비슷한 명칭이나 표시를 사용하여서는 아니 된다.

⑥ 특별자치시장·특별자치도지사·시장·군수·구청장은 제1항에 따른 장애인 등록 및 제3항에 따른 장애 상태의 변화에 따른 장애정도를 조정함에 있어 장애인의 장애 인정과 장애정도 사정이 적정한지를 확인하기 위하여 필요한 경우 대통령령으로 정하는 「공공기관의 운영에 관한 법률」 제4조에 따른 공공기관에 장애 정도에 관한 정밀심사를 의뢰할 수 있다. <신설 2010. 5. 27., 2015. 6. 22., 2015. 12. 29., 2017. 12. 19.>

⑦ 제6항에 따라 장애 정도에 관한 정밀심사를 의뢰받은 공공기관은 필요한 경우 심사를 받으려는 본인이나 법정대리인등으로부터 동의를 받아 「의료법」에 따른 의료기

관에 그 사람의 해당 진료에 관한 사항의 열람 또는 사본 교부를 요청할 수 있다. 이 경우 요청을 받은 의료기관은 특별한 사유가 없으면 요청에 따라야 하며, 국가 및 지방자치단체는 예산의 범위에서 공공기관에 제공되는 자료에 대한 사용료, 수수료 등을 지원할 수 있다. <신설 2015. 12. 29., 2017. 2. 8.>

⑧제1항 및 제3항부터 제7항까지에서 규정한 사항 외에 장애인의 등록, 등록증의 발급, 장애 진단 및 장애 정도에 관한 정밀심사, 장애판정위원회, 진료에 관한 사항의 열람 또는 사본교부 요청 등에 관하여 필요한 사항은 보건복지부령으로 정한다. <개정 2008. 2. 29., 2010. 1. 18., 2010. 5. 27., 2015. 12. 29., 2017. 2. 8.>

제32조의2(재외동포 및 외국인의 장애인 등록) ① 재외동포 및 외국인 중 다음 각 호의 어느 하나에 해당하는 사람은 제32조에 따라 장애인 등록을 할 수 있다. <개정 2015. 12. 29., 2017. 12. 19.>

1. 「재외동포의 출입국과 법적 지위에 관한 법률」 제6조에 따라 국내거소신고를 한 사람
2. 「주민등록법」 제6조에 따라 재외국민으로 주민등록을 한 사람
3. 「출입국관리법」 제31조에 따라 외국인등록을 한 사람으로서 같은 법 제10조제1항에 따른 체류자격 중 대한민국에 영주할 수 있는 체류자격을 가진 사람
4. 「재한외국인 처우 기본법」 제2조제3호에 따른 결혼이민자
5. 「난민법」 제2조제2호에 따른 난민인정자

② 국가와 지방자치단체는 제1항에 따라 등록한 장애인에 대하여는 예산 등을 고려하여 장애인복지사업의 지원을 제한할 수 있다.

[본조 신설 2012. 1. 26.]

제32조의3(장애인 등록 취소 등) ① 특별자치시장·특별자치도지사·시장·군수·구청장은 제32조제1항에 따라 등록증을 받은 사람(제3호의 경우에는 법정대리인등을 포함한다)이 다음 각 호의 어느 하나에 해당하는 경우에는 장애인 등록을 취소하여야 한다.

1. 사망한 경우
2. 제2조에 따른 기준에 맞지 아니하게 된 경우
3. 정당한 사유 없이 보건복지부령으로 정하는 기간 동안 제32조제3항에 따른 장애 진단 명령 등 필요한 조치를 따르지 아니한 경우
4. 장애인 등록 취소를 신청하는 경우

② 특별자치시장·특별자치도지사·시장·군수·구청장은 다음 각 호의 어느 하나에 해당하는 경우에는 제32조제1항에 따라 등록증을 받은 사람과 법정대리인등 및 부정한 방법으로 등록증을 취득한 사람 등에게 등록증의 반환을 명하여야 한다.

1. 제1항에 따라 장애인 등록이 취소된 경우
2. 중복발급 및 양도·대여 등 부정한 방법으로 등록증을 취득한 경우

③ 제2항에 따라 등록증 반환 명령을 받은 사람은 정당한 사유가 없으면 이에 따라야 한다.

④ 제1항 및 제2항에서 규정한 사항 외에 장애인 등록의 취소, 등록증의 반환 등에 필요한 사항은 보건복지부령으로 정한다.

[본조 신설 2017. 2. 8.]

[종전 제32조의3은 제32조의4로 이동 <2017. 2. 8.>]

제32조의4(서비스 지원 종합조사) ① 보건복지부장관 또는 특별자치시장·특별자치도지사·시장·군수·구청장은 다음 각 호의 서비스 신청에 대하여 서비스의 수급자격, 양 및 내용 등의 결정에 필요한 서비스 지원 종합조사를 실시할 수 있다.

1. 「장애인활동 지원에 관한 법률」 제6조에 따른 활동지원급여 신청
2. 「장애인·노인 등을 위한 보조기기 지원 및 활용촉진에 관한 법률」 제8조에 따른 장애인 보조기기 교부 신청
3. 제60조의2에 따른 장애인 거주시설 이용 신청
4. 그 밖에 대통령령으로 정하는 서비스의 신청

② 보건복지부장관 또는 특별자치시장·특별자치도지사·시장·군수·구청장은 제1항에 따른 서비스 지원 종합조사를 실시하는 경우 보건복지부령으로 정하는 바에 따라 다음 각 호의 사항을 조사하고, 조사결과서를 작성하여야 한다. 다만, 제5호의 사항은 수급자격 결정 및 본인부담금 산정 등을 위하여 필요한 경우에만 조사하여야 한다.

1. 신청인의 서비스 이용현황 및 욕구
2. 신청인의 일상생활 수행능력 및 인지·행동 등 장애특성
3. 신청인의 가구특성, 거주환경, 사회활동 등 사회적 환경
4. 신청인에게 필요한 서비스의 종류 및 내용
5. 신청인과 그 부양의무자의 소득 및 재산 등 생활수준에 관한 사항
6. 그 밖에 신청인에게 서비스를 지원하기 위하여 필요한 사항으로서 보건복지부령으로 정하는 사항

③ 보건복지부장관 또는 특별자치시장·특별자치도지사·시장·군수·구청장은 제2항 각 호의 사항을 조사하기 위하여 필요한 자료를 확보하기 곤란한 경우에는 보건복지부령으로 정하는 바에 따라 신청인, 그 부양의무자 또는 그 밖의 관계인에게 소득·재산, 건강상태 및 장애 정도 등의 확인에 필요한 자료의 제출을 요구할 수 있다.

④ 보건복지부장관 또는 특별자치시장·특별자치도지사·시장·군수·구청장은 제1항 및 제2항에 따라 서비스 지원 종합조사를 실시하기 위하여 필요하다고 인정하는 경우에 국세·지방세, 토지·주택·건축물·자동차·선박·항공기, 국민건강보험·국민연금·고용보험·산업재해보상보험·보훈급여·군인연금·사립학교교직원연금·공무원연금·별정우체국연금·기초연금·장애인연금, 출국 또는 입국, 교정시설·치료감호시설의 입소 또는 출소, 병무, 매장·화장·장례, 주민등록·가족관계등록 등에 관한 자료의 제공을 관계 기관의 장에게 요청할 수 있다. 이 경우 자료 제공을 요청받은 관계 기관의 장은 정당한 사유가 없으면 요청에 따라야 한다.

⑤ 제1항 및 제2항에 따라 서비스 지원 종합조사를 하는 사람은 그 권한을 표시하는 증표 및 조사기간, 조사범위, 조사담당자, 관계 법령 등 보건복지부령으로 정하는 사항이 기재된 서류를 지니고 이를 관계인에게 보여주어야 한다.

⑥ 보건복지부장관 또는 특별자치시장·특별자치도지사·시장·군수·구청장은 제1항 각 호의 서비스 신청과 관련하여 신청인과 그 밖의 관계인이 제2항에 따른 조사에 필요한 서류·자료의 제출 및 조사·질문 또는 제3항에 따른 자료 제출 요구를 두 번 이상 거부·방해 또는 기피하는 경우에는 제1항 각 호의 서비스 신청을 각하할 수 있다. 이 경우 서면으로 그 이유를 분명하게 밝혀 신청인과 그 밖의 관계인에게 통지하여야 한다.

⑦ 제2항에 따른 조사의 절차 등에 관하여 필요한 사항은 대통령령으로 정한다.

[본조 신설 2017. 12. 19.]

[종전 제32조의4는 제32조의6으로 이동 <2017. 12. 19.>]

제32조의5(업무의 위탁) ① 보건복지부장관 또는 특별자치시장·특별자치도지사·시장·군수·구청장은 제32조의4에 따른 서비스 지원 종합조사 업무 중 일부를 대통령령으로 정하는 바에 따라 「공공기관의 운영에 관한 법률」 제4조에 따른 공공기관에 위탁할 수 있다.

② 국가와 지방자치단체는 제1항에 따라 업무를 위탁받은 공공기관에 대하여 예산의 범위에서 사업 수행에 필요한 비용의 전부 또는 일부를 지원할 수 있다.

[본조 신설 2017. 12. 19.]

[종전 제32조의5는 제32조의8로 이동 <2017. 12. 19.>]

제32조의6(복지서비스에 관한 장애인 지원사업) ① 국가와 지방자치단체는 제32조제1항에 따라 등록한 장애인에게 필요한 복지서비스가 적시에 제공될 수 있도록 다음 각 호의 장애인 지원사업을 실시한다. <개정 2017. 12. 19.>

1. 복지서비스에 관한 상담 및 정보 제공
2. 장애인학대 등 안전문제 또는 생계곤란 등 위기상황에 놓여있을 가능성이 높은 장애인에 대한 방문 상담
3. 복지서비스 신청의 대행
4. 장애인 개인별로 필요한 욕구의 조사 및 복지서비스 제공 계획의 수립 지원
5. 장애인과 복지서비스 제공 기관·법인·단체·시설과의 연계
6. 복지서비스 등 복지자원의 발굴 및 데이터베이스 구축
7. 그 밖에 복지서비스의 제공에 필요한 사업

② 국가와 지방자치단체는 제1항 각 호의 장애인 지원 사업을 수행하기 위하여 제58조의 장애인복지시설, 「발달장애인 권리보장 및 지원에 관한 법률」 제33조에 따른 발달장애인지원센터 등 관계 기관에 협력을 요청할 수 있다. 이 경우 국가와 지방자치단체는 예산의 범위에서 필요한 비용을 지원할 수 있다. <신설 2017. 12. 19.>

③ 국가와 지방자치단체는 제1항에 따른 장애인 지원 사업을 대통령령으로 정하는 바에 따라 「공공기관의 운영에 관한 법률」 제4조에 따른 공공기관에 위탁할 수 있다. 이 경우 국가와 지방자치단체는 예산의 범위에서 사업 수행에 필요한 비용의 전부 또는 일부를 지원할 수 있다. <개정 2017. 12. 19.>

④ 제1항부터 제3항까지에 규정된 사항 외에 장애인 지원 사업과 그 사업에 필요한 사항은 보건복지부령으로 정한다. <개정 2017. 12. 19.>

[본조 신설 2015. 6. 22.]

[제32조의4에서 이동 <2017. 12. 19.>]

제32조의7(민관협력을 통한 사례관리) ① 특별자치시장·특별자치도지사·시장·군수·구청장은 복지서비스가 필요한 장애인을 발굴하고 공공 및 민간의 복지서비스를 연계·제공하기 위하여 민관협력을 통한 사례관리를 실시할 수 있다.

② 제1항의 사례관리를 실시하기 위하여 민관협의체를 둘 수 있으며, 해당 지방자치단체에 「사회보장급여의 이용·제공 및 수급권자 발굴에 관한 법률」 제42조의2제1항

의 통합사례관리를 수행하기 위한 민관협의체가 이미 설치되어 있는 경우 그 소속의 전문분과로 운영할 수 있다.

③ 민관협의체는 지역사회 내 관계 기관·법인·단체·시설이나 개인 등 민간부문과의 협력을 강화하기 위하여 노력하여야 하며, 특별자치시장·특별자치도지사·시장·군수·구청장은 민관협의체의 효율적 운영을 위하여 필요한 지원을 할 수 있다.

[본조 신설 2017. 12. 19.]

제32조의8(장애 정도가 변동된 장애인 등에 대한 정보 제공) ① 특별자치시장·특별자치도지사·시장·군수·구청장은 제32조에 따른 장애인 등록 과정에서 장애 정도가 변동된 장애인, 제2조제2항에 따른 장애의 기준에 맞지 아니하게 된 장애인과 장애인으로 등록되지 못한 신청인에게 장애 정도의 변동, 장애인 자격의 상실 등에 따른 지원의 변화에 대한 정보와 재활 및 자립에 필요한 각종 정보를 제공하여야 한다. <개정 2017. 12. 19.>

② 제1항에 따른 정보 제공의 대상·기준 및 내용과 방법 등에 필요한 사항은 보건복지부령으로 정한다.

[본조 신설 2015. 12. 29.]

[제목 개정 2017. 12. 19.]

[제32조의5에서 이동 <2017. 12. 19.>]

제33조(장애인복지상담원) ①장애인 복지 향상을 위한 상담 및 지원 업무를 맡기기 위하여 시·군·구(자치구를 말한다. 이하 같다)에 장애인복지상담원을 둔다.

②장애인복지상담원은 그 업무를 할 때 개인의 인격을 존중하여야 한다. <개정 2017. 12. 19.>

③장애인복지상담원의 임용·직무·보수와 그 밖에 필요한 사항은 대통령령으로 정한다.

제34조(재활상담 등의 조치) ①보건복지부장관, 특별시장·광역시장·특별자치시장·도지사·특별자치도지사 또는 시장·군수·구청장(이하 "장애인복지실시기관"이라 한다)은 장애인에 대한 검진 및 재활상담을 하고, 필요하다고 인정되면 다음 각 호의 조치를 하여야 한다. <개정 2008. 2. 29., 2010. 1. 18., 2015. 6. 22.>

1. 국·공립병원, 보건소, 보건지소, 그 밖의 의료기관(이하 "의료기관"이라 한다)에 의뢰

하여 의료와 보건지도를 받게 하는 것

2. 국가 또는 지방자치단체가 설치한 장애인복지시설에서 주거편의·상담·치료·훈련 등의 필요한 서비스를 받도록 하는 것

3. 제59조에 따라 설치된 장애인복지시설에 위탁하여 그 시설에서 주거편의·상담·치료·훈련 등의 필요한 서비스를 받도록 하는 것

4. 공공직업능력개발훈련시설이나 사업장 내 직업훈련시설에서 하는 직업훈련 또는 취업알선을 필요로 하는 자를 관련 시설이나 직업안정업무기관에 소개하는 것

②장애인복지실시기관은 제1항의 재활 상담을 하는 데에 필요하다고 인정되면 제33조에 따른 장애인복지상담원을 해당 장애인의 가정 또는 장애인이 주거편의·상담·치료·훈련 등의 서비스를 받는 시설이나 의료기관을 방문하여 상담하게 하거나 필요한 지도를 하게 할 수 있다.

[제목 개정 2011. 3. 30.]

제35조(장애유형·장애정도별 재활 및 자립지원 서비스 제공 등) 국가와 지방자치단체는 장애인의 일상생활을 편리하게 하고 사회활동 참여를 높이기 위하여 장애유형·장애정도별로 재활 및 자립지원서비스를 제공하는 등 필요한 정책을 강구하여야 하며, 예산의 범위 안에서 지원할 수 있다.

제35조(장애유형·장애정도별 재활 및 자립지원 서비스 제공 등) ① 국가와 지방자치단체는 장애인의 일상생활을 편리하게 하고 사회활동 참여를 높이기 위하여 장애유형·장애정도별로 재활 및 자립지원 서비스를 제공하는 등 필요한 정책을 강구하여야 하며, 예산의 범위 안에서 지원할 수 있다. <개정 2019. 12. 3.>

② 국가와 지방자치단체는 시청각장애인을 대상으로 직업재활·의사소통·보행·이동훈련, 심리상담, 문화·여가 활동 참여 및 가족·자조 모임 등을 지원하기 위하여 전담기관을 설치·운영하는 등 필요한 시책을 강구하여야 한다. <신설 2019. 12. 3.>

[시행일 : 2020. 6. 4.] 제35조

제36조 삭제 <2015. 12. 29.>

제37조(산후조리도우미 지원 등) ①국가 및 지방자치단체는 임산부인 여성장애인과 신생아의 건강관리를 위하여 경제적 부담능력 등을 감안하여 여성장애인의 가정을 방문

하여 산전·산후 조리를 돕는 도우미(이하 "산후조리도우미"라 한다)를 지원할 수 있다.

②국가 및 지방자치단체는 제1항의 규정에 따른 산후조리도우미 지원사업에 대하여 보건복지부령이 정하는 바에 따라 정기적으로 모니터링(산후조리도우미 지원사업의 실효성 등을 확보하기 위한 정기적인 점검활동을 말한다)을 실시하여야 한다. <개정 2008. 2. 29., 2010. 1. 18.>

③산후조리도우미 지원의 기준 및 방법 등에 관하여 필요한 사항은 대통령령으로 정한다.

제38조(자녀교육비 지급) ①장애인복지실시기관은 경제적 부담능력 등을 고려하여 장애인이 부양하는 자녀 또는 장애인인 자녀의 교육비를 지급할 수 있다.

②제1항에 따른 교육비 지급 대상·기준 및 방법 등에 관하여 필요한 사항은 보건복지부령으로 정한다. <개정 2008. 2. 29., 2010. 1. 18.>

제39조(장애인이 사용하는 자동차 등에 대한 지원 등) ①국가와 지방자치단체, 그 밖의 공공단체는 장애인이 이동수단인 자동차 등을 편리하게 사용할 수 있도록 하고 경제적 부담을 줄여 주기 위하여 조세감면 등 필요한 지원정책을 강구하여야 한다.

②시장·군수·구청장은 장애인이 이용하는 자동차 등을 지원하는 데에 편리하도록 장애인이 사용하는 자동차 등임을 알아 볼 수 있는 표지(이하 "장애인 사용 자동차 등 표지"라 한다)를 발급하여야 한다.

③장애인 사용 자동차 등 표지를 대여하거나 보건복지부령이 정하는 자 외의 자에게 양도하는 등 부당한 방법으로 사용하여서는 아니 되며, 이와 비슷한 표지·명칭 등을 사용하여서는 아니 된다. <개정 2008. 2. 29., 2010. 1. 18.>

④장애인 사용 자동차 등 표지의 발급 대상과 발급 절차 등에 관하여 필요한 사항은 보건복지부령으로 정한다. <개정 2008. 2. 29., 2010. 1. 18.>

제40조(장애인 보조견의 훈련·보급 지원 등) ①국가와 지방자치단체는 장애인의 복지 향상을 위하여 장애인을 보조할 장애인 보조견(補助犬)의 훈련·보급을 지원하는 방안을 강구하여야 한다.

②보건복지부장관은 장애인 보조견에 대하여 장애인 보조견표지(이하 "보조견표지"라 한다)를 발급할 수 있다. <개정 2008. 2. 29., 2010. 1. 18.>

③누구든지 보조견표지를 붙인 장애인 보조견을 동반한 장애인이 대중교통수단을

이용하거나 공공장소, 숙박시설 및 식품접객업소 등 여러 사람이 다니거나 모이는 곳에 출입하려는 때에는 정당한 사유 없이 거부하여서는 아니 된다. 제4항에 따라 지정된 전문훈련기관에 종사하는 장애인 보조견 훈련자 또는 장애인 보조견 훈련 관련 자원봉사자가 보조견표지를 붙인 장애인 보조견을 동반한 경우에도 또한 같다. <개정 2012. 1. 26.>

④보건복지부장관은 장애인보조견의 훈련·보급을 위하여 전문훈련기관을 지정할 수 있다. <개정 2008. 2. 29., 2010. 1. 18.>

⑤보조견표지의 발급대상, 발급절차 및 전문훈련기관의 지정에 관하여 필요한 사항은 보건복지부령으로 정한다. <개정 2008. 2. 29., 2010. 1. 18.>

제41조(자금 대여 등) 국가와 지방자치단체는 장애인이 사업을 시작하거나 필요한 지식과 기능을 익히는 것 등을 지원하기 위하여 대통령령으로 정하는 바에 따라 자금을 대여할 수 있다.

제42조(생업 지원) ①국가와 지방자치단체, 그 밖의 공공단체는 소관 공공시설 안에 식료품·사무용품·신문 등 일상생활용품을 판매하는 매점이나 자동판매기의 설치를 허가하거나 위탁할 때에는 장애인이 신청하면 우선적으로 반영하도록 노력하여야 한다.

②시장·군수 또는 구청장은 장애인이 「담배사업법」에 따라 담배소매인으로 지정받기 위하여 신청하면 그 장애인을 우선적으로 지정하도록 노력하여야 한다.

③장애인이 우편법령에 따라 국내 우표류 판매업 계약 신청을 하면 우편관서는 그 장애인이 우선적으로 계약할 수 있도록 노력하여야 한다.

④제1항부터 제3항까지의 규정에 따른 허가·위탁 또는 지정 등을 받은 자는 특별한 사유가 없으면 직접 그 사업을 하여야 한다.

⑤제1항에 따른 설치 허가권자는 매점·자동판매기 설치를 허가하기 위하여 설치 장소와 판매할 물건의 종류 등을 조사하고 그 결과를 장애인에게 알리는 조치를 강구하여야 한다.

제43조(자립훈련비 지급) ①장애인복지실시기관은 제34조제1항제2호 또는 제3호에 따라 장애인복지시설에서 주거편의·상담·치료·훈련 등을 받도록 하거나 위탁한 장애인에 대하여 그 시설에서 훈련을 효과적으로 받는 데 필요하다고 인정되면 자립훈련비를 지급할 수 있으며, 특별한 사정이 있으면 훈련비 지급을 대신하여 물건을 지급할 수 있다.

②제1항에 따른 자립훈련비의 지급과 물건의 지급 등에 관하여 필요한 사항은 보건복지부령으로 정한다. <개정 2008. 2. 29., 2010. 1. 18.>

제44조(생산품 구매) 국가, 지방자치단체 및 그 밖의 공공단체는 장애인복지시설과 장애인복지단체에서 생산한 물품의 우선 구매에 필요한 조치를 마련하여야 한다.
[전문 개정 2012. 1. 26.]

제45조 삭제 <2017. 12. 19.>

제45조의2 삭제 <2017. 12. 19.>

제46조(고용 촉진) 국가와 지방자치단체는 직접 경영하는 사업에 능력과 적성이 맞는 장애인을 고용하도록 노력하여야 하며, 장애인에게 적합한 사업을 경영하는 자에게 장애인의 능력과 적성에 따라 장애인을 고용하도록 권유할 수 있다.

제46조의2(장애인 응시자에 대한 편의제공) ① 국가, 지방자치단체 및 대통령령으로 정하는 기관·단체의 장은 해당 기관·단체가 실시하는 자격시험 및 채용시험 등에 있어서 장애인 응시자가 비장애인 응시자와 동등한 조건에서 시험을 치를 수 있도록 편의를 제공하여야 한다.
② 제1항에 따른 편의제공 대상 시험의 범위는 대통령령으로 정하고, 편의제공의 내용·기준·방법 등에 필요한 사항은 보건복지부령으로 정한다.
[본조 신설 2015. 12. 29.]

제47조(공공시설의 우선 이용) 국가와 지방자치단체, 그 밖의 공공단체는 장애인의 자립을 지원하는 데에 필요하다고 인정되면 그 공공시설의 일부를 장애인이 우선 이용하게 할 수 있다.

제48조(국유·공유 재산의 우선매각이나 유상·무상 대여) ①국가와 지방자치단체는 이 법에 따른 장애인복지시설을 설치하거나 장애인복지단체가 장애인복지사업과 관련한 시설을 설치하는 데에 필요할 경우 「국유재산법」 또는 「공유재산 및 물품 관리법」에도 불구하고 국유재산 또는 공유재산을 우선 매각할 수 있고 유상 또는 무상으로 대부하

거나 사용·수익하게 할 수 있다. <개정 2013. 7. 30.>

②국가와 지방자치단체는 제1항에 따라 국가나 지방자치단체로부터 토지와 시설을 매수·임차하거나 대부받은 자가 그 매수·임차 또는 대부한 날부터 2년 이내에 장애인복지시설을 설치하지 아니하거나 장애인복지단체의 장애인복지사업 관련 시설을 설치하지 아니할 때에는 토지와 시설을 환수하거나 임차계약을 취소할 수 있다.

제49조(장애수당) ①국가와 지방자치단체는 장애인의 장애 정도와 경제적 수준을 고려하여 장애로 인한 추가적 비용을 보전(補塡)하게 하기 위하여 장애수당을 지급할 수 있다. 다만, 「국민기초생활 보장법」 제7조제1항제1호에 따른 생계급여 또는 같은 항 제3호에 따른 의료급여를 받는 장애인에게는 장애수당을 반드시 지급하여야 한다. <개정 2012. 1. 26., 2015. 12. 29.>

② 제1항에도 불구하고 「장애인연금법」 제2조제1호에 따른 중증장애인에게는 제1항에 따른 장애수당을 지급하지 아니한다. <신설 2010. 4. 12.>

③ 국가와 지방자치단체는 제1항에 따라 장애수당을 지급하려는 경우에는 장애수당을 받으려는 사람의 장애 정도에 대하여 심사할 수 있다. <신설 2017. 2. 8.>

④ 국가와 지방자치단체는 장애수당을 지급받으려는 사람이 제3항에 따른 장애 정도의 심사를 거부·방해 또는 기피하는 경우에는 제1항에도 불구하고 장애수당을 지급하지 아니할 수 있다. <신설 2017. 2. 8.>

⑤제1항에 따른 장애수당의 지급 대상·기준·방법 및 제3항에 따른 심사 대상·절차·방법 등에 관하여 필요한 사항은 대통령령으로 정한다. <개정 2010. 4. 12., 2017. 2. 8.>

제50조(장애아동수당과 보호수당) ①국가와 지방자치단체는 장애아동에게 보호자의 경제적 생활수준 및 장애아동의 장애 정도를 고려하여 장애로 인한 추가적 비용을 보전(補塡)하게 하기 위하여 장애아동수당을 지급할 수 있다.

②국가와 지방자치단체는 장애인을 보호하는 보호자에게 그의 경제적 수준과 장애인의 장애 정도를 고려하여 장애로 인한 추가적 비용을 보전하게 하기 위하여 보호수당을 지급할 수 있다.

③제1항과 제2항에 따른 장애아동수당과 보호수당의 지급 대상·기준 및 방법 등에 관하여 필요한 사항은 대통령령으로 정한다.

제50조의2(자녀교육비 및 장애수당 등의 지급 신청) ① 제38조에 따른 자녀교육비(이하 "

자녀교육비"라 한다), 제49조 및 제50조에 따른 장애수당, 장애아동수당 및 보호수당(이하 "장애수당 등"이라 한다)을 지급받으려는 사람은 보건복지부령으로 정하는 바에 따라 특별자치시장·특별자치도지사·시장·군수·구청장에게 자녀교육비 및 장애수당 등의 지급을 신청할 수 있다. <개정 2015. 6. 22.>

② 제1항에 따라 신청을 할 때에 신청인과 그 가구원(「국민기초생활 보장법」 제2조제8호에 따른 개별가구의 가구원을 말한다. 이하 같다)은 대통령령으로 정하는 바에 따라 다음 각 호의 자료 또는 정보의 제공에 동의한다는 서면을 제출하여야 한다. <개정 2017. 2. 8.>

1. 「금융실명거래 및 비밀보장에 관한 법률」 제2조제2호 및 제3호에 따른 금융자산 및 금융거래의 내용에 대한 자료 또는 정보 중 예금의 평균잔액과 그 밖에 대통령령으로 정하는 자료 또는 정보(이하 "금융정보"라 한다)

2. 「신용정보의 이용 및 보호에 관한 법률」 제2조제1호에 따른 신용정보 중 채무액과 그 밖에 대통령령으로 정하는 자료 또는 정보(이하 "신용정보"라 한다)

3. 「보험업법」 제4조제1항 각 호에 따른 보험에 가입하여 납부한 보험료와 그 밖에 대통령령으로 정하는 자료 또는 정보(이하 "보험정보"라 한다)

[본조 신설 2012. 1. 26.]

제50조의3(금융정보 등의 제공) ① 보건복지부장관은 「금융실명거래 및 비밀보장에 관한 법률」 제4조와 「신용정보의 이용 및 보호에 관한 법률」 제32조에도 불구하고 제50조의2제2항에 따라 신청인과 그 가구원이 제출한 동의 서면을 전자적 형태로 바꾼 문서로 「금융실명거래 및 비밀보장에 관한 법률」 제2조제1호에 따른 금융회사 등이나 「신용정보의 이용 및 보호에 관한 법률」 제2조제6호에 따른 신용정보집중기관(이하 "금융기관 등"이라 한다)의 장에게 금융정보·신용정보 또는 보험정보(이하 "금융정보 등"이라 한다)의 제공을 요청할 수 있다.

② 보건복지부장관은 자녀교육비 및 장애수당 등을 받고 있는 사람(이하 "수급자"라 한다)에 대한 그 지급의 적정성을 확인하기 위하여 필요하다고 인정하는 경우 「금융실명거래 및 비밀보장에 관한 법률」 제4조와 「신용정보의 이용 및 보호에 관한 법률」 제32조에도 불구하고 대통령령으로 정하는 기준에 따라 인적 사항을 기재한 문서(전자문서를 포함한다)로 금융기관등의 장에게 수급자와 그 가구원의 금융정보등의 제공을 요청할 수 있다.

③ 제1항 및 제2항에 따라 금융정보 등의 제공을 요청받은 금융기관등의 장은 「금융

실명거래 및 비밀보장에 관한 법률」제4조와 「신용정보의 이용 및 보호에 관한 법률」 제32조에도 불구하고 명의인의 금융정보 등을 제공하여야 한다.

④ 제3항에 따라 금융정보 등을 제공한 금융기관 등의 장은 금융정보 등의 제공 사실을 명의인에게 통보하여야 한다. 다만, 명의인이 동의하는 경우에는 「금융실명거래 및 비밀보장에 관한 법률」제4조의2제1항과 「신용정보의 이용 및 보호에 관한 법률」 제32조제7항에도 불구하고 통보하지 아니할 수 있다. <개정 2015. 3. 11.>

⑤ 제1항부터 제3항까지의 규정에 따른 금융정보 등의 제공 요청 및 제공은 「정보통신망 이용촉진 및 정보보호 등에 관한 법률」제2조제1항제1호에 따른 정보통신망을 이용하여야 한다. 다만, 정보통신망이 손상되는 등 불가피한 경우에는 그러하지 아니하다.

⑥ 제1항부터 제3항까지의 규정에 따른 업무에 종사하거나 종사하였던 사람은 업무를 수행하면서 취득한 금융정보 등을 이 법에서 정한 목적 외의 다른 용도로 사용하거나 다른 사람 또는 기관에 제공하거나 누설하여서는 아니 된다.

⑦ 제1항부터 제3항까지 및 제5항에 따른 금융정보 등의 제공 요청 및 제공 등에 필요한 사항은 대통령령으로 정한다.

[본조 신설 2012. 1. 26.]

제50조의4(장애인복지급여수급계좌) ① 특별자치시장·특별자치도지사·시장·군수·구청장은 수급자의 신청이 있는 경우에는 자녀교육비 및 장애수당 등을 수급자 명의의 지정된 계좌(이하 "장애인복지급여수급계좌"라 한다)로 입금하여야 한다. 다만, 정보통신장애나 그 밖에 대통령령으로 정하는 불가피한 사유로 장애인복지급여수급계좌로 이체할 수 없을 때에는 현금 지급 등 대통령령으로 정하는 바에 따라 자녀교육비 및 장애수당등을 지급할 수 있다.

② 장애인복지급여수급계좌가 개설된 금융기관은 이 법에 따른 자녀교육비 및 장애수당등만이 장애인복지급여수급계좌에 입금되도록 관리하여야 한다.

③ 제1항에 따른 신청 방법·절차와 제2항에 따른 장애인복지급여수급계좌의 관리에 필요한 사항은 대통령령으로 정한다.

[본조 신설 2016. 5. 29.]

제51조(자녀교육비 및 장애수당 등의 환수) ① 특별자치시장·특별자치도지사·시장·군수·구청장은 자녀교육비 및 장애수당 등을 받은 사람이 다음 각 호의 어느 하나에 해당

하면 그가 받은 자녀교육비 및 장애수당등의 전부 또는 일부를 환수하여야 한다. <개정 2015. 6. 22.>

1. 거짓이나 그 밖의 부정한 방법으로 자녀교육비 및 장애수당 등을 받은 경우

2. 자녀교육비 및 장애수당등을 받은 후 그 자녀교육비 및 장애수당 등을 받게 된 사유가 소급하여 소멸된 경우

3. 잘못 지급된 경우

② 특별자치시장·특별자치도지사·시장·군수·구청장은 자녀교육비 및 장애수당 등을 받은 사람이 제1항 각 호의 사유에 해당하여 일정한 기간을 정하여 반환요청을 하였으나 그 기간 내에 반환하지 아니하면 국세 또는 지방세 체납처분의 예에 따라 징수할 수 있다. <개정 2015. 6. 22.>

③ 특별자치시장·특별자치도지사·시장·군수·구청장은 제2항에 따라 자녀교육비 및 장애수당 등을 징수할 때 반환하여야 할 사람이 행방불명되거나 재산이 없거나 그 밖에 대통령령으로 정하는 사유가 있어 환수가 불가능하다고 인정할 때에는 결손처분할 수 있다. <개정 2015. 6. 22.>

④ 제3항에 따른 결손처분의 대상, 방법, 그 밖의 필요한 사항은 대통령령으로 정한다.

[전문 개정 2012. 1. 26.]

제52조(장애인의 재활 및 자립생활의 연구) ①국가와 지방자치단체는 장애인 재활 및 자립생활에 대하여 종합적이고 체계적으로 조사·연구·평가하기 위하여 전문 연구기관에 장애예방·의료·교육·직업재활 및 자립생활 등에 관한 연구 과제를 선정하여 의뢰할 수 있다.

②국가와 지방자치단체는 제1항에 따른 연구과제를 수행하는 데에 들어가는 비용을 예산의 범위 안에서 보조할 수 있다.

| 제4장 자립생활의 지원 |

제53조(자립생활지원) 국가와 지방자치단체는 장애인의 자기결정에 의한 자립생활을 위하여 활동지원사의 파견 등 활동보조서비스 또는 장애인보조기구의 제공, 그 밖의 각종 편의 및 정보제공 등 필요한 시책을 강구하여야 한다. <개정 2017. 12. 19.,

2018. 12. 11.>

제54조(장애인자립생활지원센터) ①국가와 지방자치단체는 장애인의 자립생활을 실현하기 위하여 장애인자립생활지원센터를 통하여 필요한 각종 지원서비스를 제공한다. <개정 2017. 12. 19.>

②제1항의 규정에 따른 장애인자립생활지원센터에 관하여 필요한 사항은 보건복지부령으로 정한다. <개정 2008. 2. 29., 2010. 1. 18., 2017. 12. 19.>

③ 국가와 지방자치단체는 장애인자립생활지원센터에 예산의 범위에서 운영비 또는 사업비의 일부를 지원할 수 있다. <신설 2015. 12. 29., 2017. 12. 19.>

[제목 개정 2017. 12. 19.]

제55조(활동지원급여의 지원) ①국가와 지방자치단체는 장애인이 일상생활 또는 사회생활을 원활히 할 수 있도록 활동지원급여를 지원할 수 있다. <개정 2011. 1. 4., 2017. 12. 19.>

②국가 및 지방자치단체는 임신 등으로 인하여 이동이 불편한 여성장애인에게 임신 및 출산과 관련한 진료 등을 위하여 경제적 부담능력 등을 감안하여 활동지원사의 파견 등 활동보조서비스를 지원할 수 있다. <개정 2018. 12. 11.>

③ 삭제 <2011. 1. 4.>

[제목 개정 2011. 1. 4.]

제56조(장애동료 간 상담) ①국가와 지방자치단체는 장애인이 장애를 극복하는 데 도움이 되도록 장애동료 간 상호대화나 상담의 기회를 제공하도록 노력하여야 한다.

②제1항에 따른 장애동료 간의 대화나 상담의 기회를 제공하기 위한 구체적인 사업 등에 관하여 필요한 사항은 보건복지부령으로 정한다. <개정 2008. 2. 29., 2010. 1. 18.>

| 제5장 복지시설과 단체 |

제57조(장애인복지시설의 이용 등) ① 국가와 지방자치단체는 장애인이 제58조에 따른

장애인복지시설의 이용을 통하여 기능회복과 사회적 향상을 도모할 수 있도록 필요한 정책을 강구하여야 한다.

② 국가와 지방자치단체는 제58조에 따른 장애인복지시설을 이용하는 장애인의 인권을 보호하기 위하여 필요한 정책을 마련하고 관련 프로그램을 실시할 수 있는 기반을 조성하여야 한다.

③ 장애인복지실시기관은 제58조에 따른 장애인복지시설에 대한 장애인의 선택권을 최대한 보장하여야 한다.

④ 장애인복지실시기관은 장애인의 선택권을 보장하기 위하여 제58조에 따른 장애인복지시설을 이용하려는 장애인에게 시설의 선택에 필요한 정보를 충분히 제공하여야 한다.

⑤ 제58조에 따른 장애인복지시설의 선택에 필요한 정보 제공과 서비스 제공 시에는 장애인의 성별·연령 및 장애의 유형과 정도를 고려하여야 한다.

[전문 개정 2011. 3. 30.]

제58조(장애인복지시설) ①장애인복지시설의 종류는 다음 각 호와 같다. <개정 2011. 3. 30.>

1. 장애인 거주시설: 거주공간을 활용하여 일반가정에서 생활하기 어려운 장애인에게 일정 기간 동안 거주·요양·지원 등의 서비스를 제공하는 동시에 지역사회생활을 지원하는 시설

2. 장애인 지역사회재활시설 : 장애인을 전문적으로 상담·치료·훈련하거나 장애인의 일상생활, 여가활동 및 사회참여활동 등을 지원하는 시설

3. 장애인 직업재활시설 : 일반 작업환경에서는 일하기 어려운 장애인이 특별히 준비된 작업환경에서 직업훈련을 받거나 직업 생활을 할 수 있도록 하는 시설

4. 장애인 의료재활시설: 장애인을 입원 또는 통원하게 하여 상담, 진단·판정, 치료 등 의료재활서비스를 제공하는 시설

5. 그 밖에 대통령령으로 정하는 시설

②제1항 각 호에 따른 장애인복지시설의 구체적인 종류와 사업 등에 관한 사항은 보건복지부령으로 정한다. <개정 2008. 2. 29., 2010. 1. 18.>

제59조(장애인복지시설 설치) ①국가와 지방자치단체는 장애인복지시설을 설치할 수 있다.

②제1항에 규정된 자 외의 자가 장애인복지시설을 설치·운영하려면 해당 시설 소재지 관할 시장·군수·구청장에게 신고하여야 하며, 신고한 사항 중 보건복지부령으로 정하는 중요한 사항을 변경할 때에도 신고하여야 한다. 다만, 제62조에 따른 폐쇄 명령을 받고 1년이 지나지 아니한 자는 시설의 설치·운영 신고를 할 수 없다. <개정 2008. 2. 29., 2010. 1. 18.>

③ 시장·군수·구청장은 제2항에 따른 신고 또는 변경신고를 받은 경우 그 내용을 검토하여 이 법에 적합하면 신고 또는 변경신고를 수리하여야 한다. <신설 2019. 1. 15.>

④ 제58조제1항제1호에 따른 장애인 거주시설의 정원은 30명을 초과할 수 없다. 다만, 특수한 서비스를 위하여 일정 규모 이상이 필요한 시설 등 대통령령으로 정하는 경우에는 그러하지 아니하다. <신설 2011. 3. 30., 2019. 1. 15.>

⑤제58조제1항제4호에 따른 의료재활시설의 설치는 「의료법」에 따른다. <개정 2011. 3. 30., 2019. 1. 15.>

⑥제2항에 따른 장애인복지시설의 시설기준·신고·변경신고 및 이용 등에 관하여 필요한 사항은 보건복지부령으로 정한다. <개정 2008. 2. 29., 2010. 1. 18., 2011. 3. 30., 2019. 1. 15.>

제59조의2 삭제 <2015. 12. 29.>

제59조의3(성범죄자의 취업제한 등) ① 법원은 성범죄(「성폭력범죄의 처벌 등에 관한 특례법」 제2조제1항에 따른 성폭력범죄 또는 「아동·청소년의 성보호에 관한 법률」 제2조제2호에 따른 아동·청소년대상 성범죄를 말한다. 이하 같다)로 형 또는 치료감호를 선고하는 경우에는 판결(약식명령을 포함한다. 이하 같다)로 그 형 또는 치료감호의 전부 또는 일부의 집행을 종료하거나 집행이 유예·면제된 날(벌금형을 선고받은 경우에는 그 형이 확정된 날을 말한다)부터 일정기간(이하 "취업제한기간"이라 한다) 동안 장애인복지시설을 운영하거나 장애인복지시설에 취업 또는 사실상 노무를 제공할 수 없도록 하는 명령(이하 "취업제한명령"이라 한다)을 성범죄 사건의 판결과 동시에 선고(약식명령의 경우에는 고지를 말한다)하여야 한다. 다만, 재범의 위험성이 현저히 낮은 경우, 그 밖에 취업을 제한하여서는 아니 되는 특별한 사정이 있다고 판단하는 경우에는 그러하지 아니한다. <개정 2018. 12. 11.>

② 취업제한기간은 10년을 초과하지 못한다. <신설 2018. 12. 11.>

③ 법원은 제1항에 따라 취업제한명령을 선고하려는 경우에는 정신건강의학과 의사,

심리학자, 사회복지학자, 성범죄 관련 전문가, 장애인단체가 추천하는 장애인 전문가, 그 밖의 관련 전문가로부터 취업제한명령 대상자의 재범 위험성 등에 관한 의견을 들을 수 있다. <신설 2018. 12. 11.>

④ 시장·군수·구청장은 제59조제2항에 따라 장애인복지시설을 운영하려는 자에 대하여 본인의 동의를 받아 관계 기관의 장에게 성범죄의 경력 조회를 요청하여야 한다. 다만, 장애인복지시설을 운영하려는 자가 성범죄 경력 조회 회신서를 시장·군수·구청장에게 직접 제출한 경우에는 성범죄의 경력 조회를 한 것으로 본다. <개정 2018. 12. 11.>

⑤ 장애인복지시설 운영자는 그 시설에 취업 중이거나 사실상 노무를 제공 중인 사람 또는 취업하려 하거나 사실상 노무를 제공하려는 사람(이하 "취업자등"이라 한다)에 대하여 성범죄의 경력을 확인하여야 하며, 이 경우 본인의 동의를 받아 관계 기관의 장에게 성범죄의 경력 조회를 요청하여야 한다. 다만, 취업자 등이 성범죄 경력 조회 회신서를 장애인복지시설 운영자에게 직접 제출한 경우에는 성범죄의 경력 조회를 한 것으로 본다. <개정 2018. 12. 11.>

⑥ 시장·군수·구청장은 성범죄로 취업제한명령을 선고받은 사람이 장애인복지시설을 운영하거나 장애인복지시설에 취업 또는 사실상 노무를 제공하고 있는지를 직접 또는 관계 기관 조회 등의 방법으로 연 1회 이상 확인·점검하여야 한다. <개정 2018. 12. 11.>

⑦ 시장·군수·구청장은 제6항에 따른 확인·점검을 위하여 필요한 경우에는 장애인복지시설 운영자에게 관련 자료의 제출을 요구할 수 있다. <신설 2018. 12. 11.>

⑧ 보건복지부장관은 시장·군수·구청장에게 제6항에 따른 확인·점검 결과를 제출하도록 요구할 수 있다. <신설 2018. 12. 11.>

⑨ 시장·군수·구청장은 취업제한명령을 위반하여 장애인복지시설을 운영 중인 장애인복지시설 운영자에게 운영 중인 장애인복지시설의 폐쇄를 요구하여야 한다. <신설 2018. 12. 11.>

⑩ 시장·군수·구청장은 취업제한명령을 위반하여 취업하거나 사실상 노무를 제공하는 사람이 있으면 해당 장애인복지시설 운영자에게 그의 해임을 요구하여야 한다. <신설 2018. 12. 11.>

⑪ 시장·군수·구청장은 장애인복지시설 운영자가 정당한 사유 없이 제9항에 따른 폐쇄요구를 거부하거나 3개월 이내에 요구사항을 이행하지 아니하는 경우에는 대통령령으로 정하는 바에 따라 해당 장애인복지시설을 폐쇄하거나 관계 행정기관의 장에게

이를 요구할 수 있다. <신설 2018. 12. 11.>

⑫ 제4항부터 제6항까지의 규정에 따라 성범죄의 경력 조회를 요청받은 관계 기관의 장은 성범죄 경력 조회 회신서를 발급하여야 한다. <개정 2018. 12. 11.>

⑬ 제4항부터 제6항까지에 따른 성범죄경력 조회의 요청 절차·범위 등에 관하여 필요한 사항은 대통령령으로 정한다. <개정 2018. 12. 11.>

[본조 신설 2012. 1. 26.]

[2018. 12. 11. 법률 제15904호에 의하여 2016. 7. 28. 헌법재판소에서 위헌 결정된 이 조제1항을 개정함.]

제59조의4(장애인 학대 및 장애인 대상 성범죄 신고의무와 절차) ① 누구든지 장애인 학대 및 장애인 대상 성범죄를 알게 된 때에는 제59조의11에 따른 중앙장애인권익옹호기관 또는 지역장애인권익옹호기관(이하 "장애인권익옹호기관"이라 한다)이나 수사기관에 신고할 수 있다. <개정 2015. 6. 22., 2015. 12. 29., 2017. 12. 19.>

② 다음 각 호의 어느 하나에 해당하는 사람은 그 직무상 장애인학대 및 장애인 대상 성범죄를 알게 된 경우에는 지체 없이 장애인권익옹호기관 또는 수사기관에 신고하여야 한다. <개정 2015. 6. 22., 2015. 12. 29., 2016. 5. 29., 2019. 1. 15.>

1. 「사회복지사업법」 제14조에 따른 사회복지 전담공무원 및 같은 법 제34조에 따른 사회복지시설의 장과 그 종사자

2. 「장애인활동 지원에 관한 법률」 제16조에 따른 활동지원인력 및 같은 법 제20조에 따른 활동지원기관의 장과 그 종사자

3. 「의료법」 제2조제1항의 의료인 및 같은 법 제3조제1항의 의료기관의 장

4. 「의료기사 등에 관한 법률」 제1조의2의 의료기사

5. 「응급의료에 관한 법률」 제36조의 응급구조사

6. 「소방기본법」 제34조에 따른 구급대의 대원

7. 「정신건강증진 및 정신질환자 복지서비스 지원에 관한 법률」 제3조제3호에 따른 정신건강복지센터의 장과 그 종사자

8. 「영유아보육법」 제10조에 따른 어린이집의 원장 등 보육교직원

9. 「유아교육법」 제20조에 따른 교직원 및 같은 법 제23조에 따른 강사 등

10. 「초·중등교육법」 제19조에 따른 교직원, 같은 법 제19조의2에 따른 전문상담교사 등 및 같은 법 제22조에 따른 산학겸임교사 등

11. 「학원의 설립·운영 및 과외교습에 관한 법률」 제6조에 따른 학원의 운영자·강사·

직원 및 같은 법 제14조에 따른 교습소의 교습자·직원

12. 「성폭력방지 및 피해자보호 등에 관한 법률」 제10조에 따른 성폭력피해상담소의 장과 그 종사자 및 같은 법 제12조에 따른 성폭력피해자보호시설의 장과 그 종사자

13. 「성매매방지 및 피해자보호 등에 관한 법률」 제9조에 따른 지원시설의 장과 그 종사자 및 같은 법 제17조에 따른 성매매피해상담소의 장과 그 종사자

14. 「가정폭력방지 및 피해자보호 등에 관한 법률」 제5조에 따른 가정폭력 관련 상담소의 장과 그 종사자 및 같은 법 제7조의2에 따른 가정폭력피해자 보호시설의 장과 그 종사자

15. 「건강가정기본법」 제35조에 따른 건강가정지원센터의 장과 그 종사자

16. 「다문화가족지원법」 제12조에 따른 다문화가족지원센터의 장과 그 종사자

17. 「아동복지법」 제10조의2에 따른 아동권리보장원 및 「아동복지법」 제48조에 따른 가정위탁지원센터의 장과 그 종사자

18. 「한부모가족지원법」 제19조의 한부모가족복지시설의 장과 그 종사자

19. 「청소년 기본법」 제3조제6호의 청소년시설의 장과 그 종사자 및 같은 조 제8호의 청소년단체의 장과 그 종사자

20. 「청소년 보호법」 제35조에 따른 청소년 보호·재활센터의 장과 그 종사자

21. 「노인장기요양보험법」 제2조제5호의 장기요양요원

③ 삭제 <2017. 12. 19.>

④ 보건복지부장관은 제2항에 따른 신고의무자에게 장애인학대 및 장애인 대상 성범죄의 신고 절차와 방법 등을 안내하여야 한다. <신설 2015. 6. 22., 2015. 12. 29.>

⑤ 국가와 지방자치단체는 장애인학대 및 장애인 대상 성범죄를 예방하고 수시로 신고를 받을 수 있도록 필요한 조치를 하여야 한다. <신설 2015. 6. 22., 2015. 12. 29.>

⑥ 제2항 각 호에 따른 소관 중앙행정기관의 장은 제2항 각 호의 어느 하나에 해당하는 사람의 자격 취득 과정이나 보수교육 과정에 장애인학대 및 장애인 대상 성범죄 예방 및 신고의무에 관한 교육 내용을 포함하도록 하여야 한다. <신설 2015. 6. 22., 2015. 12. 29.>

⑦ 제4항에 따른 신고 절차·방법 등의 안내, 제5항에 따른 조치 및 제6항에 따른 교육 내용·시간·방법 등은 대통령령으로 정한다. <신설 2015. 6. 22.>

[본조 신설 2012. 10. 22.]

[제목 개정 2015. 12. 29.]

[시행일 : 2017. 1. 1.] 제59조의4 장애인권익옹호기관에 관한 부분

제59조의5(불이익조치의 금지) 누구든지 장애인학대 및 장애인 대상 성범죄 신고인에게 장애인학대범죄 신고 등을 이유로 다음 각 호의 불이익조치를 하여서는 아니 된다.

　1. 파면, 해임, 해고, 그 밖에 이에 준하는 신분상실의 조치

　2. 징계, 정직, 감봉, 강등, 승진 제한, 그 밖에 이에 준하는 부당한 인사조치

　3. 전보, 전근, 직무 미부여, 직무 재배치, 그 밖에 이에 준하는 인사조치

　4. 성과평가 또는 동료평가 등을 통한 임금, 상여금 등의 차별적 지급

　5. 교육·훈련 등 자기계발 기회의 박탈 및 예산·인력 등에 대한 업무상 제한, 그 밖에 이에 준하는 근무 조건의 차별적 조치

　6. 요주의 대상자 명단의 작성·공개, 집단 따돌림 및 폭행·폭언, 그 밖에 이에 준하는 정신적·신체적 위해 행위

　7. 직무에 대한 부당한 감사, 조사 및 그 결과의 공표

　[본조 신설 2017. 12. 19.]

　[종전 제59조의5는 제59조의7로 이동 <2017. 12. 19.>]

제59조의6(장애인 학대 범죄 신고인에 대한 보호조치) 장애인 학대 및 장애인 대상 성범죄 신고인에 대하여는 「특정범죄신고자 등 보호법」 제7조부터 제13조까지의 규정을 준용한다.

　[본조 신설 2017. 12. 19.]

　[종전 제59조의6은 제59조의8로 이동 <2017. 12. 19.>]

제59조의7(응급조치의무 등) ① 제59조의4에 따라 장애인 학대 신고를 접수한 장애인권익옹호기관의 직원이나 사법경찰관리는 지체 없이 장애인 학대현장에 출동하여야 한다. 이 경우 장애인권익옹호기관의 장이나 수사기관의 장은 서로 동행하여 줄 것을 요청할 수 있으며, 그 요청을 받은 장애인권익옹호기관의 장이나 수사기관의 장은 정당한 사유가 없으면 소속 직원이나 사법경찰관리가 현장에 동행하도록 하여야 한다. <개정 2015. 6. 22., 2017. 12. 19.>

　② 제1항에 따라 장애인 학대현장에 출동한 자는 학대받은 장애인을 학대행위자로부터 분리하거나 치료가 필요하다고 인정할 때에는 장애인권익옹호기관 또는 의료기관에 인도하여야 한다. <개정 2015. 6. 22.>

　③ 제1항에 따라 장애인 학대 현장에 출동한 자는 학대받은 장애인을 보호하기 위하

여 신고된 현장에 출입하여 관계인에 대하여 조사를 하거나 질문을 할 수 있다. 이 경우 장애인권익옹호기관의 직원은 학대받은 장애인의 보호를 위한 범위에서만 조사 또는 질문을 할 수 있다. <신설 2017. 12. 19.>

④ 제3항에 따라 출입, 조사 또는 질문을 하는 자는 그 권한을 표시하는 증표를 지니고 이를 관계인에게 보여주어야 한다. <신설 2017. 12. 19.>

⑤ 제3항에 따라 조사 또는 질문을 하는 자는 학대받은 장애인·신고자·목격자 등이 자유롭게 진술할 수 있도록 장애인 학대행위자로부터 분리된 곳에서 조사하는 등 필요한 조치를 하여야 한다. <신설 2017. 12. 19.>

⑥ 누구든지 장애인 학대현장에 출동한 자에 대하여 현장조사를 거부하거나 업무를 방해하여서는 아니 된다. <개정 2017. 12. 19.>

[본조 신설 2012. 10. 22.]

[제59조의5에서 이동, 종전 제59조의7은 제59조의9로 이동 <2017. 12. 19.>]

제59조의8(보조인의 선임 등) ① 학대받은 장애인의 법정대리인, 직계친족, 형제자매, 장애인권익옹호기관의 상담원 또는 변호사는 장애인학대사건의 심리에 있어서 보조인이 될 수 있다. 다만, 변호사가 아닌 경우에는 법원의 허가를 받아야 한다. <개정 2017. 12. 19.>

② 법원은 학대받은 장애인을 증인으로 신문하는 경우 본인 또는 검사의 신청이 있는 때에는 본인과 신뢰관계에 있는 사람의 동석을 허가할 수 있다.

③ 수사기관이 학대받은 장애인을 조사하는 경우에도 제1항 및 제2항의 절차를 준용한다.

[본조 신설 2012. 10. 22.]

[제59조의6에서 이동, 종전 제59조의8은 제59조의10으로 이동 <2017. 12. 19.>]

제59조의9(금지행위) 누구든지 다음 각 호의 어느 하나에 해당하는 행위를 하여서는 아니 된다. <개정 2017. 2. 8.>

1. 장애인에게 성적 수치심을 주는 성희롱·성폭력 등의 행위

2. 장애인의 신체에 폭행을 가하거나 상해를 입히는 행위

2의2. 장애인을 폭행, 협박, 감금, 그 밖에 정신상 또는 신체상의 자유를 부당하게 구속하는 수단으로써 장애인의 자유의사에 어긋나는 노동을 강요하는 행위

3. 자신의 보호·감독을 받는 장애인을 유기하거나 의식주를 포함한 기본적 보호 및

치료를 소홀히 하는 방임행위

4. 장애인에게 구걸을 하게 하거나 장애인을 이용하여 구걸하는 행위

5. 장애인을 체포 또는 감금하는 행위

6. 장애인의 정신건강 및 발달에 해를 끼치는 정서적 학대행위

7. 장애인을 위하여 증여 또는 급여된 금품을 그 목적 외의 용도에 사용하는 행위

8. 공중의 오락 또는 흥행을 목적으로 장애인의 건강 또는 안전에 유해한 곡예를 시키는 행위

[전문 개정 2015. 6. 22.]

[제59조의7에서 이동, 종전 제59조의9는 제59조의11로 이동 <2017. 12. 19.>]

제59조의10(장애인 학대의 예방과 방지 의무) 국가와 지방자치단체는 장애인 학대의 예방과 방지를 위하여 다음 각 호의 조치를 취하여야 한다.

1. 장애인 학대의 예방과 방지를 위한 각종 정책의 수립 및 시행

2. 장애인 학대의 예방과 방지를 위한 연구·교육·홍보와 장애인학대 현황 조사

3. 장애인 학대에 관한 신고체계의 구축·운영

4. 장애인 학대로 인하여 피해를 입은 장애인(이하 "피해장애인"이라 한다)의 보호 및 치료와 피해장애인의 가정에 대한 지원

5. 장애인 학대 예방 관계기관·법인·단체·시설 등에 대한 지원

6. 그 밖에 대통령령으로 정하는 장애인 학대의 예방과 방지를 위한 사항

[본조 신설 2015. 6. 22.]

[제59조의8에서 이동, 종전 제59조의10은 제59조의12로 이동 <2017. 12. 19.>]

제59조의11(장애인권익옹호기관의 설치 등) ① 국가는 지역 간의 연계체계를 구축하고 장애인 학대를 예방하기 위하여 다음 각 호의 업무를 담당하는 중앙장애인권익옹호기관을 설치·운영하여야 한다.

1. 제2항에 따른 지역장애인권익옹호기관에 대한 지원

2. 장애인 학대 예방 관련 연구 및 실태조사

3. 장애인 학대 예방 관련 프로그램의 개발·보급

4. 장애인 학대 예방 관련 교육 및 홍보

5. 장애인 학대 예방 관련 전문인력의 양성 및 능력개발

6. 관계기관·법인·단체·시설 간 협력체계의 구축 및 교류

7. 장애인 학대 신고접수와 그 밖에 보건복지부령으로 정하는 장애인 학대 예방과 관련된 업무

② 학대받은 장애인을 신속히 발견·보호·치료하고 장애인 학대를 예방하기 위하여 다음 각 호의 업무를 담당하는 지역장애인권익옹호기관을 특별시·광역시·특별자치시·도·특별자치도에 둔다.

1. 장애인 학대의 신고접수, 현장조사 및 응급보호

2. 피해장애인과 그 가족, 장애인 학대행위자에 대한 상담 및 사후관리

3. 장애인 학대 예방 관련 교육 및 홍보

4. 장애인 학대 사례판정위원회 설치·운영

5. 그 밖에 보건복지부령으로 정하는 장애인 학대 예방과 관련된 업무

③ 장애인권익옹호기관의 장은 제1항 및 제2항에 따른 업무를 수행하기 위하여 필요한 경우 관계 기관의 장에게 사실 확인이나 관련 자료의 제공을 요청할 수 있다. 이 경우 자료 제공을 요청받은 관계 기관의 장은 정당한 사유가 없으면 요청에 따라야 한다. <신설 2017. 12. 19.>

④ 보건복지부장관, 특별시장·광역시장·특별자치시장·도지사·특별자치도지사는 「공공기관의 운영에 관한 법률」 제4조에 따른 공공기관 또는 장애인 학대의 예방 및 방지를 목적으로 하는 비영리법인을 지정하여 장애인권익옹호기관의 운영을 위탁할 수 있다. 이 경우 보건복지부장관, 특별시장·광역시장·특별자치시장·특별자치도지사는 그 운영에 드는 비용을 지원할 수 있다. <개정 2017. 12. 19.>

⑤ 장애인권익옹호기관의 설치기준·운영, 상담원의 자격·배치기준, 운영 수탁기관 등의 지정, 위탁 및 비용지원 등에 필요한 사항은 대통령령으로 정한다. <개정 2017. 12. 19.>

[본조 신설 2015. 6. 22.]

[제59조의9에서 이동, 종전 제59조의11은 제59조의13으로 이동 <2017. 12. 19.>]

제59조의12(사후관리 등) ① 장애인권익옹호기관의 장은 장애인 학대가 종료된 후에도 가정방문, 시설방문, 전화상담 등을 통하여 장애인 학대의 재발 여부를 확인하여야 한다.

② 장애인권익옹호기관의 장은 장애인 학대가 종료된 후에도 피해장애인의 안전 확보, 장애인 학대의 재발 방지, 건전한 가정기능의 유지 등을 위하여 피해장애인, 피해장애인의 보호자(친권자, 「민법」에 따른 후견인, 장애인을 보호·양육·교육하거나 그러한 의무

가 있는 사람 또는 업무·고용 등의 관계로 사실상 장애인을 보호·감독하는 사람을 말한다. 이하 이 조에서 같다)·가족에게 상담, 교육 및 의료적·심리적 치료 등의 지원을 하여야 한다.

③ 장애인권익옹호기관의 장은 제2항에 따른 지원을 하기 위하여 관계 기관·법인·단체·시설에 협조를 요청할 수 있다.

④ 장애인권익옹호기관의 장은 제2항에 따른 지원을 할 때에는 피해장애인의 이익을 최우선으로 고려하여야 한다.

⑤ 피해장애인의 보호자·가족은 제2항에 따른 장애인권익옹호기관의 지원에 참여하여야 하고, 제1항 및 제2항에 따른 장애인권익옹호기관의 업무 수행을 정당한 사유 없이 거부하거나 방해하여서는 아니 된다. <개정 2017. 12. 19.>

[본조 신설 2015. 6. 22.]

[제59조의10에서 이동 <2017. 12. 19.>]

제59조의13(피해장애인 쉼터) ① 특별시장·광역시장·특별자치시장·도지사·특별자치도지사는 피해장애인의 임시 보호 및 사회복귀 지원을 위하여 장애인 쉼터를 설치·운영할 수 있다.

② 제1항에 따른 장애인 쉼터의 설치·운영 등에 필요한 사항은 보건복지부령으로 정한다.

[본조 신설 2017. 2. 8.]

[제59조의11에서 이동 <2017. 12. 19.>]

제59조의14(장애인 학대 등의 통보) ① 사법경찰관리는 장애인 사망 및 상해 사건, 가정폭력 사건 등에 관한 직무를 수행하는 경우 장애인학대가 있었다고 의심할 만한 사유가 있는 때에는 장애인권익옹호기관에 그 사실을 통보하여야 한다.

② 제1항의 통보를 받은 장애인권익옹호기관은 피해장애인 보호조치 등 필요한 조치를 하여야 한다.

[본조 신설 2019. 12. 3.]

[시행일 : 2020. 3. 4.] 제59조의14

제60조(장애인복지시설 운영의 개시 등) ①제59조제2항에 따라 신고한 자는 지체 없이 시설 운영을 시작하여야 한다.

②시설 운영자가 시설 운영을 중단 또는 재개하거나 시설을 폐지하려는 때에는 보

건복지부령이 정하는 바에 따라 미리 시장·군수·구청장에게 신고하여야 한다. <개정 2008. 2. 29., 2010. 1. 18., 2011. 3. 30.>

③시설 운영자가 제2항에 따라 시설 운영을 중단하거나 시설을 폐지할 때에는 보건복지부령이 정하는 바에 따라 시설 이용자의 권익을 보호하기 위하여 다음 각 호의 조치를 하여야 한다. 이 경우 시장·군수·구청장은 그 조치 내용을 확인하고 제2항에 따른 신고를 수리하여야 한다. <개정 2008. 2. 29., 2010. 1. 18., 2011. 3. 30., 2019. 1. 15.>

1. 시장·군수·구청장의 협조를 받아 시설 이용자가 다른 시설을 선택할 수 있도록 하고 그 이행을 확인하는 조치

2. 시설 이용자가 이용료·사용료 등의 비용을 부담하는 경우 납부한 비용 중 사용하지 아니한 금액을 반환하게 하고 그 이행을 확인하는 조치

3. 보조금·후원금 등의 사용 실태 확인과 이를 재원으로 조성한 재산 중 남은 재산의 회수조치

4. 그 밖에 시설 이용자의 권익 보호를 위하여 필요하다고 인정되는 조치

④ 시설 운영자가 제2항에 따라 시설운영을 재개하려고 할 때에는 보건복지부령으로 정하는 바에 따라 시설 이용자의 권익을 보호하기 위하여 다음 각 호의 조치를 하여야 한다. 이 경우 시장·군수·구청장은 그 조치 내용을 확인하고 제2항에 따른 신고를 수리하여야 한다. <신설 2011. 3. 30., 2019. 1. 15.>

1. 운영 중단 사유의 해소

2. 향후 안정적 운영계획의 수립

3. 그 밖에 시설 이용자의 권익 보호를 위하여 보건복지부장관이 필요하다고 인정하는 조치

⑤제1항과 제2항에 따른 시설 운영의 개시·중단·재개 및 시설 폐지의 신고 등에 관하여 필요한 사항은 보건복지부령으로 정한다. <개정 2008. 2. 29., 2010. 1. 18., 2011. 3. 30.>

[제목 개정 2011. 3. 30.]

제60조의2(장애인 거주시설 이용절차) ① 장애인 거주시설을 이용하려는 자와 그 친족, 그 밖의 관계인은 보건복지부령으로 정하는 서류를 갖추어 시장·군수·구청장에게 장애인의 시설 이용을 신청하여야 한다.

② 제1항에 따라 시설 이용을 신청받은 시장·군수·구청장은 제32조의4에 따른 서비스 지원 종합조사 결과 등을 활용하여 이용 신청자의 시설 이용 적격성 여부를 심사하

고 그 결과에 따라 시설 이용 여부를 결정하여야 한다. <개정 2017. 12. 19.>

③ 시장·군수·구청장은 제2항에 따른 이용 신청자의 시설 이용 적격성 및 제79조제2항에 따른 본인부담금을 결정하여 이용 신청자와 시설 운영자에게 통보한다.

④ 시설 이용자가 제1항부터 제3항까지의 절차를 거치지 아니하고 시설을 이용하는 경우, 시설 운영자는 보건복지부령으로 정하는 바에 따라 해당 사례를 시장·군수·구청장에게 보고하여야 하며, 시장·군수·구청장은 이용 적격성 여부의 확인 등 필요한 조치를 취하여야 한다.

⑤ 시설 운영자는 이용 신청자와 서비스 이용조건, 본인부담금 등의 사항을 포함하여 계약을 체결하고, 그 결과를 시장·군수·구청장에게 보고하여야 한다. <개정 2017. 12. 19.>

⑥ 제5항에 따른 계약은 시설을 이용할 장애인 본인이 체결하는 것을 원칙으로 하되, 지적 능력 등의 이유로 장애인 본인이 계약을 체결하기 어려운 경우에 한하여, 대통령령으로 정하는 자가 계약절차의 전부 또는 일부를 대행할 수 있다.

⑦ 시설 이용자가 시설 이용을 중단하려는 경우에는 보건복지부령으로 정하는 기간 전에 시설 이용을 중단할 의사를 시설 운영자에게 밝혀야 한다. 이 경우 시설 운영자는 이용 중단과 관련하여 필요한 조치를 하여야 하고, 이용 중단 희망자에 대하여 이용 중단에 따른 어떠한 불이익한 처분이나 차별도 하여서는 아니 된다.

⑧ 제2항에 따른 서비스 지원 종합조사 결과의 활용방법 등에 필요한 구체적인 사항과 제5항에 따른 계약에 관한 세부적인 사항은 보건복지부령으로 정한다. <신설 2017. 12. 19.>

[본조 신설 2011. 3. 30.]

제60조의3(장애인 거주시설의 서비스 최저기준) ① 보건복지부장관은 장애인 거주시설에서 제공하여야 하는 서비스의 최저기준을 마련하여야 하며, 장애인복지실시기관은 그 기준이 충족될 수 있도록 필요한 조치를 취하여야 한다.

② 시설 운영자는 제1항에 따른 서비스의 최저기준 이상으로 서비스의 수준을 유지하여야 한다.

③ 제1항에 따른 서비스 최저기준의 구체적인 내용과 시행에 관하여 필요한 사항은 보건복지부령으로 정한다.

[본조 신설 2011. 3. 30.]

제60조의4(장애인 거주시설 운영자의 의무) ① 시설 운영자는 시설 이용자의 인권을 보호하고, 인권이 침해된 경우에는 즉각적인 회복조치를 취하여야 한다.

② 시설 운영자는 시설 이용자의 거주, 요양, 생활지원, 지역사회생활 지원 등을 위하여 필요한 서비스를 제공하여야 한다.

③ 시설 운영자는 시설 이용자의 사생활 및 자기결정권의 보장을 위하여 노력하여야 한다. <개정 2017. 2. 8.>

④ 시설 운영자는 시설 이용자의 인권을 보호하기 위하여 장애인 거주시설에 시설 이용 장애인 인권지킴이단을 두어야 한다. <신설 2017. 2. 8.>

⑤ 제4항에 따른 시설 이용 장애인 인권지킴이단의 구성·운영에 관한 구체적인 사항은 보건복지부령으로 정한다. <신설 2017. 2. 8.>

[본조 신설 2011. 3. 30.]

제61조(감독) ①장애인복지실시기관은 장애인복지시설을 설치·운영하는 자의 소관업무 및 시설이용자의 인권실태 등을 지도·감독하며, 필요한 경우 그 시설에 관한 보고 또는 관련 서류 제출을 명하거나 소속 공무원에게 그 시설의 운영상황·장부, 그 밖의 서류를 조사·검사하거나 질문하게 할 수 있다.

②제1항에 따라 관계 공무원이 그 직무를 할 때에는 권한을 표시하는 증표 및 조사기간, 조사범위, 조사담당자, 관계 법령 등 보건복지부령으로 정하는 사항이 기재된 서류를 관계인에게 내보여야 한다. <개정 2015. 12. 29.>

제62조(시설의 개선, 사업의 정지, 폐쇄 등) ①장애인복지실시기관은 장애인복지시설이 다음 각 호의 어느 하나에 해당하는 때에는 그 시설의 개선, 사업의 정지, 시설의 장의 교체를 명하거나 해당 시설의 폐쇄를 명할 수 있다. <개정 2011. 3. 30., 2019. 1. 15.>

1. 제59조제6항에 따른 시설기준에 미치지 못한 때

2. 정당한 사유 없이 제61조에 따른 보고를 하지 아니하거나 거짓으로 보고한 때 또는 조사·검사 및 질문을 거부·방해하거나 기피한 때

3. 사회복지법인이나 비영리법인이 설치·운영하는 시설인 경우 그 사회복지법인이나 비영리법인의 설립 허가가 취소된 때

4. 시설의 회계 부정이나 시설이용자에 대한 인권침해 등 불법행위, 그 밖의 부당행위 등이 발견된 때

5. 설치 목적을 이루었거나 그 밖의 사유로 계속하여 운영할 필요가 없다고 인정되

는 때

6. 이 법 또는 이 법에 따른 명령이나 처분을 위반한 경우

② 장애인복지시설실시기관은 제58조제1항제1호에 따른 장애인 거주시설이 제60조의3에 따른 서비스 최저기준을 유지하지 못할 때에는 그 시설의 개선, 사업의 정지, 시설의 장의 교체를 명하거나 해당 시설의 폐쇄를 명할 수 있다. <신설 2011. 3. 30.>

③ 제1항 및 제2항에 따른 처분 기준은 위반행위의 유형 및 그 사유와 위반의 정도 등을 고려하여 보건복지부령으로 정한다. <신설 2017. 2. 8.>

제63조(단체의 보호·육성) ①국가와 지방자치단체는 장애인의 복지를 향상하고 자립을 돕기 위하여 장애인복지단체를 보호·육성하도록 노력하여야 한다.

②국가와 지방자치단체는 예산의 범위 안에서 제1항에 따른 단체의 사업·활동 또는 운영이나 그 시설에 필요한 경비의 전부 또는 일부를 보조할 수 있다. <개정 2015. 12. 29.>

제64조(장애인복지단체협의회) ①장애인복지단체의 활동을 지원하고 장애인의 복지를 향상하기 위하여 장애인복지단체협의회(이하 "협의회"라 한다)를 설립할 수 있다.

②협의회는 「사회복지사업법」에 따른 사회복지법인으로 하되, 「사회복지사업법」 제23조제1항은 적용하지 아니한다.

③협의회의 조직과 운영 등에 관하여 필요한 사항은 정관으로 정한다.

| 제6장 장애인보조기구 |

제65조(장애인보조기구) ①"장애인보조기구"란 장애인이 장애의 예방·보완과 기능 향상을 위하여 사용하는 의지(義肢)·보조기 및 그 밖에 보건복지부장관이 정하는 보장구와 일상생활의 편의 증진을 위하여 사용하는 생활용품을 말한다. <개정 2008. 2. 29., 2010. 1. 18.>

② 보건복지부장관은 장애인의 일상생활의 편의증진 등을 위하여 다른 법률이 정하는 바에 따라 제1항에 따른 장애인보조기구의 지원 및 활용촉진 등에 관한 사업을 실시할 수 있다. <개정 2015. 12. 29.>

제66조 삭제 <2015. 12. 29.>

제67조 삭제 <2015. 12. 29.>

제68조 삭제 <2015. 12. 29.>

제69조(의지·보조기 제조업의 개설사실의 통보 등) ①의지·보조기를 제조·개조·수리하거나 신체에 장착하는 사업(이하 "의지·보조기제조업"이라 한다)을 하는 자는 그 제조업소를 개설한 후 7일 이내에 보건복지부령이 정하는 바에 따라 시장·군수·구청장에게 제조업소의 개설사실을 알려야 한다. 제조업소의 소재지 변경 등 보건복지부령이 정하는 중요 사항을 변경한 때에도 또한 같다. <개정 2008. 2. 29., 2010. 1. 18.>

②의지·보조기 제조업자는 제72조에 따른 의지·보조기 기사(補助器 技士)를 1명 이상 두어야 한다. 다만, 의지·보조기 제조업자 자신이 의지·보조기 기사인 경우에는 따로 기사를 두지 아니하여도 된다.

③의지·보조기 제조업자가 제70조에 따른 폐쇄 명령을 받은 후 6개월이 지나지 아니하면 같은 장소에서 같은 제조업을 하여서는 아니 된다.

④의지·보조기 제조업자는 의사의 처방에 따라 의지·보조기를 제조하거나 개조하여야 한다.

제70조(의지·보조기 제조업소의 폐쇄 등) ①시장·군수·구청장은 의지·보조기 제조업자가 다음 각 호의 어느 하나에 해당하는 경우에는 그 제조업소의 폐쇄를 명할 수 있다.

1. 제69조제2항을 위반하여 의지·보조기 기사를 두지 아니하고 의지·보조기제조업을 한 경우

2. 영업정지처분 기간에 영업을 하거나 3회 이상 영업정지처분을 받은 경우

②시장·군수·구청장은 의지·보조기제조업자가 의지·보조기 제조업을 하면서 고의나 중대한 과실로 의지·보조기를 착용하는 사람의 신체에 손상을 입힌 사실이 있는 때에는 6개월의 범위 안에서 보건복지부령으로 정하는 바에 따라 영업정지를 명할 수 있다. <개정 2008. 2. 29., 2010. 1. 18.>

| 제7장 장애인복지 전문인력 |

제71조(장애인복지 전문인력 양성 등) ①국가와 지방자치단체 그 밖의 공공단체는 의지·보조기기사, 언어재활사, 장애인재활상담사, 한국수어통역사, 점역(點譯)·교정사 등 장애인복지 전문인력, 그 밖에 장애인복지에 관한 업무에 종사하는 자를 양성·훈련하는 데에 노력해야 한다. <개정 2011. 8. 4., 2015. 12. 29., 2016. 2. 3.>

②제1항에 따른 장애인복지전문인력의 범위 등에 관한 사항은 보건복지부령으로 정한다. <개정 2008. 2. 29., 2010. 1. 18.>

③국가와 지방자치단체는 제1항에 따른 장애인복지전문인력의 양성업무를 관계 전문기관 등에 위탁할 수 있다.

④국가와 지방자치단체는 제1항에 따른 장애인복지전문인력의 양성에 소요되는 비용을 예산의 범위 안에서 보조할 수 있다.

제72조(의지·보조기기사 자격증 교부 등) ①보건복지부장관은 다음 각 호의 어느 하나에 해당하는 자로서 제73조에 따른 국가시험에 합격한 자(이하 "의지·보조기기사"라 한다)에게 의지·보조기기사 자격증을 내주어야 한다. <개정 2008. 2. 29., 2010. 1. 18., 2013. 3. 23., 2018. 12. 11.>

1. 「고등교육법」에 따른 전문대학이나 교육부장관이 이와 같은 수준 이상의 학력이 있다고 인정하는 학교에서 보건복지부령으로 정하는 의지·보조기 관련 교과목을 이수하고 졸업한 자

2. 보건복지부장관이 인정하는 외국에서 제1호에 해당하는 학교(보건복지부장관이 정하여 고시하는 인정기준에 해당하는 학교를 말한다)와 같은 수준 이상의 교육과정을 마치고 외국의 해당 의지·보조기기사 자격증을 받은 자

②의지·보조기 기사자격증을 분실하거나 훼손한 자에게는 신청에 따라 자격증을 재교부한다.

③의지·보조기기사 자격증은 다른 자에게 대여하지 못한다.

④제1항과 제2항에 따른 자격증의 교부·재교부 절차와 그 밖에 그 관리에 관하여 필요한 사항은 보건복지부령으로 정한다. <개정 2008. 2. 29., 2010. 1. 18.>

제72조의2(언어재활사 자격증 교부 등) ① 보건복지부장관은 제2항에 따른 자격요건을 갖춘 사람으로서 제73조에 따른 국가시험에 합격한 사람(이하 "언어재활사"라 한다)에게

언어재활사 자격증을 내주어야 한다.

② 언어재활사의 종류 및 국가시험 응시자격 요건은 다음 각 호의 구분과 같다. 이 경우 외국의 대학원·대학·전문대학(보건복지부장관이 정하여 고시하는 인정기준에 해당하는 학교를 말한다)에서 언어재활 분야의 학위를 취득한 사람으로서 등급별 자격기준과 동등한 학력이 있다고 보건복지부장관이 인정하는 경우에는 해당 등급의 응시자격을 갖춘 것으로 본다. <개정 2018. 12. 11.>

1. 1급 언어재활사: 2급 언어재활사 자격증을 가진 사람으로서 다음 각 목의 어느 하나에 해당하는 사람

가. 「고등교육법」에 따른 대학원에서 언어재활 분야의 박사학위 또는 석사학위를 취득한 사람으로서 언어재활기관에 1년 이상 재직한 사람

나. 「고등교육법」에 따른 대학에서 언어재활 관련 학과의 학사학위를 취득한 사람으로서 언어재활기관에 3년 이상 재직한 사람

2. 2급 언어재활사: 「고등교육법」에 따른 대학원·대학·전문대학의 언어재활 관련 교과목을 이수하고 관련 학과의 석사학위·학사학위·전문학사학위를 취득한 사람

③ 언어재활사 자격증을 분실하거나 훼손한 사람에게는 신청에 따라 자격증을 재교부한다.

④ 언어재활사 자격증은 다른 사람에게 대여하지 못한다.

⑤ 제1항과 제3항에 따른 자격증의 교부·재교부 절차와 관리 및 제2항에 따른 언어재활기관의 범위, 대학원·대학·전문대학의 언어재활 관련 학과와 언어재활사로서 이수하여야 하는 관련 교과목의 범위 등에 필요한 사항은 보건복지부령으로 정한다.

[본조 신설 2011. 8. 4.]

제72조의3(장애인재활상담사 자격증 교부 등) ① 보건복지부장관은 장애인의 직업재활 등을 지원하기 위하여 제2항에 따른 자격요건을 갖춘 사람으로서 제73조에 따른 국가시험에 합격한 사람(이하 "장애인재활상담사"라 한다)에게 장애인재활상담사 자격증을 내주어야 한다.

② 장애인재활상담사의 종류 및 국가시험 응시자격 요건은 다음 각 호의 구분과 같다. 이 경우 외국의 대학원·대학·전문대학(보건복지부장관이 정하여 고시하는 인정기준에 해당하는 학교를 말한다)에서 장애인재활 분야의 학위를 취득한 사람으로서 등급별 자격기준과 동등한 학력이 있다고 보건복지부장관이 인정하는 경우에는 해당 등급의 응시자격을 갖춘 것으로 본다. <개정 2018. 12. 11.>

1. 1급 장애인재활상담사: 다음 각 목의 어느 하나에 해당하는 사람

   가. 「고등교육법」에 따른 대학원에서 장애인재활 분야의 박사학위를 취득한 사람

   나. 2급 장애인재활상담사 자격증을 가진 사람으로서 「고등교육법」에 따른 대학원에서 장애인재활 분야의 석사학위를 취득한 사람

   다. 2급 장애인재활상담사 자격증을 가진 사람으로서 장애인재활 관련 기관에서 3년 이상 재직한 사람

   라. 사회복지사 2급 자격증을 가진 사람으로서 장애인재활 관련 기관에서 5년 이상 재직한 사람

2. 2급 장애인재활상담사: 다음 각 목의 어느 하나에 해당하는 사람

   가. 「고등교육법」에 따른 대학에서 보건복지부령으로 정하는 장애인재활 관련 교과목을 이수한 사람

   나. 3급 장애인재활상담사 자격증을 가진 사람으로서 장애인재활 관련 기관에서 2년 이상 재직한 사람

   다. 사회복지사 2급 자격증을 가진 사람으로서 장애인재활 관련 기관에서 3년 이상 재직한 사람

3. 3급 장애인재활상담사: 「고등교육법」에 따른 전문대학에서 보건복지부령으로 정하는 장애인재활 관련 교과목을 이수한 사람

   ③ 장애인재활상담사 자격증을 분실하거나 훼손한 사람에게는 신청에 따라 자격증을 재교부한다.

   ④ 장애인재활상담사 자격증은 다른 사람에게 대여하지 못한다.

   ⑤ 제1항과 제3항에 따른 자격증의 교부·재교부 절차와 관리 및 제2항에 따른 장애인재활 분야·관련 기관·관련 교과목의 범위 등에 필요한 사항은 보건복지부령으로 정한다.

[본조 신설 2015. 12. 29.]

제72조의3(장애인재활상담사 자격증 교부 등) ① 보건복지부장관은 장애인의 직업재활 등을 지원하기 위하여 제2항에 따른 자격요건을 갖춘 사람으로서 제73조에 따른 국가시험에 합격한 사람(이하 "장애인재활상담사"라 한다)에게 장애인재활상담사 자격증을 내주어야 한다.

   ② 장애인재활상담사의 종류 및 국가시험 응시자격 요건은 다음 각 호의 구분과 같다. 이 경우 외국의 대학원·대학·전문대학(보건복지부장관이 정하여 고시하는 인정기준에

해당하는 학교를 말한다)에서 장애인재활 분야의 학위를 취득한 사람으로서 등급별 자격기준과 동등한 학력이 있다고 보건복지부장관이 인정하는 경우에는 해당 등급의 응시자격을 갖춘 것으로 본다. <개정 2018. 12. 11., 2019. 12. 3.>

　1. 1급 장애인재활상담사: 다음 각 목의 어느 하나에 해당하는 사람

　　가. 「고등교육법」에 따른 대학원에서 장애인재활 분야의 박사학위를 취득한 사람

　　나. 「고등교육법」에 따른 대학원·대학·원격대학에서 보건복지부령으로 정하는 장애인재활 관련 교과목을 이수하고 관련 학과의 석사학위 또는 학사학위를 취득한 사람

　　다. 2급 장애인재활상담사 자격증을 가진 사람으로서 장애인재활 관련 기관에서 3년 이상 재직한 사람

　　라. 사회복지사 자격증을 가진 사람으로서 장애인재활 관련 기관에서 5년 이상 재직한 사람

　2. 2급 장애인재활상담사: 다음 각 목의 어느 하나에 해당하는 사람

　　가. 「고등교육법」에 따른 전문대학·원격대학에서 보건복지부령으로 정하는 장애인재활 관련 교과목을 이수하고 관련 학과의 전문학사학위를 취득한 사람

　　나. 삭제 <2019. 12. 3.>

　　다. 사회복지사 자격증을 가진 사람으로서 장애인재활 관련 기관에서 3년 이상 재직한 사람

　3. 삭제 <2019. 12. 3.>

　③ 장애인재활상담사 자격증을 분실하거나 훼손한 사람에게는 신청에 따라 자격증을 재교부한다.

　④ 장애인재활상담사 자격증은 다른 사람에게 대여하지 못한다.

　⑤ 제1항과 제3항에 따른 자격증의 교부·재교부 절차와 관리, 제2항에 따른 장애인재활 분야·관련 기관·관련 학과·관련 교과목의 범위 등에 필요한 사항은 보건복지부령으로 정한다. <개정 2019. 12. 3.>

　[본조 신설 2015. 12. 29.]

　[시행일 : 2021. 12. 4.] 제72조의3

제73조(국가시험의 실시 등) ①의지·보조기 기사, 언어재활사 및 장애인재활상담사(이하 "의지·보조기 기사등"이라 한다)의 국가시험은 보건복지부장관이 실시하되, 실시시기·실시방법·시험과목, 그 밖에 시험 실시에 관하여 필요한 사항은 대통령령으로 정한다. <개정 2008. 2. 29., 2010. 1. 18., 2011. 8. 4., 2015. 12. 29.>

②보건복지부장관은 제1항에 따른 국가시험의 실시에 관한 업무를 대통령령으로 정하는 바에 따라 「한국보건의료인국가시험원법」에 따른 한국보건의료인국가시험원에 위탁할 수 있다. <개정 2008. 2. 29., 2010. 1. 18., 2015. 6. 22.>

[제목 개정 2011. 8. 4.]

제74조(응시자격 제한 등) ①다음 각 호의 어느 하나에 해당하는 자는 제73조에 따른 국가시험에 응시할 수 없다. <개정 2007. 10. 17., 2011. 8. 4., 2017. 2. 8., 2017. 9. 19., 2017. 12. 19.>

1. 「정신건강증진 및 정신질환자 복지서비스 지원에 관한 법률」 제3조제1호에 따른 정신질환자. 다만, 전문의가 의지·보조기 기사등으로서 적합하다고 인정하는 사람은 그러하지 아니하다.

2. 마약·대마 또는 향정신성의약품 중독자

3. 피성년후견인

4. 이 법이나 「형법」 제234조·제317조제1항, 「의료법」, 「국민건강보험법」, 「의료급여법」, 「보건범죄단속에 관한 특별조치법」, 「마약류 관리에 관한 법률」 또는 「후천성면역결핍증 예방법」을 위반하여 금고 이상의 형을 선고받고 그 형의 집행이 끝나지 아니하였거나 집행을 받지 아니하기로 확정되지 아니한 자

②부정한 방법으로 제73조에 따른 국가시험에 응시한 자나 국가시험에 관하여 부정행위를 한 자는 그 수험을 정지시키거나 합격을 무효로 한다.

③제2항에 따라 수험이 정지되거나 합격이 무효가 된 자는 그 후 2회에 한하여 제73조에 따른 국가시험에 응시할 수 없다.

제75조(보수교육) ①보건복지부장관은 의지·보조기 기사등에 대하여 자질 향상을 위하여 필요한 보수(補修) 교육을 받도록 명할 수 있다. <개정 2008. 2. 29., 2010. 1. 18., 2011. 8. 4.>

②제1항에 따른 보수교육의 실시 시기와 방법 등 필요한 사항은 보건복지부령으로 정한다. <개정 2008. 2. 29., 2010. 1. 18.>

제76조(자격취소) 보건복지부장관은 의지·보조기 기사등이 다음 각 호의 어느 하나에 해당한 때에는 그 자격을 취소해야 한다. <개정 2008. 2. 29., 2010. 1. 18., 2011. 8. 4., 2015. 12. 29.>

1. 제72조제3항을 위반해서 타인에게 의지·보조기 기사자격증을 대여한 때

1의2. 제72조의2제4항을 위반하여 타인에게 언어재활사 자격증을 대여하였을 때

1의3. 제72조의3제4항을 위반하여 타인에게 장애인재활상담사 자격증을 대여하였을 때

2. 제74조제1항 각 호의 어느 하나에 해당하게 된 때

3. 제77조에 따른 자격정지처분 기간에 그 업무를 하거나 자격정지 처분을 3회 받은 때

제77조(자격정지) 보건복지부장관은 의지·보조기 기사등이 다음 각 호의 어느 하나에 해당하면 6개월 이내의 범위 안에서 보건복지부령으로 정하는 바에 따라 자격을 정지시킬 수 있다. <개정 2008. 2. 29., 2010. 1. 18., 2011. 8. 4., 2015. 12. 29.>

1. 의지·보조기 기사의 업무를 하면서 고의 또는 중대한 과실로 의지·보조기 착용자의 신체에 손상을 입힌 사실이 있는 때

1의2. 언어재활사의 업무를 하면서 고의 또는 중대한 과실로 언어재활 대상자의 기능에 손상을 입힌 사실이 있을 때

1의3. 장애인재활상담사의 업무를 하면서 고의 또는 중대한 과실로 재활 대상자에게 손해를 입힌 사실이 있을 때

2. 제75조에 따른 보수교육을 연속하여 2회 이상 받지 아니한 때

제78조(수수료) 의지·보조기 기사등의 국가시험에 응시하려고 하거나 의지·보조기 기사등의 자격증을 교부 또는 재교부받으려 하는 자는 보건복지부령으로 정하는 바에 따라 수수료를 내야 한다. <개정 2008. 2. 29., 2010. 1. 18., 2011. 8. 4.>

| 제8장 보칙 |

제79조(비용 부담) ①제38조제1항, 제43조제1항, 제49조제1항, 제50조제1항·제2항 및 제55조제1항에 따른 조치와 제59조제1항에 따른 장애인복지시설의 설치·운영에 드는 비용은 예산의 범위 안에서 대통령령으로 정하는 바에 따라 장애인복지실시기관이 부담하게 할 수 있다. <개정 2011. 3. 30., 2015. 12. 29.>

② 국가와 지방자치단체는 장애인이 제58조의 장애인복지시설을 이용하는 데 드는 비용의 전부 또는 일부를 부담할 수 있으며, 시설 이용자의 자산과 소득을 고려하여 본인부담금을 부과할 수 있다. 이 경우 본인부담금에 관한 사항은 대통령령으로 정한다. <신설 2011. 3. 30.>

제80조(비용 수납) ①제34조제1항제1호에 따른 조치에 필요한 비용을 부담한 장애인복지실시기관은 해당 장애인 또는 그 부양의무자로부터 대통령령으로 정하는 바에 따라 장애인복지실시기관이 부담한 비용의 전부 또는 일부를 받을 수 있다.

②삭제 <2011. 3. 30.>

제80조의2(한국언어재활사협회) ① 언어재활사는 언어재활에 관한 전문지식과 기술을 개발·보급하고 언어재활사의 자질향상을 위한 교육훈련 및 언어재활사의 복지증진을 도모하기 위하여 한국언어재활사협회(이하 "협회"라 한다)를 설립할 수 있다.

② 제1항에 따른 협회는 법인으로 한다.

③ 협회에 관하여 이 법에서 규정한 것을 제외하고는 「민법」 중 사단법인에 관한 규정을 준용한다.

[본조 신설 2011. 8. 4.]

제80조의2(한국언어재활사협회) ① 언어재활사는 언어재활에 관한 전문지식과 기술을 개발·보급하고 언어재활사의 자질향상을 위한 교육훈련 및 언어재활사의 복지증진을 도모하기 위하여 한국언어재활사협회를 설립할 수 있다. <개정 2019. 12. 3.>

② 제1항에 따른 한국언어재활사협회는 법인으로 한다. <개정 2019. 12. 3.>

③ 제1항에 따른 한국언어재활사협회에 관하여 이 법에서 규정한 것을 제외하고는 「민법」 중 사단법인에 관한 규정을 준용한다. <개정 2019. 12. 3.>

[본조 신설 2011. 8. 4.]

[시행일 : 2020. 6. 4.] 제80조의2

제80조의3(한국장애인재활상담사협회) ① 장애인재활상담사는 장애인재활에 관한 전문지식과 기술을 개발·보급하고 장애인재활상담사의 자질향상을 위한 교육훈련 및 장애인재활상담사의 복지증진을 도모하기 위하여 한국장애인재활상담사협회를 설립할 수 있다.

② 제1항에 따른 한국장애인재활상담사협회는 법인으로 한다.

③ 제1항에 따른 한국장애인재활상담사협회에 관하여 이 법에서 규정한 것을 제외하고는 「민법」 중 사단법인에 관한 규정을 준용한다.

[본조 신설 2019. 12. 3.]

[시행일 : 2020. 6. 4.] 제80조의3

제81조(비용 보조) 국가와 지방자치단체는 대통령령으로 정하는 바에 따라 장애인복지시설의 설치·운영에 필요한 비용의 전부 또는 일부를 보조할 수 있다.

제82조(압류 금지) ①이 법에 따라 장애인에게 지급되는 금품은 압류하지 못한다. <개정 2016. 5. 29.>

② 제50조의4제1항에 따른 장애인복지급여수급계좌의 예금에 관한 채권은 압류할 수 없다. <신설 2016. 5. 29.>

제83조(조세감면) ①이 법에 따라 지급되는 금품, 제58조에 따른 장애인복지시설 및 제63조에 따른 장애인복지단체에서 장애인이 제작한 물품에는 「조세특례제한법」과 「지방세특례제한법」, 그 밖의 조세 관계법령이 정하는 바에 따라 조세를 감면한다. <개정 2010. 3. 31.>

② 삭제 <2012. 1. 26.>

제83조의2(청문) 장애인복지실시기관은 다음 각 호의 어느 하나에 해당하는 조치를 하려면 청문을 하여야 한다. <개정 2015. 12. 29., 2017. 2. 8.>

1. 제30조의2제3항에 따른 수행기관의 지정 취소

2. 제32조의3제1항제2호 및 제3호에 따른 장애인 등록의 취소

3. 제62조에 따른 장애인복지시설의 폐쇄 명령

4. 제70조제1항에 따른 의지·보조기 제조업소의 폐쇄 명령

5. 제76조에 따른 의지·보조기 기사등의 자격취소

[본조 신설 2012. 1. 26.]

제84조(이의신청) ①장애인이나 법정대리인등은 이 법에 따른 복지조치에 이의가 있으면 해당 장애인복지실시기관에 이의신청을 할 수 있다. <개정 2017. 2. 8., 2017. 12. 19.>

② 제1항에 따른 이의신청은 복지조치가 있음을 안 날부터 90일 이내에 문서로 하여야 한다. 다만, 정당한 사유로 인하여 그 기간 이내에 이의신청을 할 수 없었음을 증명한 때에는 그 사유가 소멸한 날부터 60일 이내에 이의신청을 할 수 있다. <신설 2017. 12. 19.>

③장애인복지실시기관은 제1항에 따른 이의신청을 받은 때에는 30일 이내에 심사·결정하여 신청인에게 통보하여야 한다. <개정 2017. 12. 19.>

④제3항에 따른 심사·결정에 이의가 있는 자는 「행정심판법」에 따라 행정심판을 제기할 수 있다. <개정 2017. 12. 19.>

[제목 개정 2017. 12. 19.]

제85조(권한위임 등) ① 이 법에 따른 보건복지부장관 및 특별시장·광역시장·특별자치시장·도지사·특별자치도지사(이하 이 조에서 "시·도지사"라 한다)의 권한은 대통령령으로 정하는 바에 따라 국립재활원장, 시·도지사 또는 시장·군수·구청장에게 그 일부를 위임할 수 있다. <개정 2015. 6. 22.>

②이 법에 따른 보건복지부장관 및 시·도지사의 업무는 대통령령으로 정하는 바에 따라 장애인 관련 단체 또는 법인에 그 일부를 위탁할 수 있다.

[전문 개정 2012. 1. 26.]

제85조의2(비밀 누설 등의 금지) 보건복지부 및 특별자치시·특별자치도·시·군·구 소속 공무원과 소속 공무원이었던 사람, 제32조제6항에 따른 정밀심사 의뢰기관의 종사자와 종사자였던 사람, 제32조의5제1항·제32조의6제3항·제59조의11제4항에 따른 수탁기관의 종사자와 종사자였던 사람은 업무 수행 중 알게 된 정보 또는 비밀 등을 이 법에서 정한 목적 외에 다른 용도로 사용하거나 다른 사람 또는 기관에 제공·누설하여서는 아니 된다.

[본조 신설 2017. 12. 19.]

| 제9장 벌칙 |

제86조(벌칙) ① 제59조의9제1호의 행위를 한 사람은 10년 이하의 징역 또는 1억원 이

하의 벌금에 처한다. <개정 2017. 2. 8., 2017. 12. 19.>

② 다음 각 호의 어느 하나에 해당하는 사람은 7년 이하의 징역 또는 7천만원 이하의 벌금에 처한다. <개정 2017. 2. 8., 2017. 12. 19.>

1. 제59조의9제2호(상해에 한정한다)의 행위를 한 사람

2. 제59조의9제2호의2의 행위를 한 사람

③ 다음 각 호의 어느 하나에 해당하는 사람은 5년 이하의 징역 또는 5천만원 이하의 벌금에 처한다. <개정 2017. 2. 8., 2017. 12. 19., 2018. 12. 11.>

1. 제50조의3제6항을 위반하여 금융정보등을 이 법에서 정한 목적 외의 용도로 사용하거나 다른 사람 또는 기관에 제공 또는 누설한 사람

2. 제59조의7제3항 또는 제6항에 따른 업무를 수행 중인 장애인권익옹호기관의 직원에 대하여 폭행 또는 협박하거나 위계 또는 위력으로써 그 업무를 방해한 사람

3. 제59조의9제2호(폭행에 한정한다)부터 제6호까지에 해당하는 행위를 한 사람

④ 다음 각 호의 어느 하나에 해당하는 사람은 3년 이하의 징역 또는 3천만원 이하의 벌금에 처한다. <개정 2017. 2. 8., 2017. 12. 19.>

1. 제59조의6에 따라 준용되는 「특정범죄신고자 등 보호법」 제8조를 위반하여 신고자의 인적사항 또는 신고자임을 미루어 알 수 있는 사실을 다른 사람에게 알려주거나 공개 또는 보도한 사람

2. 제59조의9제7호에 해당하는 행위를 한 사람

3. 제85조의2를 위반하여 업무 수행 중 알게 된 정보 또는 비밀 등을 이 법에서 정한 목적 외에 다른 용도로 사용하거나 다른 사람 또는 기관에 제공 또는 누설한 사람

⑤ 제59조의9제8호의 행위를 한 사람은 1년 이하의 징역 또는 1천만원 이하의 벌금에 처한다. <개정 2017. 2. 8., 2017. 12. 19.>

[전문 개정 2015. 6. 22.]

[시행일 : 2019. 7. 1.] 제86조제4항제3호

제86조의2(벌칙) ① 제59조의5제1호에 해당하는 불이익조치를 한 자는 2년 이하의 징역 또는 2천만원 이하의 벌금에 처한다.

② 제59조의5제2호부터 제7호까지의 어느 하나에 해당하는 불이익조치를 한 자는 1년 이하의 징역 또는 1천만원 이하의 벌금에 처한다.

[본조 신설 2017. 12. 19.]

제87조(벌칙) 다음 각 호의 어느 하나에 해당하는 자는 1년 이하의 징역 또는 1천만원 이하의 벌금에 처한다. <개정 2011. 3. 30., 2013. 7. 30., 2017. 2. 8.>

　1. 제8조제2항을 위반하여 장애인을 이용하여 부당한 영리행위를 한 자

　2. 제32조제5항을 위반하여 등록증을 양도 또는 대여하거나 양도 또는 대여를 받은 자 및 유사한 명칭 또는 표시를 사용한 자

　3. 삭제 <2017. 12. 19.>

　4. 삭제 <2017. 12. 19.>

　5. 삭제 <2017. 12. 19.>

　6. 제59조제2항에 따른 신고 또는 변경신고를 하지 아니하고 장애인복지시설을 설치·운영한 자

　7. 제60조제3항에 따른 시설 이용자의 권익 보호조치를 위반한 시설 운영자

　8. 정당한 사유 없이 제61조제1항에 따른 보고를 하지 아니하거나 거짓의 보고를 한 자, 자료를 제출하지 아니하거나 거짓 자료를 제출한 자, 조사·검사·질문을 거부·방해 또는 기피한 자

　9. 제62조에 따른 명령 등을 받고 이행하지 아니한 자

　10. 제69조제2항을 위반하여 의지·보조기 기사를 두지 아니하고 의지·보조기제조업을 한 자

　11. 제69조제3항을 위반하여 폐쇄 명령을 받은 후 6개월이 지나지 아니하였음에도 불구하고 같은 장소에서 같은 제조업을 한 자

　12. 제70조제1항에 따른 제조업소 폐쇄 명령을 받고도 영업을 한 자

　[제86조에서 이동, 종전 제87조는 제88조로 이동 <2012. 1. 26.>]

제88조(벌칙) 다음 각 호의 어느 하나에 해당하는 자는 500만원 이하의 벌금에 처한다. <개정 2017. 2. 8.>

　1. 제20조제4항을 위반하여 장애인의 입학 지원을 거부하거나 입학시험 합격자의 입학을 거부하는 등 불리한 조치를 한 자

　2. 제72조제3항을 위반하여 타인에게 의지·보조기 기사자격증을 대여한 자

　3. 삭제 <2012. 1. 26.>

　[제87조에서 이동, 종전 제88조는 제89조로 이동 <2012. 1. 26.>]

제89조(양벌규정) 법인의 대표자나 법인 또는 개인의 대리인, 사용인, 그 밖의 종업원이

그 법인 또는 개인의 업무에 관하여 제86조부터 제88조까지의 어느 하나에 해당하는 위반행위를 하면 그 행위자를 벌하는 외에 그 법인 또는 개인에게도 해당 조문의 벌금형을 과(科)한다. 다만, 법인 또는 개인이 그 위반행위를 방지하기 위하여 해당 업무에 관하여 상당한 주의와 감독을 게을리하지 아니한 경우에는 그러하지 아니하다. <개정 2012. 1. 26.>

[전문 개정 2011. 8. 4.]

[제88조에서 이동, 종전 제89조는 제90조로 이동 <2012. 1. 26.>]

제90조(과태료) ① 장애인복지시설의 운영자가 제59조의3제10항에 따른 해임요구를 정당한 사유 없이 거부하거나 1개월 이내에 이행하지 아니하는 경우에는 1천만원 이하의 과태료를 부과한다. <신설 2012. 1. 26., 2018. 12. 11.>

② 장애인복지시설의 운영자가 제59조의3제5항을 위반하여 취업자등에 대하여 성범죄 경력을 확인하지 아니한 경우에는 500만원 이하의 과태료를 부과한다. <신설 2012. 1. 26., 2018. 12. 11.>

③다음 각 호의 어느 하나에 해당하는 자에게는 300만원 이하의 과태료를 부과한다. <개정 2008. 2. 29., 2010. 1. 18., 2012. 1. 26., 2012. 10. 22., 2015. 6. 22., 2015. 12. 29., 2017. 2. 8., 2017. 12. 19.>

1. 제32조의3제3항을 위반하여 정당한 사유 없이 등록증 반환 명령을 따르지 아니한 사람

2. 제39조제3항을 위반하여 장애인 사용 자동차 등 표지를 대여하거나 보건복지부령으로 정하는 자 외의 자에게 양도한 자 또는 부당하게 사용하거나 이와 비슷한 표지·명칭 등을 사용한 자

3. 제40조제3항을 위반하여 보조견표지를 붙인 장애인 보조견을 동반한 장애인, 장애인 보조견 훈련자 또는 장애인 보조견 훈련 관련 자원봉사자의 출입을 정당한 사유 없이 거부한 자

3의2. 삭제 <2015. 12. 29.>

3의3. 삭제 <2015. 12. 29.>

3의4. 제59조의4제2항을 위반하여 직무상 장애인학대 및 장애인 대상 성범죄의 발생사실을 알고도 장애인권익옹호기관 또는 수사기관에 신고하지 아니한 사람

3의5. 제59조의7제6항을 위반하여 현장조사를 거부·기피하거나 업무를 방해한 자

4. 제60조제1항에 따른 시설 운영 개시 의무를 위반한 자

5. 제60조제2항에 따른 시설의 운영 중단·재운영·시설폐지 등의 신고의무를 위반한 자

6. 제69조제1항을 위반하여 의지·보조기 제조업소의 개설 또는 변경 사실을 통보하지 아니한 자

7. 제69조제4항을 위반하여 의사의 처방에 의하지 아니하고 의지·보조기를 제조하거나 개조한 의지·보조기 제조업자

④제1항부터 제3항까지의 과태료는 대통령령으로 정하는 바에 따라 특별자치시장·특별자치도지사 또는 시장·군수·구청장이 부과·징수한다. <개정 2012. 1. 26., 2015. 6. 22.>

⑤ 삭제 <2012. 1. 26.>

[제89조에서 이동 <2012. 1. 26.>]

[시행일 : 2017. 1. 1.] 제90조제3항제3호의4 장애인권익옹호기관에 관한 부분

장애인복지법 시행령

[시행 2020. 1. 1] [대통령령 제30288호, 2019. 12. 31, 일부개정]

제1조(목적) 이 영은 「장애인복지법」에서 위임된 사항과 그 시행에 필요한 사항을 규정함을 목적으로 한다.

제2조(장애의 종류 및 기준) ① 「장애인복지법」(이하 "법"이라 한다) 제2조제2항 각 호 외의 부분에서 "대통령령으로 정하는 장애의 종류 및 기준에 해당하는 자"란 별표 1에서 정한 사람을 말한다. <개정 2018. 12. 31.>

② 장애의 정도는 보건복지부령으로 정한다. <개정 2018. 12. 31.>

[제목 개정 2018. 12. 31.]

제2조의2(사업계획의 제출 등) ① 관계 중앙행정기관의 장은 법 제10조의2제3항에 따라 장애인의 권익과 복지증진을 위하여 관련 업무에 대하여 수립한 해당 연도 사업계획 및 전년도의 사업계획 추진실적을 매년 1월 31일까지 보건복지부장관에게 제출하여야 한다.

② 보건복지부장관은 법 제10조의2제4항에 따라 장애인정책종합계획을 수립하거나 변경하였을 때에는 관계 중앙행정기관의 장에게 통보하여야 한다.

③ 보건복지부장관은 제1항에 따라 관계 중앙행정기관의 장이 제출한 전년도 사업계획 추진실적을 매년 평가하여 그 결과를 관계 중앙행정기관의 장에게 통보하여야 한다.

[본조 신설 2012. 7. 24.]

제3조(장애인정책조정위원회의 구성) ① 법 제11조에 따른 장애인정책조정위원회(이하 "위원회"라 한다)는 위원장 및 부위원장 각 1명을 포함한 30명 이내의 위원으로 구성한다.

② 위원장은 국무총리가 되고, 부위원장은 보건복지부장관이 되며, 위원은 당연직 위원과 위촉위원으로 한다. <개정 2008. 2. 29., 2010. 3. 15.>

③ 당연직 위원은 기획재정부장관, 교육부장관, 행정안전부장관, 문화체육관광부장관, 산업통상자원부장관, 고용노동부장관, 여성가족부장관, 국토교통부장관, 국무조정실장, 국가보훈처장, 법제처장 및 위원회의 심의사항과 관련되어 위원장이 지정하는 중앙행정기관의 장이 된다. <개정 2008. 2. 29., 2010. 3. 15., 2010. 7. 12., 2013. 3. 23., 2014. 11. 19., 2017. 7. 26.>

④ 위촉위원은 장애인 관련 단체의 장이나 장애인 문제에 관한 학식과 경험이 풍부한 자 중에서 위원장이 위촉하되, 위촉위원 중 2분의 1 이상은 장애인으로 한다.

제3조의2(위원회 위촉위원의 해촉) 위원장은 제3조제4항에 따른 위촉위원이 다음 각 호의 어느 하나에 해당하는 경우에는 해당 위촉위원을 해촉(解囑)할 수 있다.

1. 심신장애로 인하여 직무를 수행할 수 없게 된 경우
2. 직무와 관련된 비위사실이 있는 경우
3. 직무태만, 품위손상이나 그 밖의 사유로 인하여 위원으로 적합하지 아니하다고 인정되는 경우
4. 위원 스스로 직무를 수행하는 것이 곤란하다고 의사를 밝히는 경우
 [본조 신설 2015. 12. 31.]

제4조(위촉위원의 임기) 위촉위원의 임기는 3년으로 하되, 연임할 수 있다.

제5조(위원장 등의 직무) ① 위원장은 위원회를 대표하며, 위원회의 업무를 총괄한다.

② 부위원장은 위원장을 보좌하며, 위원장이 부득이한 사유로 직무를 수행할 수 없을 때에는 그 직무를 대행한다.

제6조(회의) ① 위원회의 회의는 위원장이 필요하다고 인정할 때 또는 재적위원 3분의 1 이상이 회의 소집을 요청한 때에 위원장이 소집한다.

② 위원회의 회의는 재적위원 과반수의 출석으로 열고, 출석위원 과반수의 찬성으로 의결한다.

제7조(간사) 위원회의 사무를 처리하기 위하여 위원회에 간사 2명을 두되, 국무조정실 사회조정실장과 보건복지부 사회복지정책실장으로 한다. <개정 2008. 2. 29., 2008. 12.

31., 2010. 3. 15., 2013. 3. 23.>

제8조(수당 및 여비) 위원회의 회의에 출석한 위원에게는 예산의 범위에서 수당과 여비를 지급할 수 있다. 다만, 공무원인 위원이 그 소관 업무와 직접 관련되어 출석하는 경우에는 그러하지 아니하다.

제9조(운영세칙) 이 영에서 정한 것 외에 위원회의 운영에 필요한 사항은 위원회의 의결을 거쳐 위원장이 정한다.

제10조(장애인정책조정실무위원회의 구성 등) ① 법 제11조제4항에 따른 장애인정책조정실무위원회(이하 "실무위원회"라 한다)는 위원장 1명과 부위원장 1명을 포함한 30명 이내의 위원으로 구성한다.

② 실무위원회의 위원장(이하 "실무위원장"이라 한다)은 보건복지부차관이 되고, 부위원장은 보건복지부 소속 장애인 관련 업무를 담당하는 고위공무원단 소속 공무원이 되며, 위원은 당연직 위원과 위촉 위원으로 한다. <개정 2008. 2. 29., 2010. 3. 15.>

③ 당연직 위원은 기획재정부, 교육부, 행정안전부, 문화체육관광부, 산업통상자원부, 고용노동부, 여성가족부, 국토교통부, 국무조정실, 국가보훈처, 법제처의 고위공무원단 소속 공무원 및 위원회의 심의사항과 관련된 중앙행정기관의 고위공무원단 소속 공무원 중에서 실무위원장이 지정하는 자가 된다. <개정 2008. 2. 29., 2010. 3. 15., 2010. 7. 12., 2013. 3. 23., 2014. 11. 19., 2017. 7. 26.>

④ 위촉위원은 장애인 관련 단체의 장이나 장애인 문제에 관한 학식과 경험이 풍부한 자 중에서 실무위원장이 위촉하되, 위촉위원 중 2분의 1 이상은 장애인으로 한다.

⑤실무위원회는 법 제11조제4항에 따른 업무를 효율적으로 수행하기 위하여 장애인이동편의분과, 장애인고용확대분과 등 분야별 분과위원회를 둘 수 있다.

⑥ 실무위원회의 사무를 처리하기 위하여 실무위원회에 간사 2명을 두되, 국무조정실 및 보건복지부 소속 공무원 중에서 실무위원장이 지정하는 자로 한다. <개정 2008. 2. 29., 2010. 3. 15., 2013. 3. 23.>

⑦ 실무위원회의 운영에 관하여는 제4조부터 제6조까지, 제8조 및 제9조를 준용한다. 이 경우 "위원회"는 "실무위원회"로, "위원장"은 "실무위원장"으로 본다.

제10조의2(실무위원회 위원의 해촉) 실무위원장은 제10조제3항 또는 제4항에 따른 위원

이 다음 각 호의 어느 하나에 해당하는 경우에는 해당 위원을 지정 철회하거나 해촉(解囑)할 수 있다.

1. 심신장애로 인하여 직무를 수행할 수 없게 된 경우
2. 직무와 관련된 비위사실이 있는 경우
3. 직무태만, 품위손상이나 그 밖의 사유로 인하여 위원으로 적합하지 아니하다고 인정되는 경우
4. 위원 스스로 직무를 수행하는 것이 곤란하다고 의사를 밝히는 경우
[본조 신설 2015. 12. 31.]

제11조(장애인정책책임관의 지정 등) ① 법 제12조제2항에 따른 장애인정책책임관은 중앙행정기관의 장이 해당 기관의 장애인 정책수립·시행을 담당하는 고위공무원단 소속 공무원 또는 이에 상당하는 공무원 중에서 지정한다.

② 제1항에 따라 지정된 장애인정책책임관의 임무는 다음 각 호와 같다.

1. 장애인정책 추진계획의 수립에 관한 사항
2. 장애인정책 추진상황의 점검 및 평가에 관한 사항
3. 장애인정책 추진 관련 대외협력 업무
4. 그 밖에 장애인의 권익증진과 장애인에 대한 사회적 인식 개선을 위한 사항으로서 중앙행정기관의 장이 정하는 업무

제12조(지방장애인복지위원회의 구성) ① 법 제13조에 따른 지방장애인복지위원회(이하 "지방위원회"라 한다)는 위원장 1명을 포함한 30명 이내의 위원으로 구성한다.

② 지방위원회의 위원장은 그 지방자치단체의 장이 되고, 위원은 다음 각 호의 어느 하나에 해당하는 자 중에서 지방자치단체의 장이 위촉하거나 임명하는 자로 하되, 위촉위원 중 2분의 1 이상은 장애인으로 한다.

1. 장애인 관련 단체의 장
2. 장애인 문제에 관한 학식과 경험이 풍부한 자
3. 해당 지방자치단체 소속 공무원으로서 장애인정책 관련 업무를 수행하는 자

제13조(다른 법률과의 관계) ① 법 제2조에 따른 장애인 중 다음 각 호의 어느 하나에 해당하는 사람으로서 「국가유공자 등 예우 및 지원에 관한 법률」 제6조의4에 따른 상이등급을 판정받은 사람에 대해서는 법 제15조에 따라 법 제27조, 제30조, 제34조제1

항제1호 및 제4호, 제38조, 제39조, 제41조, 제42조, 제46조, 제49조 및 제55조를 적용하지 아니한다. <개정 2014. 11. 4., 2018. 6. 19.>

1. 「국가유공자 등 예우 및 지원에 관한 법률」 제4조에 따른 국가유공자

2. 「국가유공자 등 예우 및 지원에 관한 법률」 제73조 또는 제74조에 따라 국가유공자에 준하여 보상받는 사람

② 법 제2조에 따른 장애인 중 다음 각 호의 어느 하나에 해당하는 사람에 대해서는 법 제15조에 따라 법 제34조제1항제1호 및 제4호, 제38조, 제41조, 제46조, 제49조 및 제55조를 적용하지 아니한다. <신설 2014. 11. 4., 2018. 6. 19.>

1. 「국가유공자 등 예우 및 지원에 관한 법률」(법률 제11041호 국가유공자 등 예우 및 지원에 관한 법률 일부개정법률로 개정되기 전의 것을 말한다) 제73조의2에 따른 국가유공자에 준하는 군경 등으로서 같은 법 제6조의4에 따른 상이등급을 판정받은 사람

2. 「보훈보상대상자 지원에 관한 법률」 제2조에 따른 보훈보상대상자로서 같은 법 제6조에 따른 상이등급을 판정받은 사람

③ 법 제2조에 따른 장애인 중 「정신건강증진 및 정신질환자 복지서비스 지원에 관한 법률」의 적용을 받는 장애인에 대하여는 법 제15조에 따라 법 제34조제1항제2호 및 제3호를 적용하지 아니한다. <개정 2014. 11. 4., 2017. 5. 29.>

제13조의2(장애인일자리사업 실시) ① 보건복지부장관은 법 제21조제1항에 따라 장애인의 사회참여 기회를 확대하고 적성과 능력에 맞는 일자리를 발굴하여 소득보장을 지원하는 장애인일자리사업을 실시할 수 있다.

② 보건복지부장관은 제1항에 따른 장애인일자리사업을 관리하기 위하여 전산시스템을 구축·운영할 수 있다.

③ 제1항에 따른 장애인일자리사업의 종류 및 운영, 제2항에 따른 전산시스템의 구축·운영 등에 필요한 사항은 보건복지부령으로 정한다.

[본조 신설 2014. 11. 4.]

제14조(한국수어·폐쇄자막 또는 화면해설방영 방송프로그램의 범위) 법 제22조제2항에서 "대통령령으로 정하는 방송 프로그램"이란 다음 각 호의 어느 하나에 해당하는 방송 프로그램을 말한다. <개정 2008. 2. 29., 2010. 3. 15.>

1. 「방송법 시행령」 제50조제2항에 따른 보도에 관한 방송프로그램

2. 「공직선거법」 제70조부터 제74조까지, 제82조 및 제82조의2에 따른 선거에 관한

방송프로그램

3. 「국경일에 관한 법률」에 따른 국경일 및 「각종 기념일 등에 관한 규정」에 따른 기념일의 의식과 그에 부수되는 행사의 중계방송

4. 그 밖에 청각장애인이나 시각장애인이 정보에 접근하는 데에 필요하다고 인정하여 보건복지부장관이 정하여 고시하는 방송

[제목 개정 2016. 8. 2.]

제15조(한국수어 통역 또는 점자자료 등의 제공) ① 법 제22조제3항에서 "대통령령으로 정하는 행사"란 다음 각 호의 어느 하나에 해당하는 국경일 또는 기념일의 의식과 그에 부수되는 행사로 한다. <개정 2018. 6. 19.>

1. 「국경일에 관한 법률」에 따른 국경일

2. 「각종 기념일 등에 관한 규정」에 따른 기념일 중 보건의날, 장애인의날, 어린이날, 어버이날, 스승의날, 현충일, 국군의날 및 노인의날

② 법 제22조제3항에서 "음성변환용 코드 등 대통령령으로 정하는 전자적 표시"란 다음 각 호의 어느 하나에 해당하는 전자적 표시를 말한다. <신설 2018. 6. 19.>

1. 음성변환용 코드

2. 청각, 촉각 등의 감각을 통하여 습득할 수 있도록 인쇄물 정보를 변환시켜주는 전자적 표시

[제목 개정 2016. 8. 2.]

제16조(장애 인식개선 교육) ① 법 제25조제2항에서 "대통령령으로 정하는 교육기관 및 공공단체"란 다음 각 호의 기관 또는 단체를 말한다.

1. 「공공기관의 운영에 관한 법률」에 따른 공공기관

2. 「지방공기업법」에 따른 지방공사 및 지방공단

3. 특별법에 따라 설립된 특수법인

② 법 제25조제2항에 따른 기관 또는 단체의 장은 소속 직원·학생을 대상으로 장애인에 대한 인식개선을 위한 교육(이하 "장애 인식개선 교육"이라 한다)을 1년에 1회 이상 실시하여야 한다.

③ 장애 인식개선 교육에는 각 호의 사항이 포함되어야 한다.

1. 장애의 정의

2. 장애인의 인권과 관련된 법과 제도

3. 장애인의 행동특성 및 능력

4. 장애인과 의사소통하는 방법

5. 장애인보조기구 및 장애인 편의시설

6. 그 밖에 장애인에 대한 인식을 개선할 수 있는 내용

④ 장애 인식개선 교육은 집합 교육 또는 인터넷 강의 등을 활용한 원격 교육, 체험 교육 등의 방법으로 할 수 있다.

⑤ 법 제25조제2항에 따른 기관 또는 단체의 장은 장애 인식개선 교육을 실시한 경우 교육 내용, 방법, 참가인원 등의 교육 결과를 보건복지부령으로 정하는 바에 따라 보건복지부장관에게 제출하여야 한다.

[전문 개정 2016. 6. 28.]

제17조(감면대상시설의 종류 등) ① 법 제30조에 따라 장애인에게 이용요금을 감면할 수 있는 공공시설과 그 감면율은 별표 2와 같다.

② 제1항에 따라 공공시설의 이용요금을 감면받으려는 자는 법 제32조제1항에 따라 발급받은 장애인등록증을 이용하려는 시설의 관리자에게 내보여야 한다.

제18조(실태조사의 방법 등) ① 법 제31조에 따른 장애실태조사는 전수조사 또는 표본 조사로 실시하되, 전수조사는 보건복지부장관이 정하는 바에 따라 특별시장·광역시 장·특별자치시장·도지사·특별자치도지사(이하 "시·도지사"라 한다)가 실시하고, 표본조사 는 보건복지부장관이 전문연구기관에 의뢰하여 실시한다. <개정 2008. 2. 29., 2010. 3. 15., 2012. 7. 24., 2015. 12. 15.>

② 제1항에 따른 장애실태조사에서 조사할 사항은 다음 각 호와 같다. 이 경우 제2호 부터 제7호까지, 제9호 및 제10호에 따른 사항에 대하여 조사할 때에는 성별을 고려하 여야 한다. <개정 2008. 2. 29., 2010. 3. 15., 2012. 7. 24., 2014. 11. 4.>

1. 성별, 연령, 학력, 가족사항 등 장애인의 일반특성에 관한 사항

2. 장애 유형, 장애 정도 및 장애 발생 원인 등 장애 특성에 관한 사항

3. 취업·직업훈련, 소득과 소비, 주거 등 경제 상태에 관한 사항

4. 장애인보조기구의 사용, 복지시설의 이용, 재활서비스 및 편의시설의 설치욕구 등 복지욕구에 관한 사항

5. 장애인연금·장애수당·장애인보조기구의 지급 및 장애인등록제도 등 복지지원상황 에 관한 사항

6. 일상생활과 여가 및 사회활동 등 사회참여상황에 관한 사항

7. 생활만족도와 생활환경에 대한 태도 등 장애인의 의식에 관한 사항

8. 여성장애인의 임신·출산·육아 등을 위한 복지욕구에 관한 사항

9. 가구유형·가구소득 등 장애인과 비장애인의 비교조사를 위하여 필요한 사항

10. 그 밖에 보건복지부장관이 장애인의 복지를 위하여 필요하다고 인정하는 사항

[제목 개정 2012. 7. 24.]

제19조(조사연도) ① 제18조에 따른 실태조사는 2005년을 기준연도로 하여 3년마다 1회씩 실시하되, 조사의 일시는 보건복지부장관이 정한다. <개정 2008. 2. 29., 2010. 3. 15.>

② 보건복지부장관은 제1항에 따른 실태조사 외에 임시조사를 실시할 수 있다. <개정 2008. 2. 29., 2010. 3. 15.>

제20조(보호자 범위) 법 제32조제1항에서 "대통령령으로 정하는 보호자"란 장애인을 보호하고 있는 장애인복지시설의 장, 그 밖에 장애인을 사실상 보호하고 있는 자를 말한다. <개정 2016. 6. 28., 2017. 7. 24.>

제20조의2(정밀심사 의뢰기관) ① 법 제32조제6항에서 "대통령령으로 정하는 「공공기관의 운영에 관한 법률」 제4조에 따른 공공기관"이란 「국민연금법」 제24조에 따른 국민연금공단(이하 "국민연금공단"이라 한다)을 말한다. <개정 2018. 12. 31.>

② 국민연금공단은 법 제32조제6항에 따른 장애 정도에 관한 정밀심사를 실시하기 위해 필요한 전산시스템을 구축·운영할 수 있다. <신설 2018. 12. 31.>

[본조 신설 2016. 6. 28.]

제20조의3(서비스 지원 종합조사) ① 법 제32조의4제1항제4호에서 "대통령령으로 정하는 서비스"란 「장애인활동 지원에 관한 법률」 제19조의2제1항에 따른 활동지원 응급안전서비스를 말한다.

② 보건복지부장관 또는 특별자치시장·특별자치도지사·시장·군수·구청장(자치구의 구청장을 말한다. 이하 같다)은 법 제32조의4제2항 각 호의 사항을 조사하려면 조사의 일시·장소·목적·내용 및 담당자의 인적 사항 등을 미리 신청인에게 서면으로 알려야 한다.

③ 보건복지부장관 또는 특별자치시장·특별자치도지사·시장·군수·구청장은 법 제32조의5제1항에 따라 법 제32조의4에 따른 서비스 지원 종합조사 업무 중 다음 각 호의

업무를 국민연금공단에 위탁한다.

　1. 법 제32조의4제2항 각 호의 사항에 대한 현장조사를 실시하고 그 결과서를 작성하는 업무

　2. 법 제32조의4에 따른 서비스 지원 종합조사에 대한 연구·개발 업무

　④ 국민연금공단은 제3항 각 호의 업무를 수행하기 위해 필요한 전산시스템을 구축·운영할 수 있다.

　[본조 신설 2018. 12. 31.]

제20조의4(복지서비스에 관한 장애인 지원 사업의 위탁) 국가와 지방자치단체는 법 제32조의6제3항에 따라 같은 조 제1항에 따른 장애인 지원 사업을 법 제29조의2제1항에 따른 한국장애인개발원에 위탁한다.

　[본조 신설 2019. 6. 11.]

제21조(장애인복지상담원 임용) ① 법 제33조에 따른 장애인복지상담원(이하 "상담원"이라 한다)은 다음 각 호의 어느 하나에 해당하는 사람 중에서 특별자치시장·특별자치도지사·시장·군수·구청장이 지방공무원으로 임용한다. <개정 2016. 12. 30., 2018. 12. 31.>

　1. 「사회복지사업법」 제11조에 따른 사회복지사 자격증의 소지자

　2. 「초·중등교육법」 제21조에 따른 특수학교의 교사자격증 소지자

　3. 장애인복지 관련 직무 분야에서 근무한 경력이 3년 이상인 사람으로서 해당 지방자치단체의 규칙으로 정하는 임용예정 계급에 상당하는 경력기준에 상응하는 사람

　4. 임용예정 직급과 같은 직급에서 공무원으로 2년 이상 근무한 사람

　② 특별자치시장·특별자치도지사·시장·군수·구청장은 제1항에도 불구하고 해당 지방자치단체의 인력 운용상 부득이한 경우에는 소속 공무원 중 「사회보장급여의 이용·제공 및 수급권자 발굴에 관한 법률 시행령」 제23조에 따라 임용한 사회복지전담공무원에게 상담원의 직무를 수행하게 할 수 있다. <개정 2016. 12. 30., 2018. 6. 19.>

제22조(상담원의 직무) 상담원은 다음 각 호의 직무를 수행한다.

　1. 장애인과 그 가족 또는 관계인에 대한 상담 및 지도

　2. 장애인에 대한 진단·진료 또는 보건 등에 관한 지도와 관계 전문기관에 대한 진단·진료 또는 보건지도 등의 의뢰

　3. 장애인복지시설에 대한 장애인의 입소·통원 또는 그 이용의 알선

4. 장애인에 대한 장애인보조기구의 지급과 사용·수리 등에 관한 지도

5. 장애인에 대한 직업훈련·취업알선과 관계 전문기관에 대한 직업훈련·취업알선의 의뢰

6. 장애인을 위한 지역사회자원의 개발·조직·활용 및 알선

7. 장애인복지시설이나 장애인에 관한 조사 및 지도

8. 그 밖에 장애인의 복지증진에 관한 사항

제23조(산후조리도우미 지원기준 및 방법) ① 국가와 지방자치단체는 법 제37조제3항에 따라 다음 각 호의 요건을 고려하여 산후조리도우미 지원대상자(이하 "지원대상자"라 한다)를 선정한다.

1. 임산부인 여성장애인의 장애 정도

2. 배우자의 유무, 자녀 수 등의 가구 구성

3. 소득·재산 상태

② 국가와 지방자치단체는 제1항에 따라 선정된 지원대상자에게 임신과 출산에 필요한 건강관리와 신생아의 건강관리에 필요한 서비스를 제공하여야 한다.

제24조(자금 대여의 용도 및 대여한도 등) ① 법 제41조에 따라 자금을 대여할 수 있는 대상 용도는 다음 각 호와 같다. <개정 2008. 2. 29., 2009. 12. 31., 2010. 3. 15.>

1. 생업자금

2. 생업이나 출퇴근을 위한 자동차 구입비

3. 취업에 필요한 지도 및 기술훈련비

4. 기능회복 훈련에 필요한 장애인보조기구 구입비

5. 사무보조기기 구입비

6. 그 밖에 보건복지부장관이 장애인 재활에 필요하다고 인정하는 비용

② 제1항에 따른 자금 대여의 한도, 이율 및 거치기간은 보건복지부장관이 관계 중앙행정기관의 장과 협의하여 정한다. <개정 2008. 2. 29., 2010. 3. 15.>

제25조(자금 대여절차 등) ① 법 제41조에 따른 자금의 대여를 받으려는 자는 보건복지부령으로 정하는 바에 따라 자금대여신청서(전자문서를 포함한다)를 신청인의 주소지를 관할하는 특별자치시장·특별자치도지사·시장·군수·구청장에게 제출하여야 한다. <개정 2008. 2. 29., 2010. 3. 15., 2015. 12. 15.>

② 특별자치시장·특별자치도지사·시장·군수·구청장은 제1항에 따른 자금 대여신청을 받으면 지체 없이 대여여부를 결정하여 신청인에게 통지하고, 그 내용을 자금 대여를 취급하는 금융기관 또는 우편관서에 통보하여야 한다. 이 경우 자금 대여를 신청한 자가 「국민기초생활 보장법」 및 「한부모가족지원법」 등 다른 법령에 따라 제24조제1항 각 호의 자금을 대여받은 경우에는 같은 목적으로 자금을 대여하여서는 아니 된다. <개정 2010. 3. 15., 2015. 12. 15.>

제26조(대여자금 상환방법 등) ① 법 제41조에 따라 자금을 대여받은 자는 보건복지부장관이 정하는 상환기준에 따라 상환하여야 한다. <개정 2008. 2. 29., 2010. 3. 15.>

② 특별자치시장·특별자치도지사·시장·군수·구청장은 자금을 대여받은 자에 대한 대여 내용을 보건복지부령으로 정하는 바에 따라 기록·관리하여야 한다. <개정 2008. 2. 29., 2010. 3. 15., 2015. 12. 15.>

③ 제1항에 따라 자금을 상환하여야 할 자가 거주지를 다른 특별자치시·특별자치도·시·군·구로 이전한 경우에는 전거주지를 관할하는 특별자치시장·특별자치도지사·시장·군수·구청장은 제2항에 따른 서류를 지체 없이 신거주지를 관할하는 특별자치시장·특별자치도지사·시장·군수·구청장에게 송부하여야 한다. <개정 2015. 12. 15.>

④ 특별자치시장·특별자치도지사·시장·군수·구청장은 자금을 대여받은 사람이 대여 신청 당시의 용도대로 자금을 사용하지 아니하는 경우에는 시정을 요구할 수 있으며, 자금을 대여받은 사람이 정당한 사유 없이 시정 요구를 이행하지 아니한 경우에는 대여한 자금을 회수할 수 있다. <신설 2012. 7. 24., 2015. 12. 15.>

제27조(생업 지원) ① 국가와 지방자치단체, 그 밖의 공공단체(이하 "국가등"이라 한다)가 법 제42조제1항에 따라 소관 공공시설에서 매점이나 자동판매기의 설치·운영을 장애인에게 허가하기 위하여 소관 행정재산의 사용·수익을 허가하려는 경우에는 「국유재산법 시행령」 제27조제3항 또는 「공유재산 및 물품관리법 시행령」 제13조제3항에 따라 수의계약의 방법으로 사용·수익자를 결정할 수 있다. <개정 2009. 7. 27., 2013. 4. 22.>

② 제1항에서 "그 밖의 공공단체"란 다음 각 호의 어느 하나에 해당하는 기관을 말한다.

1. 「공공기관의 운영에 관한 법률」 제4조에 따른 공공기관

2. 「지방공기업법」에 따른 지방공사 또는 지방공단

3. 특별법에 따라 설립된 법인

③ 국가등은 제1항에 따라 사용·수익의 허가를 하려는 경우에는 다음 각 호의 어느 하나에 해당하는 자에게 우선적으로 허가할 수 있다.

1. 20세 이상으로서 세대주인 장애인

2. 20세 이상으로서 배우자가 세대주인 장애인

제28조(장애인 응시자에 대한 편의제공) 법 제46조의2에 따라 장애인 응시자에 대하여 편의를 제공하여야 하는 기관·단체 및 대상 시험은 다음 각 호와 같다.

1. 국가 및 지방자치단체가 실시하는 채용시험

2. 「공공기관의 운영에 관한 법률」에 따른 공공기관이 실시하는 채용시험

3. 특별법에 따라 설립된 특수법인이 실시하는 채용시험

4. 「유아교육법」, 「초·중등교육법」 또는 「고등교육법」에 따른 각급 학교가 실시하는 채용시험

5. 국가가 실시하는 「자격기본법」 제2조제4호에 따른 국가자격 취득을 위한 시험

6. 「자격기본법」 제20조제3항에 따른 공인자격관리자가 실시하는 같은 법 제2조제5호의3에 따른 공인자격 취득을 위한 시험

[본조 신설 2016. 6. 28.]

[시행일:2016. 6. 30.] 제28조

[시행일:2017. 1. 1.] 제28조제5호

[시행일:2019. 1. 1.] 제28조제6호

제29조 삭제 <2012. 7. 24.>

제30조(장애수당 등의 지급대상자) ① 법 제49조에 따른 장애수당을 지급받을 수 있는 사람은 18세 이상으로서 장애인으로 등록한 사람 중 「국민기초생활 보장법」에 따른 수급자 또는 차상위계층으로서 장애로 인한 추가적 비용 보전(補塡)이 필요한 사람으로 한다. 다만, 제2항에 따라 장애아동수당을 지급받는 사람은 제외한다. <개정 2019. 12. 31.>

② 법 제50조제1항에 따른 장애아동수당을 지급받을 수 있는 사람은 다음 각 호의 요건을 모두 갖춘 사람으로 한다. <개정 2019. 12. 31.>

1. 18세 미만(해당 장애인이 「초·중등교육법」 제2조에 따른 학교에 재학 중인 사람으로서 「장

애인연금법」에 따른 수급자가 아닌 경우에는 20세 이하의 경우를 포함한다)일 것

　2. 장애인으로 등록하였을 것

　3. 「국민기초생활 보장법」에 따른 수급자 또는 차상위계층으로서 장애로 인한 추가적 비용 보전이 필요할 것

　③ 법 제50조제2항에 따른 보호수당을 지급받을 수 있는 사람은 다음 각 호의 요건을 모두 갖춘 사람으로 한다. <개정 2019. 12. 31.>

　1. 「국민기초생활 보장법」에 따른 수급자일 것

　2. 중증 장애로 다른 사람의 도움이 없이는 일상생활을 영위하기 어려운 18세 이상(해당 장애인이 20세 이하로서 「초·중등교육법」에 따른 고등학교와 이에 준하는 특수학교 또는 각종학교에 재학 중인 경우는 제외한다)의 장애인을 보호하거나 부양할 것

제31조(장애정도의 심사 대상 등) ① 법 제49조제3항에 따라 특별자치시장·특별자치도지사·시장·군수·구청장은 법 제50조의2제1항에 따라 장애수당의 지급을 신청한 사람의 장애 정도에 대하여 심사할 수 있다. 다만, 다음 각 호의 어느 하나에 해당하는 사람은 제외한다. <개정 2018. 12. 31.>

　1. 법 제32조제6항에 따라 장애 정도에 관한 정밀심사를 받아 장애 정도가 정해진 사람. 다만, 법 제32조제3항에 따라 특별자치시장·특별자치도지사·시장·군수·구청장이 해당 신청인의 장애 상태의 변화에 따른 장애 정도 조정을 위하여 장애 진단을 받게 하는 등의 조치가 필요하다고 인정하는 사람은 제외한다.

　2. 65세 이상인 사람

　3. 그 밖에 장애 상태의 변화 가능성이 현저하게 낮아 장애 정도를 심사하지 아니할 타당한 사유가 있는 것으로 보건복지부장관이 인정하는 사람

　② 특별자치시장·특별자치도지사·시장·군수·구청장은 제1항에 따라 심사 대상자의 장애 정도에 대하여 심사를 하는 경우 국민연금공단에 의뢰하여 심사 대상자의 장애 정도가 제2조에 따른 장애의 종류 및 기준 등에 해당하는지를 심사하여야 한다. <개정 2018. 12. 31.>

　③ 제1항 및 제2항에서 규정한 사항 외에 장애 정도 심사의 세부적인 방법 및 기준에 관하여 필요한 사항은 보건복지부장관이 정하여 고시하는 장애 정도에 관한 심사 방법 및 기준에 따른다.

　[본조 신설 2017. 7. 24.]

제32조(장애수당 등의 지급시기 및 방법) ① 제30조에 따른 장애수당·장애아동수당 및 보호수당(이하 "장애수당등"이라 한다)은 그 신청일이 속한 달부터 지급하되, 장애수당등을 지급하지 아니하기로 결정한 달(해당 월분의 수당은 전부를 지급한다. 다만, 「국민기초생활 보장법」상의 부양의무자가 없는 장애수당등의 수급자가 사망한 경우 특별자치시장·특별자치도지사·시장·군수·구청장의 급여 결정 전에 이미 사망사실을 확인한 경우에는 지급하지 아니한다)까지 지급한다. <개정 2012. 7. 24., 2015. 12. 15.>

② 장애수당등은 매월 20일(토요일이거나 공휴일인 경우에는 그 전날로 한다)에 금융기관이나 우편관서의 지급대상자 계좌에 입금하는 방법으로 지급한다. 이 경우 지급대상자로 결정된 사람이 다음 각 호의 어느 하나에 해당하는 경우에는 지급대상자의 배우자, 직계혈족 또는 3촌 이내의 방계혈족 명의 계좌에 입금할 수 있다. <개정 2009. 12. 31., 2010. 3. 15., 2015. 12. 15.>

1. 성년후견개시의 심판, 한정후견개시의 심판 또는 특정후견의 심판이 확정된 경우
2. 채무불이행으로 인하여 금전채권이 압류된 경우
3. 치매 또는 보건복지부장관이 정하는 거동불가의 사유로 인하여 본인 명의의 계좌를 개설하기 어려운 경우

③ 제2항 후단에 따른 계좌에 장애수당등을 지급하려는 특별자치시장·특별자치도지사·시장·군수·구청장은 보건복지부장관이 정하는 바에 따라 미리 그 사유, 입금한 장애수당등의 사용목적 및 다른 용도 사용금지 등에 관한 사항을 안내하여야 한다. <신설 2009. 12. 31., 2010. 3. 15., 2015. 12. 15.>

④ 제3항의 안내를 받고 제2항 후단에 따른 계좌로 장애수당등을 받으려는 자는 보건복지부령으로 정하는 서류를 특별자치시장·특별자치도지사·시장·군수·구청장에게 제출하여야 한다. <신설 2009. 12. 31., 2010. 3. 15., 2015. 12. 15.>

⑤ 제2항에도 불구하고 지급대상자 또는 같은 항 후단에 따른 계좌로 입금받을 자가 금융기관 또는 우편관서가 없는 지역에 거주하는 등 부득이 한 사유가 있는 경우에는 해당 금전을 지급대상자 또는 같은 항 후단에 따른 계좌로 입금받을 자에게 직접 지급할 수 있다. <신설 2009. 12. 31.>

제33조(장애수당 등의 지급방법 및 지급기준) ① 장애수당 등의 구체적인 지급대상과 지급기준은 장애인의 보호에 드는 비용을 고려하여 매년 예산의 범위에서 보건복지부장관이 정한다. <개정 2008. 2. 29., 2010. 3. 15.>

② 장애수당 등은 현금으로 지급한다.

제33조의2(금융정보 등의 범위) ① 법 제50조의2제2항제1호에서 "대통령령으로 정하는 자료 또는 정보"란 다음 각 호의 자료 또는 정보를 말한다. <개정 2015. 12. 15.>

1. 보통예금, 저축예금, 자유저축예금 등 요구불예금: 최근 3개월 이내의 평균잔액

2. 정기예금, 정기적금, 정기저축 등 저축성예금: 잔액 또는 총납입금

3. 주식, 수익증권, 출자금, 출자지분: 최종 시세가액. 이 경우 비상장주식의 가액 평가에 관하여는 「상속세 및 증여세법 시행령」 제54조제1항을 준용한다.

4. 채권, 어음, 수표, 채무증서, 신주인수권 증서: 액면가액

5. 연금저축: 정기적으로 지급된 금액 또는 최종 잔액

6. 제1호부터 제5호까지의 규정에 따른 금융재산에서 발생하는 이자액과 배당액 또는 할인액

② 법 제50조의2제2항제2호에서 "대통령령으로 정하는 자료 또는 정보"란 다음 각 호의 자료 또는 정보를 말한다.

1. 대출 현황 및 연체 내용

2. 신용카드 미결제금액

③ 법 제50조의2제2항제3호에서 "대통령령으로 정하는 자료 또는 정보"란 다음 각 호의 자료 또는 정보를 말한다.

1. 보험증권: 해약하는 경우 지급받게 될 환급금 또는 최근 1년 이내에 지급된 보험금

2. 연금보험: 해약하는 경우 지급받게 될 환급금 또는 정기적으로 지급되는 금액

[본조 신설 2012. 7. 24.]

제33조의3(금융정보 등의 요청 및 제공) ① 특별자치시장·특별자치도지사·시장·군수·구청장은 법 제50조의2제2항에 따라 제출받은 동의 서면을 「사회복지사업법」 제6조의2제2항에 따른 정보시스템(이하 "정보시스템"이라 한다)을 통하여 보건복지부장관에게 제출하여야 한다. <개정 2015. 12. 15.>

② 제1항에 따른 동의 서면을 제출받은 보건복지부장관은 법 제50조의3제1항에 따라 「금융실명거래 및 비밀보장에 관한 법률」 제2조제1호에 따른 금융회사 등이나 「신용정보의 이용 및 보호에 관한 법률」 제2조제6호에 따른 신용정보집중기관(이하 "금융기관 등"이라 한다)의 장에게 신청인과 그 가구원에 대한 법 제50조의2제2항제1호부터 제3호까지의 금융정보, 신용정보 및 보험정보(이하 "금융정보 등"이라 한다)의 제공을 요청하는 경우에는 요청 내용에 다음 각 호의 사항을 포함하여야 한다.

1. 신청인과 그 가구원의 성명과 주민등록번호

2. 제공을 요청하는 금융정보 등의 범위와 조회기준일 및 조회기간

③ 제2항에 따라 금융정보 등의 제공을 요청받은 금융기관 등의 장이 보건복지부장관에게 해당 금융정보 등을 제공할 때에는 제공 내용에 다음 각 호의 사항을 포함하여야 한다.

1. 신청인과 그 가구원의 성명과 주민등록번호

2. 금융정보 등을 제공하는 금융기관 등의 명칭

3. 제공대상 금융상품명과 계좌번호

4. 금융정보 등의 내용

④ 보건복지부장관은 금융기관 등의 장에게 해당 금융기관 등이 가입한 협회, 연합회 또는 중앙회 등의 정보통신망을 이용하여 제2항에 따른 금융정보 등을 제공하도록 요청할 수 있다.

⑤ 보건복지부장관은 제3항에 따라 금융기관 등의 장으로부터 제공받은 금융정보 등을 정보시스템을 통하여 특별자치시장·특별자치도지사·시장·군수·구청장에게 통보하여야 한다. <개정 2015. 12. 15.>

⑥ 법 제50조의3제2항에 따른 수급자와 그 가구원에 대한 금융정보 등의 제공 요청에 관하여는 제2항부터 제4항까지의 규정을 준용한다. 이 경우 "신청인"은 "수급자"로 본다.

[본조 신설 2012. 7. 24.]

제33조의4(장애인복지급여수급계좌의 신청방법 등) ① 법 제50조의4제1항 본문에 따라 자녀교육비 및 장애수당 등을 수급자 명의의 지정된 계좌(이하 "장애인복지급여수급계좌"라 한다)로 받으려는 사람은 보건복지부령으로 정하는 장애인복지급여수급계좌 입금 신청서에 예금통장(계좌번호가 기록되어 있는 면을 말한다) 사본을 첨부하여 관할 특별자치시장·특별자치도지사·시장·군수·구청장에게 제출하여야 한다. 장애인복지급여수급계좌를 변경하는 경우에도 또한 같다.

② 특별자치시장·특별자치도지사·시장·군수·구청장은 법 제50조의4제1항 단서에 따라 다음 각 호의 어느 하나에 해당하는 경우에는 자녀교육비 및 장애수당 등을 직접 현금으로 지급할 수 있다.

1. 장애인복지급여수급계좌가 개설된 금융기관이 폐업, 업무정지 또는 정보통신장애 등으로 인하여 정상영업을 못하는 경우

2. 수급자가 금융기관을 쉽게 이용할 수 없는 지역에 거주하는 경우

3. 그 밖에 이에 준하는 불가피한 사유로 자녀교육비 및 장애수당등을 장애인복지급
여수급계좌로 이체할 수 없는 경우

③ 특별자치시장·특별자치도지사·시장·군수·구청장은 법 제50조의2제1항에 따라 자
녀교육비 및 장애수당등의 지급을 신청하는 사람에게 제1항에 따른 장애인복지급여
수급계좌의 신청 방법 등을 안내하여야 한다.

[본조 신설 2016. 11. 22.]

제34조(자녀교육비 및 장애수당 등의 환수) ① 특별자치시장·특별자치도지사·시장·군수·
구청장은 법 제51조제1항에 따라 자녀교육비 및 장애수당 등을 환수하려는 경우에는
자녀교육비 및 장애수당 등을 받은 사람에게 자녀교육비 및 장애수당등의 환수 사유,
환수금액, 납부기간, 납부기관 및 이의신청방법 등을 구체적으로 밝혀 자녀교육비 및
장애수당 등의 환수금을 납부할 것을 보건복지부령으로 정하는 자녀교육비 및 장애수
당등의 환수결정 통지서에 따라 통지하여야 한다. 이 경우 납부기한은 통지일부터 30
일 이상으로 하여야 한다. <개정 2015. 12. 15.>

② 제1항에 따라 통지를 받은 사람은 해당 납부기관에 자녀교육비 및 장애수당 등의
환수금을 납부하여야 하며, 환수금을 납부받은 기관의 장은 자녀교육비 및 장애수당
등의 환수금을 납부받았음을 관할 특별자치시장·특별자치도지사·시장·군수·구청장에
게 지체 없이 통지하여야 한다. <개정 2015. 12. 15.>

③ 특별자치시장·특별자치도지사·시장·군수·구청장은 제1항에 따라 통지를 받은 사
람이 납부기간에 자녀교육비 및 장애수당 등의 환수금을 납부하지 아니한 경우에는
30일 이상의 기간을 정하여 납부를 독촉하여야 한다. <개정 2015. 12. 15.>

[전문 개정 2012. 7. 10.]

제35조(결손처분) 특별자치시장·특별자치도지사·시장·군수·구청장은 법 제51조제4항
에 따라 결손처분을 하려는 경우에는 관할 세무서 등 관계 행정기관 및 「국민건강보험
법」에 따른 국민건강보험공단 등 관련 기관을 통하여 체납자의 행방 또는 재산 유무
를 조사·확인하여야 한다. 다만, 체납된 금액이 10만원 미만인 경우에는 그러하지 아니
하다. <개정 2015. 12. 15.>

[본조 신설 2012. 7. 10.]

제36조(장애인복지시설) 법 제58조제1항제5호에서 "대통령령으로 정하는 시설"이란

장애인생산품 판매시설 및 법 제59조의13제1항에 따른 장애인 쉼터를 말한다. <개정 2019. 6. 11.>

제36조의2(성범죄의 경력 조회) ① 시장·군수·구청장 및 장애인복지시설 운영자는 법 제59조의3제4항 본문 및 같은 조 제5항 본문에 따라 성범죄의 경력 조회를 요청하려면 성범죄 경력 조회 요청서에 다음 각 호의 구분에 따른 서류를 첨부하여 관할 경찰관서의 장에게 제출해야 한다. 이 경우 경찰관서가 운영하는 정보통신망을 통하여 해당 서류를 제출할 수 있고, 관할 경찰관서의 장이 「전자정부법」 제36조제1항에 따른 행정정보의 공동이용을 통하여 제출서류에 대한 정보를 확인할 수 있는 경우에는 그 확인으로 서류제출을 갈음할 수 있다.

  1. 시장·군수·구청장이 요청하는 경우: 성범죄 경력 조회 대상자의 동의서

  2. 장애인복지시설 운영자가 요청하는 경우: 다음 각 목의 서류

   가. 장애인복지시설 운영자임을 증명하는 서류

   나. 성범죄 경력 조회 대상자의 동의서

  ② 장애인복지시설을 운영하려는 자와 장애인복지시설에 취업 중이거나 사실상 노무를 제공 중인 사람 또는 취업하려 하거나 사실상 노무를 제공하려는 사람(이하 "취업자 등"이라 한다)은 법 제59조의3제4항 단서 및 같은 조 제5항 단서에 따른 성범죄 경력 조회 회신서의 발급을 요청하려면 성범죄 경력 조회 요청서에 다음 각 호의 구분에 따른 서류를 첨부하여 관할 경찰관서의 장에게 제출해야 한다. 이 경우 경찰관서가 운영하는 정보통신망을 통하여 해당 서류를 제출할 수 있고, 관할 경찰관서의 장이 「전자정부법」 제36조제1항에 따른 행정정보의 공동이용을 통하여 제출서류에 대한 정보를 확인할 수 있는 경우에는 그 확인으로 서류제출을 갈음할 수 있다.

  1. 장애인복지시설을 운영하려는 자가 요청하는 경우: 다음 각 목의 서류

   가. 운영하려는 시설이 장애인복지시설임을 증명하는 서류

   나. 본인의 신분을 증명하는 서류

  2. 취업자등이 요청하는 경우: 다음 각 목의 서류

   가. 장애인복지시설의 취업자등임을 증명하는 서류

   나. 본인의 신분을 증명하는 서류

  ③ 제1항 또는 제2항에 따라 성범죄의 경력 조회를 요청받은 경찰관서의 장은 성범죄 경력 조회 대상자가 법 제59조의3제1항에 따라 장애인복지시설의 운영이나 장애인복지시설에 취업 또는 사실상 노무의 제공이 제한되는 사람(이하 "취업제한 등 대상자"라 한

다)인지 여부를 확인하여 회신해야 한다.

[전문 개정 2019. 6. 11.]

제36조의3(폐쇄 또는 해임의 요구) ① 시장·군수·구청장은 법 제59조의3제9항 또는 제10항에 따라 장애인복지시설의 운영자에게 장애인복지시설의 폐쇄 또는 취업제한등 대상자의 해임을 요구하려면 법 위반사실, 요구내용 및 이행시한 등을 명시한 서면으로 해야 한다. <개정 2019. 6. 11.>

② 시장·군수·구청장은 제1항에 따라 해임을 요구할 때에는 해당 취업제한등대상자에게도 그 사실을 알려야 한다. <개정 2019. 6. 11.>

③ 제1항에 따른 해임 요구를 받은 장애인복지시설 운영자와 제2항에 따른 통지를 받은 취업자는 해임 요구 또는 해임 요구의 통지를 받은 날부터 10일 이내에 시장·군수·구청장에게 이의를 신청할 수 있다.

④ 시장·군수·구청장은 제3항에 따른 이의신청을 받으면 2주일 이내에 심사하여 그 결과를 해당 장애인복지시설 운영자와 취업자에게 알려야 한다.

⑤ 시장·군수·구청장 또는 시장·군수·구청장으로부터 장애인복지시설의 폐쇄를 요구받은 관계 행정기관의 장은 법 제59조의3제11항에 따라 장애인복지시설을 폐쇄하려면 미리 그 사실을 해당 장애인복지시설의 운영자에게 알려야 한다. <신설 2019. 6. 11.>

⑥ 시장·군수·구청장 또는 시장·군수·구청장으로부터 장애인복지시설의 폐쇄를 요구받은 관계 행정기관의 장은 법 제59조의3제11항에 따라 장애인복지시설을 폐쇄하는 경우에는 해당 시설을 이용하는 사람을 다른 시설로 옮기도록 하는 등 시설을 이용하는 사람의 권익을 보호하기 위하여 필요한 조치를 해야 한다. <신설 2019. 6. 11.>

[본조 신설 2012. 7. 24.]

[제목 개정 2019. 6. 11.]

제36조의4(장애인 학대 및 장애인 대상 성범죄의 신고절차와 방법 등의 안내) 보건복지부장관은 법 제59조의4제4항에 따른 장애인학대 및 장애인 대상 성범죄의 신고 절차·방법 등을 안내하기 위하여 장애인학대 및 장애인 대상 성범죄 예방, 신고 의무, 신고 절차 및 신고 방법에 관한 교육 자료를 작성하여 같은 조 제2항 각 호에 따른 신고의무자에게 배포하여야 한다. <개정 2016. 6. 28.>

[본조 신설 2015. 12. 15.]

제36조의5(장애인 학대 및 장애인 대상 성범죄의 예방 및 신고를 위한 조치) ① 보건복지부장관은 법 제59조의4제5항에 따라 장애인학대 및 장애인 대상 성범죄를 예방하고 수시로 신고를 받을 수 있도록 하기 위하여 제36조의4에 따른 교육 자료에 장애인 학대 및 장애인 대상 성범죄의 예방 및 방지와 관련된 기관이 신고를 위하여 설치한 전화번호(이하 "신고전화번호"라 한다)를 포함시켜야 한다. <개정 2016. 6. 28.>

② 지방자치단체의 장은 법 제59조의4제5항에 따라 장애인 학대 및 장애인 대상 성범죄를 예방하고 수시로 신고를 받을 수 있도록 하기 위하여 신고전화번호를 지방자치단체의 청사 출입구 등 해당 청사 안에서 잘 보이는 곳에 게시하여야 한다. <개정 2016. 6. 28.>

③ 지방자치단체의 장은 법 제59조의4제5항에 따라 장애인 학대 및 장애인 대상 성범죄를 예방하고 수시로 신고를 받을 수 있도록 하기 위하여 법 제58조에 따른 장애인복지시설의 장에게 신고전화번호를 해당 시설의 출입구 등에 게시하도록 안내하여야 한다. <개정 2016. 6. 28.>

[본조 신설 2015. 12. 15.]
[제목 개정 2016. 6. 28.]

제36조의6(신고의무자에 대한 교육 내용 등) ① 법 제59조의4제6항에 따른 장애인 학대 및 장애인 대상 성범죄의 예방 및 신고의무와 관련된 교육(이하 "장애인 학대 및 장애인 대상 성범죄 예방교육"이라 한다)에는 다음 각 호의 사항이 포함되어야 한다. <개정 2016. 6. 28.>

1. 장애인 학대 및 장애인 대상 성범죄의 예방 및 신고의무에 관한 법령
2. 장애인 학대 및 장애인 대상 성범죄의 발견 시 신고 방법
3. 피해장애인 보호 절차
4. 장애인 학대 및 장애인 대상 성범죄 사례

② 법 제59조의4제2항 각 호에 따른 소관 중앙행정기관의 장(이하 이 조에서 "소관 중앙행정기관의 장"이라 한다)은 같은 항 각 호의 어느 하나에 해당하는 사람의 자격 취득 과정이나 보수교육 과정에 장애인 학대 및 장애인 대상 성범죄 예방 교육을 1시간 이상 포함시켜야 한다. 이 경우 소관 중앙행정기관의 장은 장애인 학대 및 장애인 대상 성범

죄 예방 교육을 「아동복지법」 제26조제1항에 따라 아동학대 신고의무자에 대한 자격 취득 과정이나 보수교육 과정에 포함된 아동학대 예방 및 신고의무와 관련된 교육과 함께 실시할 수 있다. <개정 2016. 6. 28.>

③ 장애인 학대 및 장애인 대상 성범죄 예방 교육은 집합 교육 또는 인터넷 강의 등을 활용한 원격 교육으로 할 수 있다. <개정 2016. 6. 28.>

④ 제2항에도 불구하고 소관 중앙행정기관의 장은 법 제59조의4제2항 각 호의 사람 중 해당 자격 취득 과정이나 보수교육 과정이 없는 사람에 대해서는 제1항 각 호의 내용이 포함된 교육 자료를 제공하여야 한다.

[본조 신설 2015. 12. 15.]

제36조의7(장애인 학대의 예방 및 방지 의무) 법 제59조의10제6호에서 "대통령령으로 정하는 장애인학대의 예방과 방지를 위한 사항"이란 다음 각 호의 사항을 말한다. <개정 2018. 6. 19.>

1. 장애인 학대의 예방과 방지를 위한 관계 기관 간의 협력체계 구축
2. 법 제58조에 따른 장애인복지시설 등 장애인 학대 예방 및 방지 관련기관에 대한 지도·감독

[본조 신설 2015. 12. 15.]

제36조의8(장애인권익옹호기관의 설치·운영기준) ① 법 제59조의11제1항 및 제2항에 따른 중앙장애인권익옹호기관 및 지역장애인권익옹호기관(이하 "장애인권익옹호기관"이라 한다)은 업무에 필요한 사무실, 상담실, 교육실 및 대기실 등을 갖추어야 한다. <개정 2018. 6. 19.>

② 장애인권익옹호기관의 장은 다음 각 호의 사항이 포함된 운영관리 규정을 마련하여야 한다.

1. 운영방침 및 업무분장
2. 운영시간
3. 상담자 관리 방법
4. 재무·회계 등의 장부 작성 및 비치
5. 그 밖에 장애인권익옹호기관의 적정한 운영을 위하여 필요한 사항

③ 제1항 및 제2항에서 규정한 사항 외에 장애인권익옹호기관의 설치·운영기준에 관한 세부적인 사항은 보건복지부령으로 정한다.

[본조 신설 2016. 12. 30.]

[종전 제36조의8은 제36조의11로 이동 <2016. 12. 30.>]

제36조의9(장애인권익옹호기관 상담원의 자격기준 등) 장애인권익옹호기관의 상담원은 다음 각 호의 어느 하나에 해당하는 자격을 가진 사람이어야 한다. <개정 2017. 5. 29.>

　1. 「사회복지사업법」 제11조제1항에 따른 사회복지사

　2. 「장애인 등에 대한 특수교육법」 제2조제4호에 따른 특수교육교원

　3. 「국가기술자격법」 제9조제2호 및 같은 법 시행령 제12조의2제1항·별표 1에 따른 임상심리사

　4. 「정신건강증진 및 정신질환자 복지서비스 지원에 관한 법률」 제17조제1항에 따른 정신건강전문요원

　5. 변호사

　6. 그 밖에 장애인복지 또는 인권 분야에 종사한 경험이 있는 사람으로서 장애인권익옹호에 필요한 전문성을 가지고 있다고 인정하여 보건복지부장관이 정하는 사람

　[본조 신설 2016. 12. 30.]

제36조의10(장애인권익옹호기관의 운영 위탁) ① 보건복지부장관 또는 시·도지사는 법 제59조의11제4항에 따라 장애인권익옹호기관의 운영을 위탁하려면 「공공기관의 운영에 관한 법률」 제4조에 따른 공공기관 또는 장애인학대의 예방 및 방지를 목적으로 하는 비영리법인을 대상으로 공개모집을 실시하여야 한다. 이 경우 다음 각 호의 기준을 종합적으로 고려하여 수탁기관을 지정하여야 한다. <개정 2018. 6. 19.>

　1. 제36조의8 및 제36조의9에 따른 장애인권익옹호기관의 설치·운영기준 및 상담원 자격기준의 충족 여부

　2. 장애인권익옹호 관련 업무의 수행실적 및 운영계획

　② 보건복지부장관 또는 시·도지사는 법 제59조의11제4항에 따라 장애인권익옹호기관의 운영을 위탁하는 경우에는 위탁받는 공공기관이나 비영리법인 및 위탁업무의 내용 등을 고시하여야 한다. <개정 2018. 6. 19.>

　③ 제1항 및 제2항에서 규정한 사항 외에 장애인권익옹호기관의 운영 위탁에 필요한 사항은 보건복지부장관이 정하여 고시한다.

　[본조 신설 2016. 12. 30.]

제36조의11(장애인 거주시설 이용계약절차의 대행자) 법 제60조의2제6항에서 "대통령령으로 정하는 자"란 다음 각 호의 순서에 따른 자를 말한다. <개정 2015. 12. 15.>

 1. 「민법」에 따른 장애인의 후견인

 2. 장애인의 배우자 또는 부양의무자인 1촌의 직계혈족

 3. 장애인의 주소지(주소지가 없거나 알 수 없는 경우에는 현재지)를 관할하는 특별자치시장·특별자치도지사·시장·군수·구청장이 지명하는 사람

 [본조 신설 2012. 3. 26.]

 [제36조의8에서 이동 <2016. 12. 30.>]

제37조(국가시험의 시행 및 공고 등) ① 보건복지부장관은 법 제73조제1항에 따른 의지·보조기 기사, 언어재활사 및 장애인재활상담사의 국가시험(이하 "국가시험"이라 한다)을 매년 1회 이상 시행하여야 한다. <개정 2008. 2. 29., 2010. 3. 15., 2012. 7. 24., 2017. 10. 31.>

 ② 보건복지부장관은 법 제73조제2항에 따라 국가시험의 실시에 관한 업무를 「한국보건의료인국가시험원법」에 따른 한국보건의료인국가시험원(이하 "국가시험관리기관"이라 한다)에 위탁한다. <개정 2015. 12. 22.>

 ③ 국가시험관리기관의 장은 국가시험을 실시하려면 미리 보건복지부장관의 승인을 받아 시험일시, 시험장소, 시험과목, 응시수수료 및 응시원서의 제출기간, 그 밖에 시험의 실시에 필요한 사항을 시험 실시 90일전까지 공고하여야 한다. 다만, 시험장소는 지역별 응시인원이 확정된 후 시험 실시 30일 전까지 공고할 수 있다. <개정 2008. 2. 29., 2010. 3. 15., 2012. 5. 1.>

 ④ 국가시험관리기관의 장은 장애인이 시험에 응시하는 경우 장애의 종류 및 정도에 따라 필요한 편의를 제공하여야 한다. <신설 2012. 7. 24.>

제38조(시험과목 및 합격자 결정방법) ① 국가시험의 방법은 다음 각 호의 구분에 따른다. <개정 2012. 7. 24., 2017. 10. 31.>

 1. 의지·보조기 기사 국가시험: 필기시험 및 실기시험

 2. 언어재활사 국가시험: 필기시험

 3. 장애인재활상담사 국가시험: 필기시험

 ② 제1항에 따른 필기시험 과목은 별표 4와 같다. <개정 2012. 7. 24.>

 ③ 제1항제1호에 따른 실기시험에는 필기시험에 합격한 사람만이 응시할 수 있으며,

실기시험은 의지·보조기의 제작능력을 측정하는 것을 내용으로 한다. <신설 2012. 7. 24.>

④ 국가시험의 합격자 결정은 필기시험의 경우에는 전 과목 총점의 6할 이상, 각 과목 4할 이상을 득점한 자를 합격자로 하며, 실기시험의 경우에는 총점의 6할 이상을 득점한 자를 합격자로 한다. <개정 2012. 7. 24.>

제39조(시험위원) ① 국가시험관리기관의 장은 국가시험을 시행하려면 시험과목별로 전문지식을 갖춘 자 중에서 시험위원을 위촉한다.

② 제1항에 따른 시험위원에게는 예산의 범위에서 수당과 여비를 지급할 수 있다.

제40조(국가시험의 응시 및 합격자 발표) ① 국가시험에 응시하려는 자는 국가시험관리기관의 장이 정하는 응시원서를 국가시험관리기관의 장에게 제출하여야 한다.

② 국가시험관리기관의 장은 국가시험의 합격자를 결정·발표하고, 그 합격자에 대한 다음 각 호의 사항을 보건복지부장관에게 보고하여야 한다. <개정 2008. 2. 29., 2010. 3. 15.>

1. 성명 및 주민등록번호
2. 국가시험 합격번호 및 합격 연월일

제41조(관계기관 등에의 협조 요청) 국가시험관리기관의 장은 국가시험관리업무를 원활히 수행하기 위하여 필요하면 국가·지방자치단체 또는 관계 기관이나 단체에 시험장소 및 시험감독의 지원 등 필요한 사항에 관하여 협조를 요청할 수 있다.

제42조(비용 부담) ① 법 제79조제1항에 따라 법 제38조제1항, 제43조제1항, 제49조제1항, 제50조제1항·제2항 및 제55조제1항에 따른 조치에 드는 비용은 국가와 지방자치단체가 부담하되, 그 부담 비율은 「보조금 관리에 관한 법률 시행령」으로 정하는 바에 따른다. <개정 2011. 10. 26., 2012. 3. 26., 2018. 6. 19.>

② 법 제59조제1항에 따른 장애인복지시설의 설치·운영에 드는 비용은 해당 시설을 설치한 국가나 지방자치단체가 부담한다.

③ 법 제79조제2항에 따른 본인부담금은 「국민기초생활보장법」 제2조제11호에 따른 기준 중위소득 및 법 제79조제1항에 따라 장애인복지실시기관이 매년 지원하는 시설운영비 등을 고려하여 매년 보건복지부장관이 정한다. <신설 2012. 3. 26., 2015. 11.

30.>

④ 제3항에 따른 본인부담금은 시설 이용자의 자산 및 소득 등에 따라 감면할 수 있다. 이 경우 자산 및 소득 등의 산정에 관하여는 「국민기초생활 보장법」 제2조 및 같은 법 시행령 제2조 및 제3조를 준용한다. <신설 2012. 3. 26.>

⑤ 제3항 및 제4항에 따른 본인부담금의 금액, 감면 대상 및 감면 금액 등은 매년 보건복지부장관이 정하여 고시한다. <신설 2012. 3. 26.>

제43조(비용 수납) 보건복지부장관, 시·도지사 또는 시장·군수·구청장은 법 제80조제1항에 따라 복지조치에 든 비용을 받으려면 해당 장애인 또는 그 부양의무자로부터 실비(實費)에 해당하는 금액을 받아야 한다. 다만, 해당 장애인이나 그 부양의무자가 「국민기초생활 보장법」 제7조제1항제1호에 따른 생계급여 수급자 또는 같은 항 제3호에 따른 의료급여 수급자인 경우에는 그 금액을 경감하거나 면제할 수 있다. <개정 2008. 2. 29., 2010. 3. 15., 2015. 11. 30.>

제44조(비용 보조) ① 국가나 지방자치단체는 법 제81조에 따라 장애인복지시설의 설치·운영에 필요한 비용의 일부를 매년 예산의 범위에서 보조한다. 이 경우 장애인복지시설의 운영에 필요한 비용의 보조 비율은 「보조금 관리에 관한 법률 시행령」으로 정하는 바에 따른다. <개정 2011. 10. 26.>

② 제1항에 따라 국가나 지방자치단체가 장애인복지시설의 운영에 드는 비용을 보조하는 경우에는 「사회복지사업법」 제43조의2에 따른 시설 평가의 결과 등 해당 장애인복지시설의 운영 실적을 고려하여 차등을 두어 보조할 수 있다. <개정 2012. 8. 3.>

제45조 삭제 <2012. 7. 24.>

제45조의2(민감정보 및 고유식별정보의 처리) ① 국가, 지방자치단체(해당 권한이 위임·위탁된 경우에는 그 권한을 위임·위탁받은 자를 포함한다) 또는 국민연금공단(제1호 및 제1호의2의 사무만 해당한다)은 다음 각 호의 사무를 수행하기 위하여 불가피한 경우 「개인정보 보호법」 제23조에 따른 건강에 관한 정보나 같은 법 시행령 제19조에 따른 주민등록번호, 여권번호, 운전면허의 면허번호 또는 외국인등록번호가 포함된 자료를 처리할 수 있다. <개정 2012. 7. 24., 2014. 11. 4., 2016. 12. 30., 2017. 3. 27., 2018. 6. 19., 2018. 12. 31.>

1. 법 제32조에 따른 장애인 등록 등에 관한 사무

1의2. 법 제32조의4에 따른 서비스 지원 종합조사에 관한 사무

1의3. 법 제34조에 따른 재활상담 등의 조치에 관한 사무

1의4. 법 제38조에 따른 자녀교육비 지급에 관한 사무

2. 법 제39조에 따른 장애인 사용 자동차 등 표지의 발급에 관한 사무

2의2. 법 제41조에 따른 자금 대여에 관한 사무

3. 법 제49조에 따른 장애수당 지급에 관한 사무

4. 법 제50조에 따른 장애아동수당과 보호수당의 지급에 관한 사무

4의2. 법 제59조의3에 따른 성범죄자의 취업제한 등에 관한 사무

4의3. 법 제59조의10에 따른 장애인학대의 예방과 방지에 관한 사무

5. 삭제 <2018. 6. 19.>

6. 제13조의2에 따른 장애인일자리사업에 관한 사무

7. 제17조에 따른 이용요금 감면에 관한 사무

② 보건복지부장관 또는 국가시험관리기관은 다음 각 호의 사무를 수행하기 위하여 불가피한 경우 「개인정보 보호법」 제23조에 따른 건강에 관한 정보, 같은 법 시행령 제18조제2호에 따른 범죄경력자료에 해당하는 정보, 같은 영 제19조제1호 또는 제4호에 따른 주민등록번호 또는 외국인등록번호가 포함된 자료를 처리할 수 있다. <개정 2012. 7. 24., 2017. 10. 31.>

1. 법 제72조에 따른 의지·보조기 기사자격증, 법 제72조의2에 따른 언어재활사 자격증 및 법 제72조의3에 따른 장애인재활상담사 자격증 교부에 관한 사무

2. 법 제73조에 따른 국가시험의 관리에 관한 사무

3. 법 제74조에 따른 국가시험 응시자격의 확인에 관한 사무

[본조 신설 2012. 1. 6.]

제45조의3(규제의 재검토) 보건복지부장관은 다음 각 호의 사항에 대하여 다음 각 호의 기준일을 기준으로 2년마다(매 2년이 되는 해의 기준일과 같은 날 전까지를 말한다) 그 타당성을 검토하여 개선 등의 조치를 하여야 한다. <개정 2016. 8. 2.>

1. 제14조에 따른 한국수어·폐쇄자막 또는 화면해설방영 방송프로그램의 범위: 2015년 1월 1일

2. 제21조제1항에 따른 장애인복지상담원의 자격 기준: 2015년 1월 1일

3. 삭제 <2018. 12. 24.>

[본조 신설 2014. 12. 9.]

제46조(과태료의 부과기준) 법 제90조에 따른 과태료의 부과기준은 별표 5와 같다.

[전문 개정 2012. 7. 24.]

장애인복지법 시행규칙

[시행 2019. 9. 27] [보건복지부령 제672호, 2019. 9. 27, 타법개정]

제1조(목적) 이 규칙은 「장애인복지법」 및 같은 법 시행령에서 위임된 사항과 그 시행에 필요한 사항을 규정함을 목적으로 한다.

제2조(장애인의 장애정도 등) ① 「장애인복지법 시행령」(이하 "영"이라 한다) 제2조제2항에 따른 장애 정도는 별표 1과 같다. <개정 2019. 6. 4.>

② 보건복지부장관은 제1항에 따른 장애정도의 구체적인 판정기준을 정하여 고시할 수 있다. <개정 2008. 3. 3., 2010. 3. 19., 2019. 6. 4.>

[제목 개정 2019. 6. 4.]

제2조의2(장애 인식개선 교육) 「장애인복지법」(이하 "법"이라 한다) 제25조제2항에 따라 장애 인식개선 교육을 실시한 기관 또는 단체의 장은 별지 제1호서식의 장애 인식개선 교육 결과보고를 작성하여 교육이 끝난 후 30일 이내에 보건복지부장관에게 제출하여야 한다.

[본조 신설 2016. 6. 30.]

제2조의3(수행기관의 지정기준) 법 제30조의2제2항에 따른 장애인 가족 지원 사업 수행기관(이하 "수행기관"이라 한다)의 지정기준은 별표 1의2와 같다.

[본조 신설 2017. 8. 9.]

제2조의4(수행기관의 지정 절차 등) ① 보건복지부장관 또는 지방자치단체의 장은 수행기관을 지정하려면 관보 또는 인터넷 홈페이지에 다음 각 호의 사항을 10일 이상 공고하여야 한다.

 1. 지정 요건

 2. 수행사업의 종류 및 내용

 3. 그 밖에 수행기관 지정 신청에 필요한 사항

 ② 수행기관으로 지정받으려는 기관 또는 단체는 별지 제11호의2서식의 수행기관 지정신청서에 다음 각 호의 서류를 첨부하여 보건복지부장관 또는 해당 지방자치단체의 장에게 제출하여야 한다. 이 경우 보건복지부장관 또는 지방자치단체의 장은 「전자정부법」 재36조제1항에 따른 행정정보의 공동이용을 통하여 법인 등기사항증명서(법인의 경우에만 해당한다)를 확인하여야 한다.

 1. 기관 또는 단체의 정관이나 이에 준하는 약정

 2. 사업계획서

 3. 제2조의3에 따른 지정 기준을 충족하였음을 확인할 수 있는 서류

 ③ 보건복지부장관 또는 지방자치단체의 장은 제2항에 따른 신청을 받으면 현지조사를 실시한 후 다음 각 호의 사항을 종합적으로 고려하여 수행기관을 지정하여야 한다.

 1. 사업목적의 비영리성

 2. 사업계획(재정·시설·인력 운용계획서를 포함한다)의 타당성

 3. 제1항제3호에 따른 수행사업의 이행능력

 ④ 보건복지부장관 또는 지방자치단체의 장은 수행기관을 지정하는 경우에는 별지 제11호의3서식의 수행기관 지정서(전자문서를 포함하다)를 해당 수행기관에게 발급하여야 한다.

 ⑤ 제3항에 따라 지정을 받은 수행기관은 해당 연도의 사업운영계획을 매년 1월 31일까지 보건복지부장관 또는 해당 지방자치단체의 장에게 제출하여야 하며, 반기별 사업운영실적을 매 반기 종료 후 1개월 이내에 보건복지부장관 또는 해당 지방자치단체의 장에게 제출하여야 한다.

 ⑥ 제3항에 따라 지정을 받은 수행기관은 제2항 각 호의 어느 하나에 해당하는 사

항이 변경되는 경우에는 보건복지부장관 또는 해당 지방자치단체의 장에게 그 사실을 통지하여야 한다.

[본조 신설 2017. 8. 9.]

제3조(장애인의 등록신청 및 장애 진단) ① 법 제32조제1항에 따라 장애인의 등록을 신청하려는 자는 별지 제1호의2서식의 장애인 등록 및 서비스 신청서에 다음 각 호의 서류를 첨부하여 관할 읍·면·동장을 거쳐 특별자치시장·특별자치도지사·시장·군수·구청장(자치구의 구청장을 말하며, 이하 "시장·군수·구청장"이라 한다)에게 제출해야 한다. 다만, 시장·군수·구청장은 법 제32조의2에 따라 장애인 등록을 하려는 사람에 대해서는 「전자정부법」 제36조제1항에 따른 행정정보의 공동이용을 통하여 재외동포 및 외국인임을 증명하는 서류를 확인해야 하며, 신청인이 확인에 동의하지 않은 경우에는 이를 첨부하도록 해야 한다. <개정 2011. 2. 1., 2013. 1. 25., 2015. 8. 3., 2016. 6. 30., 2016. 12. 30., 2019. 6. 4.>

1. 사진(신청 전 6개월 이내에 모자 등을 쓰지 않고 촬영한 천연색 상반신 정면사진으로 가로 3.5센티미터, 세로 4.5센티미터의 사진을 말한다) 1장

2. 등록대상자의 장애 상태를 확인할 수 있는 서류

② 제1항에 따른 등록신청을 받은 시장·군수·구청장은 등록대상자와의 상담을 통하여 그 장애 상태가 영 제2조에 따른 장애의 기준에 명백하게 해당되지 않는 경우 외에는 지체 없이 별지 제2호서식의 의뢰서에 따라 「의료법」 제3조에 따른 의료기관 또는 「지역보건법」 제10조 및 제13조에 따른 보건소와 보건지소(이하 "의료기관"이라 한다) 중 보건복지부장관이 정하는 장애유형별 해당 전문의가 있는 의료기관에 장애 진단을 의뢰할 수 있다. <개정 2008. 3. 3., 2010. 3. 19., 2015. 11. 18., 2019. 6. 4.>

③ 제2항에 따라 장애 진단을 의뢰받은 의료기관은 장애인의 장애 상태를 진단한 후 별지 제3호서식의 진단서를 장애 진단을 의뢰한 시장·군수·구청장에게 통보해야 한다. <개정 2019. 6. 4.>

④ 시장·군수·구청장은 제3항에 따라 통보받은 진단 결과에 대하여 보다 정밀한 심사가 필요하다고 인정되는 경우에는 국민연금공단에 장애 정도에 관한 심사를 의뢰할 수 있다. 이 경우 장애 정도에 관한 국민연금공단의 심사 방법 및 기준 등에 필요한 사항은 보건복지부장관이 정하여 고시한다. <개정 2008. 3. 3., 2010. 3. 12., 2010. 3. 19., 2011. 2. 1., 2019. 6. 4.>

[제목 개정 2019. 6. 4.]

제3조의2(진료기록 열람 등의 동의) ① 법 제32조제6항에 따라 장애 정도에 관한 정밀심사를 의뢰받은 공공기관이 같은 조 제7항 전단에 따른 동의를 받으려는 경우에는 별지 제1호의2서식의 신청서 또는 별지 제1호의3서식의 진료기록 열람 및 사본 교부 요청 동의서에 따른다.

② 법 제32조제7항에 따라 열람 또는 사본 교부를 요청할 수 있는 진료에 관한 사항은 진료기록 자료, 검사결과 자료 등 「의료법」에 따른 의료기관의 진료관련 기록으로 한다.

③ 제1항에 따른 공공기관이 법 제32조제7항에 따라 의료기관으로부터 해당 진료에 관한 사항을 열람하거나 사본을 교부받은 경우에는 심사를 받으려는 본인이나 법정대리인 또는 영 제20조에 따른 보호자(이하 "법정대리인등"이라 한다)에게 우편이나 휴대전화 문자전송 등의 방법으로 그 사실을 통보하여야 한다. <개정 2017. 8. 9.>

[본조 신설 2016. 6. 30.]

제4조(장애인등록증 교부 등) ① 시장·군수·구청장은 제3조에 따라 진단 결과나 장애 정도에 관한 심사 결과를 통보받은 경우에는 제2조에 따른 장애 정도에 해당하는지를 확인하여 장애인으로 등록해야 한다. 이 경우 해당 장애인에 대한 장애인등록카드를 작성하고, 장애인등록증(이하 "등록증"이라 한다)을 발급해야 한다. <개정 2019. 6. 4.>

② 장애인은 등록증을 잃어버리거나 그 등록증이 훼손되어 못 쓰게 되었을 때 또는 제3항에 따라 「여신전문금융업법」 제2조에 따른 신용카드나 직불카드(이하 "신용카드등"이라 한다)와 통합된 등록증으로 재발급 받으려는 경우에는 별지 제1호의2서식의 신청서에 등록증(등록증을 잃어버린 경우는 제외한다)을 첨부하여 관할 읍·면·동장을 거쳐 시장·군수·구청장에게 재발급을 신청하여야 한다. <개정 2009. 12. 31., 2016. 6. 30.>

③ 시장·군수·구청장은 제2항에 따라 장애인이 신용카드등과 통합된 등록증의 발급을 신청하는 경우에는 이를 발급할 수 있다.

④ 장애인은 등록증의 기재사항을 변경하려면 별지 제5호서식의 신청서에 장애인등록증과 기재사항의 변경내용을 증명할 수 있는 서류를 첨부하여 관할 읍·면·동장을 거쳐 시장·군수·구청장에게 신청하여야 한다. 이 경우 시장·군수·구청장이 「전자정부법」 제36조제1항에 따른 행정정보의 공동이용을 통하여 기재사항의 변경내용을 증명할 수 있는 서류에 대한 정보를 확인할 수 있는 경우에는 그 확인으로 첨부서류를 갈음하되, 신청인이 확인에 동의하지 않는 경우에는 그 서류를 첨부하여야 한다. <개정 2010. 9. 1.>

제5조(등록증 서식 등) ① 등록증의 재질·규격 및 표기사항은 다음 각 호와 같으며, 표기사항의 위치와 그 밖에 필요한 사항은 보건복지부장관이 따로 정한다. <개정 2008. 3. 3., 2010. 3. 19., 2019. 6. 4.>

1. 재질 : 플라스틱

2. 규격 : 가로 8.6센티미터, 세로 5.4센티미터

3. 표기사항 : 장애인의 성명·주소·사진·주민등록번호·장애종류·장애 정도·등록일, 보호자 연락처, 기재사항 변경란, 발급일, 발급기관, 발급기관의 직인. 다만, 제4조제3항에 따라 신용카드등과 통합된 등록증의 경우에는 보건복지부장관이 정하는 바에 따라 표기사항의 일부를 생략할 수 있다.

② 제1항에 따른 등록증 발급기관의 직인은 그 직인의 인영(印影: 도장을 찍은 모양)을 인쇄함으로써 날인을 대신할 수 있다. <개정 2019. 9. 27.>

제6조(장애정도의 조정) ① 장애인은 장애 상태가 현저하게 변화되어 장애정도의 조정이 필요한 경우에는 별지 제1호의2서식의 신청서에 등록증과 등록대상자의 장애상태를 확인할 수 있는 서류를 첨부하여 시장·군수·구청장에게 장애 정도의 조정을 신청할 수 있다. <개정 2019. 6. 4.>

② 제1항에 따라 장애정도의 조정신청을 받은 시장·군수·구청장은 의료기관에 장애진단을 의뢰할 수 있다. <개정 2019. 6. 4.>

③ 제2항에 따라 장애 진단을 의뢰받은 의료기관은 장애인의 장애상태를 진단한 후 별지 제3호서식의 진단서를 장애 진단을 의뢰한 시장·군수·구청장에게 통보해야 한다. <개정 2019. 6. 4.>

④ 시장·군수·구청장은 제3항에 따라 통보받은 진단결과에 대하여 보다 정밀한 심사가 필요하다고 인정되는 경우에는 국민연금공단에 장애 정도에 관한 심사를 의뢰할 수 있다. 이 경우 장애정도에 관한 국민연금공단의 심사 방법 및 기준 등에 필요한 사항은 보건복지부장관이 정하여 고시한다. <개정 2008. 3. 3., 2010. 3. 12., 2010. 3. 19., 2011. 2. 1., 2019. 6. 4.>

⑤ 제3항과 제4항에 따라 진단 결과나 장애정도 심사결과를 통보받은 시장·군수·구청장은 통보받은 내용을 토대로 장애정도를 조정하고, 그 결과를 신청인에게 통지해야 한다. <개정 2019. 6. 4.>

[제목 개정 2019. 6. 4.]

제7조(장애상태 확인) ① 시장·군수·구청장은 법 제32조제3항에 따라 장애인의 장애상태를 확인하여 장애상태에 맞는 장애정도를 유지하도록 해야 한다. 다만, 장애상태에 현저한 변화 가능성이 없다고 판단되는 장애인에 대해서는 그렇지 않다. <개정 2019. 6. 4.>

② 시장·군수·구청장은 제1항에 따라 장애인의 장애상태를 확인하려는 경우에는 별지 제7호서식의 통보서를 해당 장애인에게 송부해야 한다. <개정 2019. 6. 4.>

③ 장애상태를 확인하기 위한 장애 진단 및 장애정도의 조정에 관하여는 제6조제2항부터 제5항까지의 규정을 준용한다. <개정 2010. 3. 12., 2019. 6. 4.>

[제목 개정 2019. 6. 4.]

제7조의2(장애인 등록 취소) ① 법 제32조의3제1항제1호에 따라 장애인이 사망한 경우에는 사망한 날의 다음 날, 같은 항 제2호부터 제4호까지의 규정에 따라 장애인 등록이 취소되는 경우에는 장애인 등록이 취소된 날의 다음 날에 법 제32조제1항에 따라 등록된 장애인의 자격이 상실되는 것으로 본다.

② 법 제32조의3제1항제3호에 따른 기간은 해당 장애인이 제7조제2항에 따른 통보서를 송부받은 날부터 90일로 한다.

③ 법 제32조의3제1항제4호에 따라 장애인이 장애인 등록 취소를 신청하려면 별지 제7호의2서식의 장애인 등록 취소 신청서에 등록증을 첨부하여 시장·군수·구청장에게 제출하여야 한다.

④ 제3항에 따라 장애인 등록 취소를 신청하려는 사람이 지적장애인, 자폐성장애인, 정신장애인 및 미성년자인 경우에는 법정대리인등의 동의가 있어야 한다. 이 경우 시장·군수·구청장은 「전자정부법」 제36조제1항에 따른 행정정보의 공동이용을 통하여 법정대리인등임을 증명하는 서류를 확인하여야 하며, 신청인이 확인에 동의하지 아니하는 경우에는 이를 첨부하도록 하여야 한다.

⑤ 시장·군수·구청장은 제3항에 따른 장애인 등록 취소 신청을 받은 경우에는 그 신청일부터 7일 이내에, 제4항에 따른 장애인 등록 취소 신청을 받은 경우에는 그 신청일부터 14일 이내에 해당 신청인의 장애인 등록을 취소하여야 한다.

⑥ 시장·군수·구청장은 부득이한 사유로 제5항에 따른 기간 내에 해당 신청을 처리하기 어렵다고 인정되는 경우에는 7일 이내의 범위에서 한 번만 그 처리기간을 연장할 수 있다. 이 경우 시장·군수·구청장은 처리기간의 연장 사유와 처리 예정 기한을 지체 없이 신청인에게 통지하여야 한다.

[본조 신설 2017. 8. 9.]

제8조(등록증 반환통보) 시장·군수·구청장은 법 제32조의3제2항에 따라 등록증의 반환을 명하는 경우에는 별지 제8호서식의 등록증 반환통보서를 반환기한 2주전까지 해당 처분의 상대방에게 송달하여야 한다. <개정 2009. 12. 31., 2017. 8. 9.>

[제목 개정 2009. 12. 31.]

제9조(장애인 증명서 발급) ① 시장·군수·구청장은 신청에 따라 장애인 증명서를 발급할 수 있다.

② 제1항에 따른 장애인 증명서는 별지 제9호서식에 따른다.

제10조(등록현황의 기록 및 관리) ① 시장·군수·구청장은 장애인등록현황을 별지 제10호서식에 따라 기록·관리하여야 한다.

② 시장·군수·구청장은 장애인이 주소를 이전한 경우에는 장애인등록 관계서류를 신주소지를 관할하는 시장·군수·구청장에게 이송하여야 한다.

제11조(장애판정위원회의 심의사항) 법 제32조제4항에 따른 장애판정위원회(이하 "위원회"라 한다)는 다음 각 호의 사항을 심의한다. <개정 2008. 3. 3., 2010. 3. 19., 2019. 6. 4.>

1. 장애 인정·장애 정도 사정(査定)기준과 장애 진단 방법에 관한 사항

2. 그 밖에 장애 인정·장애 정도 사정과 관련하여 보건복지부장관이 회의에 부치는 사항

제12조(위원회의 구성) ① 위원회의 위원은 위원장 1명을 포함한 10명 이상 20명 이하의 위원으로 구성한다.

② 위원장은 위원 중에서 호선한다.

③ 위원은 다음 각 호의 어느 하나에 해당하는 자 중에서 보건복지부장관이 임명하거나 위촉한다. <개정 2008. 3. 3., 2010. 3. 19.>

1. 장애인에 대한 진단·재활·치료·교육 및 훈련 등에 관한 학식과 경험이 풍부한 자

2. 장애인복지업무에 종사하는 공무원

제13조(위촉위원 임기) 위촉위원의 임기는 3년으로 하되, 연임할 수 있다.

제13조의2(위원의 해임 및 해촉) 보건복지부장관은 위원회의 위원이 다음 각 호의 어느 하나에 해당하는 경우에는 해당 위원을 해임하거나 해촉(解囑)할 수 있다.
　1. 심신장애로 인하여 직무를 수행할 수 없게 된 경우
　2. 직무와 관련된 비위사실이 있는 경우
　3. 직무태만, 품위손상이나 그 밖의 사유로 인하여 위원으로 적합하지 아니하다고 인정되는 경우
　4. 위원 스스로 직무를 수행하는 것이 곤란하다고 의사를 밝히는 경우
　[본조 신설 2016. 6. 30.]

제14조(위원장 직무) 위원장은 위원회를 대표하며, 위원회의 업무를 총괄한다.

제15조(회의) ① 위원회의 회의는 보건복지부장관 또는 재적위원 3분의 1 이상의 회의소집 요청이 있거나 위원장이 필요하다고 인정할 때에 소집한다. <개정 2008. 3. 3., 2010. 3. 19.>
　② 위원회의 회의는 재적위원 과반수의 출석으로 열고, 출석위원 과반수의 찬성으로 의결한다.

제16조(간사) 위원회의 사무를 처리하기 위하여 위원회에 간사 1명을 두되, 보건복지부 장애인정책과장으로 한다. <개정 2008. 3. 3., 2010. 3. 19.>

제17조(수당 및 여비) 위원회의 회의에 출석한 위원에게는 예산의 범위에서 수당과 여비를 지급할 수 있다. 다만, 공무원인 위원이 그 소관업무에 직접 관련되어 출석하는 경우에는 그러하지 아니하다.

제18조(운영세칙) 이 규칙에서 정한 것 외에 위원회의 운영에 필요한 사항은 위원회의 의결을 거쳐 위원장이 정한다.

제19조(서비스 지원 종합조사) ① 보건복지부장관, 시장·군수·구청장 또는 국민연금공단은 법 제32조의4제2항 각 호의 사항을 보건복지부장관이 정하여 고시하는 서비스 지

원 종합조사표에 따라 조사해야 한다.

　② 보건복지부장관, 시장·군수·구청장 또는 국민연금공단은 법 제32조의4제2항제5호에 따른 신청인과 그 부양의무자의 소득 및 재산 등 생활수준에 관한 사항을 조사하기 위하여 다음 각 호의 사항을 확인할 수 있다.

　1. 신청인, 그 배우자 및 부양의무자의 「국민건강보험법」 제69조에 따른 월별 보험료액에 관한 사항

　2. 신청인이 「장애인 활동지원에 관한 법률」 제33조제3항 각 호 또는 같은 조 제4항에 해당하는지 여부

　③ 보건복지부장관, 시장·군수·구청장 또는 국민연금공단의 장은 신청인의 건강상태 및 장애 정도를 확인하기 위하여 신청인, 그 부양의무자 또는 그 밖의 관계인에게 별지 제3호서식의 장애 정도 심사용 진단서 및 보건복지부장관이 정하는 자료의 제출을 요구할 수 있다.

　④ 법 제32조의4제5항에서 "보건복지부령으로 정하는 사항"이란 다음 각 호의 사항을 말한다.

　1. 조사기간

　2. 조사범위

　3. 조사담당자

　4. 관계 법령

　5. 제출자료

　6. 그 밖에 해당 서비스 지원 종합조사와 관련하여 필요한 사항

[본조 신설 2019. 6. 4.]

[종전 제19조는 제21조로 이동 <2019. 6. 4.>]

제20조(복지서비스에 관한 장애인 지원사업) 법 제32조의6제2항에 따라 같은 법 제1항에 따른 장애인 지원 사업을 위탁받은 기관은 그 사업에 필요한 다음 각 호의 업무를 수행한다.

　1. 장애인 지원사업 지침 개발 및 교육

　2. 장애인 지원사업 홍보

　3. 장애인 지원사업을 위한 민관협력 촉진 및 지원

　4. 신규 장애인 지원서비스 연구 및 개발

　5. 장애인 지원사업 모니터링 및 컨설팅

6. 그 밖에 장애인 지원사업에 필요하다고 보건복지부장관이 인정하는 업무

[본조 신설 2019. 6. 4.]

제20조의2(장애정도가 변동·상실된 장애인 등에 대한 정보 제공) ① 법 제32조의8제1항에 따른 대상자별 정보 제공의 내용은 별표 1의3과 같다. <개정 2017. 8. 9., 2019. 6. 4.>

② 제1항에 따른 정보의 제공은 우편, 전화 등의 방법으로 할 수 있다.

③ 제1항에 따른 정보의 제공에 필요한 세부적인 내용, 기준과 방법 등에 관한 사항은 보건복지부장관이 정한다.

[본조 신설 2016. 6. 30.]

[제목 개정 2019. 6. 4.]

[제18조의2에서 이동 <2019. 6. 4.>]

제21조(장애인복지시설의 이용 등) 시장·군수·구청장은 법 제34조제1항제3호에 따라 장애인을 장애인복지시설에 위탁하여 주거편의·상담·치료 및 훈련 등의 서비스를 받도록 하려는 경우에는 별지 제11호서식의 의뢰서를 그 시설의 장에게 송부하여야 한다. <개정 2012. 4. 10.>

[제19조에서 이동 <2019. 6. 4.>]

제22조(산후조리도우미 지원사업에 대한 모니터링) 국가 및 지방자치단체는 법 제37조제2항에 따라 산후조리도우미 지원사업의 현황, 지원대상자의 만족도 등에 관한 사항을 매년 점검하여야 한다.

제23조(자녀교육비 지급대상 및 기준) ① 법 제38조에 따른 자녀교육비의 지급대상은 다음 각 호의 어느 하나에 해당하는 자 중 소득과 재산을 고려하여 매년 예산의 범위에서 보건복지부장관이 정한다. 다만, 「국민기초생활 보장법」 등 다른 법령에 따라 교육비를 받는 자에게는 그 받은 금액만큼 감액하여 지급한다. <개정 2008. 3. 3., 2010. 3. 19.>

1. 학교에 입학하거나 재학하는 자녀를 둔 장애인

2. 학교에 입학하거나 재학하는 장애인을 부양하는 자

② 제1항에 따른 교육비는 다음 각 호의 어느 하나에 해당하는 「초·중등교육법」에 따른 학교에 입학 또는 재학하는 자의 입학금·수업료와 그 밖에 교육에 드는 비용으로

한다. <개정 2012. 7. 27.>

  1. 초등학교·공민학교

  2. 중학교·고등공민학교

  3. 고등학교·고등기술학교

  4. 특수학교

  5. 각종학교

  ③ 제1항에 따른 자녀교육비의 지급대상별 지급액 등 지급의 세부기준은 매년 예산의 범위에서 보건복지부장관이 정한다. <개정 2008. 3. 3., 2010. 3. 19.>

제24조(자녀교육비 지급대상자 선정) ① 제23조에 따라 자녀교육비를 지급받으려는 자는 학비지급신청서에 소득·재산신고서, 금융정보등의 제공 동의서와 재학증명서나 입학을 증명할 수 있는 서류를 첨부하여 시장·군수·구청장에게 제출하여야 한다. <개정 2009. 12. 31., 2012. 7. 27.>

  ② 제1항에 따라 자녀교육비 지급신청을 받은 시장·군수·구청장은 제23조제1항에 따른 자녀교육비 지급대상자의 해당여부를 결정하여 신청인에게 통보하여야 한다.

  ③ 시장·군수·구청장은 제2항에 따른 자녀교육비의 지급대상자 결정을 위하여 관계 공무원으로 하여금 신청한 장애인가구의 소득과 재산을 확인하게 할 수 있다. <개정 2009. 12. 31.>

제25조(자녀교육비 지급방법 및 시기) 자녀교육비는 다음 각 호의 구분에 따라 제24조제2항에 따른 자녀교육비 지급대상자에게 전분기(前分期) 말까지 지급한다. <개정 2012. 7. 27.>

  1. 제1분기 : 3월 1일부터 5월 31일까지

  2. 제2분기 : 6월 1일부터 8월 31일까지

  3. 제3분기 : 9월 1일부터 11월 30일까지

  4. 제4분기 : 12월 1일부터 그 다음 해의 2월 말일까지

제26조(장애인 사용 자동차 등 표지의 발급대상) 법 제39조에 따라 장애인이 사용하는 자동차 등임을 알아 볼 수 있는 표지(이하 "장애인 사용 자동차 등 표지"라 한다)의 발급대상은 「자동차관리법」에 따른 자동차로서 다음 각 호의 어느 하나에 해당하는 것으로 한다. <개정 2009. 12. 31., 2011. 2. 1., 2011. 4. 7., 2011. 5. 20., 2011. 12. 8., 2012. 7. 27.>

1. 법 제58조에 따른 장애인복지시설(이하 "장애인복지시설"이라 한다)이나 법 제63조에 따른 장애인복지단체(이하 "장애인복지단체"라 한다)의 명의로 등록하여 장애인복지사업에 사용되는 자동차 또는 지방자치단체의 명의로 등록하여 장애인복지시설이나 장애인복지단체가 장애인복지사업에 사용하는 자동차

2. 다음 각 목의 어느 하나에 해당하는 자의 명의로 등록하여 장애인이 사용하는 자동차

가. 법 제32조에 따라 등록한 장애인

나. 가목에 따른 장애인과 주민등록표상의 주소를 같이 하면서 함께 거주하는 장애인의 배우자, 직계존·비속, 직계비속의 배우자, 형제·자매, 형제·자매의 배우자 및 자녀

다. 「재외동포의 출입국과 법적 지위에 관한 법률」에 따라 국내거소신고를 한 재외동포나 「출입국관리법」에 따라 외국인등록을 한 외국인으로서 제28조제1항 각 호의 어느 하나에 해당하는 장애가 있는 자

3. 제2호가목에 해당하는 장애인이 1년 이상의 기간을 정하여 시설대여를 받거나 임차하여 사용하는 자동차

4. 「노인복지법」 제34조에 따른 노인의료복지시설의 명의로 등록하여 노인복지사업에 사용되는 자동차

5. 「장애인 등에 대한 특수교육법」 제28조제5항에 따라 장애인의 통학을 위하여 사용되는 자동차

6. 「영유아보육법」 제26조에 따라 장애아를 전담하는 어린이집의 명의로 등록하여 장애아보육사업에 사용되는 자동차

7. 「교통약자의 이동편의 증진법」 제16조에 따른 특별교통수단으로서 장애인의 이동편의를 위해 사용되는 자동차

[제목 개정 2012. 7. 27.]

제27조(장애인 사용 자동차 등 표지의 발급 등) ① 제26조 각 호의 어느 하나에 해당하여 장애인 사용 자동차 등 표지를 발급받으려는 자는 별지 제1호의2서식의 신청서에 다음 각 호의 서류를 첨부하여 주소지(재외동포와 외국인의 경우에는 각각 국내거소지나 체류지를 말한다) 관할 읍·면·동장을 거쳐 시장·군수·구청장에게 제출하여야 한다. 이 경우 시장·군수·구청장은 「전자정부법」 제36조제1항에 따른 행정정보의 공동이용을 통하여 국내거소신고 또는 외국인등록 사실증명(신청인이 재외동포나 외국인인 경우에만 해당한다)과 자동차등록증을 확인하여야 하며, 신청인이 동의하지 아니하는 경우에는 각

해당서류의 사본을 첨부하도록 하여야 한다. <개정 2009. 12. 31., 2010. 9. 1., 2012. 7. 27., 2016. 6. 30.>

1. 제28조제1항 각 호의 어느 하나에 해당하는 장애가 있음을 증명하는 의사의 진단서 1부(재외동포나 외국인의 경우에만 해당한다)

2. 시설대여계약서 또는 임차계약서 사본 1부(자동차를 시설대여 받거나 임차한 경우에만 해당한다)

② 제1항에 따른 장애인 사용 자동차 등 표지의 발급신청을 받은 시장·군수·구청장은 해당 사실의 여부를 확인한 후 보건복지부장관이 정하는 장애인 사용 자동차 등 표지를 발급하여야 한다. <개정 2008. 3. 3., 2010. 3. 19., 2012. 7. 27.>

③ 사용 중인 장애인 사용 자동차 등 표지를 잃어버리거나 그 표지가 훼손되어 못 쓰게 된 경우 또는 장애인 사용 자동차 등 표지의 기재사항을 변경하려는 경우에는 별지 제1호의2서식의 신청서에 다음 각 호의 서류를 첨부하여 관할 읍·면·동장을 거쳐 시장·군수·구청장에게 재발급을 신청하여야 한다. <개정 2009. 12. 31., 2012. 7. 27., 2016. 6. 30.>

1. 장애인 사용 자동차 등 표지(잃어버린 경우는 제외한다)

2. 변경 사실을 증명할 수 있는 서류 1부(기재사항 변경의 경우에만 해당한다)

④ 장애인 사용 자동차의 소유자는 그 자동차를 다른 사람에게 양도·증여하거나 폐차 또는 등록말소를 하려는 경우에는 즉시 그 자동차에 사용 중인 장애인 사용 자동차 등 표지를 관할 읍·면·동장을 거쳐 시장·군수·구청장에게 반납하여야 한다. <개정 2012. 7. 27.>

⑤ 시장·군수·구청장은 장애인 사용 자동차 등 표지 발급현황을 별지 제14호서식에 따라 기록·관리하여야 한다. <개정 2012. 7. 27.>

[제목 개정 2012. 7. 27.]

제28조(보행상 장애가 있는 자에 대한 배려) ① 시장·군수·구청장은 법 제39조제1항에 따른 장애인의 자동차 사용의 편의를 위하여 보건복지부장관이 정하여 고시하는 보행상의 장애가 있는 사람이 자동차를 이용할 때에 그 장애로 말미암아 부득이하게 관계 법령에 따른 정차 또는 주차의 방법 등을 위반한 경우에는 그 원인과 결과 등을 고려하여 교통소통 및 안전에 지장을 주지 않는 범위에서 최대한 계도 위주의 단속이 이루어지도록 배려해야 한다. <개정 2019. 6. 4.>

1. 삭제 <2019. 6. 4.>

2. 삭제 <2019. 6. 4.>

3. 삭제 <2019. 6. 4.>

4. 삭제 <2019. 6. 4.>

② 제1항에 따른 계도 위주의 단속이 원활하게 이루어지도록 하기 위하여 시장·군수·구청장은 장애인 사용 자동차 등 표지를 발급할 때에 보행상 장애가 있음을 장애인 사용 자동차 등 표지에 따로 표시해야 한다. <개정 2012. 7. 27., 2019. 6. 4.>

제29조(장애인 보조견표지 발급대상) 법 제40조에 따른 장애인 보조견표지(이하 "보조견표지"라 한다)의 발급대상은 보건복지부장관이 정하여 고시하는 시설기준에 해당하는 장애인 보조견 전문훈련기관(이하 "전문훈련기관"이라 한다)에서 훈련 중이거나 훈련을 이수한 장애인 보조견으로 한다. <개정 2008. 3. 3., 2010. 3. 19.>

제30조(보조견표지 발급 등) ① 제29조에 따른 전문훈련기관의 장은 해당 훈련기관에서 훈련 중이거나 훈련을 이수한 장애인 보조견에 대하여 보조견표지의 발급을 신청할 수 있다.

② 전문훈련기관의 장이 제1항에 따라 보조견표지의 발급을 신청하려면 별지 제15호서식의 신청서에 다음 각 호의 서류를 첨부하여 보건복지부장관에게 제출하여야 한다. <개정 2008. 3. 3., 2010. 3. 19.>

1. 장애인 보조견의 전신사진 1장

2. 장애인 보조견이 훈련 중이거나 훈련을 이수하였음을 증명하는 서류 1부

③ 보건복지부장관은 제1항에 따라 보조견표지의 발급을 신청받으면 신청내용의 사실 여부를 확인한 후 별표 2에 따른 보조견표지를 발급하여야 한다. <개정 2008. 3. 3., 2010. 3. 19.>

④ 전문훈련기관의 장은 사용 중인 보조견표지를 잃어버리거나 그 표지가 훼손되어 못 쓰게 된 경우에는 별지 제15호서식의 신청서에 다음 각 호의 서류를 첨부하여 보건복지부장관에게 재발급을 신청하여야 한다. <개정 2008. 3. 3., 2010. 3. 19.>

1. 재발급 사유를 증명하는 서류 1부

2. 보조견표지(훼손되어 못 쓰게 된 경우에만 해당한다)

⑤ 전문훈련기관의 장은 장애인 보조견이 사망하거나 장애인 보조견으로서 활동을 계속할 수 없다고 판단되는 경우에는 그 장애인 보조견에 사용 중인 보조견표지를 보건복지부장관에게 반납하여야 한다. <개정 2008. 3. 3., 2010. 3. 19.>

⑥ 보건복지부장관은 보조견표지 발급현황을 별지 제16호서식에 따라 기록·관리하여야 한다. <개정 2008. 3. 3., 2010. 3. 19.>

제31조(자금대여 신청) 영 제25조제1항에 따라 자금을 대여받으려는 자는 자금대여신청서에 다음 각 호의 구분에 따른 서류를 첨부하여 관할 읍·면·동장을 거쳐 시장·군수·구청장에게 제출하여야 한다. <개정 2012. 4. 10.>
  1. 생업자금 : 사업의 종류, 사업장의 소재지 및 사업의 내용 등을 적은 사업계획서
  2. 생업을 위한 자동차 구입비 : 차량매매계약서
  3. 취업에 필요한 지도 및 기술훈련비 : 지도 및 기술훈련 시설의 장이 발급하는 훈련증명서
  4. 기능회복 훈련에 필요한 장애인보조기구 구입비 : 용도를 명시한 매매계약서
  5. 사무보조기기 구입비 : 사용처·용도 등을 명시한 매매계약서

제32조(자금대여 관리카드) ① 시장·군수·구청장은 영 제25조제2항에 따라 자금대여 대상자를 결정하면 자금대여 결정통지서(전자문서를 포함한다)로 통지하고 자금대여 내용을 자금대여 관리카드에 기록·관리하여야 한다. <개정 2009. 12. 31., 2012. 4. 10.>
  ② 영 제25조제2항에 따른 금융기관 또는 체신관서는 시장·군수·구청장의 자금대여 결정통지를 받으면 자금을 대여하고 그 대여내용 및 상환방법 등을 관할 시장·군수·구청장에게 통보하여야 한다. <개정 2012. 4. 10.>

제33조(자립훈련비 지급 등) ① 법 제43조제1항에 따른 자립훈련비의 지급대상자는 장애인복지시설에서 자립을 목적으로 훈련을 받는 장애인으로 한다.
  ② 자립훈련비의 지급대상과 종류별 지급금액 등에 관한 세부기준은 매년 예산의 범위에서 보건복지부장관이 정한다. <개정 2008. 3. 3., 2010. 3. 19.>

제34조 삭제 <2018. 6. 20.>

제35조 삭제 <2018. 6. 20.>

제36조 삭제 <2018. 6. 20.>

제37조 삭제 <2018. 6. 20.>

제37조의2(장애인 응시자에 대한 편의제공) ① 법 제46조의2에 따른 편의제공의 내용 및 방법은 다음 각 호와 같다. 다만, 시험의 특성, 장애인 응시자의 장애의 종류 및 장애 정도에 따라 편의제공의 내용 및 방법을 달리할 수 있다. <개정 2019. 6. 4.>

　1. 장애인 보조기구 지참 허용

　2. 시험시간 연장

　3. 확대 문제지 및 확대 답안지 제공

　4. 시험실 별도 배정

　5. 그 밖에 보건복지부장관이 정하여 고시하는 사항

　② 영 제28조 각 호에 따른 시험을 실시하려는 국가, 지방자치단체 및 기관·단체의 장은 편의제공의 기준을 마련하여 시험 공고와 함께 게시하여야 한다.

　③ 제1항 및 제2항에서 규정한 사항 외에 장애인 응시자에 대한 편의제공에 필요한 사항은 보건복지부장관이 정하여 고시한다.

　[본조 신설 2016. 6. 30.]

제38조(장애수당 등의 지급신청) ① 법 제50조의2제1항에 따라 장애수당·장애아동수당 및 보호수당(이하 "장애수당등"이라 한다)을 지급받으려는 자는 장애수당 등 지급신청서에 소득·재산신고서 및 금융정보등의 제공 동의서를 첨부하여 관할 읍·면·동장을 거쳐 시장·군수·구청장에게 제출하여야 한다. <개정 2009. 12. 31., 2012. 4. 10., 2012. 7. 27.>

　② 시장·군수·구청장은 제1항에 따른 장애수당 등의 지급신청을 받으면 영 제30조에 따른 지급대상인지를 조사·확인한 후 그 결과를 신청인에게 통지하여야 한다. <개정 2012. 4. 10., 2012. 7. 27.>

　③ 제2항에 따라 조사를 하는 공무원은 그 권한을 표시하는 증표를 지니고 관계인에게 내보여야 한다. <신설 2012. 7. 27.>

　④ 영 제32조제2항 후단에 따라 지급대상자의 배우자 등의 계좌로 장애수당 등을 받으려는 자는 별지 제41호서식의 장애수당 등 대리수령 신청서(전자문서로 된 신청서를 포함한다)에 다음 각 호의 서류(전자문서를 포함한다)를 첨부하여 시장·군수·구청장에게 제출하여야 한다. <신설 2009. 12. 31., 2012. 4. 10., 2012. 7. 27.>

　1. 지급대상자의 인적 사항을 확인할 수 있는 서류

　2. 영 제32조제2항 각 호의 사유 중 어느 하나에 해당함을 증명할 수 있는 서류 1부

3. 대리수령인이 지급대상자의 배우자, 직계혈족 또는 3촌 이내의 방계혈족임을 확인할 수 있는 서류

제39조(장애수당 등의 수급희망 이력관리) ① 법 제50조의2제1항에 따라 장애수당 등의 지급을 신청한 사람은 장애수당 등 수급권을 가지지 못한 경우에 시장·군수·구청장에게 영 제30조에 따른 장애수당 등 수급권자의 범위에 포함될 가능성을 확인받을 수 있다.

② 제1항에 따라 장애수당 등 지급대상자의 범위에 포함될 가능성을 확인받으려는 사람(영 제32조제2항 후단에 따른 지급대상자의 배우자 등을 포함한다. 이하 같다)은 별지 제1호의2서식의 신청서를 작성하여 시장·군수·구청장에게 제출해야 한다.

③ 시장·군수·구청장은 제2항에 따라 신청서를 제출한 사람이 영 제30조에 따른 장애수당 등 지급대상자의 범위에 포함될 가능성을 다음 각 호의 어느 하나에 해당하는 때에 확인한다.

1. 보건복지부장관이 영 제33조제1항에 따라 장애수당 등의 지급대상과 지급기준을 정했을 때

2. 「사회보장기본법」 제37조에 따른 사회보장정보시스템으로 제38조의2제3항 각 호의 사항이 변경되었음을 확인했을 때

④ 시장·군수·구청장은 제3항에 따른 확인 결과 영 제30조에 따른 장애수당등 지급대상자의 범위에 포함될 가능성을 확인한 경우에는 그 사람에게 제38조에 따른 장애수당 등 지급의 신청 방법 및 절차를 안내해야 한다.

⑤ 제2항에 따라 제출한 신청서의 유효기간은 신청서를 제출한 날부터 5년으로 한다. 다만, 신청서를 제출한 이후 영 제30조에 따른 장애수당 등의 수급권이 발생한 경우에는 그 수급권이 발생한 날에 신청서의 유효기간이 만료된 것으로 본다.

[본조 신설 2019. 6. 4.]

제39조의2(장애인자립생활지원센터의 운영기준) ① 법 제54조제2항에 따른 장애인자립생활지원센터(이하 "자립생활센터"라 한다)의 의사결정, 서비스제공 및 운영 등은 장애인 주도로 이루어져야 하며, 그 운영기준은 다음 각 호와 같다. <개정 2019. 6. 4.>

1. 자립생활센터는 의사결정기구의 과반수를 장애인으로 구성하여야 한다.

2. 자립생활센터는 장애동료 상담전문가 1명 이상의 인력을 갖추어야 하며, 전체 인력 중 1명 이상은 장애인이어야 한다.

3. 자립생활센터는 법 제54조제1항의 목적을 실현하기 위하여 다음 업무를 주로 수행하여야 한다.

　가. 장애인의 자립생활 역량 강화 및 동료상담 등 장애인 동료에 의한 서비스 지원

　나. 모든 유형의 장애인이 지역사회에서 참여적이고 통합적인 생활이 가능하도록 정보제공 및 의뢰 등 다양한 서비스의 제공과 이를 실현할 수 있는 지역사회의 물리적·사회적 환경개선사업

　다. 장애인이 지역사회에 참여하고 생활하는 데 있어서의 차별 해소 및 장애인 인권의 옹호·증진

　라. 장애인에게 적합한 서비스의 제공

　② 지방자치단체는 보조금을 지원하는 자립생활센터를 정기적으로 평가하여야 하고, 평가 시 제1항의 운영기준에 대한 성과를 중시해야 한다.

　③ 자립생활센터는 조직 운영, 사업 수행, 재정 확보, 운용 등에 대해 객관적으로 평가받을 수 있도록 관련 기록 및 자료를 관리하여야 한다.

　④ 그 밖에 자립생활센터의 운영에 관하여 필요한 사항은 보건복지부장관이 정한다.

[본조 신설 2011. 4. 7.]

[제목 개정 2019. 6. 4.]

제40조 삭제 <2011. 8. 17.>

제40조의2(장애동료 간 상담의 제공기관 및 내용) ① 법 제56조에 따른 장애동료 간 상담은 장애인에 의해 장애인에게 제공되는 상담이나 정보제공 활동으로 다음 각 호의 내용을 포함한다.

1. 장애인의 심리적인 고충

2. 가족 및 사회적인 관계에서 발생하는 문제

3. 지역사회 자원의 활용방법

4. 기타 장애인이 처한 곤란한 문제 등의 대처방법

　② 국가와 지방자치단체는 자립생활센터로 하여금 장애동료 간 상담사업을 실시하도록 하여야 한다.

　③ 국가와 지방자치단체는 제39조의2제1항제2호의 장애동료 상담전문가를 양성하기 위하여 일정 요건을 갖춘 기관을 지정하여 운영할 수 있다.

　④ 그 밖에 장애동료 간 상담 및 장애동료 상담전문가 양성기관의 지정에 관하여 필

요한 사항은 보건복지부장관이 정한다.

[본조 신설 2011. 4. 7.]

제41조(장애인복지시설의 종류와 사업) 법 제58조제2항에 따른 장애인복지시설의 구체적인 종류는 별표 4와 같이 구분하고, 장애인복지시설의 종류별 사업은 별표 5에서 정하는 바에 따른다.

제42조(시설의 설치·운영기준) 법 제59조에 따른 장애인복지시설의 설치·운영기준은 별표 5와 같다.

제43조(시설의 설치·운영신고 등) ① 법 제59조제2항 본문에 따라 국가 또는 지방자치단체 외의 자가 장애인복지시설을 설치·운영하려는 경우에는 별지 제20호서식의 신고서(전자문서로 된 신고서를 포함한다)에 다음 각 호의 서류(전자문서를 포함한다)를 첨부하여 관할 시장·군수·구청장에게 제출하여야 한다.

1. 정관 1부(법인인 경우에만 해당한다)
2. 시설운영에 필요한 재산목록 1부
3. 사업계획서 및 예산서 각 1부
4. 시설의 운영에 관한 규정 각 1부
5. 시설의 평면도(시설의 층별 및 구조별 면적을 표시하여야 한다)와 설비구조 내역서 각 1부

② 제1항에 따라 신고서를 받은 시장·군수·구청장은 「소방시설 설치·유지 및 안전관리에 관한 법률 시행령」 별표 5에 따라 장애인복지시설이 갖추어야 하는 소방시설에 대하여 「소방시설 설치·유지 및 안전관리에 관한 법률」 제7조제6항 전단에 따라 그 장애인복지시설의 소재지를 관할하는 소방본부장이나 소방서장에게 그 장애인복지시설이 같은 법 또는 같은 법에 따른 명령을 따르고 있는지에 대한 확인을 요청하여야 하고, 「전자정부법」 제36조제1항에 따른 행정정보의 공동이용을 통하여 다음 각 호의 서류를 확인하여야 한다. <개정 2010. 9. 1., 2012. 4. 10., 2015. 8. 3., 2017. 3. 28.>

1. 법인 등기사항증명서(법인인 경우만 해당한다)
2. 삭제 <2017. 3. 28.>
3. 건물등기부 등본
4. 토지등기부 등본

③ 법 제59조제2항 본문에 따라 장애인복지시설의 설치·운영을 신고한 자가 신고한 사항을 변경하려면 다음 각 호에서 정하는 바에 따라 해당하는 서류를 관할 시장·군수·구청장에게 제출하여야 한다. <개정 2012. 4. 10., 2015. 8. 3.>

1. 시설의 명칭이나 시설의 장을 변경하는 경우 : 별지 제21호서식의 신고서에 장애인복지시설 신고증을 첨부할 것

2. 시설의 종류를 변경하는 경우 : 별지 제21호서식의 신고서에 제1항 각 호의 서류와 장애인복지시설 신고증을 첨부할 것

3. 시설의 소재지나 이용정원을 변경하는 경우 : 별지 제22호서식의 신고서에 다음 각 목의 서류를 첨부할 것

　가. 시설의 소재지나 이용정원의 변경 사유서

　나. 시설거주자에 대한 조치계획서

　다. 시설의 운영에 필요한 재산목록·사업계획서 및 예산서

　라. 시설의 운영에 필요한 재산의 평가 조서(이용정원이 변경되는 경우에만 해당한다)

　마. 시설의 평면도(시설의 층별 및 구조별 면적을 표시하여야 한다)와 설비구조 내역서(시설의 소재지가 변경되는 경우에만 해당한다)

　바. 장애인복지시설 신고증

④ 제3항제2호에 따라 시설 종류의 변경신고서를 받거나 같은 항 제3호에 따라 시설 소재지의 변경신고서를 받은 시장·군수·구청장은 「소방시설 설치·유지 및 안전관리에 관한 법률 시행령」 별표 5에 따라 장애인복지시설이 갖추어야 하는 소방시설에 대하여 「소방시설 설치·유지 및 안전관리에 관한 법률」 제7조제6항 전단에 따라 그 장애인복지시설의 소재지를 관할하는 소방본부장이나 소방서장에게 그 장애인복지시설이 같은 법 또는 같은 법에 따른 명령을 따르고 있는지를 확인하여 줄 것을 요청하여야 하고, 「전자정부법」 제36조제1항에 따른 행정정보의 공동이용을 통하여 다음 각 호의 서류를 확인하여야 한다. <개정 2010. 9. 1., 2012. 4. 10., 2015. 8. 3.>

1. 법인 등기사항증명서(법인인 경우만 해당한다)

2. 건물등기부 등본

3. 토지등기부 등본

⑤ 시장·군수·구청장은 제1항에 따른 신고를 받으면 별지 제23호서식의 장애인복지시설신고증을 발급하여야 하며, 제3항에 따른 변경신고를 받은 경우에는 장애인복지시설 신고증에 그 변경사항을 적어 발급하여야 한다.

⑥ 시장·군수·구청장은 별지 제24호서식의 장애인복지시설신고관리대장을 작성·관

리하여야 한다.

제43조의2 삭제 <2016. 6. 30.>

제43조의3(성범죄경력 조회 등) ① 영 제36조의2제1항에 따른 성범죄경력 조회 요청서는 별지 제24호의2서식에 따른다.

② 영 제36조의2제1항에 따른 성범죄경력 조회 동의서는 별지 제24호의3서식에 따른다.

③ 영 제36조의2제2항에 따른 성범죄경력 조회 회신서는 별지 제24호의4서식에 따른다.

[본조 신설 2012. 7. 27.]

제43조의4(중앙장애인권익옹호기관의 업무) 법 제59조의11제1항제7호에서 "보건복지부령으로 정하는 장애인학대 예방과 관련된 업무"란 다음 각 호의 업무를 말한다. <개정 2018. 6. 20.>

1. 장애인학대 예방 관련 정책의 개발
2. 장애인학대 신고접수 및 관리를 위한 전산시스템의 구축 및 운영
3. 장애인학대 관련 통계의 생산 및 제공
4. 장애인권익옹호에 관한 국제 교류

[본조 신설 2016. 12. 30.]

제43조의5(지역장애인권익옹호기관의 업무) 법 제59조의11제2항제5호에서 "보건복지부령으로 정하는 장애인학대 예방과 관련된 업무"란 다음 각 호의 업무를 말한다. <개정 2018. 6. 20.>

1. 피해장애인의 보호 및 피해 회복
2. 관계 기관·법인·단체·시설 간 협력체계의 구축 및 교류
3. 장애인학대 사건 조사 현황 및 결과 등에 관한 정보제공 요청 등 중앙장애인권익옹호기관의 요청에 따른 업무

[본조 신설 2016. 12. 30.]

제43조의6(장애인권익옹호기관의 세부 설치·운영기준) ① 영 제36조의8제3항에 따른 장

애인권익옹호기관의 세부 설치기준은 별표 5의2와 같다.

② 영 제36조의8제3항에 따른 장애인권익옹호기관의 세부 운영기준은 별표 5의3과 같다.

[본조 신설 2016. 12. 30.]

제43조의7(피해장애인 쉼터의 설치·운영기준) 법 제59조의13에 따른 피해장애인 쉼터의 설치·운영기준은 별표 5의4와 같다. <개정 2018. 6. 20.>

[본조 신설 2017. 8. 9.]

제44조(시설운영의 중단·재개·폐지 신고 등) ① 장애인복지시설을 설치·운영하는 자는 법 제60조제2항에 따라 시설 운영을 일시중단또는 재개하거나 시설을 폐지하려는 경우에는 별지 제25호서식의 신고서에 다음 각 호의 서류를 첨부하여 시설 운영을 중단·재개 또는 폐지하기 3개월 전까지 관할 시장·군수·구청장에게 제출하여야 한다. <개정 2012. 4. 10.>

1. 시설 운영의 중단·재개 또는 폐지 사유서(법인인 경우에는 중단·재개·폐지를 결의한 이사회의 회의록 사본) 1부

2. 시설 이용자에 대한 조치계획서 1부(시설 운영 재개의 경우는 제외한다)

3. 시설 이용자가 납부한 시설 이용료 및 사용료의 반환조치계획서 1부(시설 운영 재개의 경우는 제외한다)

4. 보조금·후원금의 사용 결과 보고서와 이를 재원으로 조성한 잔여재산 반환조치계획서 1부(시설 운영 재개의 경우는 제외한다)

5. 시설 재산에 관한 사용 또는 처분계획서 1부(시설 운영 재개의 경우는 제외한다)

6. 운영 중단 사유의 해소조치 결과보고서 1부(시설 운영 재개의 경우에만 해당한다)

7. 향후 안정적 운영을 위한 운영계획서 1부(시설 운영 재개의 경우에만 해당한다)

8. 장애인복지시설 신고증 1부(시설 폐지의 경우에만 해당한다)

② 시장·군수·구청장은 제1항에 따른 시설 운영의 중단·재개 또는 폐지의 신고를 받은 경우에는 제1항제2호·제3호·제6호 및 제7호의 조치계획 등에 따라 시설 이용자에 대한 조치가 적절히 이루어지는지를 확인하는 등 시설 이용자의 권익을 보호하기 위한 조치를 하여야 하며, 해당 장애인복지시설을 설치·운영하는 자는 법 제60조제3항 각 호 및 같은 조 제4항 각 호의 사항을 성실히 이행하여 시설 이용자의 권익이 침해받지 아니하도록 하여야 한다. <개정 2012. 4. 10.>

③ 시장·군수·구청장은 제1항에 따른 시설 운영의 재개 신고를 받은 경우에 「소방시설 설치·유지 및 안전관리에 관한 법률 시행령」 별표 5에 따라 장애인복지시설이 갖추어야 하는 소방시설에 대하여 「소방시설 설치·유지 및 안전관리에 관한 법률」 제7조제6항 전단에 따라 그 장애인복지시설의 소재지를 관할하는 소방본부장이나 소방서장에게 그 장애인복지시설이 같은 법 또는 같은 법에 따른 명령을 따르고 있는지를 확인하여 줄 것을 요청하여야 한다. <신설 2015. 8. 3.>

제44조의2(장애인 거주시설 이용 절차 등) ① 법 제60조의2제1항에서 "보건복지부령으로 정하는 서류"란 장애인 거주시설 이용신청서, 소득·재산 신고서, 소득·재산 상태 및 부양관계를 확인할 수 있는 서류, 건강진단서 등 건강상태를 확인할 수 있는 서류를 말한다.

② 법 제60조의2제2항에 따라 시장·군수·구청장은 법 제32조제1항에 따른 장애인 등록 여부, 장애 유형, 법 제32조의4에 따른 서비스 지원 종합조사의 결과, 장애인 및 그 배우자 또는 부양의무자인 1촌의 직계혈족의 소득·재산 및 생활환경 등을 고려하여 장애인 거주시설 이용 적격성을 심사하고, 그 시설 이용 여부를 결정해야 한다. <개정 2019. 6. 4.>

③ 법 제60조의2제3항에 따라 시장·군수·구청장은 법 제60조의2제1항에 따른 신청을 받은 날부터 20일 내에 제2항에 따른 시설 이용 여부 결정을 장애인 거주시설 이용 적격성 및 본인부담금 결정 통보서에 따라 이용 신청자와 시설 운영자에게 통보하여야 한다. 다만, 심사에 상당한 시간이 소요되는 등 특별한 사유가 있는 경우에는 그 사유를 명시하여 신청을 받은 날부터 30일 내에 통보하여야 한다.

④ 시설 이용자가 법 제60조의2제1항부터 제3항까지의 절차를 거치지 아니하고 장애인거주시설을 이용하는 경우 시설 운영자는 법 제60조의2제4항에 따라 다음 각 호의 사항을 시장·군수·구청장에게 보고하여야 한다. 이 경우 시설 운영자는 시설 이용자, 그 친족 또는 그 밖의 관계인에게 법 제60조의2제1항에 따른 신청절차를 안내하여야 한다.

1. 시설 이용자, 그 친족 또는 그 밖의 관계인의 인적사항
2. 시설이용 개시일
3. 법 제60조의2제1항에 따른 신청절차를 거치지 아니한 이유

⑤ 법 제60조의2제5항에 따라 시설 운영자는 장애인 거주시설 이용에 관한 계약을 체결한 경우 별지 제26호서식의 장애인거주시설 이용계약 체결 결과 보고서에 장애인

거주시설 이용계약서를 첨부하여 시장·군수·구청장에게 보고하여야 한다.

⑥ 법 제60조의2제5항에 따른 계약에는 다음 각 호의 사항이 포함되어야 한다. <개정 2017. 8. 9.>

1. 법 제60조의4제1항부터 제4항까지의 규정에 따른 시설 운영자의 의무에 관한 사항

2. 시설 이용자가 본인 또는 다른 사람의 신체에 위해(危害)를 가하거나 가할 우려가 있는 경우 시설 운영자가 할 수 있는 제한조치의 내용, 절차, 한계 및 이의제기에 관한 사항

3. 시설 이용자의 권리와 의무에 관한 사항

4. 법 제60조의2제6항에 따른 계약절차의 대행자의 권리와 의무에 관한 사항

5. 시설 이용 중단절차에 관한 사항

6. 시설이용에 따른 비용과 본인부담금에 관한 사항

7. 계약기간

8. 계약 위반에 따른 조치사항

⑦ 시장·군수·구청장은 관할 지역의 환경 및 시설의 특성 등을 고려하여 제6항에 따른 계약에 관한 계약서 견본을 마련하고, 시설 운영자에게 그 이용을 권장할 수 있다.

⑧ 법 제60조의2제7항 전단에서 "보건복지부령으로 정하는 기간"이란 20일을 말한다.

[본조 신설 2012. 4. 10.]

제44조의3(장애인 거주시설의 서비스 최저기준 등) ① 법 제60조의3제1항에 따른 장애인 거주시설의 서비스 최저기준(이하 "서비스 최저기준"이라 한다)에 다음 각 호의 사항이 포함되어야 한다.

1. 서비스 안내 및 상담

2. 개인의 욕구와 선택

3. 이용자의 참여와 권리

4. 능력개발

5. 일상생활

6. 개별지원

7. 환경

8. 직원관리

9. 시설운영

10. 그 밖에 서비스 최저기준으로서 필요한 사항

② 보건복지부장관은 법 제60조의3제1항에 따라 다음 해에 시행할 서비스 최저기준을 정하여 매년 1월 31일까지 고시하여야 한다.

[본조 신설 2012. 4. 10.]

제44조의4(인권지킴이단의 구성·운영) ① 법 제60조의4제4항에 따른 시설 이용 장애인 인권지킴이단(이하 "인권지킴이단"이라 한다)은 단장 1명과 간사 1명을 포함하여 5명 이상 11명 이내의 단원으로 구성한다.

② 인권지킴이단은 관할 시장·군수·구청장이 추천하는 다음 각 호의 어느 하나에 해당하는 사람 중에서 시설 운영자가 성별을 고려하여 위촉한다.

1. 해당 시설을 이용하는 장애인 및 법정대리인등

2. 해당 시설에서 종사하는 사람(시설 운영자 및 해당 시설이 속한 법인의 임직원은 제외한다)

3. 해당 시설의 지역에 거주하는 주민

4. 해당 시설을 후원하는 기관의 대표자 또는 장애인복지 관련 공익단체에서 추천하는 사람

5. 장애인복지 업무 담당 공무원

6. 그 밖에 장애인 인권에 관한 학식과 경험이 풍부한 사람

③ 단장은 단원 중에서 호선하고, 간사는 단원 중에서 단장이 지명하는 자로 한다.

④ 단장은 매 분기 1회 이상 회의를 소집하고, 단원·시설 이용 장애인·법정대리인등·시설 종사자의 요청에 따라 회의를 소집할 수 있다.

⑤ 제1항부터 제4항까지에서 규정한 사항 외에 인권지킴이단의 구성·운영에 필요한 사항은 보건복지부장관이 정한다.

[본조 신설 2017. 8. 9.]

[종전 제44조의4는 제44조의5로 이동 <2017. 8. 9.>]

제44조의5(현장조사서) 법 제61조제2항에서 "보건복지부령으로 정하는 사항이 기재된 서류"란 다음 각 호의 사항이 기재된 현장조사서를 말한다.

1. 조사기간

2. 조사범위

3. 조사담당자

4. 관계법령

5. 제출자료

6. 그 밖에 해당 현장조사와 관련하여 필요한 사항

[본조 신설 2016. 5. 25.]

[제44조의4에서 이동 <2017. 8. 9.>]

제44조의6(장애인복지시설 등에 대한 행정처분 기준) 법 제62조제3항에 따른 행정처분의 기준은 별표 5의5와 같다.

[본조 신설 2017. 8. 9.]

제45조 삭제 <2017. 8. 9.>

제46조 삭제 <2017. 8. 9.>

제47조 삭제 <2017. 8. 9.>

제48조 삭제 <2017. 8. 9.>

제49조 삭제 <2017. 8. 9.>

제50조 삭제 <2017. 8. 9.>

제51조 삭제 <2017. 8. 9.>

제52조 삭제 <2017. 8. 9.>

제53조 삭제 <2017. 8. 9.>

제54조(의지·보조기 제조업소의 개설사실 통보 등) ① 법 제69조제1항에 따른 의지·보조기제조업소를 개설한 자는 그 제조업소를 개설한 후 7일 이내에 별지 제31호서식의 통보서에 다음 각 호의 서류를 첨부하여 시장·군수·구청장에게 제출하여야 한다.

1. 시설 및 장비내역서 1부

2. 제조·수리를 담당할 의지·보조기 기사자격증 사본 1부

② 제1항에 따라 의지·보조기 제조업소의 개설사실을 통보한 후 제조하거나 수리하여야 하는 의지·보조기는 법 제65조제2항에 따라 보건복지부장관이 고시하는 의지·보조기로 한다. <개정 2008. 3. 3., 2010. 3. 19.>

③ 제1항에 따른 의지·보조기 제조업소의 개설 사실 통보 후 다음 각 호의 어느 하나에 해당하는 변경사항이 있으면 그 변경사항을 별지 제31호서식의 통보서에 변경내용을 증명하는 서류를 첨부하여 시장·군수·구청장에게 통보하여야 한다. 다만, 그 제조업소의 소재지 변경으로 관할 관청이 다르게 되는 경우에는 별지 제31호서식의 통보서를 변경된 소재지를 관할하는 시장·군수·구청장에게 제출하여야 한다. <개정 2014. 8. 6.>

1. 제조업소의 명칭, 개설자 또는 소재지가 변경된 경우
2. 법 제69조제2항에 따른 의지·보조기 기사가 변경된 경우
3. 휴업, 폐업 또는 재개업을 하는 경우

④ 시장·군수·구청장은 제1항과 제3항에 따라 의지·보조기 제조업소의 개설 사실이나 변경 사실을 통보받은 경우에는 별지 제32호서식의 의지·보조기 제조업소 관리대장을 작성·관리하여야 한다.

제55조(장애인복지전문인력의 범위) 법 제71조제2항에 따른 전문인력의 범위는 다음 각 호로 한다. <개정 2012. 7. 27., 2017. 11. 23., 2019. 6. 4., 2019. 9. 27.>

1. 의지·보조기기사
2. 언어재활사
3. 장애인재활상담사
4. 한국수어통역사
5. 점역·교정사(點譯·矯正士)

제56조(의지·보조기 관련 교과목) 법 제72조제1항에 따른 의지·보조기 관련 교과목은 별표 6과 같다.

제57조(의지·보조기기사 자격증 발급신청 등) ① 법 제72조제1항에 따른 의지·보조기기사 자격증을 발급받으려는 자는 별지 제33호서식의 신청서에 다음 각 호의 서류를 첨부하여 보건복지부장관에게 제출하여야 한다. <개정 2008. 3. 3., 2010. 3. 19., 2012. 7.

27., 2016. 12. 30.>

1. 졸업증명서 또는 이수증명서 1부. 다만, 법 제72조제1항제2호에 해당하는 자의 경우에는 외국학교의 졸업증명서 또는 이수증명서 1부와 의지·보조기기사자격증 사본 1부

2. 법 제74조제1항제1호 및 제2호에 해당되지 아니함을 증명하는 의사의 진단서 1부

3. 응시원서의 사진과 같은 사진(가로 3.5센티미터, 세로 4.5센티미터) 2장

② 보건복지부장관은 제1항에 따라 의지·보조기기사 자격증의 발급신청을 받으면 그 신청일부터 14일 이내에 신청인에게 별지 제34호서식의 의지·보조기기사 자격증을 발급하여야 한다. <개정 2008. 3. 3., 2009. 12. 31., 2010. 3. 19., 2012. 7. 27.>

[제목 개정 2012. 7. 27.]

제57조의2(언어재활사 자격증 발급신청 등) ① 법 제72조의2제1항에 따른 언어재활사 자격증을 발급받으려는 사람은 별지 제34호의2서식의 신청서에 다음 각 호의 서류를 첨부하여 보건복지부장관에게 제출하여야 한다. 다만, 법률 제11010호 장애인복지법 일부개정법률 부칙 제2조에 따른 특례시험을 거쳐 언어재활사 자격증을 취득하려는 사람은 제1호 및 제2호의 서류를 제출하지 아니한다. <개정 2016. 12. 30.>

1. 다음 각 목의 구분에 따른 서류

가. 1급 언어재활사 자격증을 발급받으려는 경우: 2급 언어재활사 자격증 사본 및 언어재활사 경력증명서 각 1부

나. 2급 언어재활사 자격증을 발급받으려는 경우: 「고등교육법」에 따른 대학원·대학 또는 전문대학의 성적증명서 및 언어재활관찰·언어진단실습·언어재활실습 이수확인서(법 제72조의2제2항 후단에 해당하는 사람은 제출하지 아니한다) 각 1부

2. 「고등교육법」에 따른 대학원·대학 또는 전문대학의 졸업증명서 1부

3. 법 제74조제1항제1호 및 제2호에 해당되지 아니함을 증명하는 의사의 진단서 1부

4. 사진(신청 전 6개월 이내에 모자 등을 쓰지 않고 촬영한 천연색 상반신 정면사진으로 가로 3.5센티미터, 세로 4.5센티미터의 사진을 말한다) 2장

② 제1항에 따른 발급 신청을 받은 보건복지부장관은 그 신청일부터 14일 이내에 신청인에게 별지 제34호의3서식의 1급 언어재활사 자격증 또는 별지 제34호의4서식의 2급 언어재활사 자격증을 발급하여야 한다.

[본조 신설 2012. 7. 27.]

제57조의3(언어재활기관) 법 제72조의2제2항제1호에 따른 언어재활기관은 언어재활기관의 장 1명과 상근(常勤) 언어재활사 1명 이상을 보유하여야 한다. <개정 2015. 12. 31.>

[본조 신설 2012. 7. 27.]

제57조의4(언어재활 관련학과 등) ① 법 제72조의2제2항제1호나목 및 제2호에 따른 언어재활 관련학과는 학과명, 과정명 또는 전공명에 언어치료, 언어병리 또는 언어재활이 포함된 학과와 영 제37조제2항에 따른 국가시험관리기관이 언어재활 분야에 해당한다고 인정하는 학과를 말한다.

② 법 제72조의2제2항제2호에 따른 언어재활 관련 교과목은 별표 6의2와 같다.

[본조 신설 2012. 7. 27.]

제57조의5(장애인재활상담사 자격증의 발급 신청 등) ① 법 제72조의3제1항에 따른 장애인재활상담사 자격증을 발급받으려는 사람은 별지 제34호의5서식의 신청서에 다음 각 호의 서류를 첨부하여 보건복지부장관에게 제출하여야 한다. 다만, 법률 제13663호 장애인복지법 일부개정법률 부칙 제3조 또는 제4조에 따른 특례시험을 거쳐 장애인재활상담사 자격증을 발급받으려는 사람은 제2호의 서류를 제출하지 아니한다.

1. 다음 각 목의 구분에 따른 서류

가. 1급 장애인재활상담사 자격증을 발급받으려는 경우: 2급 장애인재활상담사 자격증 사본 또는 2급 사회복지사 자격증 사본, 별표 6의3에 따른 장애인재활 관련 기관(이하 "장애인재활 관련 기관"이라 한다)에서 재직한 사실을 증명할 수 있는 경력증명서 각 1부

나. 2급 장애인재활상담사 자격증을 발급받으려는 경우 다음의 구분에 따른 서류

1) 「고등교육법」에 따른 대학에서 별표 6의4에 따른 장애인재활 관련 교과목(이하 "장애인재활 관련 교과목"이라 한다)을 이수한 사람은 별지 제43호서식의 이수증명서 1부

2) 3급 장애인재활상담사 자격증 또는 2급 사회복지사 자격증을 가진 사람으로서 장애인재활 관련 기관에서 재직한 사람은 해당 자격증 사본 및 장애인재활 관련 기관에서 재직한 사실을 증명할 수 있는 경력증명서 각 1부

다. 3급 장애인재활상담사 자격증을 발급받으려는 경우: 「고등교육법」에 따른 전문대학에서 장애인재활 관련 교과목을 이수한 사실을 증명할 수 있는 별지 제43호서식의 이수증명서 1부

라. 법률 제13663호 장애인복지법 일부개정법률 부칙 제3조 또는 제4조에 따른 특례시험을 거쳐 장애인재활상담사 자격증을 발급받으려는 경우 다음의 구분에 따른 서류

　　1) 보건복지부장관이 인정하는 단체에서 발급한 장애인재활상담사 관련 자격증을 가진 사람은 해당 자격증 사본 1부

　　2) 사회복지사 자격증을 가진 사람으로서 장애인재활 관련 기관에서 재직한 사람은 해당 자격증 사본 및 장애인재활 관련 기관에서 재직한 사실을 증명할 수 있는 경력증명서 각 1부

　2. 「고등교육법」에 따른 대학원·대학 또는 전문대학의 졸업증명서 1부

　3. 법 제74조제1항제1호 및 제2호에 해당되지 아니함을 증명하는 의사의 진단서 1부

　4. 사진(신청 전 6개월 이내에 모자 등을 쓰지 않고 촬영한 천연색 상반신 정면사진으로 가로 3.5센티미터, 세로 4.5센티미터의 사진을 말한다) 2장

　② 제1항에 따른 발급 신청을 받은 보건복지부장관은 그 신청일부터 14일 이내에 신청인에게 별지 제34호의6서식의 장애인재활상담사 자격증을 발급하여야 한다. 다만, 법 제72조의3제2항에 따라 외국의 대학원·대학·전문대학에서 제57조의6제1호에 따른 장애인재활 분야의 학위를 취득한 사람의 신청에 대해서는 외국에서 학위를 취득한 사실에 대한 조회가 끝난 날부터 14일 이내에 자격증을 발급한다.

　[본조 신설 2017. 11. 23.]

제57조의6(장애인재활분야 등) 법 제72조의3제2항에 따른 장애인 재활분야·관련 기관·관련 교과목의 범위는 다음 각 호와 같다.

　1. 장애인재활 분야는 직업재활, 재활상담, 재활복지, 재활학이 포함된 학과·과정·전공 및 영 제37조제2항에 따른 국가시험관리기관이 인정하는 장애인 재활 관련 분야를 말한다.

　2. 장애인재활 관련 기관은 별표 6의3과 같다.

　3. 장애인재활 관련 교과목은 별표 6의4와 같다.

　[본조 신설 2017. 11. 23.]

제58조(자격등록대장) 보건복지부장관은 제57조제2항, 제57조의2제2항 또는 제57조의5제2항에 따라 의지·보조기기사 자격증, 언어재활사 자격증 또는 장애인재활상담사 자격증(이하 "자격증"이라 한다)을 발급한 경우에는 별지 제35호서식의 의지·보조기

기사 자격등록대장, 별지 제35호의2서식의 언어재활사 자격등록대장 또는 별지 제35호의3서식의 장애인재활상담사 자격등록대장에 그 자격에 관한 사항을 등록하여야 한다.

[전문 개정 2017. 11. 23.]

제59조(자격증 재발급신청 등) ① 의지·보조기기기사, 언어재활사 또는 장애인재활상담사(이하 "의지·보조기기기사 등"이라 한다)는 자격증을 잃어버리거나 그 자격증이 헐어 못 쓰게 된 경우 또는 자격증의 기재사항이 변경되어 재발급을 받으려는 경우에는 별지 제33호서식, 별지 제34호의2서식 또는 별지 제34호의5서식의 신청서에 다음 각 호의 서류를 첨부하여 보건복지부장관에게 제출하여야 한다. <개정 2008. 3. 3., 2010. 3. 19., 2012. 7. 27., 2016. 12. 30., 2017. 11. 23.>

  1. 자격증(자격증을 잃어버린 경우에는 그 사유 설명서) 1부

  2. 사진(신청 전 6개월 이내에 모자 등을 쓰지 않고 촬영한 천연색 상반신 정면사진으로 가로 3.5센티미터, 세로 4.5센티미터의 사진을 말한다)2장

  3. 변경 사실을 증명할 수 있는 서류(자격증의 기재사항이 변경되어 재발급을 신청하는 경우에만 해당한다) 1부

  ② 보건복지부장관은 제1항에 따른 재발급 신청을 받으면 별지 제35호서식의 의지·보조기기기사 자격등록대장, 별지 제35호의2서식의 언어재활사 자격등록대장 또는 별지 제35호의3서식의 장애인재활상담사 자격등록대장에 그 사유를 적고 자격증을 재발급하여야 한다. <개정 2017. 11. 23.>

제60조(자격증의 회수·반환 등) ① 보건복지부장관은 의지·보조기기기사 등에 대한 자격취소 또는 자격정지처분을 한 때에는 지체 없이 그 사실을 해당 의지·보조기기기사 등의 주소지를 관할하는 시·도지사에게 알려 시·도지사로 하여금 해당 자격증을 회수하여 보건복지부장관에게 제출하게 하여야 한다. <개정 2008. 3. 3., 2010. 3. 19., 2012. 7. 27.>

  ② 보건복지부장관은 의지·보조기기기사 등의 자격정지기간이 끝나면 제1항에 따라 회수된 자격증을 관할 시·도지사를 거쳐 그 의지·보조기기기사 등에게 돌려주어야 한다. <개정 2008. 3. 3., 2010. 3. 19., 2012. 7. 27.>

제61조(보수교육의 대상 및 실시방법 등) ① 법 제75조에 따른 보수교육은 다음 각 호의

어느 하나에 해당하는 자에 대하여 명할 수 있다. <개정 2012. 7. 27., 2015. 5. 4., 2017. 11. 23.>

1. 의지·보조기기사 자격을 취득한 후 의지·보조기 제조업에 종사하는 자(5년 이상 의지·보조기 제조업에 종사하지 아니한 사람으로서 다시 의지·보조기 제조업에 종사하려는 사람을 포함한다)

1의2. 언어재활사 자격을 취득한 후 언어재활 분야에 종사하는 사람(5년 이상 언어재활 분야에 종사하지 아니한 사람으로서 다시 언어재활 분야에 종사하려는 사람을 포함한다)

1의3. 장애인재활상담사 자격을 취득한 후 장애인재활 분야에 종사하는 사람(5년 이상 장애인재활 분야에 종사하지 아니한 사람으로서 다시 장애인재활 분야에 종사하려는 사람을 포함한다)

2. 법 제77조에 따른 자격정지처분을 받은 자

② 제1항에 따른 보수교육은 다음 각 호의 구분에 따라 실시한다. <개정 2012. 7. 27., 2014. 12. 16., 2015. 5. 4., 2017. 11. 23.>

1. 의지·보조기기사: 의지·보조기기사를 회원으로 하여 의지·보조기 관련 학문·기술의 장려, 연구개발 및 교육을 목적으로 「민법」에 따라 설립된 비영리법인이 실시하고, 교육시간은 2년간 8시간 이상으로 한다.

2. 언어재활사: 법 제80조의2에 따른 한국언어재활사협회(이하 "한국언어재활사협회"라 한다)가 실시하고, 교육시간은 연간 8시간 이상으로 한다.

3. 장애인재활상담사: 장애인재활상담사를 회원으로 하여 장애인재활 관련 교육을 목적으로 「민법」에 따라 설립된 비영리법인이 실시하고, 교육시간은 연간 8시간 이상으로 한다.

③ 보수교육의 실시시기, 교과과정, 실시방법, 그 밖에 보수교육의 실시에 필요한 사항은 제2항 각 호에 따른 보수교육 실시기관의 장(이하 "보수교육실시기관장"이라 한다)이 정한다. <개정 2012. 7. 27., 2015. 5. 4.>

제62조(보수교육계획 및 실적 보고 등) ① 보수교육실시기관장은 매년 1월 31일까지 별지 제37호서식의 해당 연도 의지·보조기기사 보수교육계획서, 별지 제37호의2서식의 해당 연도 언어재활사 보수교육계획서 또는 별지 제37호의3서식의 해당 연도 장애인재활상담사 보수교육계획서를 보건복지부장관에게 제출하고, 매년 3월 31일까지 별지 제38호서식의 전년도 의지·보조기기사 보수교육실적 보고서, 별지 제38호의2서식의 전년도 언어재활사 보수교육실적 보고서 또는 별지 제38호의3서식의 전년도 장애인재활

상담사 보수교육실적 보고서를 보건복지부장관에게 제출하여야 한다. <개정 2017. 11. 23.>

② 보건복지부장관은 제61조제2항 각 호에 따른 보수교육 실시기관의 보수교육 내용 및 운영 등에 대하여 평가할 수 있다. <신설 2015. 5. 4.>

③ 보수교육실시기관장은 보수교육을 받은 자에 대하여 별지 제39호서식의 의지·보조기기사 보수교육 이수증, 별지 제39호의2서식의 언어재활사 보수교육 이수증 또는 별지 제39호의3서식의 장애인재활상담사 보수교육 이수증을 발급하여야 한다. <개정 2017. 11. 23.>

[제목 개정 2015. 5. 4.]

제63조(보수교육 관계서류의 보존) 보수교육실시기관장은 다음 각 호의 서류를 3년간 보존하여야 한다.

1. 보수교육 대상자 명단(대상자의 교육 이수 여부가 명시되어야 한다)
2. 그 밖에 이수자의 교육 이수를 확인할 수 있는 서류

제64조(행정처분기준) 법 제70조제2항 및 법 제77조에 따른 행정처분의 기준은 별표 7과 같다.

제65조(수수료) ① 의지·보조기 기사등 국가시험에 응시하려는 자는 법 제78조에 따라 영 제37조제2항에 따른 국가시험관리기관의 장이 보건복지부장관의 승인을 받아 결정한 수수료를 현금으로 내거나 정보통신망을 이용한 전자화폐·전자결제 등의 방법으로 내야 한다. 이 경우 수수료의 금액 및 납부방법 등은 영 제37조제3항에 따라 국가시험관리기관의 장이 공고한다. <개정 2008. 3. 3., 2010. 3. 19., 2012. 7. 27.>

② 자격증의 발급 또는 재발급을 받으려는 자는 법 제78조에 따라 수수료를 2천원에 해당하는 수입인지로 내거나 정보통신망을 이용하여 전자화폐·전자결제 등의 방법으로 내야 한다.

③ 삭제 <2012. 7. 27.>

제66조 삭제 <2012. 7. 27.>

제67조(규제의 재검토) 보건복지부장관은 다음 각 호의 사항에 대하여 다음 각 호의 기

준일을 기준으로 2년마다(매 2년이 되는 해의 기준일과 같은 날 전까지를 말한다) 그 타당성을 검토하여 개선 등의 조치를 하여야 한다. <개정 2018. 12. 28.>

 1. 제41조 및 별표 4에 따른 장애인복지시설의 종류: 2015년 1월 1일

 2. 제42조 및 별표 5에 따른 장애인복지시설의 설치·운영기준: 2015년 1월 1일

 3. 제44조의2에 따른 장애인 거주시설 이용 절차 등: 2015년 1월 1일

 4. 제52조에 따른 우수업체 지정 시 제출서류: 2015년 1월 1일

 5. 제57조의2에 따른 언어재활사 자격증 발급신청 시 제출서류: 2015년 1월 1일

 6. 제61조에 따른 보수교육의 대상 및 실시방법: 2015년 1월 1일

 7. 제64조 및 별표 7에 따른 행정처분기준: 2015년 1월 1일

[본조 신설 2015. 1. 5.]

제68조(서식) ①제4조제1항에 따른 장애인등록카드, 제24조제1항에 따른 학비지급신청서, 제24조제1항 및 제38조제1항에 따른 소득·재산신고서 및 금융정보등의 제공 동의서, 제31조에 따른 자금대여신청서, 제32조제1항에 따른 자금대여 결정통지서 및 자금대여 관리카드, 제38조제1항에 따른 장애수당등 지급신청서, 영 제34조제1항에 따른 자녀교육비 및 장애수당등의 환수결정 통지서, 제44조의2의제1항에 따른 장애인 거주시설 이용신청서 및 소득·재산신고서, 같은 조 제2항에 따른 장애인 거주시설 이용 적격성 및 본인부담금 결정 통보서, 제44조의5에 따른 현장조사서는 사회보장급여와 관련하여 보건복지부장관이 정하여 고시하는 공통 서식에 따른다. <개정 2010. 3. 19., 2012. 4. 10., 2012. 7. 27., 2016. 5. 25., 2016. 11. 24., 2017. 8. 9.>

 ② 영 제33조의4제1항에 따른 장애인복지급여수급계좌 입금 신청서는 별지 제42호 서식에 따른다. <신설 2016. 11. 24.>

 [전문 개정 2009. 12. 31.]

 [제목 개정 2016. 11. 24.]

약력

박옥희 교수

이화여자대학교 사회학과 학사 졸업
미국 Iowa State University 사회학 석사·박사
한국보건사회연구원 책임연구원 역임
현 명지전문대학 사회복지과 교수

| 주요 저서 |

『사회심리학』(공저, 학지사, 2000)
『조사방법과 엑셀을 이용한 자료분석』(공저, 박영사)
『변화하는 사회 다양한 가족』(공저, 양서원, 2001)
『가족의 사회학적 이해』(공저, 학지사, 2002)
『사회복지개론』(공저, 유풍, 2003)
『21세기 한국가족』(공저, 경문사, 2005)
『사회복지개론』(학지사, 2016)
『사회복지조사론』(학지사, 2020)
외 논문 다수

장애인복지론

지은이 박옥희
발행인 김창환
발행처 (주)학문사

인쇄 2021년 2월 25일
발행 2021년 3월 02일

주소 경기도 고양시 덕양구 화중로 100 비전타워21
전화 02-738-5118
팩스 031-966-8990
이메일 hakmun@hakmun.co.kr
홈페이지 www.hakmun.co.kr

신고번호 제300-2005-106호
정가 25,000원

ISBN 978-89-97693-22-1
© HAKMUN PUBLISHING CO. 2020